Vorwort

Verträgen über freie Mitarbeit kommt als Alternative zum klassischen Arbeitsvertrag mehr und mehr Bedeutung zu. Dies hängt einerseits damit zusammen, daß freie Mitarbeiter aus der betriebswirtschaftlichen Perspektive eines Unternehmens regelmäßig geringeren Personalaufwand als Arbeitnehmer verursachen, weil keine Sozialversicherungsbeiträge anfallen und weil zudem eine Reihe von Schutzrechten (im weitesten Sinne), die nur die Arbeitnehmer für sich in Anspruch nehmen können, für freie Mitarbeiter nicht bestehen. Andererseits finden Verträge über freie Mitarbeit aber durchaus auch auf Wunsch der Beschäftigten zunehmend Verbreitung. Die Ursache hierfür dürfte darin liegen, daß eine freie Mitarbeiterschaft dem Beschäftigten mehr Freiraum für Eigeninitiative gewähren kann, weil regelmäßig keine feste Einbindung in eine betriebliche Struktur erfolgt.

Die vorliegende Schrift hat sich zur Aufgabe gestellt, die Unterschiede zwischen Verträgen über freie Mitarbeit und Arbeitsverträgen aus arbeits-, sozialversicherungs- und steuerrechtlicher Sicht darzustellen, um so den Unternehmen einerseits und den Beschäftigten andererseits die Vor- und Nachteile der einen oder anderen Vertragsart für das eigene Beschäftigungsverhältnis aufzuzeigen. Hierbei werden die entscheidenden Unterschiede bei der Begründung, den Inhalten und der Beendigung der jeweiligen Vertragsart dargestellt und voneinander abgegrenzt.

Weiterhin werden neben der steuerrechtlichen Zuordnung der Vergütungen zu den einzelnen Einkunftsarten die Haftungsfolgen für den Arbeitgeber bei Begründung eines Anstellungsverhältnisses dargelegt.

Wesentliche Fallgruppen und Hinweise zur richtigen Vertragsgestaltung einschließlich Mustertexten ergänzen die Darstellung. Des weiteren wurde auf einen zusätzlichen wesentlichen Aspekt besonders eingegangen, der immer wieder in den Mittelpunkt der juristischen und tagespolitischen Diskussion rückt: die sog. „Scheinselbständigkeit". Ob nun eine bewußte Umgehung arbeits-, sozialversicherungs- und steuerrechtlicher Vorschriften vorliegt oder ob die Vertragsparteien nur aus Unkenntnis die falsche Rechtsform gewählt haben, ändert nichts daran, daß in der betrieblichen Praxis die korrekte Vertragsgestaltung häufig eine Gratwanderung darstellt. Dies wiederum kann dazu führen, daß ein als freies Mitarbeiterverhältnis konstruiertes Beschäftigungsverhältnis in Wirklichkeit rechtlich als Arbeitsverhältnis zu qualifizieren ist, und zwar mit möglicherweise erheblichen nachteiligen Konsequenzen – insbesondere für das Unternehmen. Auch diese Gefahr soll mit dem vorliegenden Werk unter Darstellung geeigneter Lösungsansätze aufgezeigt werden.

Der erste Teil, der die arbeits- und sozialversicherungsrechtlichen Aspekte der freien Mitarbeit behandelt, ist federführend von *Frank Hohmeister,* der zweite Teil zu den steuerrechtlichen Inhalten von *Susanne Goretzki* verfaßt worden.

Rechtsprechung und Literatur befinden sich im wesentlichen auf dem Stand vom Sommer 1998. Einige wichtige Rechtsprechungs- und Literaturnachweise sind in der Zeit zwischen Abschluß des Manuskripts und Drucklegung ergänzt worden. Die Änderungen im Insolvenzrecht mit Wirkung ab dem 1. 1. 1999 sind synoptisch zum alten Recht bereits berücksichtigt worden.

Für Anregungen und Kritik sind die Verfasser jederzeit dankbar.

Hagen/Westfalen und Offenbach/Main,
im Herbst 1998

Frank Hohmeister
Susanne Goretzki

Verträge über freie Mitarbeit

Rechtsformen der Neuen Selbständigkeit

von

Dr. jur. Frank Hohmeister

Professor für Wirtschaftsprivatrecht und Arbeitsrecht
an der Märkischen Fachhochschule Iserlohn/Hagen

und

Dr. jur. Susanne Goretzki

Rechtsanwältin und Fachanwältin für Steuerrecht
Dozentin für Wirtschafts- und Steuerrecht
Offenbach am Main

Verlag Recht und Wirtschaft GmbH
Heidelberg

Die Deutsche Bibliothek – CIP-Einheitsaufnahme

Hohmeister, Frank:
Verträge über freie Mitarbeiter : Rechtsformen der neuen Selbständigkeit / von Frank Hohmeister und Susanne Goretzki. – Heidelberg : Verl. Recht und Wirtschaft, 1999

(Schriften des Betriebs-Beraters ; Bd. 80)

ISBN 3-8005-3038-4

ISBN 3-8005-3038-4

Satzkonvertierung: Lichtsatz Michael Glaese GmbH, 69502 Hemsbach

Druck und Verarbeitung: Wilhelm & Adam, Werbe- und Verlagsdruck GmbH, 63150 Heusenstamm

♾ Gedruckt auf säurefreiem, alterungsbeständigem Papier, hergestellt aus chlorfrei gebleichtem Zellstoff (TCF-Norm)

Printed in Germany

Inhaltsverzeichnis

Abkürzungsverzeichnis

a. A.	anderer Ansicht
a. a. O.	am angegebenen Ort
a. F.	alte Fassung
Abb.	Abbildung
Abs.	Absatz
Abschn.	Abschnitt
AEAO	Anwendungserlaß zur Abgabenordnung
AFG	Arbeitsförderungsgesetz
AfA	Absetzung für Abnutzung
AGB	Allgemeine Geschäftsbedingungen
AGBG	Gesetz zur Regelung des Rechts der Allgemeinen Geschäftsbedingungen
Alt.	Alternative
Anm.	Anmerkung
AO	Abgabenordnung
AP	Arbeitsrechtliche Praxis (Nachschlagewerk des Bundesarbeitsgerichts)
ArbG	Arbeitsgericht
ArbGG	Arbeitsgerichtsgesetz
Arb-Hdb.	Arbeitsrechts-Handbuch (siehe auch im Literaturverzeichnis unter *Schaub*
ArbNErfG	Arbeitnehmererfindungsgesetz
ArbPlSchG	Arbeitsplatzschutzgesetz
ArbuR	Arbeit und Recht (Zeitschrift; Jahr, Seite)
Art.	Artikel
AÜG	Arbeitnehmerüberlassungsgesetz
BAG	Bundesarbeitsgericht
BAGE	Amtliche Sammlung des Bundesarbeitsgerichts (Band, Seite)
BB	Betriebs-Berater (Zeitschrift; Jahr, Seite)
BBiG	Berufsbildungsgesetz
BdF	Bundesminister der Finanzen
Beil.	Beilage
BerzGG	Bundeserziehungsgeldgesetz
BewG	Bewertungsgesetz

BFH	Bundesfinanzhof
BFH/NV	Sammlung amtlich nicht veröffentlichter Entscheidungen des Bundesfinanzhofs (Jahr, Seite)
BeschFG	Beschäftigungsförderungsgesetz
BetrVG	Betriebsverfassungsgesetz
BGB	Bürgerliches Gesetzbuch
BGBl.	Bundesgesetzblatt
BGH	Bundesgerichtshof
BGHZ	Amtliche Entscheidungssammlung des Bundesgerichtshofs in Zivilsachen (Band, Seite)
BMF	Bundesminister der Finanzen
BRAO	Bundesrechtsanwaltsordnung
BRDs.	Bundesratsdrucksache
BSG	Bundessozialgericht
BTDs.	Bundestagsdrucksache
BurlG	Bundesurlaubsgesetz
BuW	Betrieb und Wirtschaft (Zeitschrift; Jahr, Seite)
bzw.	beziehungsweise
DB	Der Betrieb (Zeitschrift; Jahr, Seite)
ders.	derselbe
dies.	dieselbe
d. h.	das heißt
DM	Deutsche Mark
EDV	Elektronische Datenverarbeitung
EFZG	Entgeltfortzahlungsgesetz
EG	Europäische Gemeinschaft
Einf.	Einführung
engl.	Englisch
EStDV	Einkommensteuer-Durchführungsverordnung
EStG	Einkommensteuergesetz
EStR	Einkommensteuerrichtlinien
etc.	et cetera (und so weiter)
EuGH	Europäischer Gerichtshof
EWG	Europäische Wirtschaftsgemeinschaft
EzA	Entscheidungssammlung zum Arbeitsrecht
f.	folgende (Seite)
ff.	fortfolgende (Seiten)
FG	Finanzgericht

FGO	Finanzgerichtsordnung
Fn.	Fußnote
FR	Finanz-Rundschau (Zeitschrift; Jahr, Seite)
gem.	gemäß
GesO	Gesamtvollstreckungsordnung
GewO	Gewerbeordnung
GewStDV	Gewerbesteuer-Durchführungsverordnung
GewStG	Gewerbesteuergesetz
GG	Grundgesetz
ggf.	gegebenenfalls
GmbH	Gesellschaft mit beschränkter Haftung
GmbHG	Gesetz betreffend die Gesellschaften mit beschränkter Haftung
GS	Großer Senat
GVBl.	Gesetz- und Verordnungsblatt
HAG	Heimarbeitsgesetz
HAG-DVO	Durchführungsverordnung zum Heimarbeitsgesetz
Halbs.	Halbsatz
HGB	Handelsgesetzbuch
H/H/R	Herrmann/Heuer/Raupach, Kommentar zur Einkommensteuer und Körperschaftsteuer (vgl. auch das Literaturverzeichnis)
h. M.	herrschende Meinung
HRF	Höchstrichterliche Finanzrechtsprechung
Hrsg.	Herausgeber
i. S.	im Sinne
i. S. d.	im Sinne des
insb.	insbesondere
InsO	Insolvenzordnung
iSv	im Sinne von
i. V. m.	in Verbindung mit
JA	Juristische Arbeitsblätter (Zeitschrift; Jahr, Seite)
Kap.	Kapitel
KAV	Kindergeldauszahlungs-Verordnung
KG	Kommanditgesellschaft
KiStG	Kirchensteuergesetz
KnVNG	Knappschaftsversicherungs-Neuregelungsgesetz
KO	Konkursordnung

KÖSDI	Kölner Steuerdialog (Zeitschrift; Jahr, Seite)
KR	Gemeinschaftskommentar zum Kündigungsschutzgesetz und zu sonstigen kündigungsschutzrechtlichen Vorschriften (siehe im Literaturverzeichnis unter *Becker, Friedrich)*
krit.	kritisch
KSchG	Kündigungsschutzgesetz
KStG	Körperschaftsteuergesetz
LAG	Landesarbeitsgericht
LAGE	Entscheidungssammlung der Landesarbeitsgerichte
LFZG	Lohnfortzahlungsgesetz
LG	Landgericht
LKW	Lastkraftwagen
LPVG NW	Landespersonalvertretungsgesetz Nordrhein-Westfalen
Ls.	Leitsatz
LStDV	Lohnsteuer-Durchführungsverordnung
LStR	Lohnsteuerrichtlinien
MDR	Monatsschrift für Deutsches Recht (Jahr, Seite)
Münch-ArbR	Münchner Handbuch Arbeitsrecht (siehe auch im Literaturverzeichnis unter *Richardi*)
Münch-Komm	Münchner Kommentar zum BGB
MuSchG	Mutterschutzgesetz
m. w. N.	mit weiteren Nachweisen
NachwG	Nachweisgesetz
NJW	Neue Juristische Wochenschrift (Jahr, Seite)
Nr.	Nummer(n)
NZA	Neue Zeitschrift für Arbeitsrecht (Jahr, Seite)
NZA-RR	Neue Zeitschrift für Arbeitsrecht – Rechtsprechungsreport (Jahr, Seite)
OLG	Oberlandesgericht
PatG	Patentgesetz
PKW	Personenkraftwagen
pVV	positive Vertragsverletzung
RBerG	Rechtsberatungsgesetz
RKG	Reichsknappschaftsgesetz
Rn.	Randnummer
Rspr.	Rechtsprechung

RVO	Reichsversicherungsordnung
Rz.	Randzeichen
S.	Seite
SchwbG	Schwerbehindertengesetz
SGB III	Drittes Buch des Sozialgesetzbuchs
SGB IV	Viertes Buch des Sozialgesetzbuchs
SGB V	Fünftes Buch des Sozialgesetzbuchs
SGB VI	Sechstes Buch des Sozialgesetzbuchs
SGB VII	Siebtes Buch des Sozialgesetzbuchs
SGB XI	Elftes Buch des Sozialgesetzbuchs
sog.	sogenannte/n/r
SolZG	Solidaritätszuschlagsgesetz
StbJb	Steuerberater-Jahrbuch (Zeitschrift; Jahr, Seite)
st. Rspr.	ständige Rechtsprechung
TVG	Tarifvertragsgesetz
u. a.	und andere
u. ä.	und ähnliche(s)
u. E.	unseres Erachtens
UR	Umsatzsteuer-Rundschau (Zeitschrift; Jahr, Seite)
UStDV	Umsatzsteuer-Durchführungsverordnung
UStG	Umsatzsteuergesetz
UStR	Umsatzsteuerrichtlinien
usw.	und so weiter
UVR	Umsatzsteuer- und Verkehrsteuer-Recht (Zeitschrift; Jahr, Seite)
VermBG	Vermögensbildungsgesetz
vgl.	vergleiche
VHS	Volkshochschule
Vorbem.	Vorbemerkung(en)
WiB	Wirtschaftsrechtliche Beratung (Zeitschrift; Jahr, Seite)
ZDG	Zivildienstgesetz
Ziff.	Ziffer(n)
ZTR	Zeitschrift für Tarifpolitik (Jahr, Seite)

Teil 1: Arbeits- und Sozialversicherungsrecht

1. Einführung

Verträgen über freie Mitarbeit kommt in Zeiten stagnierender oder gar rückläufiger Unternehmenserträge aus der Sicht der Unternehmen unter dem Aspekt der *Personalkostenreduzierung* ein wesentlicher Stellenwert zu. Unternehmen benötigen zum Erreichen ihrer jeweiligen betriebswirtschaftlichen Ziele regelmäßig die Mitarbeit Dritter. Ein-Personen-Unternehmen[1], in denen der „Chef" allein tätig ist, bedeuten zumindest nicht die Regel betrieblicher Betätigung. Wenn also ein Unternehmer auf die Mitarbeit anderer Personen angewiesen ist, stellt sich aus seiner Sicht zwangsläufig die Frage, in welcher Form eine Beschäftigung von Mitarbeitern *betriebswirtschaftlich opportun* und *rechtlich möglich* ist.

Mit dieser Fragestellung nach der betriebswirtschaftlichen Komponente einerseits und der rechtlichen andererseits ist bereits die Kernproblematik angesprochen, die sich die vorliegende Schrift zum Gegenstand ihrer Untersuchung gestellt hat.

Klassischerweise beschäftigt ein Unternehmer zur Verfolgung seiner arbeitstechnischen Zwecke *Arbeitnehmer,* die sich dadurch auszeichnen, daß sie zu einem Betrieb oder Unternehmen in einem *persönlichen Abhängigkeitsverhältnis* stehen. Dieser Umstand bringt es notwendigerweise mit sich, daß zugunsten der beschäftigten Arbeitnehmer die Schutzvorschriften des Arbeitsrechts eingreifen, die sich in vielfältiger Weise auswirken können. Insoweit erlangen in der betrieblichen Praxis zugunsten der Arbeitnehmer insbesondere folgende Aspekte Bedeutung:

---

1 Im folgenden werden die Rechtsbegriffe *Unternehmen* und *Betrieb* nicht im engeren Sinne, sondern zur allgemeinen Charakterisierung der Dienst- bzw. Arbeitgeberseite verwandt. Auch der Begriff *Unternehmer* wird als Sammelbezeichnung für die Dienst- bzw. Arbeitgeberseite verwandt und dient der Abgrenzung zum Begriff des *Beschäftigten.*

- Sozialversicherungspflicht
- Tarifvertragliche Vorschriften (sofern ein Tarifvertrag Anwendung findet)
- Verlängerte Kündigungsfristen nach § 622 BGB
- Kündigungsschutzvorschriften allgemeiner und/oder besonderer Natur
- Entgeltfortzahlung im Krankheitsfall
- Erholungsurlaub
- Erziehungsurlaub
- Betriebliche Mitbestimmungsrechte
- Haftungsbeschränkungen bei Pflichtverletzungen.

Die im Rahmen eines Arbeitsverhältnisses bestehenden Interessengegensätze zwischen Arbeitgeber und Arbeitnehmer[2] bringen es mit sich, daß der Unternehmer aus seiner betriebswirtschaftlichen Sichtweise regelmäßig daran Interesse haben wird, daß arbeitsrechtliche Schutzvorschriften in geringerem Umfange (oder gar nicht) zur Anwendung gelangen, als dies auf seiten des Mitarbeiters der Fall sein wird. Da es sich aber bei den jeweiligen arbeitsrechtlichen Gesetzen, die zugunsten des Arbeitnehmers bestehen, in aller Regel um nicht dispositives Recht handelt, das entweder gar nicht oder nur unter Einschränkungen von den Parteien eines Arbeits- oder Tarifvertrags abgeändert werden kann, kommt der Frage erhebliche Bedeutung zu, welchen *Status* ein Mitarbeiter im Einzelfall hat: Ist er Arbeitnehmer, kann er auch die Anwendung arbeitsrechtlicher Schutzgesetze für sich reklamieren, ist er hingegen „nur“ Dienstnehmer nach Bürgerlichem Recht ohne Arbeitnehmerstatus, finden die Arbeitsgesetze grundsätzlich keine Anwendung.[3]

Dabei sind die rechtlichen Grundlagen der freien Beschäftigungsverhältnisse – also der Nichtarbeitsverhältnisse – je nach konkreter vertraglicher Vereinbarung im Einzelfall entweder *dienstvertraglicher* oder *werkvertraglicher* Art. Gemeinsam ist beiden Vertragsgestaltungen, daß der Vertragspartner des Unternehmers, also derjenige, der eine Dienst- oder Werkleistung gegenüber dem Unternehmen zu erbrin-

---

2 Vgl. grundsätzlich zu den Interessengegensätzen im Arbeitsverhältnis *Hohmeister*, Arbeitsrecht, S. 26 f.

3 Eine Zwischenstellung können insoweit die sog. *arbeitnehmerähnlichen Personen* einnehmen, auf die im folgenden noch gesondert eingegangen wird (vgl. Teil 1, 2.6.1).

gen hat, in seinen persönlichen Dispositionen „frei“ ist, daß ihm mithin selbst der Status eines Unternehmers zukommt oder er zumindest unternehmerähnlichen Status besitzt. Demgemäß werden in der Praxis auch in zunehmendem Maße sog. *Subunternehmerverträge* abgeschlossen, an denen zwei oder mehr selbständige Unternehmer beteiligt sind. Allerdings – dies ist im folgenden noch näher zu untersuchen – wird es sich bei diesem Vertragstypus regelmäßig entweder um einen Dienstvertrag iSv. §§ 611 ff. BGB oder um einen Werkvertrag iSv. §§ 631 ff. BGB und in einigen Ausnahmefällen vielleicht auch um einen zusammengesetzten oder gemischten Vertrag eigener Art handeln.

Daher greifen Unternehmer bei der Einstellung neuer Mitarbeiter immer öfter zu dem rechtlichen Instrumentarium des sog. *freien Mitarbeiterverhältnisses,* statt einen Arbeitsvertrag abzuschließen. Bisweilen werden sogar auf der rechtlichen Grundlage eines Arbeitsvertrages bereits bestehende Beschäftigungsverhältnisse in freie Mitarbeiterverhältnisse umgewandelt. Sinn und Zweck solcher Maßnahmen bestehen meistens darin, die Personalkosten gering zu halten bzw. zu reduzieren, indem die Arbeitgeberanteile zur Sozialversicherung ebenso entfallen wie den Arbeitnehmern gesetzlich zwingend garantierte Zusatzleistungen zur Arbeitsvergütung, etwa das Urlaubsentgelt oder die Entgeltfortzahlung im Krankheitsfall. Ein weiterer wesentlicher Beweggrund aus Unternehmersicht, kein Arbeits-, sondern ein freies Beschäftigungsverhältnis zu begründen, liegt schließlich im fehlenden Kündigungsschutz und generell in kürzeren Kündigungsfristen bei freien Beschäftigungsverhältnissen.

Die bestehende Interessenlage der Beteiligten zum Abschluß eines freien Mitarbeiterverhältnisses auf seiten des Auftraggebers bzw. zum Abschluß eines klassischen Arbeitsverhältnisses auf seiten des Mitarbeiters wird regelmäßig von folgenden Motiven bestimmt sein:

Motive des Auftraggebers für ein freies Mitarbeiter-verhältnis	**Motive des Mitarbeiters für ein Arbeitsverhältnis**
Keine Arbeitgeberanteile zur Sozialversicherung	Mitgliedschaft in der gesetzlichen Sozialversicherung und Inanspruchnahme deren Leistungen
Kein Kündigungsschutz (damit auch keine Abfindungen nach §§ 9, 10 KSchG)	Allgemeiner und besonderer Kündigungsschutz
Kürzere Kündigungsfristen	Längere Kündigungsfristen für den Arbeitgeber, insbesondere bei längerer Betriebszugehörigkeit des Arbeitnehmers
Keine Entgeltfortzahlung im Krankheitsfall	Entgeltfortzahlung im Krankheitsfall für die Dauer von längstens 6 Wochen
Kein Erholungsurlaub	Mindesturlaub nach dem BUrlG (24 Werktage)
Kein Erziehungsurlaub	Erziehungsurlaub nach Schwangerschaft
Keine Tarifbindung	Tarifliche Vergünstigungen
Keine Mitbestimmung	Inner- und überbetriebliche Mitbestimmung
Keine eingeschränkte Arbeitnehmerhaftung	Eingeschränkte Arbeitnehmerhaftung
Karenzentschädigungsfreie nachvertragliche Wettbewerbsverbote	Nachvertragliches Wettbewerbsverbot nur bei Karenzentschädigung

(Fortsetzung)

Motive des Auftraggebers für ein freies Mitarbeiterverhältnis	**Motive des Mitarbeiters für ein Arbeitsverhältnis**
Keine rechnerische Steigerung der Mitarbeiterzahl bei Errechnung der Schwellenwerte nach KSchG und BetrVG	Anzahl der Arbeitnehmer entscheidend für Schwellenwerte nach KSchG und BetrVG
Keine Dokumentationspflichten nach dem Nachweisgesetz	Verpflichtung des Arbeitgebers zur schriftlichen Fixierung der wesentlichen Inhalte des Arbeitsvertrags nach dem Nachweisgesetz
Geringere Büro- und Buchhaltungskosten	Keine besondere Motivation
Geringerer Büroaufwand allgemein	Keine besondere Motivation

Aber nicht nur die betriebwirtschaftlichen Interessen des Unternehmers, sondern auch die persönlichen Interessen des Mitarbeiters können eine Motivation dafür abgeben, statt eines Arbeitsvertrages ein freies Mitarbeiterverhältnis einzugehen. Immer mehr Erwerbstätige wünschen sich – nicht zuletzt wegen der allgemeinen Tendenz in unserer Gesellschaft zu flexibleren Arbeitszeiten – in möglichst geringem Umfange in betriebliche oder behördliche Hierarchien und Strukturen eingebunden zu sein, um auch bei der Bewältigung ihrer Erwerbstätigkeit weitestgehende Handlungsfreiheit zu genießen.

Daher können aber auch auf seiten des Beschäftigten durchaus Motive vorhanden sein, die ihn dazu veranlassen, statt eines klassischen Arbeitsverhältnisses ein freies Mitarbeiterverhältnis einzugehen:

Motive des Beschäftigten für ein freies Mitarbeiterverhältnis
Größere persönliche und wirtschaftliche Entfaltungsmöglichkeiten
Eigenbestimmte Tätigkeit
Freie Zeiteinteilung
Freie Wahl des Arbeitsortes
Bessere Steuerung der Höhe der Einkünfte
Keine vertragliche Bindung an nur einen Arbeitgeber
Leichtere Möglichkeiten zur Auflösung des Beschäftigungsverhältnisses wegen kürzerer Kündigungsfristen
Keine Pflichtmitgliedschaft in der gesetzlichen Sozialversicherung und damit keine Zwangsabgaben zur Sozialversicherung
Keine Lohnsteuerpflicht
Möglichkeit der privaten Vorsorge für Krankheit und Alter
Steuerliche Gründe, insbesondere: • Betriebsausgabenabzug statt Werbungskosten • Beschäftigung des Ehepartners als geringfügig Beschäftigter • Vorsteuerabzug

Entscheidende Bedeutung kommt damit der Frage zu, ob im Einzelfall ein klassisches Arbeitsverhältnis oder ein freies Beschäftigungsverhältnis vorliegt.

Dieser Problemkreis wird in Teil 1 dieses Buches Untersuchungsgegenstand des folgenden Kapitels 2 *Arbeitsvertrag und freie Mitarbeit* sein. Sodann sollen in einem weiteren Kapitel 3 die verschiedenen *Verträge über freie Mitarbeit* dargestellt und ihre spezifischen Unterschiede zum klassischen Arbeitsvertrag herausgearbeitet werden.

Teil 2 widmet sich den steuerlichen Aspekten der freien Mitarbeit im Unterschied zum Arbeitsverhältnis, insbesondere auch in den Fällen der sog. „Scheinselbständigkeit". So ist gewährleistet, daß sich der Leser über die rechtlichen Unterscheidungsmerkmale zwischen einem Arbeitsverhältnis auf der einen Seite und einem freien Mitarbeiterverhältnis auf der anderen Seite einen Einblick verschaffen und sodann entscheiden kann, welche Art eines Beschäftigungsverhältnisses aus vertrags-, sozialversicherungs- und steuerrechtlicher Sicht im Einzelfall für ihn opportun ist.

2. Arbeitsvertrag und freie Mitarbeit

Die Rechtsbegriffe *Arbeitsvertrag* einerseits und *freie Mitarbeit* andererseits sind gesetzlich nicht definiert. Mangels Bestehens entsprechender Legaldefinitionen war es daher Rechtsprechung und Arbeitsrechtswissenschaft vorbehalten, Begriffsbestimmungen zu schaffen und dafür geeignete Abgrenzungskriterien aufzustellen.

2.1 Rechtsgrundlagen und Begriffsbestimmungen

Beiden Beschäftigungsverhältnissen – dem Arbeitsverhältnis ebenso wie dem freien Mitarbeiterverhältnis – ist gemeinsam, daß keine spezifischen Rechtsgrundlagen vorhanden sind. Weder existiert ein Arbeitsgesetz, das eine eigene Rechtsgrundlage für den *Arbeitsvertrag* enthielte, noch findet sich für den recht allgemeinen und umfassend zu verstehenden Begriff des *freien Mitarbeiterverhältnisses* eine spezielle Rechtsgrundlage im Gesetz.

Vielmehr besteht in Rechtsprechung[4] und Schrifttum[5] heute weitestgehend Einigkeit darüber, daß es sich bei dem Arbeitsvertrag um eine besondere Form bzw. Unterart des Dienstvertrages handelt, der seinerseits in §§ 611 ff. BGB seine gesetzliche Regelung erfahren hat.

Demgegenüber können freie Mitarbeiterverhältnisse einmal in der Rechtsform des Dienstvertrags gem. §§ 611 ff. BGB vorkommen, nämlich dann, wenn kein konkreter Erfolg, sondern die Tätigkeit als

---

4 Vgl. BAG vom 10. 11. 1955, AP Nr. 2 zu § 611 BGB Beschäftigungspflicht.

5 Vgl. *Brox/Rüthers,* Arbeitsrecht, Rn. 12; Kasseler Handbuch-*Leinemann,* 1.4; MünchArbR-*Richardi,* § 40 Rn. 1; *Schaub,* Arb.-Hdb., S. 161.

solche vertraglich geschuldet wird[6], was bei Mitarbeiterverhältnissen in der Praxis den häufigeren Fall darstellen dürfte. Andererseits ist auch denkbar, daß ein freies Mitarbeiterverhältnis auf der Rechtsgrundlage eines Werkvertrags gem. §§ 631 ff. BGB geschlossen wird. Dies ist insbesondere dann der Fall, wenn es sich bei der vom Mitarbeiter zu erbringenden Leistung um einen konkreten Erfolg handelt, der Beschäftigte also zur Herstellung eines bestimmten Arbeitsergebnisses verpflichtet ist.[7]

Freie Mitarbeit kann damit als „selbständige unternehmerische Tätigkeit einer natürlichen Person für ein fremdes Unternehmen auf dienst- oder werkvertraglicher Grundlage" bezeichnet werden.[8]

Soweit in der jüngeren Vergangenheit zwischen Unternehmen und Mitarbeitern zunehmend auf die Rechtsform des *Subunternehmervertrags* zurückgegriffen wird, ist festzustellen, daß es sich bei diesem Vertragstypus wohl regelmäßig nicht um einen Vertrag eigener Art (Vertrag sui generis) handeln wird. Vielmehr dürfte insoweit in der Mehrzahl der Fälle von einem Werkvertrag, ggf. auch von einem Dienstvertrag auszugehen sein. Soweit im Einzelfall Mischelemente aus beiden Vertragstypen anzutreffen sind, werden die Regelungen über denjenigen Vertragstypus anzuwenden sein, dessen Elemente überwiegen. Kann ein solches Übergewicht nicht festgestellt werden, ist von einem *Vertrag sui generis* auszugehen, der seine Rechtsgrundlage in § 305 BGB findet.

Verträge über freie Mitarbeit – sei es in der Form des Dienst- oder in der Form des Werkvertrages – zeichnen sich regelmäßig durch folgende drei Kriterien aus:

---

6 Vgl. zur Tätigkeits- bzw. Zeitorientierung des Dienstvertrages *Hohmeister,* Wirtschaftsprivatrecht, S. 106 ff.

7 Vgl. zur Erfolgsbestimmtheit des Werkvertrags *Palandt/Putzo*, BGB, Einführung vor § 631 Rn. 1 und zu den Unterscheidungskriterien zwischen Dienst- und Werkvertrag *ders.,* a. a. O., Rn. 4.

8 *Küttner/Bauer,* Personalbuch 1998, Freie Mitarbeit, Rn. 1.

- Privatrechtlicher Vertrag[9], gerichtet auf
- entgeltliche[10] Dienst- bzw. Werkleistungen
- für einen anderen.[11]

Beim Arbeitsvertrag liegen diese drei inhaltlichen Merkmale zunächst ebenfalls vor, wobei allerdings die vom Arbeitnehmer zu erbringende Hauptleistungsverpflichtung in der Erbringung von Diensten und nicht in der Herstellung eines konkreten Werkes (Erfolges) iSv. § 631 BGB besteht. Arbeitsverhältnisse sind demgemäß nicht erfolgs-, sondern zeit- bzw. tätigkeitsbestimmt.[12]

Zusätzlich zu den drei oben genannten inhaltlichen Merkmalen muß allerdings für das Vorliegen eines klassischen Arbeitsvertrages noch ein weiteres Kriterium hinzutreten, das den Arbeitsvertrag als Unterfall des Dienstvertrages[13] vom freien Mitarbeiterverhältnis unterscheidet und abgrenzbar macht.[14]

2.2 Unterscheidungsmerkmale

Auf die Frage, aufgrund welcher Abgrenzungskriterien eine Unterscheidung des klassischen Arbeitnehmers vom freien Mitarbeiter zu erfolgen hat, wird heute keine einheitliche Antwort gegeben.[15] Es wer-

---

9 Bei Vorliegen eines öffentlichrechtlichen Dienst- und Treueverhältnisses, in dem Beamte, Richter und Soldaten zu einer juristischen Person des öffentlichen Rechts stehen, findet das Arbeitsrecht keine Anwendung. Vgl. MünchArbR-*Richardi,* § 23 Rn. 90 ff.; *Schaub,* Arb.-Hdb., S. 224.

10 Bei einem unentgeltlichen Vertragsverhältnis liegt ein Auftragsverhältnis nach § 662 BGB vor, das aber in dem hier erörterten Zusammenhang für die Praxis kaum relevant werden dürfte.

11 Bei der freien *Mit*arbeit wird vorausgesetzt, daß der Mitarbeiter die Dienst- oder Werkleistung in erster Linie für einen anderen und nicht – ggf. als Gesellschafter – primär für sich selbst erbringt. Über die Frage einer etwaigen Abhängigkeit zu einem anderen ist hiermit allerdings noch nichts gesagt, vgl. hierzu weiterführend *Schaub,* Arb.-Hdb., S. 218 ff.

12 Derjenige, der eigenverantwortlich einen konkreten Arbeitserfolg schuldet, entspricht dem klassischen Grundmuster des Werkunternehmers in § 631 BGB und fällt daher regelmäßig nicht unter den Arbeitnehmerbegriff. Vgl. *Kreuder,* ArbuR 1996, 390, insb. Fn. 62, m. w. N.

13 Vgl. schon oben unter 2.1.

14 Zumindest insoweit besteht Übereinstimmung, daß sich freie Mitarbeit und Arbeitsvertrag durch eine bestehende Abhängigkeit des Beschäftigten von einem Auftraggeber auszeichnen. Vgl. *Hromadka,* DB 1998, 195.

15 Einen Überblick über den aktuellen Meinungsstand gibt *Berndt,* BB 1998, 894.

den insoweit im wesentlichen drei Abgrenzungsschemata vorgeschlagen, die eine Differenzierung zwischen Arbeitnehmer einerseits und freiem Mitarbeiter andererseits aufgrund verschiedener Ansätze vornehmen, wobei allerdings zunehmend die Tendenz in der Rechtsprechung der Instanzgerichte[16] festzustellen ist, verschiedene Ansatzpunkte miteinander zu kombinieren.

Während die heute noch herrschende Meinung, allen voran das BAG[17], den Arbeitnehmer vom freien Mitarbeiter nach dem Grad der *persönlichen Abhängigkeit* in Form der *Weisungsgebundenheit* abgrenzt, wollen andere[18] – statt auf die persönliche Abhängigkeit – auf das sog. *Unternehmerrisiko*[19] abstellen. Schließlich existiert noch der Vorschlag einer Arbeitsgruppe[20] der Spitzenverbände der Sozialversicherungsträger, bei dem die Frage der Pflichtmitgliedschaft in der Sozialversicherung im Vordergrund steht.[21]

Einigkeit besteht in der fachjuristischen Diskussion jedenfalls darüber, daß die rechtliche Abgrenzung des Arbeitnehmers von einem freien Mitarbeiter nach dem – ggf. auszulegenden – Inhalt der vertraglichen Vereinbarung und seiner tatsächlichen Durchführung und nicht etwa nach den Bezeichnungen zu bestimmen ist, die die Parteien gewählt haben.[22]

---

16 Vgl. aus jüngerer Zeit nur LG München I vom 15. 5. 1997, NZA 1997, 943 f.

17 Vgl. BAG vom 30. 11. 1994, AP Nr. 74 zu § 611 BGB Abhängigkeit = BB 1995, 831 (Ls.); BAG vom 9. 6. 1993, BB 1993, 2312 (Ls.) = AP Nr. 66 zu § 611 BGB Abhängigkeit.

18 Vgl. aus der Literatur: *Berger-Delhey/Alfmeier,* NZA 1991, 259; *von Einem,* BB 1994, 63; *Niebler/Meier/Dubber,* Rn. 80 ff.; aus der Rechtsprechung der Instanzgerichte: ArbG Oldenburg vom 7. 6. 1996, NZA-RR, 1997, 162 f.; LG München I vom 15. 5. 1997, NZA 1997, 943 f.; aus der Rechtsprechung des BSG: BSG vom 13. 7. 1978, AP Nr. 29 zu § 611 BGB Abhängigkeit. Vgl. auch BAG vom 13. 8. 1980, BB 1981, 183 = AP Nr. 37 zu § 611 BGB Abhängigkeit, das das unternehmerische Risiko als Kriterium zur Bestimmung der persönlichen Abhängigkeit heranzieht.

19 Vgl. Teil 1 unter 2.4.1.

20 Es handelt sich insoweit allerdings lediglich um den Vorschlag einer Arbeitsgruppe der Spitzenverbände der Sozialversicherungsträger. Vgl. hierzu die in NZA 1997, 590 ff. dargestellten zentralen Ergebnisse einer empirischen Untersuchung zur „Scheinselbständigkeit".

21 Vgl. Teil 1 unter 2.4.2.

22 Vgl. aus der Literatur *Küttner/Bauer,* Personalbuch 1998, Arbeitnehmer (Begriff), Rn. 12. Maßgeblich für die rechtliche Einordnung des Vertragsverhältnisses ist also die tatsächliche Durchführung und nicht die formelle Bezeichnung als „Arbeitsvertrag" oder „Freier Mitarbeitervertrag" bzw. „Dienstvertrag" oder „Werkvertrag".

Insbesondere die höchstrichterliche Rechtsprechung geht davon aus, daß die Qualifizierung einer Rechtsbeziehung als Arbeitsverhältnis oder freies Mitarbeiterverhältnis nicht von der Bezeichnung abhängt, die die Vertragsparteien gewählt haben. Vielmehr ist der arbeits-, sozialversicherungs- und steuerrechtliche Status allein aus dem tatsächlichen Inhalt des Rechtsverhältnisses und seiner Durchführung abzuleiten.[23] Dies hat zwingend zur Konsequenz, daß die anderslautende Bezeichnung eines Arbeitsverhältnisses nicht zum Verlust der einem Arbeitnehmer zustehenden Rechte führt.

Die verschiedenen Unterscheidungsvorschläge nach inhaltlichen Kriterien sollen im folgenden dargestellt werden, wobei das Schwergewicht der Untersuchung auf das Unterscheidungsmerkmal „persönliche Abhängigkeit" gelegt wird, das – trotz der alternativen Lösungsvorschläge – nach wie vor kombinationsfähig mit weiteren Gesichtspunkten bezeichnet werden kann.

Das Merkmal der persönlichen Abhängigkeit soll zum Ausdruck bringen, daß die Gestaltung einer Rechtsbeziehung zu einem Abhängigkeitsverhältnis des einen Vertragspartners (Beschäftigter) vom anderen (Arbeitgeber) führen kann, weshalb der besondere Schutz durch die Regelungen des Arbeitsrechts erforderlich wird. Damit ist aber noch nicht geklärt, wann ein solcher Grad der persönlichen Abhängigkeit vorliegt. Dies wiederum ist anhand weiterer Gesichtspunkte festzustellen, die im folgenden zu besprechen sind. Die persönliche Abhängigkeit stellt damit eine „Sammelbezeichnung für konkretere Merkmale"[24] dar.

2.3 Unterscheidungsmerkmal „persönliche Abhängigkeit"

Sowohl BAG[25] als auch BSG[26] sowie BGH[26a] gehen in ständiger Rechtsprechung davon aus, daß die Abgrenzung zwischen einem Ar-

---

23 Vgl. BAG vom 13. 11. 1991, BB 1992, 1860 = AP Nr. 60 zu § 611 BGB Abhängigkeit; BSG vom 21. 4. 1993, AP Nr. 67 zu § 611 BGB Abhängigkeit; BFH vom 24. 7. 1992, AP Nr. 63 zu § 611 BGB Abhängigkeit.

24 Kasseler Handbuch-*Worzalla*, 1.1 Rn. 105.

25 Vgl. BAG vom 28. 2. 1962, AP Nr. 1 zu § 611 BGB Abhängigkeit; BAG vom 26. 7. 1995, BB 1996, 60 ff. = AP Nr. 79 zu § 611 BGB Abhängigkeit.

26 Vgl. BSG vom 21. 4. 1993, AP Nr. 67 zu § 611 BGB Abhängigkeit.

26a BGH vom 21. 10. 1998 und 4. 11. 1998, Pressemitteilung des BGH Nr. 87/1998.

beitnehmer[27] und einem freien Mitarbeiter nach dem Kriterium der *persönlichen Abhängigkeit* zu erfolgen habe. Insoweit komme es auf die *wirtschaftliche* Abhängigkeit nicht an, die weder erforderlich noch gar ausreichend sei.[28]

Die herrschende Lehre[29] folgt der Rechtsprechung und geht ebenfalls davon aus, daß sich der Arbeitnehmer vom freien Mitarbeiter dadurch unterscheidet, daß er vom Arbeitgeber persönlich abhängig ist, wobei der Grad der wirtschaftlichen Abhängigkeit nicht ausschlaggebend sei.

Damit kann zunächst festgestellt werden, daß sich nach herrschender Ansicht in Rechtsprechung und Literatur das Arbeitverhältnis vom freien Mitarbeiterverhältnis durch das zusätzliche Qualifizierungsmerkmal der persönlichen Abhängigkeit unterscheidet und demgemäß die folgenden inhaltlichen Merkmale aufweist:

- Privatrechtlicher Vertrag, gerichtet auf
- entgeltliche Dienstleistungen
- für einen anderen
- in persönlicher Abhängigkeit.

Der Unterschied zwischen persönlicher und wirtschaftlicher Abhängigkeit wird deutlich, wenn man festlegt, welche Gesichtspunkte letztlich das Kriterium „persönliche Abhängigkeit“ ausfüllen.

2.3.1 Weisungsgebundenheit und Direktionsbefugnis

Ausgangspunkt für die weiteren Überlegungen ist das HGB. Während in dessen fünftem und sechstem Abschnitt unter den Überschriften „Prokura und Handlungsvolllmacht“ und „Handlungsgehilfen und Handlungslehrlinge“ die *unselbständigen* Hilfspersonen des Kaufmanns geregelt werden, finden sich die entsprechenden gesetzlichen Regelungen für die *selbständigen* Hilfspersonen im siebten und achten Abschnitt des HGB unter den Überschriften „Handelsvertreter“ und

---

27 Im Sozialversicherungsrecht wird statt des Rechtsbegriffs des *Arbeitnehmers* derjenige des *Beschäftigten* verwandt (vgl. z. B. § 7 I SGB IV), was allerdings inhaltlich keinen Unterschied bedeutet.

28 Vgl. BAG vom 30. 11. 1994, AP Nr. 74 zu § 611 BGB Abhängigkeit = BB 1995, 931 (Ls.). Vgl. auch *Gast,* BB 1993, 67, der anschaulich von „Abhängigkeit von fremdem Unternehmertum“ spricht.

29 Vgl. statt vieler MünchArbR-*Richardi*, § 23 Rn. 14 ff. m. w. N.

„Handelsmakler“. Insoweit erfährt der im siebten Abschnitt unter den Vorschriften der §§ 84 bis 92 c HGB geregelte Handelsvertreter in § 84 I Satz 1 HGB eine Legaldefinition als „selbständiger Gewerbetreibender“. Gem. § 84 I Satz 2 HGB ist wiederum selbständig, „wer im wesentlichen frei seine Tätigkeit gestalten und seine Arbeitszeit bestimmen kann“. Weiterhin definiert das Gesetz in § 84 II HGB, wer – im Gegensatz zum selbständigen Handelsvertreter – unselbständiger Angestellter, also Arbeitnehmer ist: „Wer, ohne selbständig im Sinne des Absatzes 1 zu sein, ständig damit betraut ist, für einen Unternehmer Geschäfte zu vermitteln oder in dessen Namen abzuschließen, gilt als Angestellter“.

Die herrschende Meinung, insbesondere das BAG[30], wendet die unmittelbar nur für den Handelsvertreter geschaffene Vorschrift des § 84 HGB entsprechend auch im Arbeitsrecht an und erblickt in dieser gesetzlichen Regelung ein typisches Abgrenzungsmerkmal zwischen selbständiger und unselbständiger, also persönlich abhängiger Tätigkeit. Damit läßt sich aus einer analogen Anwendung von § 84 I Satz 2 HGB per Umkehrschluß folgende allgemeine Definition des Arbeitnehmers aufstellen: *Arbeitnehmer ist, wer nicht im wesentlichen frei seine Tätigkeit gestalten und seine Arbeitszeit bestimmen kann.*

Dies bedeutet, daß sich die Unselbständigkeit („Unfreiheit“) des Arbeitnehmers gegenüber der Selbständigkeit des Handelsvertreters – und noch weitergehend des selbständigen Gewerbetreibenden bzw. freien Mitarbeiters – darin manifestiert, daß der Arbeitnehmer gegenüber einem freien Mitarbeiter

- *weder* seine aus dem Arbeitsvertrag geschuldete Tätigkeit frei gestalten
- *noch* seine Arbeitszeit frei bestimmen kann.

Die persönliche Abhängigkeit des Arbeitnehmers vom Arbeitgeber entsteht damit in erster Linie dadurch, daß dem Arbeitgeber gegenüber dem Arbeitnehmer ein innerhalb der arbeitsvertraglichen Vorgaben angesiedeltes *Direktionsrecht* zusteht, das ihn in die Lage versetzt, dem Arbeitnehmer konkrete Anweisungen (Direktiven) zu erteilen,

30 Vgl. BAG vom 15. 3. 1978, BB 1978, 760 f. = AP Nr. 26 zu § 611 BGB Abhängigkeit; BAG vom 3. 5. 1989, BB 1990, 779 f.; BAG vom 30. 10. 1991, BB 1992, 1356 ff. = AP Nr. 59 zu § 611 BGB Abhängigkeit.

wo, wie und wann er seine auf der Grundlage des Arbeitsvertrages geschuldete Arbeitsleistung zu erbringen hat. Diese Direktionsbefugnis des Arbeitgebers korrespondiert unmittelbar mit einer entsprechenden *Weisungsgebundenheit* des Arbeitnehmers, der den Weisungen innerhalb der Grundfesten des Arbeitsvertrages[31] Folge zu leisten hat.[32]

Eine solche Direktionsbefugnis des Arbeitgebers, korrespondierend mit einer entsprechenden Weisungsunterworfenheit des Arbeitnehmers existiert bei einem freien Mitarbeiter nicht. Der freie Mitarbeiter kann vielmehr selbst entscheiden, wo, wie und wann er die aufgrund des (freien) Dienst- oder Werkvertrages geschuldete Leistungsverpflichtung erfüllt.

2.3.1.1 Örtliche Weisungsgebundenheit

Die Frage, an welchem Ort der Mitarbeiter seine Leistungsverpflichtung zu erfüllen hat, wenn ein Unternehmen mehrere Betriebsstätten unterhält, ist regelmäßig im Arbeitsvertrag geregelt. Insoweit besteht die Möglichkeit, in den Vertrag die Vereinbarung aufzunehmen, daß es dem Unternehmen vorbehalten ist, mittels Ausübung des Direktionsrechts einseitig zu bestimmen, in welcher Betriebsstätte der Mitarbeiter seine Leistung zu erbringen habe. In einem solchen Fall wird regelmäßig von einem Arbeitsverhältnis auszugehen sein, weil eine derartige umfassende Direktionsbefugnis zu einer ganz erheblichen örtlichen Weisungsgebundenheit des Mitarbeiters führt, die ihn wiederum in eine starke persönliche Abhängigkeit von seinem Vertragspartner einbindet.

In denjenigen Fällen allerdings, in denen das Unternehmen nur eine einzige Betriebsstätte unterhält, oder unter der Voraussetzung, daß beim Vorhandensein mehrerer Betriebsstätten keine entsprechende Direktionsbefugnis vertraglich vorbehalten worden ist[33], wird in aller

31 Ein den arbeitsvertraglichen Rahmen überschreitendes Direktionsrecht existiert indessen nicht. Will der Arbeitgeber einseitig die Grundfesten des Arbeitsvertrages überschreiten, also den Arbeitsvertrag ändern, muß er zum Rechtsinstitut der Änderungskündigung greifen.

32 Inhaltlich sind die Begriffe *persönliche Abhängigkeit* einerseits und *Weisungsgebundenheit* andererseits wohl deckungsgleich. Entsprechend der herkömmlichen Sichtweise soll die persönliche Abhängigkeit als Oberbegriff verwandt werden. Vgl. *Hromadka,* DB 1998, 198.

33 In einem solchen Fall kommt nur eine Änderungskündigung in Betracht.

Regel das Kriterium der örtlichen Weisungsgebundenheit schlecht als Abgrenzungsmerkmal zwischen Arbeitnehmer und freiem Mitarbeiter taugen. In diesem Fall ist – quasi im Sinne einer weiteren Einengung der *örtlichen* Weisungsgebundenheit – auf eine *räumliche* Weisungsgebundenheit abzustellen.

2.3.1.2 Räumliche Weisungsgebundenheit

Innerhalb der betrieblichen Organisation des Unternehmens unterliegt ein Arbeitnehmer im Gegensatz zu einem freien Mitarbeiter einer räumlichen Weisungsgebundenheit dergestalt, daß der Arbeitnehmer zunächst einmal generell verpflichtet ist, seine Dienste in den betrieblichen Räumlichkeiten des Unternehmens zu erbringen. Demgemäß kann ein Arbeitnehmer in aller Regel nicht frei bestimmen, ob er beispielsweise zu Hause bleibt, um dort zu arbeiten – selbst wenn ihm dies möglich wäre –, oder ob er in der Betriebsstätte anwesend ist. Während freie Mitarbeiter ihre Arbeitsstätte regelmäßig frei wählen können, unterliegen Arbeitnehmer also der räumlichen Direktionsbefugnis des Arbeitgebers, der die Anweisung erteilen kann, daß der Arbeitnehmer in den Betriebsräumen anwesend zu sein und dort zu arbeiten hat.[34]

Gleichwohl muß bereits an dieser Stelle darauf hingewiesen werden, daß es zur Abgrenzung zwischen einem persönlich abhängigen Arbeitnehmer und einem freien Mitarbeiter letztlich immer auf eine *Einzelfallentscheidung* hinausläuft, bei der eine *Gesamtschau der relevanten Abgrenzungsmerkmale* zu erfolgen hat. Aufgrund einer solchen Gesamtschau muß sodann festgestellt werden, bei welchem Kriterium das Schwergewicht für oder gegen eine persönliche Abhängigkeit im Einzelfall liegt. Allein das Nichtvorhandensein eines umfassenden räumlichen Direktionsrechts des Unternehmens kann sicherlich noch nicht zwangsläufig zur Verneinung der Arbeitnehmereigenschaft eines Mitarbeiters führen. In diesem Zusammenhang ist insbesondere an die Berufsgruppe der Journalisten zu denken, die je nach den individuellen Gegebenheiten ihrer Tätigkeit nicht immer an demselben Ort und schon gar nicht in den Räumlichkeiten der Redaktion tätig wird. Gleichwohl sind auch in diesem Bereich unselbständig Tä-

34 Vgl. zur räumlichen Weisungsgebundenheit des Arbeitnehmers BAG vom 3. 5. 1989, BB 1990, 779 f.

tige anzutreffen, die aufgrund ihrer persönlichen Abhängigkeit im übrigen Arbeitnehmerstatus besitzen, aber dennoch ihre Dienste an beliebigen Orten verrichten können oder sogar müssen.[35]

Umgekehrt kann auch nicht allein aufgrund des Umstandes, daß ein Mitarbeiter wegen der Eigenart seiner Tätigkeit, z. B. der Berichterstattung über bestimmte Ereignisse, an einem bestimmten Ort anwesend sein muß, zwingend auf seine persönliche Abhängigkeit und damit auf seine Arbeitnehmereigenschaft geschlossen werden.[36]

2.3.1.3 Zeitliche Weisungsgebundenheit

Typisch für ein Arbeitsverhältnis ist eine in zeitlicher Hinsicht ausgestaltete Weisungsunterworfenheit des Arbeitnehmers unter die entsprechende Direktionsbefugnis des Arbeitgebers. Regelmäßig hat der Arbeitnehmer innerhalb des vom Arbeitsvertrag vorgegebenen zeitlichen Rahmens in der Betriebsstätte anwesend zu sein, muß also beispielsweise spätestens um 8 Uhr im Betrieb erscheinen und darf diesen vor 16.30 Uhr nicht gegen den Willen des Arbeitgebers verlassen. Innerhalb dieses Zeitrahmens wird der Arbeitnehmer des weiteren in der Mehrzahl der Fälle an feste Pausenregelungen gebunden sein, beispielsweise in der Zeit von 12.30 Uhr bis 13.30 Uhr.[37]

Allerdings kann auch dieses Kriterium der zeitlichen Weisungsgebundenheit nur wiederum als ein Merkmal unter mehreren und insbesondere im Rahmen einer Gesamtschau zur Unterscheidung des freien Mitarbeiters vom Arbeitnehmer dienen. Je höher nämlich die berufliche und fachliche Qualifikation des Mitarbeiters einzustufen ist, desto mehr „Freiräume“ werden ihm hinsichtlich der zeitlichen Vorgaben eingeräumt sein. Beispielsweise wird einem Fabrikarbeiter, der vorwiegend mechanische Tätigkeiten an einer Maschine zu erbringen hat, eher starre Arbeitszeiten hinsichtlich Beginn, Ende und Pausen auferlegt werden können, als dies etwa bei einem *Leitenden Angestellten* in der Personalabteilung eines Unternehmens der Fall sein wird, der aufgrund eines Vorstellungsgesprächs über die Mittagszeit hinweg arbeitet und hin und wieder auch schon einmal früher den Betrieb verläßt,

35 Vgl. BAG vom 23. 4. 1980, AP Nr. 34 zu § 611 BGB Abhängigkeit.

36 Vgl. BAG vom 9. 5. 1984, AP Nr. 45 zu § 611 BGB Abhängigkeit. Zur Beschäftigtengruppe der *Heimarbeiter* vgl. Teil 1 unter 2.6.2.

37 Vgl. § 84 I Satz 2: „... frei ... seine Arbeitszeit bestimmen kann.“

weil er an anderen Tagen aufgrund der betrieblichen Erfordernisse länger arbeiten muß.

Demgemäß wird vielfach der zeitliche Umfang allein über den Status eines freien Mitarbeiters oder eines Arbeitnehmers nichts aussagen können, wenn nicht gleichzeitig auch die übrigen Bedingungen bewertet werden, unter denen der Mitarbeiter seine Dienste zu verrichten hat.[38] Auch insoweit ist also letztlich wieder aufgrund einer Gesamtschau der Merkmale danach zu fragen, ob der Mitarbeiter im Einzelfall aufgrund weiterer Kriterien dadurch als persönlich abhängig bezeichnet werden muß, daß er *fremdbestimmte* Tätigkeiten verrichtet.[39] Regelmäßig wird aber die Möglichkeit zur freien Einteilung der Arbeitszeit zumindest ein Indiz für die Stellung als freier Mitarbeiter darstellen können[40], wobei vom Unternehmen gesetzte Bearbeitungsfristen grundsätzlich nicht zu einer persönlichen Abhängigkeit mit Arbeitnehmerstatus des Mitarbeiters führen, wenn nur dessen freie Zeiteinteilung innerhalb der Fristen gewährleistet ist.[41] Anders wiederum beurteilt die Rechtsprechung den Fall, wenn die Bearbeitungsfristen dermaßen kurzfristig liegen, daß eine *ständige Dienstbereitschaft* erwartet wird.[42]

2.3.1.4 Fachliche Weisungsgebundenheit

Soweit Mitarbeiter fachlichen bzw. inhaltlichen Weisungen hinsichtlich der von ihnen zu erbringenden Tätigkeiten unterworfen sind, wird dies zunächst einmal für eine persönliche Abhängigkeit und damit für

38 Vgl. zur fehlenden Arbeitnehmereigenschaft eines Volkshochschuldozenten die Entscheidung des BAG vom 25. 8. 1982, BB 1983, 899 = AP Nr. 32 zu § 611 BGB Lehrer, Dozenten, wonach allein die Verpflichtung, in einem zeitlich erheblichen Umfang Unterricht in Sprachkursen zu erteilen, noch nicht die Arbeitnehmereigenschaft begründet.

39 Vgl. BAG vom 15. 3. 1978, BB 1978, 760 = AP Nr. 26 zu § 611 BGB Abhängigkeit.

40 Vgl. BAG vom 17. 5. 1978, BB 1978, 1778 = AP Nr. 28 zu § 611 BGB Abhängigkeit.

41 Vgl. BAG vom 21. 9. 1977, BB 1978, 761 f. = AP Nr. 24 zu § 611 BGB Abhängigkeit hinsichtlich eines Musikbearbeiters in einem Sender.

42 Vgl. BAG vom 7. 5. 1980, AP Nr. 35 zu § 611 BGB Abhängigkeit hinsichtlich eines Hörfunkkorrespondenten in einer Rundfunkanstalt und jüngst BAG vom 19. 11. 1997, BB 1998, 794 ff. hinsichtlich eines Frachtführers mit eigenem Fahrzeug. Vgl. zu dieser Entscheidung auch die Leitsätze Teil 1 unter 3.5.

einen Arbeitnehmerstatus des betreffenden Mitarbeiters sprechen.[43] Allerdings gilt auch in diesem Zusammenhang, daß die Direktionsbefugnis des Unternehmens zur Erteilung fachlicher Weisungen mit zunehmender fachlicher Qualifikation des Mitarbeiters abnehmen wird. Einem Hilfsarbeiter können sicherlich wesentlich umfangreichere fachliche bzw. inhaltliche Weisungen erteilt werden, als dies bei einem Leitenden Angestellten der Fall sein wird. In einigen Berufsgruppen, nicht zuletzt auch im künstlerischen Bereich, kann es aus der Natur der zu erbringenden Tätigkeiten heraus sogar gänzlich an einer fachlichen Weisungsgebundenheit fehlen.[44] Dem Kriterium der fachlichen Weisungsgebundenheit kommt damit insbesondere bei den sog. *Diensten höherer Art* einerseits keine für eine persönliche Abhängigkeit typische Bedeutung, sondern mehr eine gewisse Relevanz zu. Andererseits wird es auch bei den sog. Diensten höherer Art (klassische Beispiele: Chefarzt, Musiker) nicht gänzlich an einer (fachlichen) Weisungsgebundenheit fehlen, worauf jüngst *Hromadka*[45] wieder aufmerksam gemacht hat. Dem Arbeitgeber verbleiben nämlich auch insoweit regelmäßig noch Möglichkeiten, Zeit, Ort und Reihenfolge der Arbeiten zu bestimmen (ggf. in Form von Einsatz-, Schicht- und Dienstplänen) und Einfluß auf das Verhalten zu anderen Mitarbeitern zu nehmen bzw. Regelungen und Grundsätze für die Zusammenarbeit zu treffen. Gleichwohl darf der Gesichtspunkt der fachlichen Weisungsgebundenheit auch in diesem Zusammenhang nicht gänzlich unberücksichtigt bleiben, sondern erlangt eine gewisse Relevanz im Rahmen der vorzunehmenden Gesamtschau.[46]

Demgegenüber wird ein freier Mitarbeiter regelmäßig auch frei von fachlichen bzw. inhaltlichen Direktiven des Unternehmens sein und selbst entscheiden können, wie die zu erbringenden Tätigkeiten im Einzelfall ausgeführt werden.[47]

---

43 Vgl. BAG vom 9. 3. 1977, BB 1977, 1150 = AP Nr. 21 zu § 611 BGB Abhängigkeit.

44 Vgl. BAG vom 3. 10. 1975, BB 1976, 184 = DB 1976, 299 hinsichtlich eines Musikers in einem Rundfunkorchester; BAG vom 2. 6. 1976, BB 1976, 1611 = AP Nr. 20 zu § 611 BGB Abhängigkeit.

45 DB 1998, 199.

46 Vgl. auch LAG Berlin vom 29. 5. 1989, LAGE § 611 BGB – Arbeitnehmerbegriff – Nr. 9, das dem Merkmal der fachlichen Weisungsgebundenheit in dem konkreten Fall eine eher geringe Bedeutung beimißt.

47 Vgl. hierzu Kasseler Handbuch-*Worzalla*, 1.1 Rn. 157 ff.

Fachliche Weisungsgebundenheit sollte aber immer unter einem *personenbezogenen* Aspekt verstanden werden. Im Gegensatz dazu stehen *projektbezogene* Anweisungen, die etwa der Besteller als Partner eines Werkvertrages gegenüber dem Werkunternehmer nach § 645 BGB erteilen kann, nicht der Annahme eines freien Mitarbeiterverhältnisses entgegen. Die werk- oder rein dienstvertragliche Anweisung ist damit sachbezogen und erfolgsorientiert, während das arbeitsvertragliche Weisungsrecht typischerweise personenbezogen und ablauf- bzw. verfahrensorientiert ausgestaltet ist.[48] Ist also eine Aufgabe in einem Dienst- oder Werkvertrag detailliert beschrieben, folgt daraus noch nicht zwingend eine Integration des Mitarbeiters in die betriebliche Organisation des Auftraggebers. Vielmehr kann hierin auch eine schlichte Konkretisierung der Dienst- oder Werkleistung liegen.[49]

Dies kann beispielsweise bei einem Handelsvertreter anzunehmen sein, dem der Unternehmer fachliche Weisungen in bezug auf die Person des Geschäftspartners, die Bedingungen der Verträge, die Kundenwerbung und -betreuung u. ä. erteilen darf. Allerdings dürfen solche Weisungen nicht so eng sein, daß die Selbständigkeit des Handelsvertreters in seinem Kerngehalt beeinträchtigt wird.[50]

Besondere Bedeutung bei der Abgrenzung zwischen Arbeitsverhältnis und freier Mitarbeit kann der *Eigenart der Tätigkeit* zukommen, und zwar insbesondere dann, wenn Tätigkeiten sowohl auf der rechtlichen Grundlage eines Arbeitsverhältnisses als auch eines freien Mitarbeiterverhältnisses erbracht werden können.[51] Dies soll zumal dann gelten, wenn dem Beschäftigten nach der Eigenart der zu verrichtenden Tätigkeit ein hohes Maß an Gestaltungsfreiheit, Eigeninitiative und fachlicher Selbständigkeit verbleibt.[52] Je höher also die Anforderungen an die zu erbringende Tätigkeit sind, desto eher wird als Alternative zum Arbeitsverhältnis auch die Begründung eines freien Mitar-

---

48 Vgl. *Hromadka,* DB 1998, 198, der anschaulich zwischen Weisungsrecht und vertraglichem Leistungsbestimmungsrecht differenziert.

49 Vgl. BAG vom 5. 5. 1992, BB 1992, 1999 f. = AP Nr. 97 zu § 99 BetrVG 1972.

50 Vgl. BAG vom 30. 8. 1994, AP Nr. 6 zu § 99 BetrVG 1972 Einstellung. Siehe auch Teil 1 unter 2.6.10.

51 Vgl. hierzu eingehend BAG vom 16. 3. 1994, AP Nr. 68 zu § 611 BGB Abhängigkeit = BB 1994, 1643 (Ls.).

52 Vgl. BAG vom 30. 1. 1991, BB 1992, 436 = AP Nr. 59 zu § 611 BGB Abhängigkeit.

beiterverhältnisses in rechtlich zulässiger Weise in Betracht zu ziehen sein.

Letztlich wird bei Bewertung des Unterscheidungsmerkmals der fachlichen Weisungsgebundenheit danach zu fragen sein, ob die von einem Mitarbeiter zu erbringende Dienstleistung im Vertrag nur rahmenmäßig umschrieben oder vertraglich eingehend festgelegt ist. Je weiter der Rahmen gespannt ist, desto eher dürfte dies für das Vorliegen eines Arbeitsverhältnisses sprechen, weil dem Arbeitgeber dann ein mehr oder minder umfassendes Direktionsrecht zustehen dürfte. Demgegenüber wird bei konkreterer Festlegung der von einem Mitarbeiter geschuldeten Leistung der Gesichtspunkt der Zurverfügungstellung der Arbeitskraft als solcher eher in den Hintergund treten mit der Konsequenz, daß kein Arbeits-, sondern ein freies Mitarbeiterverhältnis vorliegen wird.

2.3.2 Eingliederung in die Organisationsstruktur des Arbeitgebers

Als weiteres Unterscheidungskriterium eines Arbeitnehmers von einem freien Mitarbeiter dient der überwiegenden Ansicht[53] das Merkmal der *Eingliederung* eines Mitarbeiters in die *Organisationsstruktur* eines Betriebs oder einer Behörde.

Hierbei ist allerdings zu beachten, daß die Eingliederung eines Mitarbeiters in die betriebliche Struktur des Dienst- bzw. Arbeitgebers ebenfalls nur *ein* Indiz unter mehreren – wenn auch „besonders aussagekräftig“[54] – sein kann und als Abgrenzungsmerkmal insoweit als besonders tauglich erscheint, als es zur weiteren Beurteilung der persönlichen Abhängigkeit eines Mitarbeiters herangezogen wird. Demgegenüber ist die organisatorische Einordnung als solche und isoliert betrachtet kein geeignetes Bestimmungsmerkmal.

Dabei wird des weiteren das Kriterium der Weisungsgebundenheit mit demjenigen der Eingliederung – wenn auch nicht zwingend, so aber doch in einer Vielzahl von Fällen – korrespondieren. Ist ein Mitarbeiter in die betriebliche oder behördliche Organisation des Arbeitgebers eingegliedert, wird er regelmäßig auch einem mehr oder minder star-

---

53 Vgl. BAG vom 23. 4. 1980, AP Nr. 34 zu § 611 BGB Abhängigkeit; MünchArbR-*Richardi*, § 23 Rn. 18.

54 MünchArbR-*Richardi*, § 23 Rn. 18.

ken Weisungsrecht des Arbeitgebers unterliegen, dies zumindest in örtlich/räumlicher und zeitlicher Hinsicht. Andererseits wird eine nicht unerhebliche Weisungsgebundenheit häufig zu dem Erfordernis führen, in die arbeitgeberseitige Organisationsstruktur eingebunden zu sein. Allerdings ist die *rechtliche* Eingliederung eines Mitarbeiters in Betrieb oder Behörde auch denkbar, ohne daß dies in *tatsächlicher* Hinsicht erfolgt ist. Eine solchermaßen zwar de facto vorliegende Ausgliederung, aber de jure vorgenommene Eingliederung kann durchaus auch auf einer Einordnung in die betrieblich/hierarchische Organisation des Arbeitgebers beruhen[55], wie dies z. B. bei der Telearbeit, insbesondere bei einer On-line-Verbindung zum Betrieb nicht selten der Fall sein wird. Dabei kann die rechtliche Eingliederung eines Mitarbeiters in zweierlei Blickrichtung erfolgen. Einerseits kann die Notwendigkeit gegeben sein, daß der Mitarbeiter auf den technischen Apparat, also die sächlichen Mittel des Betriebs angewiesen ist, andererseits kann es erforderlich sein, daß der Mitarbeiter einen mehr oder minder engen und beständigen Kontakt zu anderen Beschäftigten des Betriebs unterhält.

Bei einem freien Mitarbeiterverhältnis erfolgt demgegenüber regelmäßig keine Einordnung des Mitarbeiters in Betrieb oder Behörde bzw. in die betriebliche oder behördliche Organisationsstruktur des Dienstgebers.

2.3.2.1 Personelle Eingliederung

Eine Eingliederung des Mitarbeiters kann zunächst einmal aus dem Erfordernis heraus erfolgt sein, daß er in die Arbeitsabläufe des Betriebs derart eingeplant werden muß, daß eine ständige enge Zusammenarbeit mit den anderen Mitarbeitern des Betriebs gewährleistet ist.[56] Am deutlichsten wird das aus personellen Gründen erfolgte Eingliederungserfordernis dort, wo der einzelne Mitarbeiter seine Arbeitstätigkeit nicht ohne das Zusammenwirken mit seinen Kolleginnen

55 Vgl. BAG vom 23. 4. 1980, AP Nr. 34 zu § 611 BGB Abhängigkeit; vgl. auch BAG vom 15. 3. 1978, BB 1978, 760 = AP Nr. 26 zu § 611 BGB Abhängigkeit, wonach selbst solche Mitarbeiter in den betrieblichen Arbeitsablauf eingegliedert sein können, die nicht in örtlich/räumlicher, zeitlicher oder fachlicher Hinsicht weisungsunterworfen sind.

56 Vgl. BAG vom 9. 3. 1977, BB 1977, 1150 = AP Nr. 21 zu § 611 BGB Abhängigkeit; auch BAG vom 23. 4. 1980, DB 1980, 1996.

und Kollegen erbringen kann, wie etwa bei der Fließbandarbeit oder bei sonstigen mechanischen Tätigkeiten. Aber auch im Bereich der sog. „geistigen" Arbeitsleistungen und insbesondere in leitenden Funktionen ist in den meisten Bereichen eine rechtliche Einordnung des einzelnen Mitarbeiters aus personellen Erwägungen des Betriebs oder Unternehmens notwendig, wobei allerdings in letzteren Fällen nicht immer während der gesamten Arbeitszeit zwingend eine persönliche Anwesenheit des Mitarbeiters im Betrieb erforderlich ist. Auch eine Verbindung und Erreichbarkeit zum Betrieb über sog. Multimedia-Systeme oder einfach nur über Telefon bzw. Telefax kann zu einer rechtlichen Eingliederung in den Betriebsablauf führen und den Mitarbeiter – bei vorhandener Weisungsgebundenheit im übrigen – rechtlich zum Arbeitnehmer charakterisieren.[57]

2.3.2.2 Sachliche Eingliederung

Schließlich können sachliche Gründe die Eingliederung eines Mitarbeiters in die betriebliche Struktur erforderlich machen, soweit nämlich eine Arbeitstätigkeit mit Arbeitsmitteln des Auftraggebers zu erfolgen hat. Klassischerweise kennzeichnet es geradezu ein Arbeitsverhältnis, wenn der Auftraggeber die Arbeitsmittel stellt, mit denen der Mitarbeiter die vertraglich geschuldete Leistung zu erbringen hat. Demgegenüber haben freie Mitarbeiter in aller Regel durch die nicht erfolgte Eingliederung in den Betrieb selbst für ihre Arbeitsmittel zu sorgen. Ist also der Mitarbeiter auf den technischen Apparat des Betriebs oder Unternehmens angewiesen, wie etwa Büro-/Arbeitsräume, Labore, Werkstätten, Maschinen etc., besteht die Notwendigkeit, ihn aus den genannten Gründen in die betriebliche Struktur einzugliedern. Diese Eingliederung wiederum stellt ein starkes Indiz für einen Arbeitnehmerstatus dar, so daß im Zweifel nicht von einem freien Mitarbeiterverhältnis auszugehen ist.[58] Allerdings muß auch in diesem Zusammenhang erneut darauf aufmerksam gemacht werden, daß es nicht allein auf das Angewiesensein auf die sächlichen Mittel des Auftrag-

---

57 Vgl. hierzu *Albrecht,* NZA 1996, 1240, der einprägsam beschreibt, daß Arbeitszeit heutzutage in vielen Bereichen nicht in erster Linie „betriebliche Anwesenheitszeit, sondern ortsunabhängige Denkzeit" bedeuten kann.

58 Vgl. BAG vom 9. 3. 1977, BB 1977, 1150 = AP Nr. 21 zu § 611 BGB Abhängigkeit; BAG vom 15. 3. 1978, AP Nr. 25 zu § 611 BGB Abhängigkeit = BB 1978, 611; BAG vom 23. 4. 1980, AP Nr. 34 zu § 611 BGB Abhängigkeit.

gebers ankommen kann, um die Stellung eines Mitarbeiters im Einzelfall als Arbeitnehmer oder freier Mitarbeiter zu klären. Vielmehr muß eine Gesamtschau der zur Prüfung zur Verfügung stehenden Kriterien erfolgen, die eine persönliche Abhängigkeit (Arbeitnehmer) oder eine Selbständigkeit (freier Mitarbeiter) ergibt.

Hierbei muß Kennzeichen der Abhängigkeit sein, daß der eingegliederte Mitarbeiter – anders als der freie – seine Arbeitskraft „nicht in eigener Verantwortung nach selbstgesetzten Zielen und den Bedürfnissen des Marktes verwerten kann".[59] In diesem Lichte ist auch die Problematik der sog. *Rufbereitschaft* zu bewerten. In denjenigen Fällen, in denen der Mitarbeiter zwar nicht in der Betriebsstätte anwesend, aber für den Auftraggeber jederzeit erreichbar und insbesondere zur Arbeitsleistung und ggf. auch zum Erscheinen im Betrieb abrufbar sein muß, spricht dies – trotz einer fehlenden Eingliederung – gleichwohl für eine persönliche Abhängigkeit des Betroffenen und damit nicht für ein freies Mitarbeiterverhältnis, wenn der Mitarbeiter nicht frei darüber entscheiden kann, einzelne Arbeitseinsätze auch einmal abzulehnen.[60]

2.3.3 Zurverfügungstellen der gesamten Arbeitskraft

Bisweilen ist in der Rechtsprechung[61] das Kriterium *Zurverfügungstellen der gesamten Arbeitskraft* als weiteres Abgrenzungsmerkmal neben die Erfordernisse der *Weisungsgebundenheit* und *Eingliederung* gestellt worden, um die persönliche Abhängigkeit eines Mitarbeiters im Einzelfall beurteilen zu können. Danach soll der Umstand, daß ein Mitarbeiter seine *ganze* Arbeitskraft in einem Unternehmen einbringt und nicht auch für andere Dienstgeber tätig wird, im Zweifel dafür sprechen, daß er Arbeitnehmerstatus besitzt.

Diesem Kriterium dürfte indessen in heutiger Zeit nicht mehr allzu große Bedeutung als eigenständiges Abgrenzungsmerkmal einzuräumen sein, weil in zunehmendem Maße Teilzeitarbeitsverhältnisse begründet werden, die es dem einzelnen Erwerbstätigen ohne weiteres ermöglichen, zwei oder sogar mehr Teilzeitarbeitsverhältnisse zu ver-

---

59 *Berger-Delhey/Alfmeier,* NZA 1991, 258.

60 Vgl. BAG vom 3. 5. 1989, BB 1990, 779 f.

61 Vgl. BAG vom 3. 10. 1975, BB 1976, 184 = DB 1976, 299 für den Arbeitnehmerstatus eines Orchestermusikers.

schiedenen Arbeitgebern zu begründen. Allerdings kann das Kriterium *Zurverfügungstellen der gesamten Arbeitskraft* nach wie vor als ein Indiz unter mehreren bei Klärung der Frage herangezogen werden, ob und ggf. inwieweit eine zeitliche Weisungsgebundenheit im Einzelfall besteht, um auf diese Art und Weise wiederum eine persönliche Abhängigkeit feststellen zu können.

Diese Vorgehensweise hätte zur Folge, das Abgrenzungskriterium des Zurverfügungstellens der gesamten Arbeitskraft in einem *relativen* statt in einem *absoluten* Sinne zu verwenden, nämlich nur bezogen auf das konkrete Arbeitsverhältnis.[62]

Immer dann, wenn ein Beschäftigter während der vertraglich vereinbarten Dauer eines Beschäftigungsverhältnisses zu einem bestimmten Dienstgeber ausschließlich für diesen tätig werden muß – also keiner weiteren Beschäftigung nachgehen darf –, spricht dies für eine zeitliche Weisungsgebundenheit und damit im Zweifel auch für eine persönliche Abhängigkeit, und zwar unabhängig vom zeitlichen Umfang des einzelnen Beschäftigungsverhältnisses. Wer z. B. in einem Beschäftigungsverhältnis an zwei Tagen in der Woche jeweils drei Stunden ausschließlich für einen Dienstgeber tätig werden muß, also in dieser Zeit nicht auch frei bestimmen kann, Arbeiten für einen anderen auszuführen, unterliegt einer zeitlichen Weisungsgebundenheit, was wiederum eine starke Indizwirkung für eine persönliche Abhängigkeit nach sich zieht und damit einen Arbeitnehmerstatus begründen wird.

2.3.4 Faktische Gleichstellung und Gleichbehandlung

Schließlich hat das BAG in seiner bisherigen Rechtsprechung[63] auch dem Umstand Rechnung getragen, daß – ohne ersichtliche Differenzierungsgründe – Mitarbeiter bei gleichen Arbeitsbedingungen willkürlich einmal als Arbeitnehmer, ein anderes Mal als freie Mitarbeiter beschäftigt werden. In einem solchen Fall sollen im Zweifel alle Mitarbeiter Arbeitnehmerstatus besitzen. Hat also ein Mitarbeiter seine Dienste in einem Betrieb oder Unternehmen in derselben Weise wie seine angestellten Kolleginnen und Kollegen zu erbringen, und sind

62 In diesem Sinne auch *Hohmeister,* Arbeitsrecht, S. 15; *Niebler/Meier/Dubber,* Rn. 68.

63 Vgl. BAG vom 3. 10. 1975, BB 1976, 184 = DB 1976, 299; vgl. auch schon BAG vom 28. 6. 1973, BB 1973, 1398 = AP Nr. 10 zu § 611 BGB Abhängigkeit.

keine Umstände ersichtlich, die einen unterschiedlichen Status begründen, spricht dies dafür, daß auch dem als freier Mitarbeiter Beschäftigten Arbeitnehmerstatus zukommt.[64]

2.4 Alternative Unterscheidungsmerkmale

Seit einiger Zeit wird versucht, dem Abgrenzungsmodell des BAG mit seinem Leitbegriff der *persönlichen Abhängigkeit* alternative Unterscheidungsmodelle entgegenzusetzen. Dabei stellt man teils auf die Frage ab, ob der Beschäftigte ein eigenes *Unternehmerrisiko* trägt[65], teils wird primär auf die Frage abgehoben, ob ein Beschäftigter Arbeitsleistungen erbringt, die für einen der Sozialversicherungspflicht unterworfenen Erwerbstätigen typisch sind.[66]

2.4.1 Anknüpfung an das sog. Unternehmerrisiko

Sowohl im arbeitsrechtlichen Schrifttum[67] wie auch zunehmend in der Rechtsprechung der Instanzgerichte[68] und auch des BSG[69] wird zur Abgrenzung zwischen Arbeitnehmer und freiem Mitarbeiter statt auf die persönliche Abhängigkeit – und damit auf die Frage der Weisungsgebundenheit – auf das sog. *Unternehmerrisiko* abgestellt. Dem liegt der tragende Gedanke des deutschen Arbeits- und Sozialrechts zugrunde, wonach der Selbständige für sein berufliches Fortkommen eigenes Kapital einsetzt in dem primären Bestreben nach Gewinnmaximierung, jedoch verbunden mit dem klaren Risiko des Verlustes.[70] Dies bedeutet, daß der Selbständige einerseits regelmäßig die Vorteile

---

64 Vgl. auch *von Einem,* BB 1994, 62 m. w. N.

65 Vgl. im folgenden unter 2.4.1.

66 Vgl. im folgenden unter 2.4.2.

67 Vgl. grundlegend *Wank,* Arbeitnehmer und Selbständige; weiterhin: *Berger-Delhey/Alfmeier,* NZA 1991, 259; *von Einem,*BB 1994, 63; *Niebler/Meier/Dubber,* Rn. 80 ff.; *Wank,* DB 1992, 90.

68 Vgl. jüngst ArbG Oldenburg vom 7. 6. 1996, NZA-RR 1997, 162 f.; *LG* München I vom 15. 5. 1997, NZA 1997, 943 f.; ArbG Nürnberg vom 31. 7. 1996, NZA 1997, 37; LAG Nürnberg vom 25. 2. 1998, BuW 1998, 591 ff. m. Anm. *Kunz/Kunz*; die Entscheidung des LAG Nürnberg vom 25. 2. 1998 wurde vom BAG aus formellen Gründen aufgehoben, vgl. BAG vom 16. 6. 1998, BB 1998, 1954 f. mit Kommentar von *Reiserer*, BB 1998, 1955.

69 Vgl. schon BSG vom 13. 7. 1978, AP Nr. 29 zu § 611 BGB Abhängigkeit.

70 Vgl. *Berger-Delhey/Alfmeier,* NZA 1991, 259.

des Marktes nutzt, andererseits aber auch die insoweitigen Risiken trägt, während der Arbeitnehmer nicht unternehmerisch am Markt auftritt, und er daher in besonderem Maße des Schutzes der Arbeits- und Sozialrechtsordnung bedarf.

Nach diesem Abgrenzungsmodell[71] soll derjenige als Arbeitnehmer bezeichnet werden, der

- keine eigene unternehmerische Organisation unterhält,
- demgemäß nicht am Markt auftritt und
- dessen vertragliche Vereinbarung keine angemessene Verteilung von Chancen und Risiken beinhaltet.

Eine Prüfung des Status als freier Mitarbeiter durch Klärung und Abgrenzung der Arbeitnehmereigenschaft nach dem alternativen Unterscheidungskriterium des Unternehmerrisikos wird regelmäßig folgende Gesichtspunkte berücksichtigen müssen:

2.4.1.1 Eigene Unternehmensorganisation

Keine eigene Unternehmensorganisation unterhält derjenige Beschäftigte, der seinerseits keine eigenen Mitarbeiter beschäftigt. Den selbständigen Unternehmer zeichnet geradezu aus, daß er die ihm in Auftrag gegebene Dienst- oder Werkleistung nicht persönlich erbringt, sondern sich hierzu Hilfspersonen bedient, die in mehr oder minder großem Umfange von ihm persönlich und/oder wirtschaftlich abhängig sind.

Weiterhin läßt der Umstand, daß der Beschäftigte keine eigenen Geschäftsräume unterhält, auf eine fehlende eigene Unternehmensorganisation schließen. Das Tätigwerden in eigenen Geschäftsräumen ist damit ein wesentlicher Aspekt für das Unterhalten einer eigenen unternehmerischen Organisation und ein deutliches Indiz für ein freies Mitarbeiterverhältnis.

Schließlich kommt in diesem Zusammenhang dem Gesichtspunkt Bedeutung zu, ob der Mitarbeiter mit eigenem Betriebskapital wirtschaftet, dieses also zur Vermögensmehrung einsetzt, oder ob er lediglich seine Dienste „verkauft“ und hierfür als vertragliche Gegenleistung eine Vergütung erhält (Dienstleistung als „Ware“).

---

71 Vgl. hierzu auch *Küttner/Bauer,* Personalbuch 1998, Arbeitnehmer (Begriff), Rn. 13 f. m. w. N.

2.4.1.2 Auftreten am Markt

Das Tragen eines unternehmerischen Risikos ist regelmäßig mit einem selbständigen Auftreten am Markt verbunden und wird dazu führen, daß der selbständig Tätige geschäftliche Kontakte zu mehreren Auftraggebern unterhält. Demgegenüber dürfte die Bindung an einen einzigen Auftraggeber in aller Regel gegen ein Auftreten am Markt sprechen. Diesen Umständen kommt indessen ebenfalls nur Indizwirkung zu.[72] In diesem Zusammenhang ist beispielsweise auch auf die Rechtsfigur des Handelsvertreters in der Form des sog. *Einfirmenvertreters* gem. § 92 a HGB hinzuweisen, der nur für einen Auftraggeber (Unternehmer) tätig werden darf, gleichwohl aber nicht als Arbeitnehmer gilt, sondern als selbständiger Gewerbetreibender am Markt auftritt.[73]

2.4.1.3 Angemessene Verteilung von Chancen und Risiken

Das Tragen eines eigenen unternehmerischen Risikos korrespondiert regelmäßig mit einer umfassenden *örtlichen* unternehmerischen Freiheit, die dazu führt, daß der selbständig Tätige – anders als der unselbständige Arbeitnehmer – hinsichtlich der Erbringung der Dienstleistung bzw. der Herbeiführung eines konkreten Erfolgs nicht an irgendwelche örtlichen oder gar räumlichen Vorgaben eines Auftraggebers gebunden ist, sondern selbst entscheiden kann, wo er tätig wird. Damit im Zusammenhang steht eine entsprechende *zeitliche* Freiheit, zu entscheiden, wie die Zeit eingeteilt wird, die man benötigt, um eine Dienstleistung zu erbringen bzw. einen bestimmten Erfolg herbeizuführen (Gesichtspunkt der freien Zeiteinteilung). Schließlich gehört zu einer angemessenen Verteilung von Chancen und Risiken auch eine umfassende *inhaltliche bzw. fachliche* unternehmerische Freiheit, die den Selbständigen in die Lage versetzt, aufgrund seiner geschäftlichen Kontakte und Beziehungen aus einem mehr oder minder umfangreichen eigenen Kundenstamm einzelne Geschäfte auszuwählen und mit diesen Kunden seine Vergütung frei zu vereinbaren (Gesichtspunkt der freien Preisgestaltung). Eine solche inhaltliche unternehmerische Freiheit hat ein persönlich abhängig beschäftigter Arbeitnehmer in al-

---

72 In diesem Sinne völlig zutreffend LAG Düsseldorf vom 4. 9. 1997, BB 1997, 891 ff.

73 Beachte in diesem Zusammenhang nochmals die Definition in § 84 HGB und den Umstand, daß der Handelsvertreter häufig sogar die Kaufmannseigenschaft besitzen wird.

ler Regel nicht, der folglich nicht weitestgehend selbst entscheiden kann, mit wem er zusammenarbeit und welche Preise er insoweit erzielt. Dem Aushandeln der Arbeitsvergütung sind regelmäßig enge Grenzen gesetzt. Hierzu kommt es in der Praxis prinzpiell nur im außertariflichen Bereich auf der Ebene der (höheren) leitenden Angestellten.

Die diesbezüglichen Abgrenzungskriterien zeigen, daß ihnen ähnliche Überlegungen zugrunde liegen, wie sie auch von der herrschenden Meinung bei ihrem Abstellen auf den Gesichtspunkt der persönlichen Abhängigkeit angestellt werden.

2.4.1.4 Kritik

Allerdings halten wir das Abstellen auf rein wirtschaftliche Gesichtspunkte statt auf das Kriterium der persönlichen Abhängigkeit – wie dies mit der Anknüpfung an das sog. Unternehmerrisiko geschieht –, für einen nicht gangbaren Weg. Das Gesetz selbst zeigt nach unserem Dafürhalten insoweit eindeutig auf, daß wirtschaftliche Merkmale für eine Abgrenzung zwischen Arbeitnehmer und freiem Mitarbeiter kein entscheidendes Gewicht haben. In § 92 a HGB wird der selbständige Handelsvertreter in der Form des sog. *Einfirmenvertreters* geregelt, der von der gesetzlichen Systematik her unzweifelhaft kein Arbeitnehmer ist. Aufgrund seiner gleichwohl bestehenden wirtschaftlichen Abhängigkeit von seinem einzigen Auftraggeber müßte diese Rechtsfigur bei Anknüpfung an das Merkmal des Unternehmerrisikos indes Arbeitnehmer sein. Setzt man dann schließlich noch die gesetzliche Regelung des § 84 HGB zu § 92 a HGB in Beziehung, wird u. E. klar, daß die Abgrenzung zwischen Arbeitnehmer und freiem Mitarbeiter nur nach dem Grad der persönlichen Abhängigkeit vorgenommen werden kann. Wirtschaftliche Überlegungen sollten daher allenfalls insoweit eine Rolle spielen, als sie indiziell zur Feststellung der persönlichen Abhängigkeit herangezogen werden.[74]

---

74 Vgl. auch OLG Düsseldorf vom 5. 12. 1997, NZA-RR 1998, 145 ff. (siehe auch unter Teil 1, 2.6.10). Für eine generelle Tauglichkeit des Abgrenzungsmerkmals „persönliche Abhängigkeit“ grundsätzlich auch *Hromadka,* NZA 1997, 569 ff. (576). Im übrigen spricht auch die Rechtsfigur der arbeitnehmerähnlichen Person (vgl. näher unter Teil 1, 2.6.1) gegen die Berücksichtigung wirtschaftlicher Kriterien als Abgrenzungsmerkmal.

2.4.2 Anknüpfung an die Sozialversicherungspflicht

Nach einer dritten Abgrenzungsvariante[75] könnte darauf abgestellt werden, ob im Einzelfall eine Tätigkeit vorliegt, die die Kriterien für eine Sozialversicherungspflicht des Erwerbstätigen erfüllt. Ist dies der Fall, handelt es sich um die Tätigkeit eines Arbeitnehmers. Ist dies nicht der Fall, soll ein freies Mitarbeiterverhältnis vorliegen. Insoweit sollen drei Aspekte kumulativ geprüft werden, die vorliegen müßten, um eine Arbeitnehmereigenschaft zu bejahen. Die Feststellung eines freien Mitarbeiterverhältnisses könnte sodann – wie in den übrigen Modellen auch – negativ, nämlich durch Abgrenzung vom Arbeitnehmer erfolgen.

Demnach sollen diejenigen Erwerbstätigen der Sozialversicherungspflicht unterliegen und damit Arbeitnehmerstatus besitzen, die

- selbst keine (sozialversicherungspflichtigen) Arbeitnehmer beschäftigen,
- regelmäßig nur einem Auftraggeber dienen und
- eine für Beschäftigte typische Arbeitsleistung erbringen.

Diese Variante, die ebenfalls zum Teil ähnliche Überlegungen wie die herrschende Auffassung anstellt, dürfte von den einzelnen Differenzierungskriterien her zu allgemein gehalten und deshalb nicht sonderlich praktikabel sein. Denn: wer der Sozialversicherungspflicht unterliegt, soll ja gerade definiert werden, so daß man schwerlich auch auf die Frage abstellen kann, ob jemand sozialversicherungspflichtige Mitarbeiter beschäftigt. Zudem wird sich trefflich darüber streiten lassen, welche Arbeitsleistung für einen Beschäftigten im Sinne des Sozialversicherungsrechts, der begrifflich einem Arbeitnehmer gleichsteht, nun typisch ist. Das Abgrenzungskriterium der Sozialversicherungspflicht trägt daher eher zur Rechtsunsicherheit denn zur Klarstellung bei.

75 Es handelt sich insoweit allerdings lediglich um den Vorschlag einer Arbeitsgruppe der Spitzenverbände der Sozialversicherungsträger. Vgl. hierzu die in NZA 1997, 590 ff. dargestellten zentralen Ergebnisse einer empirischen Untersuchung zur „Scheinselbständigkeit“.

2.5 Kombinierende Gesamtschau der Unterscheidungsmerkmale

Letztlich wird man die Frage, ob im Einzelfall ein Arbeitsverhältnis oder ein freies Mitarbeiterverhältnis vorliegt, anhand einer *Gesamtschau* sämtlicher vorgestellter Kriterien vornehmen müssen, wie dies sowohl das BAG[76] als auch das BSG[77] in ständiger Rechtsprechung tun. Hierbei sollte das Vorliegen eines freien Mitarbeiterverhältnisses mittels einer *Negativabgrenzung* zum Arbeitsverhältnis derart erfolgen, daß zunächst aufgrund einer umfassenden Gesamtwürdigung aller zur Verfügung stehenden Merkmale das Leitmerkmal der *persönlichen Abhängigkeit* geprüft und somit geklärt wird, ob es sich bei dem Beschäftigungsverhältnis um ein Arbeitsverhältnis handelt. Ist dies nicht der Fall, liegt ein freies Mitarbeiterverhältnis vor. Dabei ist mit der Grundannahme aller Abgrenzungsmodelle davon auszugehen, daß das Vorliegen eines Arbeitsverhältnisses ein freies Mitarbeiterverhältnis zwingend ausschließt.

Die *Gesamtschau* selbst ist dabei in *zwei Prüfungsschritten* zu vollziehen:

- In einem ersten Schritt ist der *Vertragsinhalt* zu prüfen, wobei die von den Vertragsparteien gewählten Formulierungen nur Anhaltspunkte darstellen und Indizwirkung haben können.
- In einem zweiten Prüfungsschritt ist auf die *tatsächliche Durchführung* des Vertragsverhältnisses abzustellen und zu klären, ob diese mit dem Vertragsinhalt konform geht. Ergibt die Prüfung des Vertragsinhalts keine eindeutige Zuordnung des Vertragsverhältnisses als Arbeitsvertrag oder Vertrag über freie Mitarbeit, ist letztlich auf die tatsächliche Durchführung abzustellen.[78]

Bei den verschiedenen, in eine Gesamtwürdigung einzubeziehenden Abgrenzungskriterien sollte von dem *Leitbegriff der persönlichen Abhängigkeit* ausgegangen und sodann das Gesamtbild des Beschäftigungsverhältnisses aus der Sicht eines unbefangenen Dritten definiert werden. Hierbei muß allerdings berücksichtigt werden, daß nicht alle

---

76 Vgl. nur BAG vom 9. 5. 1996, BB 1976, 2358 = DB 1996, 2033 = NZA 1996, 1145 ff.

77 Vgl. nur BSG vom 21. 2. 1990, DB 1991, 1736 (nur Ls.) = NZA 1990, 950.

78 St. Rspr.; vgl. BAG vom 3. 4. 1990, AP Nr. 58 zu § 611 BGB Abhängigkeit = BB 1990, 2271 (Ls.); BAG vom 20. 7. 1994, AP Nr. 73 zu § 611 BGB Abhängigkeit = BB 1994, 2212 (Ls.) = DB 1994, 2502 ff. = NZA 1995, 161.

Kriterien den gleichen Beurteilungswert besitzen, sondern daß es durchaus stärkere und schwächere Kriterien und auch nur reine Hilfskriterien gibt, die allenfalls dazu tauglich sind, im Einzelfall letzte Zweifel zu beseitigen, sozusagen das „Tüpfelchen auf dem i" darzustellen.[79]

Bestimmte Kriterien sind regelmäßig *zwecks Klärung der persönlichen Abhängigkeit* in die Gesamtschau einzubeziehen (vgl. die folgende Tabelle).

Daß die Bezeichnung der Vertragsart als Dienst- oder Werkvertrag bzw. sonstiges freies Mitarbeiterverhältnis oder die Bezeichnung des Beschäftigten als Dienstnehmer, Werkunternehmer oder sonstiger freier Mitarbeiter kein Kriterium für die Einordnung des Beschäftigungsverhältnisses im Einzelfall sein kann, hat etwas damit zu tun, daß im Arbeitsvertragsrecht *Rechtsformenzwang* besteht. Dies bedeutet, daß die Privatautonomie und daraus folgend die Vertragsfreiheit im Arbeitsrecht nicht so weit gehen, daß es den Parteien vorbehalten wäre, selbst zu bestimmen, wie sie die Bezeichnung des von ihnen praktizierten Vertragsverhältnisses wählen. Maßgeblich ist immer die *tatsächliche Durchführung* im Einzelfall, weil ansonsten zwingende arbeitsrechtliche Schutzbestimmungen (z. B. Kündigungsschutzvorschriften) zum Nachteil des Beschäftigten umgangen werden könnten.[80] Die von den Parteien „gewollte" Vertragsform tritt demgegenüber regelmäßig in den Hintergrund zurück, es sei denn, daß eine Prüfung des erklärten Parteiwillens und der praktischen Durchführung keine eindeutige Zuordnung ergibt; in einem solchen Grenzfall kann die von den Parteien gewählte Bezeichnung zumindest Indizwirkung haben.[81]

---

79 Ähnlich *Schaub,* Arb.-Hdb., S. 214 f.

80 Vgl. zum Status eines Rechtsanwalts im Hinblick auf Mandantenschutzklauseln LAG Baden-Württemberg vom 14. 3. 1985, NZA 1985, 739; vgl. auch LAG Berlin vom 16. 12. 1986, NZA 1987, 488, wonach die Voraussetzungen, unter denen ein als freier Mitarbeiter beschäftigter Rechtsanwalt Arbeitnehmer ist, sich aus den ein Arbeitsverhältnis prägenden Charakteristika und nicht aus der Bezeichnung als freier Mitarbeiter ergeben.

81 Vgl. BFH vom 24. 7. 1992, AP Nr. 63 zu § 611 BGB Abhängigkeit.

Es sprechen für die Dienste eines	
Arbeitnehmers	**freien Mitarbeiters**
Fachliche Weisungsgebundenheit*	Keine oder nur ganz geringe fachliche Weisungsgebundenheit*
Feste Arbeitszeiten und bestimmter Arbeitsort*	Zeitliche und räumliche/örtliche Unabhängigkeit*
Eingliederung in eine betriebliche Struktur*	Eigene Arbeitsmittel, -werkzeuge und -räume*
Typische Arbeitgebervergütung wie festes Gehalt oder fixer Lohn**	Bezahlung nach Zeitaufwand oder Erfolg**
Weiterbezahlung bei Urlaub und Krankheit**	Vergütung nur für geleistete Dienste**
Abführung von Lohnsteuer und Sozialversicherungsbeiträgen**	Keine Abführung von Lohnsteuer und Sozialversicherungsbeiträgen, statt dessen Ausweis der Umsatzsteuer auf einer Rechnung**
Keine eigene unternehmerische Organisation**	Bestehen einer eigenen unternehmerischen Organisation**
Kein Auftreten am Markt**	Selbständiges Auftreten am Markt**
Keine angemessene Verteilung von Chancen und Risiken**	Angemessene Verteilung von Chancen und Risiken**
Zurverfügungstellen der gesamten Arbeitskraft***	Tätigkeit für mehrere Auftraggeber***
Bezeichnung als „Arbeiter“ oder „Angestellter“****	Bezeichnung als „freier Mitarbeiter“****
** = Hauptkriterium ** = schwaches Kriterium *** = Hilfskriterium **** = regelmäßig kein Kriterium*	

2.6 Fallgruppen

Im folgenden sollen einige typische Fallgruppen aufgezeigt werden, bei denen die Frage nach dem Grad der persönlichen und/oder wirtschaftlichen Abhängigkeit des Mitarbeiters und damit seine rechtliche Qualifizierung als Arbeitnehmer oder freier Mitarbeiter Bedeutung erlangen kann.

2.6.1 Arbeitnehmerähnliche Personen[82]

Von *arbeitnehmerähnlichen Personen* spricht man, wenn ein Mitarbeiter aufgrund fehlender *persönlicher* Abhängigkeit von einem Arbeitgeber nicht als Arbeitnehmer eingeordnet werden kann, er aber auch kein Unternehmer ist, weil seine *wirtschaftliche* Abhängigkeit ihn einem Arbeitnehmer ähnlich macht.[83] Als arbeitnehmerähnliche Personen kommen etwa Handels- und Versicherungsvertreter mit Geschäftsbetrieben geringen Umfangs, Journalisten bei Print-, Hörfunk- und Fernsehmedien, Mitarbeiter in Verlagen, Übersetzer, Dolmetscher in Betracht.[84]

2.6.1.1 Vertragsrechtliche Einordnung

§ 12 a TVG enthält eine Legaldefinition[85] der arbeitnehmerähnlichen Person und bestimmt, daß das TVG auch auf solche Personen Anwendung findet, die

- *wirtschaftlich* abhängig und
- vergleichbar einem Arbeitnehmer *sozial schutzbedürftig* sind,
- wenn sie aufgrund von *Dienst- oder Werkverträgen* für andere Personen tätig sind,

---

82 Vgl. ausführlich *Hromadka,* NZA 1997, 1249 ff.

83 Vgl. auch *Schaub,* Arb.-Hdb., S. 62 ff.

84 Vgl. auch die Übersicht bei KR-*Rost,* Arbeitnehmerähnliche Personen, Rn. 28.

85 Ob § 12 a TVG eine generelle Legaldefinition oder lediglich eine Begriffsbestimmung für den Bereich des Tarifrechts beinhaltet, ist umstritten. Nach der hier vertretenen Auffassung kann die in § 12 a TVG enthaltene Definition im gesamten Arbeitsrecht verwandt werden. Die Frage, ob auf arbeitnehmerähnliche Personen arbeitsrechtliche Schutzvorschriften, die grundsätzlich nur für Arbeitnehmer gelten, Anwendung finden können, ist ohnehin eine Einzelfallproblematik, die nach dem jeweils einschlägigen Spezialgesetz zu lösen ist.

- die geschuldeten Leistungen *persönlich* und im wesentlichen *ohne Mitarbeit von Arbeitnehmern* erbringen und
- überwiegend *für eine Person* tätig sind oder
- ihnen von einer Person im Durchschnitt *mehr als die Hälfte* des Entgelts zusteht, das ihnen für ihre Erwerbstätigkeit insgesamt zusteht.[86]

Kennzeichnend für eine arbeitnehmerähnliche Person ist, daß sie nicht in die Betriebsorganisation ihres Auftraggebers integriert ist, ihre Dienst- oder Werkleistung aber gleichwohl nicht am Markt, sondern nur gegenüber dem Auftraggeber zu erbingen hat.

Wesentliches Merkmal einer arbeitnehmerähnlichen Person ist folglich deren *wirtschaftliche* Abhängigkeit von einem Auftraggeber.

Wirtschaftliche Abhängigkeit des Mitarbeiters von einem Unternehmer liegt dann vor, wenn die geschuldete Dienst- oder Werkleistung für Rechnung eines anderen erfolgt, der das Unternehmerrisiko trägt, und die arbeitnehmerähnliche Person nach Höhe der Vergütung sowie Art und Dauer der Tätigkeit vom Auftraggeber abhängig ist.

Arbeitnehmerähnliche Personen sind damit wegen ihrer fehlenden Eingliederung in eine betriebliche Organisation und im wesentlichen freier Zeitbestimmung nicht im gleichen Maße *persönlich* wie ein Arbeitnehmer vom jeweiligen Auftraggeber abhängig. Die gleichwohl bestehende *wirtschaftliche* Abhängigkeit muß allerdings einen Grad erreicht haben, daß der wirtschaftlich Abhängige seiner gesamten Stellung nach – einem Arbeitnehmer vergleichbar – sozial schutzbedürftig ist.[87] Vertragsgegenstand, den eine arbeitnehmerähnliche Person schuldet, muß – wie beim Arbeitsvertrag – in einer *Leistung für einen anderen* bestehen.[88] Dies kann bei einer Verkaufstätigkeit nach der Rechtsprechung des BAG[89] auch dann der Fall sein, wenn der Ver-

---

86 Nach st. Rspr. des BAG kann ein Mitarbeiter, der für mehrere Auftraggeber tätig ist, auch dann als arbeitnehmerähnliche Person zu qualifizieren sein, wenn die Beschäftigung für einen der Auftraggeber wesentlich und die hieraus fließende Vergütung die entscheidende Existenzgrundlage darstellt. Vgl. insoweit jüngst noch BAG vom 11. 4. 1997, BB 1997, 1488 (Ls.) = NZA 1998, 499 f. zur Eigenschaft eines Dozenten im Bereich der gewerblichen Weiterbildung.

87 Vgl. BAG vom 25. 7. 1996, AP Nr. 28 zu § 5 ArbGG 1979.

88 Vgl. BAG vom 17. 2. 1973, BB 1973, 751 = AP Nr. 31 zu § 2 ArbGG 1953 Zuständigkeitsprüfung.

89 Vgl. BAG vom 8. 9. 1997, BB 1997, 2332 (Ls.) = DB 1997, 2544.

kauf – wie bei einem Kommissionsgeschäft gem. § 383 HGB – im eigenen Namen erfolgt.

Eine solche wirtschaftliche Abhängigkeit, die den freien Mitarbeiter zur arbeitnehmerähnlichen Person qualifiziert, liegt regelmäßig bei den sog. *Einfirmenhandelsvertretern* vor, die unter die Voraussetzungen des § 92 a HGB fallen, insbesondere wenn ihr Verdienst im Monat weniger als 2000 DM beträgt.[90]

Soziale Schutzbedürftigkeit „vergleichbar einem Arbeitnehmer" (§ 12 a I Nr. 1 TVG) ist gegeben, wenn der Grad der Abhängigkeit nach der Verkehrsanschauung einen Umfang erreicht hat, der normalerweise nur in einem Arbeitsverhältnis anzutreffen ist, und wenn die geleisteten Dienste typisch für einen Arbeitnehmer sind.[91] Als arbeitnehmerähnliche Personen gelten insbesondere die im folgenden noch gesondert zu erwähnenden Heimarbeiter einschließlich der Hausgewerbetreibenden und Zwischenmeister sowie die Handelsvertreter, sofern sie in der Form des Einfirmenvertreters nach § 92 a HGB tätig werden. Des weiteren sind arbeitnehmerähnliche Personen im künstlerischen, schriftstellerischen und im Bereich der Funk- und Fernsehmedien anzutreffen.[91a]

Arbeitnehmerähnliche Personen stehen damit faktisch zwischen Arbeitnehmer und freiem Mitarbeiter, sind aber rechtlich eindeutig nicht als Arbeitnehmer zu qualifizieren, so daß auch grundsätzlich das Arbeitsrecht nicht auf sie anzuwenden ist.[92] Damit genießen arbeitnehmerähnliche Personen keinen Kündigungsschutz[93] und fallen auch nicht unter den Geltungsbereich des Betriebsverfassungsgesetzes.[94] Auch die Vorschriften über die Entgeltfortzahlung im Krankheitsfall nach dem EFZG gelangen nicht zur Anwendung. Im Falle unverschuldeter Arbeitsunfähigkeit infolge Krankheit ist aber die Vorschrift des § 616 BGB zu beachten.[95] Ausnahmsweise kommen arbeitsrechtliche

90 Vgl. § 5 III S. 1 ArbGG. Beachte aber, daß § 12 a TVG nach seinem Abs. 4 keine Anwendung auf Handelsvertreter findet.

91 Vgl. *Schaub,* Arb.-Hdb., S. 62.

91a Vgl. auch die beiden neueren Entscheidungen des BGH vom 21. 10. 1998 und 4. 11. 1998, Pressemitteilung des BGH Nr. 87/1998.

92 *Ders.* S. 63, m. w. N.

93 *Ders.* S. 64.

94 *Ders.* ebenda und S. 1746.

95 Vgl. *Palandt/Putzo*, BGB, § 616 Rn. 12.

Vorschriften dann zum Zuge, wenn das Gesetz dies in einzelnen Arbeitsgesetzen anordnet, eben weil die besondere soziale Schutzbedürftigkeit einer arbeitnehmerähnlichen Person dies erfordert. So erlangen beispielsweise kraft der ausdrücklichen Regelung in § 2 Satz 2 BUrlG auch arbeitnehmerähnliche Personen einen Anspruch auf Erholungsurlaub, so daß dieser Personenkreis *für den Bereich des Urlaubsrechts* den Arbeitnehmern gleichzustellen ist. Auch für den Anwendungsbereich des Arbeitsgerichtsgesetzes ist gem. § 5 I Satz 2 ArbGG eine Gleichstellung zwischen Arbeitnehmern und arbeitnehmerähnlichen Personen erfolgt, so daß dieser Personenkreis Streitigkeiten aus dem Dienstverhältnis vor den Gerichten für Arbeitssachen auszutragen hat. Schließlich sei nochmals auf die oben schon erörterte Vorschrift des § 12 a TVG hingewiesen, die auch das TVG auf arbeitnehmerähnliche Personen für anwendbar erklärt.

Hinsichtlich der Beendigung des Vertragsverhältnisses einer arbeitnehmerähnlichen Person ist folgende Besonderheit zu beachten:

Grundsätzlich gelten die Kündigungsfristen des § 621 BGB. Diese Vorschrift staffelt in den Nrn. 1 bis 4 die Kündigungsfristen nach Zeitabschnitten, in denen die Vergütung gezahlt wird. Wird die Vergütung nicht nach Zeitabschnitten bemessen, kann das Dienstverhältnis jederzeit gekündigt werden, ohne daß es der Einhaltung einer Frist bedarf (§ 621 Nr. 5 Halbs. 1 BGB). Gemäß § 621 Nr. 5 Halbs. 2 BGB gilt dies jedoch nicht bei einem Dienstverhältnis, das die Erwerbstätigkeit des Dienstverpflichteten *vollständig* oder *hauptsächlich* in Anspruch nimmt. In diesem Fall greift eine Kündigungsfrist von zwei Wochen zum Ende eines jeden Kalendertages ein. Um die Tatbestandsmerkmale „vollständig" und „hauptsächlich" näher zu bestimmen, kann die bereits zitierte Vorschrift des § 12 a TVG analog herangezogen werden. Danach liegt eine *hauptsächliche Inanspruchnahme* der Erwerbstätigkeit des Dienstverpflichteten vor, wenn dieser von dem Auftraggeber durchschnittlich mehr als die Hälfte des Entgelts aus seiner gesamten Erwerbstätigkeit erhält. Damit wird § 621 Nr. 5 Halbs. 2 BGB regelmäßig auf arbeitnehmerähnliche Personen zutreffen, sofern deren Vergütung nicht nach Zeitabschnitten bemessen ist, sondern in einmaliger Höhe oder etwa als Provision berechnet wird.

Nach der Rechtsprechung des BAG[96] kann es allerdings das Vorliegen eines Dauerrechtsverhältnisses über eine „fortlaufende wirtschaftliche Zusammenarbeit" gebieten, bei einem mindestens ein Jahr schon bestandenen Dienstverhältnis dessen ordentliche Kündigung angemessene Zeit vorher anzukündigen, was de facto einer längeren Kündigungsfrist gleichkommt. Als „angemessen" wird in einem solchen Fall mindestens die in § 621 Nr. 5 Halbs. 2 BGB genannte zweiwöchige Kündigungsfrist anzusehen sein.

2.6.1.2 Sozialversicherungsrechtliche Einordnung

Arbeitnehmerähnliche Personen besitzen wegen ihrer persönlichen Unabhängigkeit von dem Auftraggeber keinen Arbeitnehmerstatus. Andererseits besteht wegen ihrer wirtschaftlichen Abhängigkeit von einem Unternehmer durchaus eine gewisse soziale Schutzbedürftigkeit. Gleichwohl bezieht der Gesetzgeber die arbeitnehmerähnlichen Personen nicht in die Zwangsmitgliedschaft in den Zweigen der gesetzlichen Sozialversicherung mit ein. Die arbeitnehmerähnlichen Personen sind demgemäß weder Pflichtmitglieder in der gesetzlichen Krankenversicherung (§ 5 SGB V) noch in der gesetzlichen Rentenversicherung (§ 1 SGB VI) noch in der Arbeitslosenversicherung (§§ 25 ff. SGB III). Insoweit kann allenfalls eine Berechtigung der arbeitnehmerähnlichen Person für eine freiwillige Mitgliedschaft in Betracht kommen, sofern die Voraussetzungen hierfür gegeben sind.[97] Etwas anderes gilt nur in bezug auf die gesetzliche Unfallversicherung des Auftraggebers, über die auch die arbeitnehmerähnliche Person Versicherungsschutz genießt. Dem Schutz der gesetzlichen Unfallversicherung unterfallen nämlich gem. § 2 II Satz 1 SGB VII auch solche Personen, die – ohne Arbeitnehmer zu sein – wie ein nach § 2 I Nr. 1 SGB VII Versicherter tätig werden. Maßgeblich ist insoweit, daß die arbeitnehmerähnliche Person eine helfende bzw. dienende Tätigkeit für ein fremdes Unternehmen ausübt, so daß der wirtschaftliche, gesellschaftliche oder vertragliche Status des Mitarbeiters unerheblich ist, der selbst sogar Unternehmer sein kann.[98] Rechtliche Quintessenz dieser in § 2 II Satz 1 SGB VII vorgenommenen Gleichstellung ist,

96 Vgl. BAG vom 7. 1. 1971, BB 1971, 568 ff. = AP Nr. 8 zu § 611 BGB Abhängigkeit.
97 Vgl. §§ 9 SGB V für die Kranken- und § 7 SGB IV für die Rentenversicherung.
98 Vgl. BSG vom 24. 7. 1985, NZA 1986, 406.

daß der freie Mitarbeiter, der als arbeitnehmerähnliche Person anzusehen ist, während seiner Tätigkeit gesetzlich in demselben Umfang unfallversichert ist wie ein Arbeitnehmer.

2.6.2 Heimarbeiter und Hausgewerbetreibende

Auch die Beschäftigtengruppe der *Heimarbeiter* und *Hausgewerbetreibenden* zählt vertragsrechtlich nicht zu den Arbeitnehmern, sondern stellt eine Untergruppe der arbeitnehmerähnlichen Personen dar, für die allerdings das Heimarbeitsgesetz (HAG) zu beachten ist. Das Gesetz faßt beide Personengruppen in § 1 I HAG unter dem Begriff „in Heimarbeit Beschäftigte" zusammen.

2.6.2.1 Vertragsrechtliche Einordnung

Heimarbeiter und Hausgewerbetreibende stehen faktisch ebenfalls zwischen Arbeitnehmer und freiem Mitarbeiter bzw. Unternehmer.

Nach der Legaldefinition des § 2 I HAG ist Heimarbeiter, wer in selbstgewählter Arbeitsstätte (eigener Wohnung oder selbstgewählter Betriebsstätte) allein oder mit seinen Familienangehörigen iSv. § 2 V HAG im Auftrag von Gewerbetreibenden oder Zwischenmeistern[99] erwerbsmäßig arbeitet, jedoch die Verwertung der Arbeitsergebnisse dem unmittelbar oder mittelbar auftraggebenden Gewerbetreibenden überläßt.

Hausgewerbetreibender ist gem. der Legaldefinition des § 2 II HAG, wer in eigener Arbeitsstätte (eigener Wohnung oder Betriebsstätte) mit nicht mehr als zwei fremden Hilfskräften iSv. § 6 HAG oder Heimarbeitern im Auftrag von Gewerbetreibenden oder Zwischenmeistern Waren herstellt, bearbeitet oder verpackt, wobei er selbst wesentlich am Stück mitarbeitet, jedoch die Verwertung der Arbeitsergebnisse dem unmittelbar oder mittelbar auftraggebenden Gewerbetreibenden überläßt.

Entscheidend für die „selbstgewählte Arbeitsstätte" iSv. § 2 I HAG ist daß der Heimarbeiter – zumindest für die Dauer der Arbeitstätigkeit – über sie frei verfügen kann. Damit kommt es letztlich nicht darauf an,

---

99 Vgl. die Legaldefinition in § 2 III HAG. Danach ist ein Zwischenmeister quasi ein „Verteiler" der Arbeit, ohne selbst Arbeitnehmer zu sein.

ob der Heimarbeiter in eigenen oder angemieteten Räumlichkeiten tätig ist. Eine „erwerbsmäßige" Tätigkeit iSv. § 2 I HAG übt der Heimarbeiter dann aus, wenn er nachhaltig der Einkommenserzielung wegen[100] im Bereich der Warenherstellung oder -bearbeitung tätig ist oder sonstige mechanische Tätigkeiten für einen Gewerbetreibenden oder Zwischenmeister verrichtet.[101] Die Tätigkeit kann jedem Betrieb zugehörig sein, der im Bereich des Handwerks, Handels oder der Industrie operiert.[102] Insoweit gilt der übliche Gewerbebegriff, wonach Gewerbetreibender ist, wer als Selbständiger eine auf Dauer angelegte Tätigkeit planmäßig und in der Absicht verrichtet, Gewinn zu erzielen.[103]

Der Heimarbeiter ist wegen der fehlenden persönlichen Abhängigkeit von seinem Auftraggeber kein Arbeitnehmer.[104] Er ist nicht in die betriebliche Organisation des Gewerbetreibenden oder Zwischenmeisters eingebunden und unterliegt regelmäßig auch keinen Weisungen. Andererseits besteht in der Mehrzahl der Heimarbeitsverhältnisse eine nicht unerhebliche wirtschaftliche Abhängigkeit des Heimarbeiters von seinem Auftraggeber, dies vor allem in ländlichen Gebieten mit geringer Gewerbedichte. Der Heimarbeitsvertrag läßt sich rechtlich nicht eindeutig einem bestimmten typisierten Vertrag zuordnen. Richtig wird es sein, den Heimarbeitsvertrag als Dauerrechtsverhältnis sui generis zu qualifizieren, das Elemente des Werk-, Werklieferungs- und Dienstvertrages in sich trägt und je nach inhaltlicher Ausgestaltung im Einzelfall mal mehr dem einen oder anderen Vertragstypus angenähert ist.[105]

In Heimarbeit Beschäftigte[106] haben einen Anspruch auf ordnungsgemäße Bezahlung ihrer Arbeit. Dies gewährleistet das HAG dadurch,

---

100 Regelmäßig wird die erwerbsmäßige Tätigkeit wohl auch dem Bestreiten des Lebensunterhalts dienen oder zumindest beitragen, vgl. BAG vom 10. 7. 1963, BB 1963, 1339 = AP Nr. 3 zu § 2 HAG; *Küttner/Bauer*, Personalbuch 1998, Heimarbeit, Rn. 3.

101 Vgl. BAG vom 10. 7. 1963, BB 1963, 1339 = AP Nr. 3 zu § 2 HAG.

102 Vgl. auch *Schaub*, Arb.-Hdb., S. 65.

103 Vgl. zum Gewerbebegriff *Hohmeister*, Wirtschaftsprivatrecht, S. 192 f.

104 Vgl. MünchArbR-*Richardi*, § 28 Rn. 4.

105 Zu den möglichen Vertragsgestaltungen im Rahmen freier Mitarbeiterverhältnisse vgl. noch näher unter Teil 1, 3.

106 Gem. § 1 II HAG können unter den in dieser Vorschrift genannten Voraussetzungen andere Personengruppen den in Heimarbeit Beschäftigten gleichgestellt werden.

daß gemäß §§ 19 ff. HAG sog. *bindende Festsetzungen* durch sog. *Heimarbeitsausschüsse*[107] aufgestellt werden können und daß die Entgelte der in Heimarbeit Beschäftigten durch die jeweiligen Fachministerien der Bundesländer[108] überwacht werden. Üblicherweise enthalten solche bindenden Festsetzungen Bestimmungen über das zu zahlende Mindestentgelt, Urlaubsentgelt und ggf. Urlaubsgeld, Feiertagsbezahlung, Zuschläge im Krankheitsfall, den sog. Heimarbeitszuschlag und ggf. auch über vermögenswirksame Leistungen. Bindenden Festsetzungen iSv. §§ 19 ff. HAG kommt dabei die rechtliche Wirkung von für allgemeinverbindlich erklärten Tarifverträgen iSv. § 5 TVG zu.[109] Demzufolge kann von ihnen auch nur zugunsten des in Heimarbeit Beschäftigten abgewichen werden.[110]

Die *Kündigungsfristen* sind für die in Heimarbeit Beschäftigten in § 29 HAG geregelt. Die Länge bemißt sich unter anderem auch nach der Dauer der Beschäftigung.

Die Frage, ob im Einzelfall ein Heimarbeitsverhältnis, ein „echtes" Arbeitsverhältnis oder aber „nur" ein Vermittlungsverhältnis[111] vorliegt, ist wiederum nach der tatsächlichen Durchführung des Vertragsverhältnisses durch die Parteien zu beantworten. Auch insoweit spielt also die von den Parteien gewählte Bezeichnung keine bzw. nur eine marginale Rolle.

2.6.2.2 Sozialversicherungsrechtliche Einordnung

In sozialversicherungsrechtlicher Hinsicht gelten für die in Heimarbeit Beschäftigten gesonderte gesetzliche Bestimmungen.

In § 12 II SGB IV ist für den Bereich des Sozialversicherungsrechts eine einheitliche Begriffsbestimmung des Heimarbeiters im Sinne einer Legaldefinition getroffen worden. Danach sind Heimarbeiter „sonstige Personen, die in eigener Arbeitsstätte und für Rechnung von Gewerbetreibenden, gemeinnützigen Unternehmen oder öffentlich-

107 Vgl. § 4 HAG.
108 Vgl. § 3 HAG.
109 Vgl. § 19 III S. 1 HAG.
110 Vgl. § 19 III S. 2 HAG.
111 In dem Sinne, daß der Auftraggeber dem Auftragnehmer lediglich Verträge mit Kunden vermittelt.

rechtlichen Körperschaften erwerbsmäßig arbeiten, auch wenn sie Roh- oder Hilfsstoffe selbst beschaffen; sie gelten als Beschäftigte".

Die in dieser Definition enthaltene Gleichstellung der Heimarbeiter mit den „Beschäftigten" führt dazu, daß Heimarbeiter in allen Zweigen der gesetzlichen Sozialversicherung pflichtversichert sind.[112]

Auch für Hausgewerbetreibende in sozialversicherungsrechtlichem Sinne hält das Gesetz in § 12 I SGB IV eine Legaldefinition bereit. Danach sind Hausgewerbetreibende „selbständig Tätige, die in eigener Arbeitsstätte im Auftrag und für Rechnung von Gewerbetreibenden, gemeinnützigen Unternehmen oder öffentlich-rechtlichen Körperschaften gewerblich arbeiten, wenn sie Roh- oder Hilfsstoffe selbst beschaffen oder vorübergehend für eigene Rechnung tätig sind".

Im Unterschied zu dem sonstigen Gewerbetreibenden ist für den Hausgewerbetreibenden iSv. § 12 I SGB IV typisch, daß er *wirtschaftlich* von einem Auftraggeber *abhängig* ist. Wann dies der Fall ist, wird regelmäßig eine Frage des Einzelfalls darstellen; entscheidend dürfte aber sein, wer das *Unternehmerrisiko* trägt. Unterscheidungskriterium im Einzelfall kann hierbei aber auch die Vergleichbarkeit des Einkommens des Hausgewerbetreibenden in einem bestimmten Zeitraum mit demjenigen eines „normalen" Arbeitnehmers sein.[113]

Hausgewerbetreibende unterliegen nicht der Versicherungspflicht in der gesetzlichen Krankenkasse[114] und der Arbeitslosenversicherung. Versicherungspflicht besteht kraft ausdrücklicher gesetzlicher Anordnung demgegenüber in der gesetzlichen Rentenversicherung.[115] Sie unterfallen fernerhin dem Schutz der gesetzlichen Unfallversicherung.[116]

2.6.3 Telearbeiter

Wegen der zunehmenden Bedeutung, die die Telearbeit mittlerweile im Erwerbsleben hat, soll der sog. „Telearbeiter" an dieser Stelle kurz unter einem eigenen Gliederungspunkt besprochen werden.

---

112 Vgl. § 7 SGB IV.
113 Vgl. *Küttner/Voelzke,* Personalbuch 1998, Heimarbeit Rn. 58.
114 Vgl. die enumerativen Beitrittsrechte in § 9 I SGB V.
115 Vgl. § 2 II Nr. 6 SGB VI.
116 Vgl. § 2 I Nr. 6 SGB VII.

Für den Rechtsbegriff der *Telearbeit* sind im wesentlichen drei Merkmale entscheidend:

- Die Tätigkeit wird auf multimediale programmgesteuerte *Arbeitsmittel* gestützt.
- Die Tätigkeit wird an einem nicht innerhalb der betrieblichen Struktur des Auftraggebers angesiedelten *Arbeitsplatz* erbracht.
- Die Tätigkeit ist *telekommunikativ* durch Verbindung des Arbeitsplatzes mit einer zentralen Rechnereinheit gestützt.

Der *rechtliche Status* des Telearbeiters kann verschiedenartig ausgestaltet sein. In Betracht kommen insoweit Tätigkeiten als Selbständiger, Arbeitnehmer, arbeitnehmerähnliche Person oder in Heimarbeit Beschäftigter. Die Abgrenzung ist dabei nach den bereits vorgestellten Abgrenzungskriterien vorzunehmen. Demgemäß kommen als vertragliche Grundlage des Telearbeitsverhältnisses entweder ein Dienstvertrag nach § 611 BGB, ein Werkvertrag nach § 631 BGB, ein Arbeitsvertrag nach § 611 BGB[117] oder ein Heimarbeitsverhältnis nach HAG in Betracht. Telearbeiter, die im sog. „On-line-Verkehr" arbeiten und wegen des dabei notwendigen Zugriffs auf betriebliche Rechnersysteme ständig in die Arbeitsorganisation des Unternehmens eingebunden sind, sind in der Regel Arbeitnehmer, da Weisungen auch in elektronischer Form erteilt werden können. Sog. „Off-line-Verbindungen" können je nach Einzelfallumständen zu einem Arbeitsverhältnis oder zu einem freien Mitarbeiterverhältnis führen. Maßgeblich wird insoweit regelmäßig die Frage der Eingliederung in den Betrieb trotz fehlender kommunikationstechnischer Einrichtungen sein.[117a]

Der *sozialversicherungsrechtliche Status* des Telearbeiters hängt entscheidend von dem rechtlichen ab. Hinsichtlich Renten-, Kranken- und Arbeitslosenversicherung stehen Telearbeiter den klassischen Arbeitnehmern gleich, soweit der dem Telearbeitsverhältnis zugrundeliegende Vertrag als „echter" Arbeitsvertrag zu qualifizieren ist, was insbesondere an der Frage der persönlichen Abhängigkeit zu entscheiden ist. Sofern der Telearbeiter den Status eines Heimarbeiters hat, gilt das oben im Rahmen des Heimarbeitsverhältnisses Ausgeführte:

117 Der Arbeitsvertrag ist nach h. M. eine Unterart des Dienstvertrages und findet seine Rechtsgrundlage ebenfalls in § 611 BGB; vgl. nur *Palandt/Putzo*, Einf. vor § 611 Rn. 28 ff.

117a Vgl. *Albrecht*, NZA 1996, 1243 f.

Heimarbeiter – auch als Telearbeiter – gelten gemäß § 12 II SGB IV als „Beschäftigte" iSv. § 7 SGB IV und sind damit in allen Zweigen der gesetzlichen Sozialversicherung versicherungspflichtig. Probleme kann die Frage der gesetzlichen Unfallversicherung[118] eines Telearbeiters im Einzelfall aufwerfen, dann nämlich, wenn nicht eindeutig geklärt werden kann, ob das unfallverursachende Verhalten in einem Zurechnungszusammenhang zur Arbeitstätigkeit steht. Dieses Problem dürfte allerdings eher dem tatsächlichen Bereich (Beweisfrage) als dem telearbeitsspezifischen rechtlichen Bereich zuzuordnen sein.[119]

2.6.4 Bau- und Transportwesen

Gerade im Bereich des Bau- und Transportwesens wird der Typus des Subunternehmervertrags relevant. Abgrenzungsschwierigkeiten zwischen dem Vorliegen eines freien Mitarbeiterverhältnisses und eines Arbeitsverhältnisses bestehen in der Praxis des öfteren insoweit, als nicht selten Ein-Mann-Unternehmen über einen längeren Zeitraum und ggf. projektgebundene Dienste leistet, die auf unterschiedlichster vertragsrechtlicher Grundlage erbracht werden können.[120] Hier ist insbesondere an Ein-Mann-Unternehmen zu denken, die im Baubereich oder im Speditionswesen mit eigenem LKW mehr oder minder regelmäßig für einen Hauptunternehmer tätig werden, was als Arbeitnehmer, freier Dienstnehmer oder Werkunternehmer geschehen kann.

In diesen Fällen ist nach der Rechtsprechung[121] primär auf die *organisatorische und inhaltliche Weisungsunabhängigkeit* des Subunternehmers abzustellen. Als Abgrenzungskriterien sollten im Einzelfall folgende Gesichtspunkte herangezogen werden:

---

118 Vgl. nochmals § 2 I Nr. 6 SGB VII.
119 So auch *Albrecht,* NZA 1996, 1243 f.
120 Vgl. auch noch im folgenden unter Teil 1, 3.1.3.
121 Vgl. LAG Düsseldorf vom 28. 8. 1995, BB 1995, 2275 f.

Freies Mitarbeiterverhältnis	**Arbeitsverhältnis**
• Subunternehmer darf seinerseits delegieren, kann also die Leistungen gegenüber dem Hauptunternehmer von Dritten ausführen lassen • Subunternehmer kann weitestgehend selbst zeitlich disponieren	• „Subunternehmer“ muß höchstpersönlich leisten, darf also seinerseits keine Hilfspersonen zur Vertragserfüllung einschalten • Ständige Einsatzbereitschaft und damit umfassende Abhängigkeit von den zeitlichen Vorgaben des „Hauptunternehmers“

Nach einer neueren Entscheidung des BAG[122] kann selbst ein Frachtführer iSv. § 407 HGB, der bekanntlich ein selbständiges Gewerbe ausübt[123], Arbeitnehmer des Spediteurs sein. In der genannten Entscheidung war der Frachtführer als Einzelperson ohne weitere eigene Mitarbeiter nur für einen Spediteur tätig geworden, für den er Aufträge mit einem eigenen Fahrzeug erledigte, das die Farben und das Logo des Spediteurs trug. Sofern die Tätigkeit des Frachtführers stärker eingeschränkt wird, als es aufgrund gesetzlicher Regelungen oder wegen versicherungsrechtlicher Obliegenheiten geboten ist – etwa im Hinblick auf die zeitlichen Optionen –, ist er als Arbeitnehmer anzusehen.[124]

2.6.5 Handwerker

Im Bereich des Handwerks kann die Eintragung eines Mitarbeiters in die *Handwerksrolle* ein gewisses Indiz dafür sein, daß dieser selbständig tätig ist. Allerdings sollte dieser Aspekt letztlich nur in Zweifelsfällen herangezogen werden und insbesondere dann von Belang sein, wenn sämtliche in einer Gesamtschau gegeneinander abgewogenen Kriterien im Einzelfall sowohl eine selbständige Tätigkeit als freier

122 Vgl. BAG vom 19. 11. 1997, BB 1998, 794 ff. Vgl. auch die Leitsätze unter Teil 1, 3.5.

123 Vgl. § 1 HGB.

124 Vgl. auch unter Teil 1, 3.1.3.

Mitarbeiter als auch eine unselbständige Tätigkeit als persönlich abhängiger Arbeitnehmer zulassen. Als Abgrenzungskriterien im Bereich des Handwerks sind die gleichen Gesichtspunkte wie im Bau- und Transportwesen zugrunde zu legen.

2.6.6 EDV-Berater

Die Neuinstallation von Hard- und Software sowie die Wartung und „Pflege" der vorhandenen Hard- und Software haben in der Vergangenheit eine zunehmende Nachfrage der Unternehmen nach geeignetem Personal zur Folge gehabt. Der Einsatz von EDV-Beratern kann dabei von Fall zu Fall erfolgen, was regelmäßig zum Abschluß eines konkreten Werkvertrages führen wird. Insoweit treten in der Regel keine Schwierigkeiten bei der rechtlichen Einordnung bzw. dem vertraglichen Status des „Mitarbeiters" auf, der die Rolle eines Werkunternehmers hat.[125] Problematischer dürfte demgegenüber der Fall zu beurteilen sein, wenn ein Auftraggeber *ständig* EDV-Berater hinzuzieht. Insoweit kommt der Abschluß von Arbeitsverträgen ebenso in Betracht wie die Begründung freier Mitarbeiterverhältnisse, und zwar regelmäßig in der Rechtsform des Dienstvertrages. Welchen Status der Mitarbeiter im Einzelfall hat, hängt dabei entscheidend von der Frage ab, ob er durch Eingliederung in die betriebliche Struktur des Unternehmens einem mehr oder minder umfassenden Weisungsrecht des Auftraggebers unterliegt. Insoweit werden die Gesichtspunkte, die für eine Arbeitnehmer- bzw. freie Mitarbeitereigenschaft sprechen, regelmäßig ähnlich wie im Falle der Mitarbeiter bei Hörfunk, Fernsehen und Printmedien (Redakteure) sein (vgl. 2.6.9). Kann also der EDV-Berater Beginn, Ende und Pausen der täglichen Arbeitszeit im wesentlichen frei bestimmen, oder besteht sogar noch nicht einmal die Verpflichtung, im regelmäßigen Turnus tätig zu werden, spricht dies für eine freie Mitarbeiterstellung. Ist der Mitarbeiter hingegen an feste Arbeitszeit- und Pausenregelungen gebunden, wird er in aller Regel Arbeitnehmer sein. Des weiteren wird zur Statusbeurteilung in diesen Fällen eine Rolle spielen, ob und inwieweit eine fachliche Weisungsabhängigkeit besteht. Kann der Mitarbeiter – unter Berücksichtigung technischer Vorgaben – weitestgehend selbst bestimmen, wie er die ihm übertragenen Tätigkeiten fachlich ausübt, spricht dies ebenfalls

125 Vgl. OLG Frankfurt vom 12. 7. 1989, BB 1990, 778 f.

für eine Stellung als freier Mitarbeiter, wohingegen ein Direktionsrecht des Auftraggebers auch in sachlich/fachlicher Hinsicht eher auf eine Arbeitnehmereigenschaft des Mitarbeiters hindeuten wird.

2.6.7 Freie Mitarbeiter in Rechtsanwalts- und Steuerberaterkanzleien

Im Bereich der freien Berufe, hier insbesondere in Rechtsanwalts- und Steuerberaterkanzleien, werden vielfach freie Mitarbeiter neben oder anstelle fest angestellter Arbeitnehmer beschäftigt, deren statusrechtliche Einordnung allerdings nicht selten mehr als fraglich ist. Insbesondere dann, wenn angestellte und freie Mitarbeiter nebeneinander beschäftigt werden, die zudem noch ähnliche Tätigkeiten verrichten, wird eine Prüfung im Einzelfall häufiger ergeben, daß ein freier Mitarbeiter in Wirklichkeit ein Arbeitnehmer ist. Da die freien Berufe nicht zum Handelsstand zählen, schließen sich Rechtsanwälte und Steuerberater – von der Rechtsform der GmbH oder Partnerschaft einmal abgesehen – zu Gesellschaften des Bürgerlichen Rechts gem. §§ 705 ff. BGB zusammen. Insoweit kann eine Mitarbeit einmal auf der Grundlage einer Stellung als BGB-Gesellschafter im Rahmen einer Sozietät oder in Form einer Bürogemeinschaft erfolgen. In beiden Fällen liegt kein Arbeitsverhältnis vor. Es handelt sich hier um Gesellschafts- bzw. Gemeinschaftsverhältnisse, in denen die jeweiligen Freiberufler selbständig tätig sind, ohne daß eine irgendwie geartete persönliche Abhängigkeit gegeben ist. Auch kommt regelmäßig nicht der Status einer arbeitnehmerähnlichen Person in Betracht, und zwar auch dann nicht, wenn ein Rechtsanwalt oder Steuerberater von der Sozietät wirtschaftlich abhängig ist.[126] Etwas anderes kann allerdings dann gelten, wenn sich aus der vertraglichen Vereinbarung und ihrer tatsächlichen Durchführung ergibt, daß kein gleichberechtigter Status mit dem oder den weiteren Gesellschafter(n) besteht, sondern daß de facto ein das Arbeitsverhältnis kennzeichnendes Über-/Unterordnungsverhältnis vorliegt.[127]

Des weiteren werden in der Praxis als freie Mitarbeiterverträge bezeichnete Vertragsverhältnisse mit Rechtsassessoren, Rechtsanwälten

126 Vgl. BAG vom 15. 4. 1993, AP Nr. 12 zu § 5 ArbGG 1979 = BB 1993, 2163. Vgl. auch den Leitsatz unten unter Teil 1, 3.5.

127 Vgl. Kasseler Handbuch-*Worzalla*, 1.1 Rn. 298.

und Steuerberatern abgeschlossen, ohne daß die Beteiligung an einer Sozietät oder Bürogemeinschaft erfolgt. Auch in einem solchen Fall muß als Abgrenzungskriterium zum Arbeitnehmerstatus der Umfang der Weisungsgebundenheit herangezogen werden. Hierbei ist aber für den Bereich der Rechtsanwaltschaft § 1 BRAO zu berücksichtigen, wonach der Rechtsanwalt ein unabhängiges Organ der Rechtspflege ist. Dies führt insbesondere dazu, daß ein Rechtsanwalt grundsätzlich keiner inhaltlichen Weisungsbefugnis dahingehend unterworfen werden kann, wie er ein Mandat zu bearbeiten hat.[128] Die diesbezüglich fehlende sachlich/fachliche Weisungsbefugnis kann daher als Abgrenzungskriterium regelmäßig nicht dienlich sein.[129] Als exemplarische Unterscheidungsmerkmale kommen regelmäßig die in nachfolgender Übersicht genannten Kriterien in Betracht:

Freies Mitarbeiterverhältnis	**Arbeitsverhältnis**
• Keine festen Dienstzeiten • Zu bearbeitende Mandate werden von Fall zu Fall ausgehandelt • Übernahme einzelner Mandate kann abgelehnt werden • Keine feste Vergütung, sondern Honorar pro Mandat oder nach Zeitaufwand • Weiteres schwaches Indiz kann sein: Konkretes Inaussichtstellen einer Gesellschafterstellung als Sozius	• Feste Arbeitszeiten • Zu bearbeitende Mandate werden vom Auftraggeber einseitig zugewiesen • Verpflichtung zur Übernahme sämtlicher vom Auftraggeber übertragener Mandate • Fixes Gehalt

2.6.8 Lehrkräfte

Eine umfangreiche Rechtsprechung existiert auch hinsichtlich des Mitarbeiterstatus nicht verbeamteter Lehrkräfte. Ob diese im Ange-

128 Vgl. hierzu *Compensis,* BB 1996, 323.

129 Vgl. BSG vom 30. 11. 1978, AP Nr. 31 zu § 611 BGB Abhängigkeit. Vgl. auch den Leitsatz unten unter Teil 1, 3. 5.

stelltenverhältnis als Arbeitnehmer oder im Dienstverhältnis als freie Mitarbeiter tätig werden, hängt in erster Linie davon ab, wie weitreichend sie in den Lehrbetrieb integriert sind und ob sie Einfluß auf die Lehrinhalte nehmen können. Hierbei ist nach der Rechtsprechung des BAG[130] davon auszugehen, daß Lehrkräfte an allgemeinbildenden Schulen regelmäßig Arbeitnehmerstatus besitzen, während bei Volkshochschuldozenten auch eine Beschäftigung als freier Mitarbeiter in Betracht kommen kann. Maßgeblich ist auch insoweit der Grad der persönlichen Abhängigkeit des Mitarbeiters im Einzelfall. Wesentliche Bedeutung kann dabei dem Umstand zukommen, wie die Lage der Unterrichtsstunden bestimmt wird, und ob der Unterrichtsträger Einfluß auf die methodisch-didaktische Ausgestaltung des Unterrichts hat.

Wenn also Lehrer an allgemeinbildenden Schulen in aller Regel nur als Arbeitnehmer beschäftigt werden können, fragt sich, aufgrund welcher Kriterien beispielsweise bei VHS-Lehrkräften auch eine Beschäftigung in freier Mitarbeit vorliegen kann. Auf fehlende Weisungsgebundenheit kann aus folgenden Gesichtspunkten geschlossen werden:[131]

- Verbindung der Unterrichtspersonen zum Unterrichtsträger weniger eng als im allgemeinbildenden Bereich
- Freiwillige Teilnahme der Unterrichtspersonen am Unterricht
- Keine berufsqualifizierenden oder sonstigen förmlichen Abschlüsse
- Einflußnahme der Lehrkraft auf die zeitliche Lage der Unterrichtsstunden
- Keine Reglementierung in methodisch-didaktischer Hinsicht
- Keine oder nur geringe Konferenzen oder sonstige Nebenpflichten
- Einfluß auf Organisation, Koordination und Unterrichtsinhalte der Lehrkraft.

Demgegenüber sind auch solche Lehrkräfte regelmäßig als Arbeitnehmer anzusehen, denen der Schulträger die zeitliche Lage der Unter-

---

130 Vgl. BAG vom 24. 6. 1992, AP Nr. 61 zu § 611 BGB Abhängigkeit; BAG vom 12. 9. 1996, NZA 1997, 600 f.; BAG vom 19. 11. 1997, BB 1998, 488 (Ls.) = NZA 1998, 595 ff.; vgl. auch die Leitsätze unter Teil 1, 3.5.

131 Vgl. auch Kasseler Handbuch-*Worzalla*, 1.1 Rn. 335.

richtsstunden einseitig vorgeben[132] und/oder den Unterrichtsgegenstand einseitig auferlegen kann.[133] Das Vorhandensein von Unterrichtsverlaufs- oder Rahmenlehrplänen steht der freien Mitarbeit einer VHS-Lehrkraft indessen nicht entgegen. Entscheidend ist nach der Rechtsprechung des BAG[134] nur, ob der Unterrichtsträger gegenüber der Lehrkraft zu Anweisungen in methodisch-didaktischer Hinsicht befugt ist. Ist dies der Fall, liegt regelmäßig ein Arbeitsverhältnis vor.[135]

2.6.9 Mitarbeiter bei Hörfunk, Fernsehen und Printmedien

Auch bei den Beschäftigungsverhältnissen im Bereich Hörfunk, Fernsehen und Printmedien legt das BAG[136] zur Statusbestimmung dieselben Abgrenzungskriterien wie im übrigen zugrunde. Insoweit differenziert das BAG danach, ob eine sog. *programmgestaltende Tätigkeit* ausgeübt wird. Hierunter fallen solche Tätigkeiten, in denen der Mitarbeiter seine eigenen Auffassungen zu politischen, wirtschaftlichen und kulturellen Sachfragen einbringen kann. Eine solche programmgestaltende Tätigkeit kann sowohl in einem Arbeitsverhältnis wie auch in einem freien Mitarbeiterverhältnis erbracht werden. Für ein freies Mitarbeiterverhältnis spricht regelmäßig, daß sich der Mitarbeiter journalistisch-schöpferisch und damit gestaltend betätigen kann oder ob er nur vorbereitend oder in technischer Hinsicht tätig wird. Je mehr der gestaltende Anteil an der gesamten programmgestaltenden Tätigkeit ausmacht, desto eher ist von einem freien Mitarbeiterverhältnis auszugehen. Unterliegt der Mitarbeiter hingegen bei seiner gestaltenden Tätigkeit inhaltlichen Weisungen und/oder ist er – ggf. aufgrund von Dienstplänen – zu *ständiger Dienstbereitschaft* verpflichtet, spricht dies eher für eine persönlich abhängige Beschäftigung und damit für ein Arbeitsverhältnis.[137]

---

132 Vgl. BAG vom 30. 10. 1991, BB 1992, 1356 ff. = AP Nr. 59 zu § 611 BGB Abhängigkeit.

133 Vgl. BAG vom 26. 7. 1995, BB 1996, 60 ff.; BAG vom 19. 11. 1997, BB 1998, 488 (Ls.).

134 Vgl. BAG ebenda.

135 Vgl. zum Arbeitnehmerstatus von Dozenten an Berufsakademien LAG Baden-Württemberg vom 4. 7. 1996, BB 1997, 683 m. Anm. *Kühn*.

136 Vgl. BAG vom 30. 11. 1994, AP Nr. 74 zu § 611 BGB Abhängigkeit = BB 1995, 831 (Ls.).

137 Vgl. jüngst BAG vom 11. 3. 1998, BB 1998, 1265 f.

Nicht programmgestaltende Tätigkeiten sollen demgegenüber regelmäßig nur in Arbeitsverhältnissen ausgeübt werden können.[138] Dies gilt insbesondere für rein routinemäßige Arbeiten, z. B. als Sprecher oder Übersetzer.[139]

2.6.10 Handelsvertreter und Mitarbeiter im Versicherungsaußendienst

Der Handelsvertreter hat eine gesetzliche Regelung in § 84 HGB erfahren. Danach ist von der Selbständigkeit des Handelsvertreters auszugehen, wenn er im wesentlichen frei seine Tätigkeit gestalten und seine Arbeitszeit bestimmen kann. Auch insoweit ist maßgebend die Ausgestaltung des Vertragsverhältnisses und seine tatsächliche Durchführung.[140] Demgegenüber stellt der in § 84 II HGB erwähnte angestellte „Handelsvertreter" nicht den *typischen* Handelsvertreter des HGB dar, sondern lediglich einen mit mehr oder minder umfassenden Vollmachten ausgestatteten Arbeitnehmer.

Typisch für einen selbständigen Handelsvertreter sind insoweit folgende Gesichtspunkte:

- Eigene Geschäftsräume[141]
- Eigenes Briefpapier[142]
- Eigene Mitarbeiter[143]
- Tragen der Geschäftskosten[144]

---

138 Kritisch hierzu *Bezani,* NZA 1997, 861, der auch bei nicht programmgestaltenden Tätigkeiten auf die Intensität des Weisungsrechts im Einzelfall abstellt. Hierbei soll unter anderem entscheidend sein, ob der einzelne Mitarbeiter die Möglichkeit hat, Einsätze abzulehnen.

139 Vgl. BAG vom 16. 2. 1994, BB 1994, 1224 (Ls.) = AP Nr. 15 zu § 611 BGB Rundfunk.

140 Vgl. *Eberstein,* Der Handelsvertretervertrag, S. 26 m. w. N.; OLG Düsseldorf vom 5. 12. 1997, NZA-RR 1998, 145 ff. Zu den Mitarbeitern im Versicherungsaußendienst vgl. *Hanau/Strick*, DB 1998, Beilage 14/98; siehe auch die „Hamburg-Mannheimer-Entscheidung" des LAG Nürnberg vom 25. 2. 1998 (4 Sa 670/97), BuW 1998, 591 ff. mit Anm. *Kunz/Kunz* (S. 597 ff.).

141 Vgl. *Schaub,* Arb.-Hdb., S. 69.

142 Vgl. BAG vom 24. 4. 1980, BB 1980, 1471 f. = AP Nr. 1 zu § 84 HGB. Dies stellt allerdings regelmäßig nur ein schwaches Indiz dar.

143 Vgl. *Worzalla*, Arbeitsverhältnis – Selbständigkeit, Scheinselbständigkeit, Rn. 207.

144 Vgl. *Eberstein,* a. a. O., S. 26 m. w. N.

- Auftreten unter eigener Firma[145]
- Eintragung in das Handelsregister.[146]

Nun stellen aber die hier genannten Kriterien nur mehr oder minder starke Indizien für eine selbständige Handelsvertretertätigkeit dar. Entscheidend ist auch beim Handelsvertreter darauf abzustellen, ob er von Weisungen seines Auftraggebers hinsichtlich Arbeitsumfang und -gestaltung sowie in zeitlicher und örtlich/räumlicher Hinsicht frei ist.[147]

Allerdings werden auch insoweit teilweise wirtschaftliche Überlegungen in die Angrenzungsproblematik einbezogen. So hat etwa das *OLG Düsseldorf* in einem Beschluß vom 5. 12. 1997[148] entschieden, daß ein Handelsvertreter dann nicht mehr selbständig ist, wenn zu viele Einschränkungen der handelsvertretertypischen Selbständigkeit vorliegen, die dem Mitarbeiter diejenigen Vorteile vorenthalten, die mit der Stellung eines selbständigen Handelsvertreters verbunden sind, so daß ihm letztlich nur noch Nachteile verbleiben, nämlich die „Übernahme des wirtschaftlichen Risikos". Für den Bereich der *Versicherungsbranche* hat das LAG Nürnberg in der sog. „Hamburg-Mannheimer-Entscheidung"[148a] entschieden, daß Versicherungsvertreter als Arbeitnehmer einzustufen seien. Begründet wurde dies damit, daß der Klägerin untersagt war, für andere konkurrierende Versicherungsunternehmer zu arbeiten bzw. für sich selbst am Markt zu werben. Deshalb habe die Klägerin – so das LAG – zwar ein unternehmerisches Risiko getragen, aber keine unternehmerischen Freiheiten gehabt.

2.6.11 Mitarbeitende Familienangehörige

Mitarbeit von Familienangehörigen kann einmal auf der Basis eines Familienrechtsverhältnisses erfolgen oder als Arbeitsverhältnis ausgestaltet sein. Für Kinder können zugunsten der Eltern erbrachte Dienst-

---

145 Vgl. *Schaub,* Arb.-Hdb., S. 69.

146 Der Handelsvertreter galt bis zum 30. 6. 1998 gem. § 1 II Nr. 7 HGB a. F. als Mußkaufmann und war gem. § 29 HGB zur Eintragung seiner Firma in das Handelsregister verpflichtet, es sei denn, er war Minderkaufmann.

147 Vgl. weiterhin BAG vom 21. 1. 1966, BB 1966, 407 = BAGE 18, 37 = AP Nr. 2 zu § 92 HGB. Vgl. auch den Leitsatz unten unter Teil 1, 3.5.

148 Vgl. NZA-RR 1998, 145 ff.

148 a LAG Nürnberg vom 25. 2. 1998, BuW 1998, 591 ff.; die Entscheidung ist inzwischen vom BAG mit Urteil vom 16. 6. 1998 (BB 1998, 1954 f.) aufgehoben worden, wenn auch (zunächst?) nur aus formalen Gründen. Vgl. hierzu den Kommentar von *Reiserer*, BB 1998, 1955.

leistungen auf der Grundlage des § 1619 BGB als freie familienrechtlich ausgestaltete Mitarbeit in „Hauswesen und Geschäfte“ zu qualifizieren sein. Bei Ehegatten kommt die eheliche Lebensgemeinschaft gem. §§ 1353, 1356 BGB als rechtliche Grundlage für eine freie Mitarbeit in Betracht.[149] Auch insoweit ist zur Abgrenzung einer freien familienrechtlichen Mitarbeit von einem Arbeitsverhältnis auf den Umfang der Weisungsgebundenheit abzustellen, wobei der Umstand, daß unter Eheleuten regelmäßig ein eher *abgeschwächtes Weisungsrecht* bestehen wird, der Annahme eines Arbeitsverhältnisses nicht grundsätzlich entgegensteht.[150]

2.6.12 Franchisenehmer[151]

Das Franchiseverhältnis stellt ein Rechtsinstitut eigener Art dar[152], an dem regelmäßig, aber nicht zwingend, zwei selbständige Unternehmer als Franchisegeber und Franchisenehmer beteiligt sind. Im Franchisevertrag räumt der Franchisegeber dem Franchisenehmer das Recht ein, bestimmte Waren oder Dienstleistungen im eigenen Namen und auf eigene Rechnung zu vertreiben. Hierbei verpflichtet sich der Franchisenehmer regelmäßig, Namen und ggf. auch Marken (früher: Warenzeichen) bzw. sonstige Symbole (z. B. Logos) des Franchisegebers zu benutzen und die vom Franchisegeber festgelegte Geschäftskonzeption zu übernehmen. Der Franchisenehmer ist einerseits als Absatzmittler des Franchisegebers eine Art Hilfsperson, die in dessen Vertriebsorganisation eingespannt und mehr oder minder engen Weisungen unterworfen ist, was zu einem zumindest *beschäftigungsähnlichen Mitarbeiterverhältnis* führen kann. Andererseits agiert der Franchisenehmer möglicherweise selbst unternehmerähnlich am Markt, zumal er gegenüber seinen Kunden im eigenen Namen und auf eigene Rechnung handelt. Der Franchisenehmer befindet sich damit in einer „Grauzone zwischen abhängiger und selbständiger Erwerbstätigkeit“[153], so daß das

149 Vgl. *Palandt/Diederichsen,* BGB, § 1353 Rn. 10 und § 1619 Rn. 10.

150 Vgl. BSG vom 23. 6. 1994, AP Nr. 4 zu § 611 BGB Ehegatten-Arbeitsverhältnis. Vgl. im übrigen zu den Abgrenzungskriterien Kasseler Handbuch-*Worzalla*, 1.1 Rn. 328 ff.

151 Franchising (engl.) bedeutet ins Deutsche übersetzt soviel wie *Konzession* oder *Vorrecht*.

152 Hinsichtlich des Rechtscharakters vgl. die Übersicht bei *Hartmann,* JA 1992, 228. Vgl. des weiteren *Küstner,* Anm. zu BAG vom 24. 4. 1980, AP Nr. 1 zu § 84 HGB, Bl. 2 ff.; *Holling,* S. 12.

Franchiseverhältnis wegen seines Charakters als Dauerschuldverhältnis entweder als freies Mitarbeiterverhältnis im weitesten Sinne oder sogar als Arbeitsverhältnis ausgestaltet sein kann, und zwar je nachdem, was die Einzelfallumstände ergeben. Auch insoweit ist primär auf das Kriterium der persönlichen Abhängigkeit abzustellen.[154]

Im sog. „Eismann-Beschluß“[155] hat das BAG im Rahmen einer Rechtswegentscheidung erneut klargestellt, daß sich ein Arbeitnehmer von einem freien Mitarbeiter grundsätzlich durch den Grad der persönlichen Abhängigkeit unterscheide, der in bezug auf seinen Auftraggeber bestehe. Im konkreten Fall handelte es sich um einen Franchisenehmer, der Tiefkühlkost vertrieb. Ohne in diesem Fall über die Arbeitnehmereigenschaft ausdrücklich entschieden zu haben[156], hat das BAG angenommen, daß der klagende Franchisenehmer jedenfalls wegen seiner wirtschaftlichen Abhängigkeit als arbeitnehmerähnliche Person anzusehen und damit der Rechtsweg zu den Gerichten für Arbeitssachen gegeben war.[157]

Auch der BGH hat sich jüngst in zwei Entscheidungen[157a] zu dem Abgrenzungskriterium der persönlichen Abhängigkeit im Verhältnis zwischen Arbeitnehmern und Selbständigen bekannt und liegt damit (nunmehr) auf einer Linie mit dem BAG. Beide vor dem VIII. Zivilsenat des BGH ausgetragenen Verfahren betrafen Fragen der Zulässigkeit des Rechtswegs zu den ordentlichen Gerichten. In dem einem Fall vertrat der BGH die Ansicht, daß der Kläger als Selbständiger, in dem anderen Verfahren als arbeitnehmerähnliche Person einzustufen sei. Interessanterweise bezog sich der letztgenannte Fall ebenfalls auf einen Franchisenehmer, der für die Firma Eismann tätig war. Der BGH

---

153 Kasseler Handbuch-*Worzalla*, 1.1 Rn. 235.

154 Vgl. BAG vom 16. 7. 1997, BB 1997, 2220 f. = DB 1997, 2127 (sog. „Eismann-Beschluß“).

155 Vgl. vorstehende Fußnote. Vgl. auch die beiden Leitsätze dieser Entscheidung unter Teil 1, 3.5.

156 Unter Ziff. 3 der Entscheidungsgründe führt das BAG aber aus: „Es spricht viel dafür, daß der Kläger Arbeitnehmer der Beklagten war“

157 Der Entscheidung des BAG im „Eismann-Fall“ war eine Entscheidung des LAG Rheinland-Pfalz vom 12. 7. 1996, BB 1996, 1890 vorausgegangen, in der das LAG noch zu dem gegenteiligen Ergebnis gekommen war, daß der klagende Franchisenehmer wirtschaftlich selbständig aufgetreten sei, weil sich Franchisenehmer in einem „System der gleichberechtigten Partner“ bewegten.

157a Beschlüsse vom 21. 10. 1998 (VIII ZB 54/97) und vom 4. 11. 1998 (VIII ZB 12/98) Pressemitteilung des BGH Nr. 87/1998, DB 1998, 2529 f. = BB 1999, 11 ff.

gelangte zu dem Ergebnis, daß es sich bei dem Franchisenehmer im konkreten Fall weder um einen Selbständigen im engeren Sinn noch um einen Arbeitnehmer (Nichtselbständigen), sondern – wegen dessen wirtschaftlicher Abhängigkeit – um eine arbeitnehmerähnliche Person gehandelt habe, für die der Rechtsweg zu den Gerichten für Arbeitssachen eröffnet sei (§ 5 I ArbGG). Bei der Abgrenzung differenzierte der BGH – in Übereinstimmung mit der ständigen Rechtsprechung des BAG – ebenfalls klar zwischen persönlicher und wirtschaftlicher Abhängigkeit und ging davon aus, daß die persönliche Abhängigkeit als Abgrenzungskriterium zwischen Selbständigem und Arbeitnehmer und die wirtschaftliche Abhängigkeit als Abgrenzungsmerkmal zur arbeitnehmerähnlichen Person heranzuziehen sei. Hierbei wurde vom BGH die persönliche Abhängigkeit deshalb verneint, weil der Franchisenehmer, der selbst einen Arbeitnehmer beschäftigte, einen Gestaltungsspielraum dahingehend hatte, die geschuldete Leistung durch Dritte erbringen zu lassen, was nach Auffassung des BGH mit dem Status eines Arbeitnehmers nicht vereinbar gewesen sei. Für die wirtschaftliche Abhängigkeit des Franchisenehmers sprach nach Ansicht des BGH, daß er neben dem Verdienst bei der Firma Eismann über keine anderweitigen Einkünfte verfügte und daß ihm eine weitere Erwerbstätigkeit praktisch nicht möglich war. Zudem habe die Stellung des Franchisenehmers nach der vertraglichen Gestaltung der eines angestellten Verkaufsfahrers entsprochen, weshalb eine einem Arbeitnehmer ähnliche soziale Schutzbedürftigkeit vorgelegen habe.

Trotz der Weisungsgebundenheit, der der Franchisenehmer hinsichtlich der Übernahme der Geschäftskonzeption des Franchisegebers regelmäßig unterliegt, dürfte in der Mehrzahl der Fälle nicht vom Vorliegen eines Arbeitsverhältnisses, sondern eines freien Mitarbeiterverhältnisses auszugehen sein, weil diese Art einer quasi *marketing-strategischen* Weisungsgebundenheit eine andere rechtliche Qualität hat, als es bei der die persönliche Abhängigkeit eines Arbeitnehmers kennzeichnenden Weisungsgebundenheit der Fall ist.[158] Ein Arbeitsverhältnis zwischen Franchisegeber und Franchisenehmer dürfte damit in

158 In diesem Sinne auch MünchArbR-*Richardi*, § 23 Rn. 118, der zutreffend davon ausgeht, daß es für die Annahme eines Arbeitsverhältnisses nicht ausreichend sei, wenn jemand sich verpflichtet habe, seinen Betrieb ganz oder in bestimmten Bereichen nach den Richtlinien und Anweisungen eines anderen einzurichten und zu führen.

der Praxis in den wenigen Ausnahmefällen vorliegen, in denen der als Franchisenehmer bezeichnete Mitarbeiter zum einfachen *Betreiber einer Verkaufstelle* des Franchisegebers „verdammt" ist.

Im Rahmen der Einzelfallprüfung zur Bestimmung eines Franchiseverhältnisses als freies Mitarbeiterverhältnis (Regelfall) oder Arbeitsverhältnis (Ausnahme) sollten regelmäßig die nachfolgend aufgeführten Abgrenzungskriterien geprüft werden:

Dem Franchiseverhältnis kann zugrunde liegen ein freies Mitarbeiterverhältnis	**oder Arbeitsverhältnis**
Weisungsgebundenheit nur hinsichtlich der Umsetzung des Geschäftskonzepts des Franchisegebers. Dagegen weitgehende Freiheiten bei der Organisation des Betriebs • in personeller Hinsicht (Einsatz von eigenen Mitarbeitern) • in zeitlicher Hinsicht (Ladenöffnungszeiten) • bei Marketingmaßnahmen (insb. Werbung) • beim Warenangebot (Art und Umfang des Sortiments)	Persönliche Abhängigkeit des Franchisenehmers vom Franchisegeber durch enge Weisungsgebundenheit infolge • Einräumung umfassender Kontrollrechte des Franchisegebers auch hinsichtlich der Organisation des Betriebes • Umfassende Vorgaben hinsichtlich Werbung und Sortiment • Vorgabe bestimmter Geschäftsöffnungs- und Arbeitszeiten

2.6.13 GmbH-Geschäftsführer

Gem. § 6 GmbHG muß die GmbH mindestens einen Geschäftsführer haben, um überhaupt rechtswirksam handeln zu können. Der Geschäftsführer einer GmbH steht zu dieser juristischen Person des Handelsrechts in einer *Doppelstellung*: Einerseits ist er deren Organ und vertritt die Gesellschaft organschaftlich nach außen im gesamten Rechts- und Geschäftsverkehr (Außenverhältnis); andererseits wird das Innenverhältnis zwischen GmbH und Geschäftsführer regelmäßig durch eine schuldrechtliche Beziehung, den *Anstellungsvertrag,* begründet. Die Rechtsnatur dieses Anstellungsvertrags ist umstritten.[159]

159 Vgl. zum Streit- und Meinungsstand *Reiserer,* S. 18 ff.

Der Gesetzgeber hat zwar die Rechte und Pflichten des GmbH-Geschäftsführers als Organ der Gesellschaft im Gesellschaftsrecht im wesentlichen geregelt, jedoch keine Anordnungen bezüglich der das Innenverhältnis zwischen Gesellschaft und Geschäftsführer begründenden Rechtsbeziehungen getroffen. Insbesondere ist der Mitarbeiterstatus des GmbH-Geschäftsführers als Arbeitnehmer, freier Mitarbeiter oder ggf. arbeitnehmerähnliche Person nicht gesetzlich geregelt. Soweit sich gesetzliche Vorschriften mit dem Anstellungsverhältnis des GmbH-Geschäftsführers befassen, wird er ausdrücklich vom Geltungsbereich einzelner arbeitsrechtlicher Regelungen ausgenommen.[160] Vereinzelt wird die Ansicht vertreten, der GmbH-Geschäftsführer habe zumindest dann Arbeitnehmerstatus, wenn es sich entweder um einen Nichtgesellschaftsgeschäftsführer[161] oder einen Minderheitsgesellschaftsgeschäftsführer handele.[162] Begründet wird diese Ansicht im wesentlichen mit der Überlegung, der GmbH-Geschäftsführer sei nach § 37 GmbHG gegenüber den Gesellschaftern weisungsgebunden. Demgegenüber gehen sowohl die ständige Rechtsprechung[163] wie auch mehrheitlich das Schrifttum[164] zu Recht davon aus, daß der Geschäftsführer einer GmbH – und zwar unabhängig von der Stellung als Gesellschafts- oder Fremdgeschäftsführer – nicht Arbeitnehmer der GmbH, sondern mit dieser über einen „freien" Dienstvertrag schuldrechtlich verbunden ist. Damit findet das Arbeitsrecht grundsätzlich auf einen GmbH-Geschäftsführer keine Anwendung. Die Richtigkeit dieser Ansicht ergibt sich schon ohne weiteres aus dem Umstand, daß der GmbH-Geschäftsführer als organschaftlicher Vertreter der GmbH auch Arbeitgeberstellung hat.[165] Dies muß entgegen der Ansicht von *Schaub*[166], der der h. M. zu Unrecht vorhält, sie unterscheide nicht deutlich genug zwischen den gesellschaftsrechtlichen Rechtsbeziehungen einerseits und der innervertraglichen Ebene

---

160 Vgl. nur §§ 5 I Satz 3 ArbGG, 14 I Nr. 1, 17 V Nr. 1 KSchG, 5 II Nr. 1 BetrVG, 1 II a VermBG.

161 Gemeint ist nach herkömmlicher Terminologie der sog. Fremdgeschäftsführer.

162 Vgl. z. B. *Schaub,* Arb.-Hdb., S. 81 ff.

163 Vgl. schon BGH vom 7. 12. 1961, BGHZ 36, 142 ff.; BGH vom 26. 3. 1984, BB 1984, 1892.

164 Vgl. nur MünchKomm-*Söllner*, § 611 Rn. 113 m. w. N.

165 Vgl. *Ordemann,* DB 1966, 1598: Der GmbH-Geschäftsführer ist gegenüber dem übrigen Personal der GmbH deren „Chef".

166 Vgl. *Schaub,* Arb.-Hdb., S. 81.

andererseits, sehr wohl Berücksichtigung erfahren. Die organschaftliche Rechtsstellung, die ein GmbH-Geschäftsführer im Außenverhältnis einnimmt, wirkt sich unmittelbar auf die innervertragliche Rechtsbeziehung zur Gesellschaft aus und steht einem Status des Geschäftsführers als Arbeitnehmer der GmbH einerseits und Arbeitgeber als Organ der GmbH andererseits entgegen. Außerdem berücksichtigt die Mindermeinung nicht hinreichend genug, daß die Weisungsabhängigkeit des GmbH-Geschäftsführers nach § 37 GmbHG von ihrer rechtlichen Qualität her nicht an die persönliche Abhängigkeit eines Arbeitnehmers heranreicht.

Damit ist der GmbH-Geschäftsführer in Übereinstimmung mit der h. M. in seinem Verhältnis zur Gesellschaft nicht als Arbeitnehmer, sondern als Dienstnehmer und der beide Parteien schuldrechtlich verbindende „Anstellungsvertrag" als Dienstvertrag iSv. § 611 BGB zu qualifizieren.

2.6.14 Arbeitnehmerüberlassung und freie Mitarbeit

Von Arbeitnehmerüberlassung spricht man, wenn der Arbeitgeber einem Dritten Arbeitnehmer zur Arbeitsleistung zur Verfügung stellt (sog. *drittbezogener Personaleinsatz*).

2.6.14.1 Allgemeines

Arbeitnehmerüberlassung liegt nur dann vor, wenn der Rechtsbeziehung mindestens ein Drei-Personen-Verhältnis zugrunde liegt.

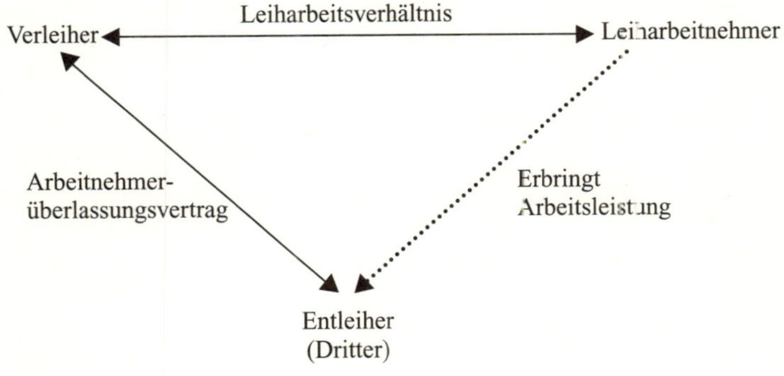

Wie aus der vorstehenden graphischen Übersicht ersichtlich wird, erbringt der Leiharbeitnehmer beim Entleiher eine *Arbeits*leistung. Wird keine *Arbeits*leistung, sondern beispielsweise eine *Werk*leistung erbracht, liegt keine Arbeitnehmerüberlassung vor. In einem solchen Fall handelt es sich bei der vertraglichen Beziehung zwischen „Verleiher" und Drittem um ein freies Mitarbeiterverhältnis.

2.6.14.2 Abgrenzungsfragen

Die Arbeitnehmerüberlassung ist daher von den verschiedenen Formen freier Mitarbeit auf der rechtlichen Grundlage von Dienst- und Werkverträgen abzugrenzen. Während beim Dienst- und Werkvertrag der Unternehmer die ihm gegenüber seinem Vertragspartner obliegende Leistungsverpflichtung persönlich erfüllt und/oder sich hierbei (ggf. teilweise) eigener Mitarbeiter als Erfüllungsgehilfen gem. § 278 BGB bedient, liegt ein Fall von Arbeitnehmerüberlassung vor, wenn ein Arbeitgeber (Unternehmer) seinem Vertragspartner gewerbsmäßig solche Arbeitskräfte überläßt, die der Vertragspartner nach eigenen betrieblichen Erfordernissen in seinem Betrieb einsetzt und seinen Weisungen unterwirft. In diesen Fällen werden die entliehenen („überlassenen") Arbeitnehmer des Unternehmers nicht mehr nur für diesen als ihrem eigentlichen Arbeitgeber tätig, sondern auch für den Vertragspartner innerhalb dessen Betriebsorganisation.[167] Entscheidend ist insoweit, ob der Beschäftigte in die Arbeitsorganisation des Vertragspartners derart eingegliedert wird, daß der Vertragspartner die für ein Arbeitsverhältnis typischen Entscheidungen hinsichtlich des Einsatzes eines Beschäftigten nach Art, Zeit und Ort treffen kann. Liegt danach im Einzelfall Arbeitnehmerüberlassung vor, handelt es sich im Verhältnis des Unternehmers zu seinem Vertragspartner nicht mehr um freie Mitarbeit. Ob dies der Fall ist, kann in der Praxis problematisch werden.

Für die diesbezügliche Abgrenzungsfrage, ob Arbeitskräfte im Rahmen eines Arbeitnehmerüberlassungsvertrages oder eines sonstigen Vertrages (Werkvertrag, freier Dienstvertrag) bei einem anderen Unternehmen zum Einsatz kommen, darf zunächst einmal nicht entscheidend auf die von den Parteien gewünschte Rechtsfolge, sondern einzig

---

167 Vgl. BAG vom 22. 6. 1994, AP Nr. 16 zu § 1 AÜG = BB 1995, 52 (Ls.).

und allein auf den *wirklichen Vertragsinhalt* abgestellt werden. Widersprechen sich schriftliche Vereinbarung einerseits und praktische Durchführung des Vertrages andererseits, kommt es auch hier auf die *tatsächliche Durchführung* des Vertragsverhältnisses an.[168]

Bei einem Arbeitnehmerüberlassungsvertrag verpflichtet sich der Verleiher, einen Arbeitnehmer zum Zwecke der Arbeitsleistung einem Dritten zur Verfügung zu stellen. Demgegenüber verpflichtet sich beim Werkvertrag[169] der Werkunternehmer zur Herstellung eines bestimmten Werkes bzw. Herbeiführung eines sonstigen Erfolges. Als Werkunternehmer organisiert dieser die zur Erreichung des wirtschaftlichen Erfolges notwendigen Handlungen nach seinen eigenen betrieblichen Erfordernissen und ist für die Herstellung des geschuldeten Werkes gegenüber dem Dritten selbst verantwortlich. Hierbei ist die von ihm eingesetzte „Arbeitsleistung“ lediglich Mittel zum Zweck, nämlich zur Herstellung des Werkes.

In der Praxis sollte daher entscheidend darauf abgestellt werden, ob der Vertragspartner nach dem Geschäftsinhalt des Vertrages und seiner tatsächlichen Durchführung einen bestimmten Erfolg oder nur die Zurverfügungstellung von Arbeitnehmern schuldet. Im ersten Fall ist von freier Mitarbeit, im zweiten von Arbeitnehmerüberlassung auszugehen.

Zu beachten ist aber, daß in den Fällen erlaubter Arbeitnehmerüberlassung nach dem Arbeitnehmerüberlassungsgesetz (AÜG)[170] zwischen dem Vertragspartner (Entleiher) und dem überlassenen Arbeitnehmer kein Arbeitsverhältnis begründet wird.

2.6.14.3 Folgen unerlaubter Arbeitnehmerüberlassung

Problematisch sind die Fälle von *Scheindienstverträgen* und *Scheinwerkverträgen.* Ist aufgrund der Einzelfallumstände von echter Arbeitnehmerüberlassung und nicht mehr von freier Mitarbeit auszugehen und besitzt der Verleiher keine Erlaubnis zur Arbeitnehmerüberlassung nach § 1 AÜG, ist der Vertrag zwischen Verleiher und Entleiher sowie zwischen Verleiher und Leiharbeitnehmer gem. § 9 Nr. 1

168 Vgl. BAG vom 15. 6. 1983, AP Nr. 5 zu § 10 AÜG.
169 Vgl. auch unter Teil 1, 3.1.1.
170 BGBl. I S. 158.

AÜG unwirksam, so daß kraft der gesetzlichen Fiktion in § 10 I AÜG zwischen dem Leiharbeitnehmer und dem Entleiher ein Arbeitsverhältnis begründet wird, das einem vertraglich begründeten Arbeitsverhältnis gleichsteht. Diese rechtliche Konsequenz kann in der Praxis für den Entleiher erhebliche betriebswirtschaftliche Folgen haben. Die Fiktionswirkung des § 10 AÜG tritt nämlich auch dann ein, wenn alle drei an dem Vertragskonstrukt beteiligten Personen subjektiv der Meinung waren, der Personaleinsatz sei aufgrund eines Werk- oder Dienstvertrages – also eines freien Mitarbeiterverhältnisses – erfolgt, es sich in Wirklichkeit aber um eine unerlaubte Arbeitnehmerüberlassung gehandelt hat.[171] In diesem Zusammenhang sollte bei der Durchführung eines Werkvertrages unbedingt darauf geachtet werden, daß die Mitarbeiter des Werkunternehmers keine Weisungen vom Besteller entgegenzunehmen haben, weil ansonsten auf eine unerlaubte Arbeitnehmerüberlassung geschlossen werden könnte.[171a]

3. Verträge über freie Mitarbeit

3.1 Vertragsarten

Sofern jemand für einen anderen tätig wird, ohne Arbeitnehmerstatus zu besitzen, wird der Rechtsbeziehung ein *Vertrag über freie Mitarbeit* im weitesten Sinne zugrunde liegen. Von den im BGB typisierten Verträgen kommen dabei in erster Linie in Betracht:

- der *Dienstvertrag* nach § 611 BGB[172] oder
- der *Werkvertrag* nach § 631 BGB.[173]

Aufgrund der in § 305 BGB garantierten Vertragsfreiheit steht es den Parteien im Einzelfall natürlich auch frei, Verträge eigener Art zu schließen, insbesondere die Vertragstypen des BGB zu kombinieren.[174] Als Vertrag eigener Art ist insbesondere der sog. *Subunternehmervertrag* anzusehen, der regelmäßig als Dienst-, Werk- oder gemischter Vertrag eigener Art einzuordnen sein wird.

---

171 Vgl. *Schaub,* Arb.-Hdb., S. 1058 m. w. N.

171a Vgl. auch den Mustertext in Teil 1 unter 3.6.4, § 2.

172 Ggf. auch in Form des Geschäftsbesorgungsvertrags nach § 675 BGB.

173 Ggf. auch in Form des Geschäftsbesorgungsvertrags nach § 675 BGB oder des Werklieferungsvertrages nach § 651 BGB.

174 Hier wäre zu denken an Maklerverträge, Franchiseverträge u. ä.

3.1.1 Dienstvertrag

Der Dienstvertrag[175] ist ein gegenseitig verpflichtender (synallagmatischer) Vertrag iSv. §§ 320 ff. BGB, in dem sich der Dienstverpflichtete (Dienstnehmer) gegenüber dem Dienstberechtigten (Dienstgeber) verpflichtet, Dienste gegen Entgelt zu leisten (vgl. §§ 611 ff. BGB). Gegenstand des Dienstvertrages auf seiten des Dienstnehmers können Dienste jeder Art sein (vgl. § 611 II BGB), wobei es unerheblich ist, ob der Dienstnehmer die Dienste nur einmalig erbringt oder ob deren Leistung auf Dauer angelegt ist. Als Gegenleistung hat der Dienstgeber dem Dienstnehmer die geleisteten Dienste zu vergüten, also ein Entgelt zu entrichten. Die *Zahlung eines Entgelts* für die geleisteten Dienste ist für den Dienstvertrag *wesensnotwendig,* weil bei einer unentgeltlichen Erbringung von Dienstleistungen von einem Auftragsvertrag gem. §§ 662 ff. BGB auszugehen ist. *Charakteristisch* für den Dienstvertrag – insbesondere in Abgrenzung zum im folgenden noch zu besprechenden Werkvertrag – ist seine *Zeitbestimmtheit.* Hierunter ist die Eigenart der Verpflichtung des Dienstnehmers zu verstehen, Dienste auf bestimmte oder unbestimmte Zeit persönlich zu leisten, ohne daß zugleich die Herbeiführung eines konkreten Erfolges Inhalt der Leistungsverpflichtung des Dienstnehmers wäre.

3.1.2 Werkvertrag

Der Werkvertrag[176] ist ebenfalls ein synallagmatischer Vertrag iSv. §§ 320 ff. BGB, bei dem die Hauptleistungsverpflichtung des Werkunternehmers in der Herstellung eines Werkes (§ 631 I BGB) besteht. Dabei kann Gegenstand des Werkvertrages sowohl die Herstellung oder Veränderung einer Sache als auch ein anderer durch Arbeit oder Dienstleistung herbeizuführender Erfolg sein (§ 631 II BGB). Die Hauptleistungspflicht des Bestellers besteht demgegenüber in der Entrichtung der vereinbarten Vergütung (§ 631 I BGB). Im Gegensatz zum zeit- bzw. tätigkeitsorientierten Dienstvertrag[177] wird somit beim Werkvertrag nicht nur die Tätigkeit als solche, sondern darüber hinaus auch ein konkreter Erfolg seitens des Werkunternehmers geschul-

175 Vgl. zum Dienstvertrag *Hohmeister,* Wirtschaftsprivatrecht, S. 105 ff.

176 Vgl. zum Werkvertrag *ders.,* a. a. O., S 110 ff.

177 Vgl. zur Abgrenzung der verschiedenen Vertragsarten auch *Palandt/Putzo*, BGB, Einf. vor § 631 Rn. 5.

det.[178] Im Hinblick darauf, daß der Werkunternehmer ein *bestimmtes Arbeitsergebnis als Erfolg* schuldet[179], kann der Werkvertrag zwecks Abgrenzung zum Dienstvertrag auch als *erfolgsbestimmt* bezeichnet werden.[180] Anders als beim tätigkeitsorientierten Dienstvertrag (§ 613 BGB) besteht allerdings auf seiten des Werkunternehmers keine Verpflichtung zum *persönlichen* Tätigwerden. Abgesehen von den sog. *Einmannbetrieben* ist es in der Praxis vielmehr geradezu die Regel, daß Werkverträge nicht durch den Werkunternehmer persönlich, sondern durch eigene Mitarbeiter oder Subunternehmer ausgeführt werden.

Wie bereits ausgeführt, handelt es sich auch beim Werkvertrag um einen gegenseitig verpflichtenden Vertrag, bei dem sich die Leistungspflicht des Werkunternehmers zur Herbeiführung eines konkreten Arbeitsergebnisses einerseits und die Zahlungspflicht des Bestellers zur Vergütung des Werkes andererseits synallagmatisch gegenüberstehen. Die *Entgeltlichkeit* des herbeigeführten Erfolges ist damit für den Werkvertrag ebenfalls *wesensnotwendig*. Anderenfalls – im Falle der Unentgeltlichkeit – läge rechtssystematisch ein Schenkungsvertrag vor.

Im Unterschied zum Dienstvertrag ist es für den Werkvertrag kennzeichnend, daß der Werkunternehmer[181] persönlich und wirtschaftlich nicht vom Besteller abhängig ist, und zwar selbst dann, wenn er gewissen Weisungen iSv. § 645 BGB unterliegen sollte, die sich regelmäßig auf die Art und Weise der Ausführung beziehen werden. Vielmehr handelt es sich beim Werkunternehmer iSv. §§ 631 ff. BGB regelmäßig um einen „echten" Unternehmer in dem Sinne, daß er – persönlich und wirtschaftlich unabhängig – seine Tätigkeit zur Herbeiführung des geschuldeten Erfolges eigenverantwortlich und unter Einsatz eigener Arbeitsmittel und Fachkenntnisse ausübt, wobei er zudem das Unternehmerrisiko für das Gelingen des geschuldeten Arbeitsergebnis-

---

178 Dies gilt für einen Werklieferungsvertrag über eine nicht vertretbare Sache entsprechend, vgl. § 651 BGB.

179 Vgl. nur *Palandt/Putzo*, BGB, Einf. vor § 631 Rn. 1.

180 So auch *Hohmeister*, Wirtschaftsprivatrecht, S. 110.

181 Bezeichnenderweise verwendet auch das Gesetz den Begriff des Werkunternehmers und deutet damit bereits auf ein persönlich nicht abhängiges Rechtssubjekt hin.

ses trägt.[182] So sind denn auch die gesetzlichen Vorschriften über den Werkvertrag in §§ 631 bis 651 BGB auf die *selbständige* Erwerbsarbeit zugeschnitten.[183]

3.1.3 Subunternehmervertrag

Dem sog. Subunternehmervertrag kommt im Verhältnis zum Dienst- und Werkvertrag als Vertragstyp in rechtssystematischer Hinsicht kein eigener Rechtscharakter zu. Er ist rechtlich in aller Regel ebenfalls als Werkvertrag iSv. §§ 631 ff. BGB zu qualifizieren. Denkbar ist im Einzelfall zwar auch, daß ein Subunternehmervertrag als Dienstvertrag einzustufen ist, jedoch dürfte dies mehrheitlich nicht vorkommen.[184] Im Prinzip ist der Subunternehmervertrag nichts anderes als – wie auch der Name schon sagt – ein „*Unter*werkunternehmervertrag“: Ein selbständiger Werkunternehmer, der sich gegenüber dem Besteller zur Herbeiführung eines bestimmten Arbeitsergebnisses verpflichtet hat, ohne daß er der Einschränkung des § 613 BGB zum persönlichen Tätigwerden unterläge, läßt die erforderlichen Arbeiten nicht durch eigene Mitarbeiter, also unselbständige Hilfspersonen (Arbeitnehmer), ausführen, sondern schaltet eine selbständige Hilfsperson, nämlich wiederum einen Werkunternehmer, zur Herbeiführung des dem Besteller geschuldeten Erfolges ein.[185]

Dabei bestehen zwischen dem Besteller und dem Subunternehmer keine vertraglichen Beziehungen. Ähnlich wie beim Untermietverhältnis der Hauptmieter knüpft vielmehr allein der Werkunternehmer (Hauptunternehmer) vertragliche Beziehungen zu einem Dritten, dem Sub(werk)unternehmer. Im Verhältnis zu diesem Subwerkunternehmer stellt der Hauptwerkunternehmer rechtlich den Besteller iSv. § 631 BGB dar. Damit folgt der Rechtscharakter des Subunternehmervertrages dem Rechtscharakter des Hauptunternehmervertrages.

---

182 Vgl. *Palandt/Putzo*, BGB, Einf. vor § 631 Rn. 1.

183 Vgl. *Hohmeister*, Wirtschaftsprivatrecht, S. 111.

184 Dies ist Frage des Einzelfalls. Vgl. auch die nachfolgende Fußnote.

185 Vgl. z. B. das Verhältnis zwischen dem Spediteur (§ 453 HGB) und dem Frachtführer (§ 407 HGB), dem in aller Regel ein Subunternehmervertrag zugrunde liegt, der sowohl in der rechtlichen Erscheinungsform des Dienst- wie des Werkvertrages auftreten kann.

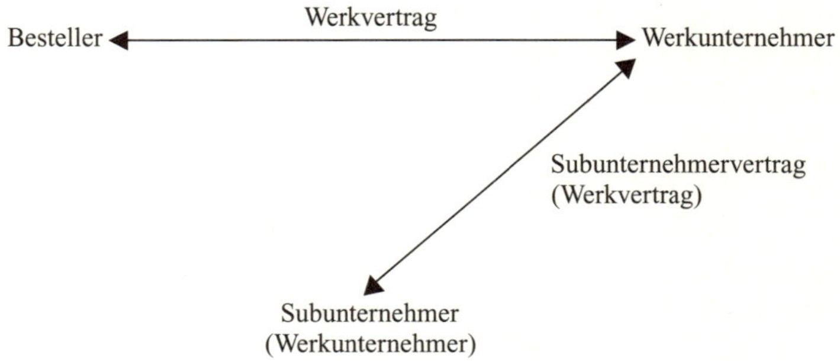

Mit Abschluß des Subunternehmervertrages gibt also der Hauptunternehmer die sich aus dem Vertragsverhältnis mit dem Besteller ergebenden Leistungspflichten im eigenen Namen an einen anderen Unternehmer, also einen persönlich (und regelmäßig auch wirtschaftlich) nicht abhängigen Dritten weiter.

Die vorstehenden Ausführungen zeigen auf, daß es sich bei dem Subunternehmer folglich nicht um einen in einem persönlichen Abhängigkeitsverhältnis zum Hauptunternehmer stehenden Arbeitnehmer handeln kann. Vielmehr ist der Subunternehmer als eigenständiger Unternehmer weder von den Weisungen des Hauptunternehmers hinsichtlich Zeit, Ort und Inhalt der Leistungspflicht abhängig[186], noch ist der Subunternehmer in die betriebliche Hierarchie des Hauptunternehmers eingegliedert. Ist dies doch der Fall, liegt – trotz eventuell anderslautender Bezeichnung der Parteien – kein Subunternehmervertrag in der Form eines Werkvertrages, sondern ein Arbeitsvertrag vor.

Entsprechend hat das BAG jüngst noch im Falle eines Kurierfahrers entschieden[187], der zwar selbst ein Kleintransportgewerbe angemeldet hatte und ein eigenes (das einzige) Transportfahrzeug fuhr, der aber nach dem zugrundeliegenden (Formular-)Vertrag unter anderem verpflichtet war, für den Hauptunternehmer von Montag bis Freitag Nah-

186 Die Weisungsgebundenheit ist hier im Sinne einer generellen arbeitsrechtlichen Direktionsbefugnis des Unternehmers zu verstehen (vgl. oben unter 2.3.1). Dem steht nicht entgegen, daß der Besteller – hier also der Hauptunternehmer – gegenüber dem Subunternehmer einzelne Weisungen für die Ausführung der konkreten Werkleistung iSv. § 645 BGB erteilen kann. Solche Weisungen dienen lediglich der Konkretisierung des Vertragsgegenstandes.

187 Vgl. BAG vom 19. 11. 1997, BB 1998, 794 ff. Siehe auch oben unter 2.6.4.

verkehrsaufträge gegen Zahlung einer festen Vergütung pro Sendung durchzuführen, der alle Sendungen pünktlich abholen und abliefern mußte, das Fahrzeug in gutem Pflegezustand erhalten mußte und nur solche Personen als Fahrer einsetzen durfte, die den Ansprüchen des Hauptunternehmers genügten. Das BAG vertrat insoweit die Auffassung, daß die vertraglichen Bindungen des Subunternehmers die üblichen Bindungen eines Frachtführers iSv. § 407 HGB gegenüber dem Spediteur iSv. § 453 HGB derart überschritten, daß ein für ein Arbeitsverhältnis hinreichender Grad persönlicher Abhängigkeit vorgelegen habe (zu derartigen Fällen sog. „Scheinselbständigkeit" vgl. auch im folgenden unter 3.3).

3.2 Unterschiede zwischen freier Mitarbeit und Arbeitsvertrag

Im folgenden sollen die inhaltlichen Unterschiede zwischen Verträgen über freie Mitarbeit einerseits und Arbeitsverträgen andererseits in dreierlei Hinsicht dargestellt werden, nämlich bezüglich deren *Begründung,* des *Inhalts* und der *Beendigung*. Auf diese Weise scheint es den Verfassern am ehesten gewährleistet zu sein, die Vor- und Nachteile für das jeweilige Mitarbeiterverhältnis – ob nun „frei" oder „unfrei" – aufzuzeigen.

Abgesehen von den im folgenden zu erörternden Unterschieden soll an dieser Stelle bereits ganz allgemein darauf hingewiesen werden, daß bei Abschluß eines Vertrages über freie Mitarbeit – sei es nun als Dienst- oder Werkvertrag, ggf. auch in der zusätzlichen Variante eines Subunternehmervertrages – tarif- und betriebsverfassungsrechtliche Vorschriften in ihren vielfältigen Erscheinungsformen nicht eingreifen. Soweit dies opportun erscheint, wird im Rahmen der einzelnen Problembereiche innerhalb des vorliegenden Kapitels hierauf eingegangen. Soweit oben der GmbH-Geschäftsführer gesonderte Erwähnung gefunden hat, ist das in erster Linie zur Ausgrenzung dieser Rechtsfigur aus dem Bereich des Arbeitsrechts geschehen. Die Rechtsbeziehung des GmbH-Geschäftsführers zur Gesellschaft basiert auf einem Dienstvertrag, ohne daß der GmbH-Geschäftsführer gleichzeitig als freier Mitarbeiter der Gesellschaft in einem engeren Sinne zu betrachten wäre, wie er in dem vorliegenden Buch verstanden wird. Daher können die im folgenden dargestellten Unterschiede zwischen freier Mitarbeit und Arbeitsvertrag in Begründung, Inhalt und

Beendigung des jeweiligen Vertragsverhältnisses nicht ohne weiteres auf den GmbH-Geschäftsführer übertragen werden. Die jeweiligen Besonderheiten insoweit darzustellen, würde den Rahmen und die Thematik des vorliegenden Buches sprengen.[188]

3.2.1 Begründung der Vertragsverhältnisse

Hinsichtlich der Begründung unterscheiden sich Verträge über freie Mitarbeit, sei es nun in der Form des Dienst-, Werk- oder Subunternehmervertrages gegenüber dem Arbeitsvertrag insofern nicht, als sowohl die eine wie die andere Vertragsart durch Angebot und Annahme, also durch eine Einigung der Vertragsparteien iSv. §§ 145 ff. BGB, zustande kommt.

Hatten die Vertragsparteien ursprünglich ein wirksames freies Mitarbeiterverhältnis begründet, und wandeln sich der Inhalt und/oder die äußeren Umstände dahingehend, daß der zunächst nicht persönlich abhängig Beschäftigte durch nachträgliche Eingliederung in die betriebliche Organisation des Auftraggebers zum weisungsabhängigen Mitarbeiter wird, ist fortan vom Bestehen eines Arbeitsverhältnisses auszugehen.[189] Das BAG[190] hat jüngst im Falle einer Rundfunkmitarbeiterin entschieden, die mehr als 30 Jahre als freie Mitarbeiterin in der Redaktion einer Rundfunkanstalt tätig war und durch arbeitsgerichtliches Urteil die Feststellung erreicht hatte, zu der Rundfunkanstalt in einem Arbeitsverhältnis zu stehen. Als freie Mitarbeiterin hatte sie ein Honorar pro Einsatz erhalten, das wesentlich über dem Gehalt der angestellten Kollegen lag, das diese für eine annähernd vergleichbare Tätigkeit erhielten. Das BAG hat darauf erkannt, daß die betreffende Mitarbeiterin in ihrem Angestelltenstatus zukünftig keinen Anspruch auf Arbeitsentgelt in Höhe der früher als freie Mitarbeiterin erzielten Honorare hat, sondern daß nur ein Anspruch auf Arbeitsvergütung in üblicher Höhe besteht (§ 612 II BGB).[191]

Mit der Entscheidung vom 21. 1. 1998[192] hat das BAG den in der Rechtsprechung der Instanzgerichte lange Jahre bestehenden Streit

---

188 Vgl. hierzu weiterführend *Reiserer,* S. 23 ff.

189 Vgl. MünchArbR-*Richardi*, § 23 Rn. 58.

190 Vgl. BAG vom 21. 1. 1998, BB 1998, 796 f.

191 Vgl. auch unter Teil 1, 3.3.

192 BB 1998, 796 f.

entschieden, nach welchen Kriterien die zukünftige Vergütung eines Mitarbeiters zu berechnen ist, der nach erfolgreicher Statusklage als Arbeitnehmer zu qualifizieren ist. Das LAG Berlin[193] etwa hatte noch die Auffassung vertreten, daß die dem (vermeintlichen) freien Mitarbeiter gezahlte Vergütung auch die (zukünftig) vertraglich geschuldete Bruttoarbeitsvergütung darstelle, die nur durch wirksame Änderungskündigung in eine geringere Arbeitsvergütung abgeändert werden könne. Das BAG hat nunmehr klargestellt, daß derjenige Beschäftigte, der den Status als Arbeitnehmer beanspruche, dann auch mit der üblichen Arbeitsvergütung einverstanden sein müsse, auch und gerade dann, wenn diese geringer ausfällt als die bislang erhaltene freie Mitarbeitervergütung.[194]

Auch der umgekehrte Fall ist denkbar und erlangt in der Praxis zunehmend Bedeutung. Insoweit steht das BAG[195] auf dem Standpunkt, daß es bei einer innerbetrieblichen Maßnahme, z. B. der Einführung eines neuen Vertriebssystems, im Hinblick auf betriebsbedingte Kündigungen dem Arbeitgeber überlassen bleibe, wie er sein Unternehmensziel möglichst zweckmäßig und kostengünstig am Markt verfolge. Dazu gehöre auch die Umgestaltung der der Mitarbeit zugrundeliegenden Vertragsform für die Vertriebsmitarbeiter und der Wechsel vom Arbeitsverhältnis zum freien Mitarbeiterverhältnis. Sofern ein Arbeitsverhältnis in ein freies Mitarbeiterverhältnis umgewandelt werden soll, muß dies aber im Interesse des Arbeitnehmers unzweideutig vereinbart werden, wobei allerdings eine einfache Umbenennung nicht ausreicht. Vielmehr müssen sich auch die Bedingungen, unter denen der bisherige Arbeitnehmer nunmehr als freier Mitarbeiter tätig werden soll, so geändert haben oder doch neu gestaltet werden, daß keine Eingliederung in eine fremde Arbeitsorganisation und auch keine Weisungsabhängigkeit mehr vorliegen.[196]

193 Vgl. LAG Berlin vom 8. 6. 1993, NZA 1994, 512 (Ls.).

194 Vgl. auch *Reinecke,* DB 1998, 1282 ff.; des weiteren Teil 1, 3.3.1.

195 Vgl. BAG vom 9. 5. 1996, AP Nr. 2 zu § 611 BGB Freier Mitarbeiter.

196 Vgl. BAG vom 12. 9. 1996, BB 1996, 2690 = AP Nr. 1 zu § 611 BGB Freier Mitarbeiter.

3.2.1.1 Formfragen

Ein Unterschied bei der Vertragsbegründung besteht allerdings hinsichtlich der *Form,* weil seit 1995 beim Abschluß eines Arbeitsvertrages unter bestimmten Voraussetzungen das *Nachweisgesetz*[197] zu berücksichtigen ist. Danach ist der Arbeitgeber verpflichtet, dem Arbeitnehmer spätestens einen Monat nach dem vereinbarten Beginn des Arbeitsverhältnisses die wesentlichen Vertragsbedingungen, deren Mindestumfang in § 2 I Nr. 1 bis 10 NachwG aufgezählt ist, in schriftlicher Form unterzeichnet auszuhändigen (§ 2 NachwG).[198] Allerdings findet das Gesetz nach seinem § 1 keine Anwendung auf Arbeitnehmer, die nur zu vorübergehender Aushilfe oder einer anderen gelegentlichen Tätigkeit, deren Gesamtdauer 400 Stunden innerhalb eines Jahres nicht übersteigt, eingestellt werden (§ 1 Nr. 1 NachwG) *oder* die hauswirtschaftliche, erzieherische oder pflegerische Tätigkeiten in einem Familienhaushalt ausüben, wenn die Tätigkeit die Grenzen des § 8 I SGB IV nicht überschreitet.[199]

Zunächst gilt nach wie vor sowohl für den Abschluß von Arbeitsverträgen als auch für den Abschluß von Verträgen über freie Mitarbeit der *Grundsatz der Formfreiheit* als wesentlicher Bestandteil der Privatautonomie. Hieran hat das Nachweisgesetz grundsätzlich nichts geändert. Insbesondere können damit sämtliche Mitarbeiterverträge – also auch Arbeitsverträge – mündlich, schriftlich, ausdrücklich oder konkludent abgeschlossen werden.[200] Das Nachweisgesetz hat somit nur deklaratorischen Charakter und soll primär eine Beweisfunktion erfüllen.[201]

---

197 BGBl. I 1995, S. 946 ff. Das Nachweisgesetz vom 20. 7. 1995 hat die EG-Richtlinie vom 14. 10. 1991 über die Pflicht des Arbeitgebers zur Unterrichtung des Arbeitnehmers über die für seinen Arbeitsvertrag oder sein Arbeitsverhältnis geltenden Bedingungen in das deutsche Arbeitsrecht umgesetzt (sog. *Nachweisrichtlinie* 91/533/EWG, abgedruckt in BTDs. 13/668, S. 15 ff.).

198 Entsprechendes gilt gem. § 3 NachwG bei einer *Änderung* der wesentlichen Vertragsbedingungen.

199 Auf teilzeitbeschäftigte Arbeitnehmer findet das Nachweisgesetz damit ebenfalls grundsätzlich Anwendung.

200 Vgl. statt vieler *Schaub,* Arb-Hdb., S. 186. Entsprechende Schriftformerfordernisse können auch in Tarifverträgen oder Betriebsvereinbarungen vorhanden sein.

201 Vgl. *Birk,* NZA 1996, 281 ff. (283); *Hohmeister,* BB 1996, 2406 f.; *Stückemann,* BB 1995, 1846 ff. (Ziff. I, 2). In diesem Zusammenhang spricht *Schaub,* Arb-Hdb., S. 191 von „unvollkommene(r) Schriftformklausel" ähnlich wie in § 4 BBiG.

Gleichwohl darf es nicht als „lästige Förmelei“[202] abgetan werden, weil es ansonsten zumindest für den Arbeitgeber durchaus die Wirkungen einer „Zeitbombe“[203] entfalten könnte.[204]

Das Nachweisgesetz ist von der gesetzgeberischen Intention her eindeutig als *Arbeitnehmerschutzgesetz* konzipiert, das in erster Linie dem Arbeitnehmer die wesentlichen Bedingungen seines Arbeitverhältnisses vor Augen führen und ihm in Zweifels- und Streitfällen deren Nachweis erleichtern soll.[205] Damit bedeutet zwar der Abschluß eines Arbeitsvertrages gegenüber der Begründung eines freien Mitarbeiterverhältnisses für den Arbeitgeber regelmäßig zusätzlichen zeitlichen und organisatorischen Aufwand; allerdings sollte aber auch der Arbeitgeber die ihn treffenden „Dokumentationspflichten“[206] nicht nur als Nachteil betrachten, da ein vorausschauender und auf Streitvermeidung ausgerichteter Arbeitgeber ebenfalls ein Interesse daran haben sollte, die mit ihm bestehenden Arbeitsverhältnisse schriftlich zu fixieren. Gleichwohl ist nochmals deutlich hervorzuheben, daß das Nachweisgesetz auf alle Arten von Verträgen über freie Mitarbeit keine Anwendung findet.[207]

3.2.1.2 Arbeitspapiere und Meldepflichten

Ein wesentlicher Unterschied bei der Begründung eines Arbeitsverhältnisses gegenüber einem Vertrag über freie Mitarbeit besteht des weiteren darin, daß der Arbeitnehmer zu Beginn des Arbeitsverhältnisses dem Arbeitgeber die *Arbeitspapiere* zu übergeben hat, die re-

202 *Preis,* NZA 1997, 10.

203 *Ders.*, ebenda.

204 Zu Beweislastproblemen vgl. etwa *Hohmeister,* BB 1996, 2406 f.; *ders.,* BB 1998, 587 f.

205 *Eine* wesentliche Funktion des Nachweisgesetzes dürfte darin bestehen, daß dem Arbeitgeber im Prozeß der Beweis dafür obliegt, daß die in dem schriftlichen Vertrag fixierten Vertragsbedingungen unrichtig sind, und zwar auch dann, wenn die umstrittenen Tatsachen eigentlich in der Darlegungs- und Beweislast des Arbeitnehmers liegen. Ebenso die beiden Entscheidungen des LAG Hamm vom 9. 7. 1996, BB 1996, 1557 (Ls.) und zustimmend *Hohmeister,* BB 1996, 2406 f.; vgl. auch EuGH vom 4. 12. 1997, BB 1998, 272; a. A. *Schaub,* Arb-Hdb., S. 187.

206 *Stückemann,* a. a. O.

207 Was indessen die Vertragsparteien einer freien Mitarbeit nicht davon abhalten sollte, im Interesse der Rechtsklarheit und -sicherheit sowie der Nachweisbarkeit gleichwohl einen schriftlichen Vertrag abzuschließen.

gelmäßig aus der Lohnsteuerkarte und dem Sozialversicherungsnachweisheft bestehen[207a]. Die Arbeitspapiere werden vom Arbeitgeber während der Dauer des Arbeitsverhältnisses verwahrt und sind dem Arbeitnehmer bei Beendigung des Arbeitsverhältnisses ordnungsgemäß ausgefüllt und unterschrieben zurückzugeben.[208] Auch kann es in bestimmten Fällen der Begründung von Arbeitsverhältnissen zu Aushändigungspflichten von Arbeitspapieren seitens des Arbeitgebers an den Arbeitnehmer kommen, wie etwa nach § 114 a GewO (Lohntüten und Arbeitszettel) oder § 9 HAG, §§ 10 ff. HAG-DVO (Entgeltbücher). Fernerhin ist zu beachten, daß den Arbeitgeber *sozialversicherungsrechtliche Meldepflichten* treffen.[209] Entsprechende Pflichten der Vertragsparteien entstehen beim Abschluß freier Mitarbeiterverträge nicht, weil – worauf im folgenden noch näher einzugehen sein wird – freie Mitarbeiter grundsätzlich nicht der Sozialversicherungspflicht unterliegen und auch nicht lohnsteuerpflichtig sind.[210]

3.2.1.3 Beteiligungsrechte des Betriebsrats

In verfaßten Betrieben mit in der Regel mehr als zwanzig wahlberechtigten Arbeitnehmern hat der Arbeitgeber vor jeder *Einstellung* den Betriebsrat zu beteiligen.[211] Unstrittig ist unter einer „Einstellung“ iSv. § 99 BetrVG die Begründung eines Arbeitsverhältnisses durch Abschluß eines Arbeitsvertrages oder zumindest die tatsächliche Arbeitsaufnahme an einem bestimmten Arbeitsplatz zu verstehen, also die *Beschäftigung* im Betrieb.[212] Dabei geht das BAG[213] davon aus,

207a Ab dem 1. 1. 1999 fällt das bisherige Sozialversicherungsnachweisheft zugunsten eines bundeseinheitlichen Meldevordrucks weg. Vgl. hierzu *Figge*, DB 1998, 1965 ff.

208 Zur Rückgabepflicht vgl. auch unter Teil 1, 3.2.3.

209 Der Arbeitgeber ist verpflichtet, jeden in der Kranken- oder Rentenversicherung kraft Gesetzes Beschäftigten oder nach dem SGB III beitragpflichtigen Arbeitnehmer unter den abschließend in § 28 a SGB IV genannten Voraussetzungen der Einzugstelle (regelmäßig sind das gem. § 28 i SGB IV die Träger der Krankenversicherung) zu melden.

210 Zur steuerlichen Seite vgl. näher Teil 2.

211 § 99 BetrVG.

212 Vgl. BAG vom 12. 7. 1988, BB 1988, 2176 = AP Nr. 54 zu § 99 BetrVG 1972; BAG vom 28. 4. 1992, AP Nr. 98 zu § 99 BetrVG 1972 = BB 1992, 1723 (Ls.); BAG vom 13. 4. 1994, AP Nr. 9 zu § 72 LPVG NW = BB 1994, 1359 (Ls.).

213 Vgl. BAG vom 12. 7. 1988, a. a. O.; BAG vom 1. 8. 1989, BB 1989, 2255 und BB 1990, 419 ff. = AP Nr. 68 zu § 99 BetrVG 1972.

daß eine mitbestimmungspflichtige Einstellung iSv. § 99 BetrVG auch dann vorliegt, wenn Personen in dem Betrieb beschäftigt werden, die nicht formal als Arbeitnehmer zu betrachten sind. Entscheidend soll allein sein, ob sie zusammen mit den schon vorhandenen Beschäftigten den arbeitstechnischen Zweck des Betriebes in einer Weise verfolgen, die es dem Arbeitgeber ermöglicht, die für ein Arbeitsverhältnis typischen Entscheidungen über den Einsatz der Mitarbeiter zu treffen. Auf die Form des Rechtsverhältnisses soll es insoweit nicht ankommen.[214] Da ein freier Mitarbeiter aber regelmäßig gerade nicht in eine betriebliche Organisation eingegliedert wird, findet bei seiner Einstellung eine Beteiligung des Betriebsrats nach § 99 BetrVG grundsätzlich nicht statt.[215] Eine Anwendung des § 99 BetrVG kann allenfalls in denjenigen atypischen Fallkonstellationen in Betracht zu ziehen sein, in denen trotz Vorliegens eines „echten" freien Mitarbeiterverhältnisses ein teilweises Weisungsrecht des Arbeitgebers hinsichtlich des Arbeitseinsatzes besteht und diesem damit zumindest partiell eine Art Personalhoheit auch über den freien Mitarbeiter zukommt.[216]

Im Bereich der *Subunternehmerverträge* und beim *Einsatz von Fremdfirmen* können Beschäftigte tätig werden, die als Arbeitnehmer eines Dritten (Subunternehmer) eingesetzt werden, der wiederum rechtliche Bindungen zum Hauptunternehmer über einen Dienst- oder Werkvertrag unterhält. Dieser Beschäftigtenkreis erbringt meist eine bestimmte absonderbare Leistung, die regelmäßig von dem Subunternehmer konkretisiert wird.[217] Das Tätigwerden solcher Personen stellt keine Einstellung iSv. § 99 BetrVG dar, die der Zustimmung des Betriebsrats bedürfte.[218] Handelt es sich hingegen um einen Fall der *Arbeitnehmerüberlassung,* ist der Betriebsrat nach Art. 1 § 14 III AÜG vor der Übernahme eines Leiharbeitnehmers gem. § 99 BetrVG zu beteiligen. Die Beschäftigung eines Leiharbeitnehmers durch den Ent-

---

214 Ebenso MünchArbR-*Matthes*, § 344 Rn. 23.

215 Ebenso *Fitting/Kaiser/Heither/Engels,* BetrVG, § 99 Rn. 10 a; *Küttner/Bauer*, Personalbuch 1997, Freie Mitarbeit Rn. 24.

216 Vgl. BAG vom 3. 7. 1990, BB 1990, 2050, 2188 ff. = AP Nr. 81 zu § 99 BetrVG 1972; BAG vom 27. 7. 1993, AP Nr. 3 zu § 93 BetrVG 1972 = BB 1993, 2233; BAG vom 30. 8. 1994, AP Nr. 6 zu § 99 BetrVG 1972 Einstellung.

217 Vgl. *Brox/Rüthers,* Arbeitsrecht, Rn. 378.

218 Vgl. BAG vom 28. 11. 1989, AP Nr. 5 zu § 14 AÜG = BB 1990, 1343.

leiher ist daher als mitbestimmungspflichtige Einstellung iSv. § 99 BetrVG zu qualifizieren.[219]

Des weiteren sind die Mitbestimmungsrechte des Betriebsrats für das Tätigwerden von freien Mitarbeitern insofern zu berücksichtigen, als der Arbeitgeber gem. § 80 II Satz 2 BetrVG verpflichtet ist, dem Betriebsrat auf Verlangen Verträge mit freien Mitarbeitern vorzulegen, die im Betrieb eingesetzt werden sollen. Der Betriebsrat muß überprüfen können, ob ihm bezüglich des Einsatzes freier Mitarbeiter im Betrieb Überwachungsrechte nach § 80 I Nr. 1 BetrVG oder Mitbestimmungsrechte nach § 99 BetrVG zustehen. Sofern über die Einsatzzeiten freier Mitarbeiter Kontrollisten geführt werden, hat der Betriebsrat ein Einsichtsrecht, das dazu dienen soll festzustellen, ob Beteiligungsrechte bei der Personalplanung des Betriebes bestehen oder ob möglicherweise gar ein Fall von Scheindienst- oder Scheinwerkverträgen vorliegt.[220]

3.2.2 Inhaltliche Ausgestaltung der Vertragsverhältnisse

Inhaltlich unterscheiden sich Arbeitsverträge von Verträgen über freie Mitarbeit teils erheblich, teilweise, wie z. B. beim Zeugnisanspruch[221], weniger bzw. gar nicht.

3.2.2.1 Arbeits-, Dienst-, Werkleistung

Die im vertraglichen Austauschverhältnis des Arbeitnehmers, Dienstnehmers oder Werkunternehmers stehende *Hauptleistungsverpflichtung* gegenüber dem Unternehmen besteht darin,

- als *Arbeitnehmer* in persönlicher Abhängigkeit[222] vom Arbeitgeber die geschuldete Arbeitsleistung zu erbringen, wobei es regelmäßig nicht auf ein konkretes Arbeitsergebnis, sondern auf die Tätigkeit als solche ankommt (Tätigkeit- bzw. Zeitorientierung),

---

219 Vgl. hierzu weiterführend *Fitting/Kaiser/Heither/Engels,* BetrVG § 99 Rn. 11; MünchArbR-*Matthes*, § 344 Rn. 24.

220 Vgl. BAG vom 31. 1. 1989, AP Nr. 33 zu § 80 BetrVG 1972 = BB 1989, 1693; BAG vom 9. 7. 1991, AP Nr. 94 zu § 99 BetrVG 1972 = BB 1992, 72 (Ls.).

221 Vgl. unter Teil 1, 3.2.2.10.

222 Was unter persönlicher Abhängigkeit zu verstehen ist und wozu diese beim Arbeitsvertrag im Gegensatz zu den freien Mitarbeiterverträgen führt, vgl. oben 2.3.

- als (freier) *Dienstnehmer* in persönlicher Selbständigkeit gegenüber dem Dienstherrn die geschuldete Dienstleistung zu erbringen, wobei es regelmäßig – wie beim Arbeitsvertrag – nicht auf die Herbeiführung eines konkreten Erfolges, sondern auf die Tätigkeit als solche ankommt (Tätigkeits- bzw. Zeitorientierung),
- als (freier) *Werkunternehmer* – ggf. in der Rolle eines Subunternehmers – in persönlicher Selbständigkeit das geschuldete Werk herzustellen oder einen sonstigen mittels Arbeit oder Dienstleistung geschuldeten Erfolg herbeizuführen (Erfolgsorientierung).

Hinsichtlich der Hauptleistungsverpflichtung des Mitarbeiters dürfte es für die Vertragsparteien regelmäßig entscheidend sein, ob eine mehr oder minder starke Weisungsgebundenheit und eine damit verbundene Eingliederung des Mitarbeiters in die betriebliche Struktur und Organisation des Unternehmens beabsichtigt ist oder nicht. Ansonsten besteht das rechtliche und wirtschaftliche Interesse des Unternehmens darin, daß der Mitarbeiter die vertraglich versprochene Leistung erbringt, also entweder tätigkeitsorientiert arbeitet bzw. Dienste verrichtet oder einen konkreten Erfolg herbeiführt.

Einen eindeutigen Hinweis auf das Vorliegen eines Vertrages über freie Mitarbeit ist in diesem Zusammenhang der Umstand, daß der Auftraggeber dem Mitarbeiter die erforderlichen Arbeitsmittel und -geräte nicht zur Verfügung stellt. Ein freier Mitarbeiter hat im Unterschied zu einem Arbeitnehmer regelmäßig keinen vertraglichen Anspruch darauf, mit den zur Erbringung der geschuldeten vertraglichen Leistung notwendigen Funktionselementen wie beispielsweise Schreibtisch, Computer, Telefon, Telefax u. ä. ausgestattet zu werden. Es empfiehlt sich daher für die Vertragsparteien eines freien Mitarbeiterverhältnisses, mit der Bereitstellung von Arbeitsmaterialien an den Mitarbeiter zurückhaltend zu verfahren, weil ein Gericht diesen Aspekt im Zweifel für das Vorliegen eines Arbeitsverhältnisses werten könnte.

3.2.2.2 Rechnungsstellung und Vergütung

Auf seiten des Unternehmens steht als Hauptleistungsverpflichtung im vertraglichen Austauschverhältnis, die erbrachte Arbeits-, Dienst- oder Werkleistung zu vergüten.[223] In dieser vertraglichen Pflichtenka-

223 Vgl. §§ 611 I, 612, 631 I, 632 BGB.

tegorie bestehen bereits ganz erhebliche Unterschiede, je nachdem, welche Art von Beschäftigungsverhältnis die Vertragsparteien gewählt haben.

In *zeitlicher* Hinsicht ist bei den tätigkeitsorientierten Vertragsverhältnissen – Arbeitsvertrag und Dienstvertrag – § 614 BGB als besondere Fälligkeitsregelung zu beachten, wonach die Vergütung des Arbeit- oder Dienstnehmers erst nach erbrachter Leistung fällig wird, dieser also gegenüber dem Arbeit- oder Dienstgeber vorleistungspflichtig ist. Regelmäßig erhalten daher die Arbeit- und Dienstnehmer ihre vertraglichen Entgelte erst im nachhinein, meist nach Ablauf eines Monats. Ähnlich verhält es sich bei dem erfolgsorientierten Werkvertrag. Gem. § 641 BGB ist die Vergütung („Werklohn") erst bei Abnahme des Werkes zu entrichten, setzt also – wie beim Arbeits- und Dienstvertrag auch – eine Vorleistungspflicht des Werkunternehmers voraus. Allerdings kommt zur Fälligkeit der Vergütung beim Werkvertrag – hier nunmehr anders als beim Arbeits- und Dienstvertrag – die „Abnahme" des Werkes iSv. § 640 BGB durch den Besteller hinzu. Unter der Abnahme ist in der Regel die körperliche Entgegennahme des Werkes in Verbindung mit dessen Billigung als vertragsgemäße Leistung zu verstehen.[224] Damit hat der Auftraggeber als Partner eines Werkvertrags und damit in seiner rechtlichen Rolle als Besteller grundsätzlich die Möglichkeit, die Fälligkeit der Vergütung selbst herbeizuführen oder zunächst – durch Nichtbilligung und damit Verweigerung der Abnahme – zunächst noch hinauszuzögern. Sowohl der Arbeit- wie auch der Dienstgeber sind hingegen verpflichtet, turnusmäßig, nämlich nach Ablauf der „Zahlungsbemessungsperiode", die Vergütung zu zahlen, selbst dann, wenn der Arbeit- bzw. Dienstnehmer nach Auffassung des Unternehmers „schlecht" gearbeitet bzw. geleistet haben sollte. In einem solchen Fall bestünde allenfalls die Möglichkeit für das Unternehmens, eigene Schadensersatzansprüche geltend zu machen. Insoweit käme im Einzelfall zwar auch eine Aufrechnung gem. §§ 387 ff. BGB in Betracht; jedoch wird dies in der Praxis regelmäßig schwer durchsetzbar sein, da die Gegenforderungen des Unternehmens meist im Zeitpunkt der Fälligkeit der Arbeits- oder Dienstvergütung noch nicht spezifizierbar und/oder nachweisbar sein werden, so daß auch bei Nichtbilligung der erbrachten Arbeits- oder

224 Vgl. *Palandt/Thomas*, BGB, § 640 Rn. 2.

Dienstleistung durch das Unternehmen gleichwohl die Fälligkeit der Vergütung des Beschäftigten eintritt.

In *umfangmäßiger* Hinsicht bestehen ganz erhebliche Unterschiede zwischen der Arbeitsvergütung einerseits und der Dienst- bzw. Werklohnvergütung andererseits. Während ein Arbeitnehmer regelmäßig der *Sozialversicherungs- und der Lohnsteuerpflicht* unterliegt, ist dies bei einem freien Mitarbeiter nicht der Fall, und zwar unabhängig davon, ob er auf der rechtlichen Basis eines Dienst- oder Werkvertrags tätig wird.

Steht der Mitarbeiter zu seinem Auftraggeber in einem Beschäftigungsverhältnis, für das ein gewisser Grad persönlicher Abhängigkeit kennzeichnend ist, wird der Beschäftigte also unselbständig tätig und damit statusmäßig als Arbeitnehmer qualifiziert, besteht grundsätzlich Sozialversicherungspflicht. Ausgangspunkt in sozialversicherungsrechtlicher Hinsicht ist § 7 I SGB IV.[225] Diese Vorschrift knüpft an den Rechtsbegriff des versicherungsrechtlichen *Beschäftigungsverhältnisses* an, das sich mit dem arbeitsrechtlichen Terminus des *Arbeitsverhältnisses* – wenn auch nicht zwingend[226] – so aber doch regelmäßig deckt. Wer also arbeitsrechtlich bereits als Arbeitnehmer qualifiziert worden ist, nämlich im Unterschied zum freien Mitarbeiter als unselbständig Tätiger, ist zugleich Beschäftigter im Sinne des Sozialversicherungsrechts und unterliegt damit der Sozialversicherungspflicht. Zumindest können die für das Arbeitsrecht entwickelten Abgrenzungskriterien zwischen Arbeitnehmer und freiem Mitarbeiter auch für die Bestimmung des Beschäftigungsverhältnisses im Sozialversicherungsrecht herangezogen werden.[227]

Für die diesbezügliche Versicherungspflicht der Arbeitnehmer (Arbeiter, Angestellte, Auszubildende) in den verschiedenen Zweigen der Sozialversicherung ist notwendige Voraussetzung, daß sie gegen Entgelt beschäftigt werden. Für die gesetzliche Krankenversicherung folgt dies aus § 5 I Nr. 1 SGB V, für die gesetzliche Rentenversicherung aus § 1 I Nr. 1 SGB VI, für die Arbeitslosenversicherung aus § 25 SGB III und für die gesetzliche Unfallversicherung aus § 2 SGB VII.

---

225 § 7 I SGB IV versteht unter der Beschäftigung die „nichtselbständige Arbeit, insbesondere in einem Arbeitsverhältnis".

226 Vgl. *Küttner/Voelzke*, Personalbuch 1998, Nichtselbständige Arbeit, Rn. 9.

227 *Ders.*, ebenda.

Maßgeblich ist in diesem Zusammenhang damit der Rechtsbegriff der *entgeltlichen und nichtselbständigen Beschäftigung,* bei dessen Klärung die bereits erwähnten Abgrenzungskriterien zwischen Arbeitnehmer und freiem Mitarbeiter heranzuziehen und einer Gesamtschau im Einzelfall zu unterziehen sind.[228]

Für das Unternehmen ist es daher von eminenter Bedeutung, ob es einen Mitarbeiter als Arbeitnehmer oder in einem freien Mitarbeiterverhältnis beschäftigt. Liegt nämlich ein Arbeitsverhältnis vor, ist der Arbeitgeber zur Einbehaltung der Sozialversicherungsbeiträge und der Lohnsteuer verpflichtet. Damit erhält der Arbeitnehmer nur die um die genannten öffentlichrechtlichen Abzüge reduzierten Vergütungsbestandteile als Nettoentgelt ausbezahlt. Hierbei werden die Beiträge in der Kranken-, Renten-, Pflege- sowie zur Arbeitslosenversicherung und zur gesetzlichen Unfallversicherung vom Arbeitgeber als *Gesamtsozialversicherungsbeitrag* an die Krankenkasse gezahlt.[229] Diesen Gesamtversicherungsbeitrag hat der Arbeitgeber abzuführen, wobei allerdings – außer bei der Unfallversicherung – beide Parteien den Beitrag jeweils zur Hälfte aufzubringen haben.[230] Damit verteuert sich im Falle eines Arbeitsverhältnisses für den Arbeitgeber die aufzubringende Vergütung gegenüber einem freien Mitarbeiterverhältnis um die Höhe des Arbeitgeberanteils zur Sozialversicherung. Für die einzelnen Zweige der Sozialversicherung ist dabei von folgenden Regelungen auszugehen:

- In der *Krankenversicherung* tragen grundsätzlich Arbeitgeber und die versicherungspflichtigen Beschäftigten die nach dem Arbeitsentgelt bemessenen Beiträge je zur Hälfte. Der Arbeitgeber trägt ausnahmsweise den Beitrag allein, (1) für Beschäftigte, deren monatliches Arbeitsentgelt ein Siebtel der monatlichen Bezugsgröße

228 Vgl. BSG vom 21. 4. 1993, BB 1994, 146 f. zur Arbeitnehmereigenschaft bei Tätigkeit im Betrieb des Ehegatten.

229 Vgl. § 28 h SGB IV. Zu beachten ist, daß ab 1. 1. 1999 die Beitragsprüfung nach § 28 p I Satz 1 SGB IV von den Krankenkassen als Einzugstellen des Gesamtsozialversicherungsbeitrags auf die Rentenversicherungsträger übergeht (vgl. hierzu *Berndt,* DB 1998, 622 ff.).

230 Den Beitrag zur Unfallversicherung hat der Arbeitgeber allerdings allein aufzubringen. Vgl. § 157 SGB VII und im folgenden.

nach § 18 SGB IV nicht übersteigt und (2) für Personen, die ein freiwilliges soziales Jahr ableisten.[231]

- In der *Rentenversicherung* der Arbeiter und Angestellten werden die Beiträge grundsätzlich ebenfalls je zur Hälfte von Arbeitnehmer und Arbeitgeber aufgebracht.[232]
- In der *Pflegeversicherung* tragen Arbeitgeber und Arbeitnehmer die Beiträge wiederum jeweils zur Hälfte.[233] Zum Ausgleich der diesbezüglichen Belastung des Arbeitgebers haben die Bundesländer mit Ausnahme des Freistaats Sachsen einen gesetzlichen Feiertag (Buß- und Bettag) aufgehoben.
- In der *Arbeitslosenversicherung* werden die Beiträge ebenfalls von Arbeitgeber und Arbeitnehmer jeweils zur Hälfte aufgebracht.[234]
- In der *Unfallversicherung* zahlt der Arbeitgeber den Beitrag allein.[235]

Die Höhe der Beiträge zur Kranken-, Renten-, Pflege- und Arbeitslosenversicherung ist abhängig von dem erzielten Arbeitsentgelt, von dem Beitragssatz und der Beitragszeit. Dabei wird das Arbeitsentgelt nicht in unbeschränkter Höhe zur Grundlage der Berechnung der Beiträge herangezogen, sondern nur bis zu bestimmten Höchstbeträgen, den sog. *Beitragsbemessungsgrenzen.* Die Beitragsbemessungsgrenze wird von der Bundesregierung alljährlich durch Rechtsverordnung neu festgesetzt.[236]

---

231 Näheres vgl. § 249 I, II Nr. 1 SGB V, sog. Geringverdienergrenze.

232 Näheres vgl. § 168 I Nr. 1 SGB VI. Ausnahmen bestehen in der knappschaftlichen Versicherung gem. § 130 I RKG i. V. m. Art. 2, § 2626 b KnVNG. Wie in der Krankenversicherung hat der Arbeitgeber die Beiträge allein zu tragen, wenn das Arbeitsentgelt des Versicherten die Geringverdienergrenze nicht überschreitet.

233 Näheres vgl. § 58 I SGB XI.

234 Näheres vgl. §§ 24 ff. SGB III.

235 Näheres vgl. § 157 SGB VII.

236 Vgl. §§ 160, 275 b SGB VI.

Aus der nachfolgenden Übersicht[237] ergeben sich die Beitragsbemessungsgrenzen und die Bezugsgröße gem. § 18 SGB IV für 1998:[238]

	West		Ost	
	Jahr/ DM	Monat/ DM	Jahr/ DM	Monat/ DM
Bezugsgröße (§ 18 SGB IV)	52 080	4340	43 680	3640
Geringverdienergrenze (1/7 der monatlichen Bezugsgröße gem. § 8 SGB IV)	7 440	620	6 240	520
Beitragsbemessungsgrenzen				
• Renten- und Arbeitslosenversicherung	100 800	8400	84 000	7000
• Kranken- und Pflegeversicherung	75 600	6300	63 000	550

Die *Höhe der Beitragssätze* zu den einzelnen Zweigen der gesetzlichen Sozialversicherung ist unterschiedlich:

- In der gesetzlichen *Rentenversicherung* beträgt der Beitragssatz 1998 20,3 %.[239]
- In der gesetzlichen *Krankenversicherung* sind die Beitragssätze einmal von Krankenkasse zu Krankenkasse unterschiedlich hoch.

237 Vgl. *Schneider,* BB 1997, Beil. 20 zu Heft 51/52.

238 Im Zeitpunkt der Drucklegung des vorliegenden Buches standen die Zahlen für das Jahr 1999 noch nicht fest. Die mutmaßlichen Daten für das Jahr 1999 sind in BB 1998, 2268 veröffentlicht. Allerdings waren im Zeitpunkt der Drucklegung dieses Buches gesetzgeberische Bestrebungen im Gange, die sog. geringfügigen Beschäftigungsverhältnisse von der Besteuerung zu befreien und dafür der Sozialversicherungspflicht zu unterwerfen, was verfassungsrechtlich mehr als bedenklich sein dürfte.

239 Für die knappschaftliche Rentenversicherung beträgt der Beitragssatz 26,9%.

Zudem wird zwischem dem allgemeinen Beitragssatz, der für den „Normaltypus des Versicherten“[240] gilt, dem erhöhten Beitragssatz, dem ermäßigten Beitragssatz und besonderen Beitragssätzen unterschieden. Fernerhin wird noch zwischen West- und Osteinkommen differenziert.[241]

- Der Beitragssatz zur gesetzlichen *Pflegeversicherung* beläuft sich im Jahre 1998 auf 1,7 %.[242]
- Der Beitragssatz zur *Arbeitslosenversicherung* beträgt im Jahre 1998 6,5 %.[243]
- Der Beitragssatz zur gesetzlichen *Unfallversicherung* variiert je nach Branche und dafür zuständiger Berufsgenossenschaft.

Im Hinblick darauf, daß mit Ausnahme der Beiträge zur Pflegeversicherung, für die der Gesetzgeber zugunsten der Arbeitgeber einen Ausgleich durch Streichung eines gesetzlichen Feiertages geschaffen hat, die Beiträge zur gesetzlichen Sozialversicherung vom Arbeitgeber mindestens zur Hälfte mitfinanziert werden müssen, entstehen den Unternehmen beim Abschluß von Arbeitsverträgen höhere Personalkosten, als dies bei der Begründung freier Mitarbeiterverträge der Fall wäre, für die keine Versicherungspflicht besteht. Dieser Umstand scheint auf den ersten Anblick für den Arbeitgeber nachteilig und für den Arbeitnehmer vorteilhaft zu sein. Zwingend ist indessen die Vorteilhaftigkeit auf Arbeitnehmerseite nicht. Zwar führt die Pflichtmitgliedschaft in den verschiedenen Zweigen der gesetzlichen Sozialversicherung zunächst einmal dazu, daß der Arbeitnehmer bei Vorliegen der Voraussetzungen auch deren Leistungen bei Krankheit und im Ruhestand in Anspruch nehmen kann, jedoch muß aufgrund der demographischen Entwicklung in der Bundesrepublik Deutschland in den nächsten Jahren und Jahrzehnten wohl – anders als in der Vergangenheit – davon ausgegangen werden, daß die Leistungen gekürzt werden und daß im Falle der gesetzlichen Rentenversicherung die während des aktiven Arbeitslebens in diesen Versicherungszweig eingezahlten Beiträge nicht mehr in einem angemessenen Verhältnis zu den späte-

240 *Schneider,* a. a. O., S. 5.

241 Eine eingehende Darstellung der verschiedenen Beitragssätze in der gesetzlichen Krankenversicherung ist in dieser Abhandlung nicht möglich. Vgl. hierzu *Schneider,* a.a.O, S. 5 ff.

242 Vgl. § 55 SGB XI.

243 Vgl. § 341 II SGB III.

ren Rentenleistungen stehen werden. Auch die Leistungen der Krankenversicherungen dürften zukünftig – gemessen an den Beiträgen der Versicherten – relativ ungünstiger sein, als dies bei einer privaten Vorsorge vielfach der Fall ist. Damit eröffnen sich auch für den Mitarbeiter durchaus Chancen, statt eines Arbeitsverhältnisses ein freies Mitarbeiterverhältnis zu begründen, dessen Vergütung nicht der Sozialversicherungspflicht unterliegt. Der Auftraggeber, der selbst den Arbeitgeberanteil sparen und damit geringere Personalkosten verzeichnen würde, bräuchte nicht den Arbeitnehmeranteil an der Bruttovergütung an die zuständige Krankenkasse abzuführen, sondern könnte diesen Teil der Vergütung unmittelbar an den Mitarbeiter auskehren, der dann seinerseits private Vorsorge für Krankheit und Alter zu schaffen in der Lage wäre.

Im Falle der Begründung eines freien Mitarbeiterverhältnisses statt eines Arbeitsverhältnisses hätte dies aber auch Auswirkungen auf die Abführung bzw. Nichtabführung der *Lohnsteuer*,[244] die von einem freien Mitarbeiter nicht zu zahlen ist. Schuldner der Steuern gegenüber dem Finanzamt ist gem. § 38 II EStG zwar der Arbeitnehmer, so daß das Abführen der Steuern für den Arbeitgeber regelmäßig nur ein organisatorisches Problem bedeutet; allerdings haftet der Arbeitgeber für die Entrichtung der Steuern als Gesamtschuldner neben dem Arbeitnehmer. Dies kann dazu führen, daß bei der nachträglichen Qualifizierung eines als freies Mitarbeiterverhältnis bezeichneten Arbeitsverhältnisses der Arbeitgeber bei Nichtbeitreibbarkeit der Steuern beim Arbeitnehmer ebenfalls zur Zahlung herangezogen werden kann.[245] In einem solchen Fall hat der Arbeitgeber gegen den Arbeitnehmer regelmäßig einen Rückerstattungsanspruch.[246]

Der freie Mitarbeiter hat im Rahmen seiner Veranlagung zur *Einkommensteuer* selbst dafür Sorge zu tragen, daß seine steuerpflichtigen Einkünfte ermittelt und an das Finanzamt abgeführt werden. Das von einem freien Mitarbeiter vereinnahmte Entgelt ist steuerrechtlich ent-

---

244 Vgl. auch Teil 2.

245 § 42 d I Nr. 1, III EStG.

246 Vgl. hierzu BAG vom 24. 10. 1958, AP Nr. 7 zu § 670 BGB; BAG vom 14. 6. 1974, BB 1974, 1531 = AP Nr. 20 zu § 670 BGB. Siehe auch Teil 2.

weder als *Einkünfte aus selbständiger Arbeit* oder als *Einkünfte aus Gewerbebetrieb* zu behandeln.[247]

Damit wird bei einem freien Mitarbeiterverhältnis regelmäßig keine Vergütung als laufende und meist gleichhohe Zahlung gewährt, wie dies für die Einkünfte eines Arbeitnehmers in Form von Lohn oder Gehalt typisch ist; vielmehr schreibt der freie Mitarbeiter seinem Auftraggeber in mehr oder minder unregelmäßigen Zeitabständen Rechnungen. Je nach den im Dienst- oder Werkvertrag getroffenen Vereinbarungen kann es sich bei der Vergütung des freien Mitarbeiters um eine *erfolgsabhängige Vergütung* handeln, was häufig bei Vorliegen eines Werkvertrages der Fall sein wird; oder es wird ein vom Eintritt eines Erfolges und dem Zeitaufwand unabhängiges *Festhonorar* für die Erledigung eines bestimmten Auftrags oder mehrerer Aufträge in einem gewissen Zeitrahmen geschuldet. Allerdings sollte die Vereinbarung eines Pauschalhonorars in der Praxis mit Vorsicht gehandhabt werden, weil dies in Zweifelfällen als Indiz für ein Arbeitsverhältnis gewertet werden könnte. Vorzuziehen ist insoweit eine zeit- oder erfolgsaufwandbezogene Vergütung.

Regelmäßig weist der freie Mitarbeiter zudem noch auf der Rechnung gesondert die *Umsatzsteuer* aus[248], sofern er – was die Regel sein wird – zu dem umsatzsteuerpflichtigen Personenkreis zählt. Der dadurch wiederum für den freien Mitarbeiter entstehende Vorteil der *Vorsteuerabzugsberechtigung* sei an dieser Stelle kurz erwähnt. Auch dieser Umstand kann durchaus im Einzelfall ein Grund für den Mitarbeiter sein, anstelle des Arbeitnehmerstatus den des freien Mitarbeiters zu wählen.

Allerdings ist auch in umsatzsteuerrechtlicher Hinsicht auf seiten des Auftraggebers zu beachten, daß dann, wenn sich ein vermeintlich freies Mitarbeiterverhältnis im nachhinein als (echtes) Arbeitsverhältnis herausstellt, der Auftraggeber (Arbeitgeber) nicht berechtigt ist, die ihm von seinem Mitarbeiter (Arbeitnehmer) in Rechnung gestellte Umsatzsteuer als Vorsteuer beim Finanzamt zu deklarieren. Dies kann weiterhin dazu führen, daß der Auftraggeber dem Finanzamt die zu

---

247 Vgl. § 2 I Nr. 2 und 3 EStG. Wegen der einen oder der anderen Einkunftsart vgl. weiterhin §§ 15 und 18 EStG. Bei Einkünften aus Gewerbebetrieb fällt regelmäßig neben der Einkommensteuer auch Gewerbesteuer an. Hierzu näher Teil 2.

248 Vgl. auch Teil 2.

Unrecht abgezogene Vorsteuer erstatten muß.[249] Der vermeintlich freie Mitarbeiter, der in Wirklichkeit Arbeitnehmerstatus besitzt, ist gleichwohl verpflichtet, die erhaltene Umsatzsteuer an das Finanzamt abzuführen. Ein Rückzahlungsanspruch gegen das Finanzamt bei schon abgeführter Steuer besteht nicht.[250]

3.2.2.3 Aufwendungs-, insbondere Reisekostenersatz

Der Umstand, daß dem Mitarbeiter im Vertrag ein Ersatz von Reisekosten und sonstigen Aufwendungen zugesagt wird, ist nicht nur im Rahmen eines freien Mitarbeitervertrages typisch, sondern ist des öfteren auch Bestandteil von Arbeitsverträgen. Zwar kommen entsprechende Vertragsklauseln bei freien Mitarbeiterverträgen in der Praxis häufiger vor, dienen aber nicht als Abgrenzungskriterium, weshalb dieser Punkt hier nur kurz angesprochen werden soll. Bei einem freien Mitarbeiter wird es eher notwendig sein, daß im Zusammenhang mit der Vertragserfüllung Reisetätigkeiten anfallen, so daß neben den Reisekosten im engeren Sinne auch noch Übernachtungs- und Verpflegungskosten bzw. Mehraufwand entstehen können. Insoweit sehen die meisten Verträge über freie Mitarbeit entsprechende Klauseln vor. Dies hängt damit zusammen, daß § 670 BGB, der auf entgeltliche Dienstleistungsverträge, insbesondere auf Geschäftsbesorgungsverträge entsprechend anwendbar ist[251], eine generelle Regelung hinsichtlich der Erstattungsfähigkeit von Aufwendungen enthält. Dasjenige, was im Einzelfall an Aufwand für erforderlich gehalten werden durfte, wird daher in Verträgen über freie Mitarbeit regelmäßig eindeutiger zu regeln sein, als dies in Arbeitsverträgen notwendig ist, weil der Arbeitnehmer wegen seiner Weisungsgebundenheit meist einen geringeren Rahmen ausschöpfen kann. Im freien Mitarbeitervertrag sollten daher die in Betracht kommenden Aufwendungsarten geregelt und sinnvollerweise auch der Höhe nach begrenzt werden. Je nachdem, in welcher Position ein Arbeitnehmer tätig ist, kann sich dies aber auch für die Regelungen in einem Arbeitsvertrag empfehlen, auf den § 670 BGB auch anwendbar ist.[252]

---

249 Vgl. hierzu *Kunz/Kunz,* DB 1993, 329.

250 Vgl. *dies.,* ebenda unter 4.

251 Vgl. *Palandt/Thomas*, BGB, § 670 Rn. 2. Siehe auch Teil 1, 3.6.3.

252 Vgl. *Palandt/Putzo*, BGB, § 611 Rn. 125. Siehe auch Teil 1, 3.6.2.

3.2.2.4 Schutzrechte und Arbeitnehmererfindungen

Für den Bereich der Schutzrechte und insbesondere der Arbeitnehmererfindungen[253] kann es im Einzelfall von Bedeutung sein, ob der Mitarbeiter Arbeitnehmer ist oder freiberuflich tätig wird. Auf freie Mitarbeiter sind nämlich die Vorschriften des *Arbeitnehmererfindungsgesetzes*[254] nicht anwendbar.[255] Freie Mitarbeiter können über ihre Erfindungen grundsätzlich frei verfügen.[256] Dem ArbNErfG unterliegen Erfindungen und technische Verbesserungsvorschläge. Diensterfindungen hat der Arbeitnehmer dem Arbeitgeber zu melden. Dieser kann sie bei Leistung einer Vergütung in Anspruch nehmen oder aber freigeben. Damit unterliegt ein Arbeitnehmer in diesem Bereich grundsätzlich größeren Restriktionen als ein freier Mitarbeiter.

Aus der Sicht des Vertragspartners (Auftraggebers) eines freien Mitarbeiters empfiehlt es sich daher, entsprechende Vereinbarungen bezüglich der Verwertung von Erfindungen und sonstigem Know-how des freien Mitarbeiters vertraglich zu regeln. Dies kann z. B. dadurch geschehen, daß die Anwendbarkeit des ArbNErfG auch auf ein freies Mitarbeiterverhältnis im Dienst- bzw. Werkvertrag vereinbart wird.[257] Eine solche vertragliche Vereinbarung könnte beispielsweise dahingehend erfolgen, daß der Auftraggeber an Erfindungen, technischen Verbesserungsvorschlägen und anderweitigen urheberrechtlich geschützten Arbeitsergebnissen des freien Mitarbeiters ein Nutzungsrecht ohne oder gegen gesondertes Entgelt erlangt.

3.2.2.5 Leistungsverhinderung wegen Krankheit

Grundsätzlich gilt im Beschäftigungsverhältnis der Grundsatz „ohne Arbeit kein Geld", und zwar zunächst einmal unabhängig von der Frage, ob es sich um ein Arbeits-, Dienst- oder Werkvertragsverhältnis handelt. Da sich bei allen drei Vertragsarten die Pflichten des Beschäf-

253 Gem. § 5 PatG sind Erfindungen technische Lösungen, die sich durch Neuheit und gewerbliche Anwendbarkeit auszeichnen und die auf erfinderischer Tätigkeit beruhen.

254 BGBl. I S. 756 und BGBl. I S. 2911.

255 Vgl. § 1 ArbNErfG, wo nur Arbeitnehmer im privaten und öffentlichen Dienst, Beamte und Soldaten genannt sind.

256 Vgl. nur *Schaub,* Arb-Hdb., S. 984.

257 Dies wird allgemein für zulässig erachtet; vgl. *Schaub,* a. a. O.

tigten auf Tätigwerden bzw. Herbeiführung eines konkreten Arbeitsergebnisses einerseits und des Arbeit- bzw. Auftraggebers zur Zahlung einer Vergütung andererseits im vertraglichen Synallagma gegenüberstehen, folgt dieser Grundsatz bereits aus der Vorleistungspflicht des Beschäftigten und wäre im übrigen auch wegen § 320 BGB nicht anders rechtlich zu würdigen.

Zugunsten der Arbeitnehmer macht das Gesetz allerdings eine entscheidende Ausnahme, so daß zumindest insoweit der Abschluß eines Arbeitsvertrages grundsätzlich aus der Sicht des Beschäftigten günstiger als die Begründung eines Vertrages über freie Mitarbeit sein wird. Nach den einschlägigen Vorschriften des *Entgeltfortzahlungsgesetzes* besteht im Arbeitsverhältnis die vertragliche Nebenpflicht des Arbeitgebers gegenüber dem Arbeitnehmer, im Falle der unverschuldeten krankheitsbedingten Arbeitsunfähigkeit die Arbeitsvergütung bis zur Dauer von sechs Wochen fortzuzahlen, wobei allerdings auf seiten des Arbeitnehmers eine Wartezeit von vier Wochen zu absolvieren ist. Außerdem ist die Entgeltfortzahlung im Krankheitsfall seit dem 1. 10. 1996 gem. §§ 3 I, 4 I EFZG auf 80% des dem Arbeitnehmer bei der für ihn maßgeblichen regelmäßigen Arbeitszeit zustehenden Arbeitsentgelts reduziert[257a].

Wesentlich ist, daß das Entgeltfortzahlungsgesetz nur für Arbeitnehmer[258] und Auszubildende, nicht aber auch für freie Mitarbeiter gilt.[259] Insbesondere hat das EFZG seine Anwendbarkeit auch nicht auf die Gruppe der arbeitnehmerähnlichen Personen ausgedehnt. Allerdings sind wiederum die Heimarbeiter ausdrücklich in den persönlichen Anwendungsbereich des Gesetzes miteinbezogen worden, wenngleich sie keine äquivalente Fortzahlung der Bezüge wie die Arbeitnehmer

257a Im Zeitpunkt der Drucklegung dieses Buches waren gesetzgeberische Initiativen im Gange, die Änderungen des BeSchFG 1996 wieder rückgängig zu machen.

258 Seit der Entscheidung des EuGH vom 13. 7. 1989 (BB 1989, 2114 f.) und darauf gründend die neuere Rechtsprechung des BAG vom 9. 10. 1991, BB 1992, 429 f. sind auch die geringfügig beschäftigten Arbeitnehmer in den persönlichen Geltungsbereich des EFZG einbezogen.

259 § 1 II EFZG bestimmt, daß Arbeitnehmer im Sinne dieses Gesetzes Arbeiter und Angestellte sowie die zu ihrer Berufsausbildung Beschäftigten sind. Bei krankheitsbedingter Arbeitsunfähigkeit eines freien Mitarbeiters bei bestehendem Dienstvertrag gem. §§ 611 ff. BGB ist allerdings § 616 BGB zu beachten, auf den im folgenden noch näher eingegangen wird.

erhalten. Die Heimarbeiter, die zwar ebenfalls zu den arbeitnehmerähnlichen Personen gerechnet werden können, werden von §§ 10, 11 EFZG erfaßt. § 10 EFZG hat die bis zum 31. 5. 1994 geltende gesetzliche Regelung des § 8 LFZG übernommen, wonach Heimarbeiter nach wie vor keinen Anspruch auf Entgeltfortzahlung im Krankheitsfall erlangen, sondern vielmehr als Ausgleich für den fehlenden Anspruch einen Zuschlag zu ihrem Arbeitsentgelt erhalten.

Voraussetzungen und Rechtsfolgen des Anspruchs auf Entgeltfortzahlung im Krankheitsfall können wie folgt zusammengefaßt werden:

<table>
<tr><th colspan="2">Entgeltfortzahlung im Krankheitsfall eines Arbeitnehmers</th></tr>
<tr><th>Voraussetzungen</th><th>Rechtsfolge</th></tr>
<tr><td>Bestehen eines wirksamen Arbeits- oder Berufsausbildungsvertrages</td><td>Auf 80% reduzierte Entgeltfortzahlung (Krankenvergütung) während der Arbeitsunfähigkeit bis zur Höchstdauer von sechs Wochen</td></tr>
<tr><td>Vorliegen einer zur Arbeitsunfähigkeit führenden Erkrankung des Arbeitnehmers</td><td rowspan="3"></td></tr>
<tr><td>Fehlendes Eigenverschulden des Arbeitnehmers an der krankheitsbedingten Arbeitsverhinderung</td></tr>
<tr><td>Ablauf der vierwöchigen Wartezeit</td></tr>
</table>

Wie bereits ausgeführt, findet das EFZG auf freie Mitarbeiter keine Anwendung. Gleichwohl kann die zur Arbeitsunfähigkeit führende Erkrankung eines freien Mitarbeiters, der auf der Basis eines Dienstvertrages nach §§ 611 ff. BGB tätig wird, unter den Voraussetzungen des § 616 BGB zu einer Vergütungspflicht des Auftraggebers führen.[260] Diese Vorschrift behandelt *vorübergehende Dienstverhinderungen,* worunter auch Erkrankungen fallen können.[261] Gem. § 616 BGB wird der freie Mitarbeiter (Dienstnehmer) seines Anspruchs auf Vergütung nicht dadurch verlustig, daß er „für eine verhältnismäßig nicht erhebliche Zeit durch einen in seiner Person liegenden Grund ohne sein Verschulden an der Dienstleistung verhindert ist". Was „verhältnismäßig nicht erheblich" bedeutet, ist Frage des Einzelfalls. Maßgeblich wird insoweit regelmäßig sein, wie lange das Dienstverhältnis bereits gedauert hat und ob es zeitlich befristet oder unbefristet ist. Auch bei einem dauernden Dienstverhältnis werden in der Regel nur wenige Tage von § 616 BGB abgedeckt sein, wobei bei längerer, nicht mehr von § 616 BGB umfaßter Dauer keinerlei Anspruch auf Vergütung besteht.[262] Jedenfalls ist das EFZG nicht mit der Maßgabe entsprechend anwendbar, daß eine Dauer bis zu sechs Wochen noch „verhältnismäßig nicht erheblich" wäre.[263]

Im Vergleich zu einem Arbeitnehmer nachfolgend in der Zusammenfassung die Voraussetzungen und Rechtsfolgen bei krankheitsbedingter Dienstunfähigkeit eines freien Mitarbeiters (vgl. Tabelle).

Die beiden zusammenfassenden Übersichten zeigen bereits, daß sich ein freier Mitarbeiter im Falle krankheitsbedingter Arbeitsunfähigkeit gegenüber einem Arbeitnehmer erheblich schlechter steht, wobei der Vollständigkeit halber noch darauf hinzuweisen ist, daß der Werkunternehmer, der nicht zeit-, sondern erfolgsorientiert tätig wird, keinerlei Vergütungsansprüche im Falle seiner Erkrankung und einer damit einhergehenden Arbeitsunfähigkeit geltend machen kann.

Darüber hinaus wird in der Praxis häufig die dispositive Vorschrift des § 616 BGB noch zu Lasten des Dienstnehmers abbedungen, so daß auch bei krankheitsbedingter Dienstverhinderung für eine verhältnismäßig geringe Zeit keine Vergütungspflicht des Dienstberechtigten

260 Bei Vorliegen eines Werkvertrages nach § 631 BGB findet § 616 BGB keine Anwendung.

261 Vgl. *Palandt/Putzo*, BGB, § 616 Rn. 12.

262 *Ders.,* a. a. O., Rn. 9.

263 *Ders.,* a. a. O., Rn. 14.

Vergütungspflicht im Krankheitsfall eines freien Mitarbeiters als Dienstnehmer	
Voraussetzungen	**Rechtsfolge**
Bestehen eines wirksamen Dienstvertrages iSv. §§ 611 ff. BGB	Vergütungspflicht des Dienstberechtigten für eine verhältnismäßig nicht erhebliche Zeit (regelmäßig nur wenige Tage)
Vorliegen einer zur Dienstunfähigkeit führenden Erkrankung des Dienstnehmers	
Fehlendes Eigenverschulden des Dienstnehmers an der krankheitsbedingten Dienstverhinderung	

besteht.[264] Allerdings ist bei der Vertragsgestaltung darauf zu achten, daß ein Ausschluß von § 616 BGB *eindeutig* vereinbart wird.[265]

3.2.2.6 Sonstige Leistungsverhinderungen

Auch andere als auf krankheitsbedingter Dienstunfähigkeit beruhende vorübergehende Dienstverhinderungen eines Dienstnehmers iSv. § 611 BGB fallen unter § 616 BGB. Da es sich bei dem Dienstvertrag um ein synallagmatisches Vertragsverhältnis handelt, finden bei nachträglichen Leistungshindernissen die Vorschriften der §§ 323 ff. BGB Anwendung. Insbesondere bei Eintritt einer nachträglichen Unmöglichkeit der Leistung, die von keiner der Parteien zu vertreten ist, findet grundsätzlich § 323 BGB Anwendung. Soweit die Voraussetzun-

264 Zur Abdingbarkeit des § 616 BGB vgl. grundsätzlich BAG vom 20. 6. 1979, NJW 1980, 903 f.

265 Vgl. zur Abdingbarkeit des § 616 BGB im Arbeitsverhältnis für einzelvertragliche Regelungen BAG GS vom 17. 12. 1959, BAGE 8, 285 ff. (292) und für tarifvertragliche Regelungen BAG vom 8. 9. 1982, NJW 1983, 1078 f.

gen des § 616 BGB vorliegen, geht diese Vorschrift als Ausnahme der allgemeinen Regelung des § 323 BGB vor.[266]

Soweit die vorübergehende Dienstverhinderung nicht auf krankheitsbedingter Arbeitsunfähigkeit beruht, findet § 616 BGB auch auf Arbeitnehmer Anwendung.[267] Es kommen insoweit nur solche Fälle in Betracht, die subjektiv in der Person des Dienst- bzw. Arbeitnehmers begründet sind.[268] § 616 BGB ist z. B. anwendbar in folgenden Fällen:

- Schwere Erkrankung oder Tod eines nahen Angehörigen
- Notwendige Pflege eines erkrankten Kindes
- Eheschließung des Dienst-/Arbeitnehmers
- Erfüllung religiöser Pflichten
- Geburt eines Kindes des Dienst-/Arbeitnehmers
- Teilnahme an seltener Familienfeier, nicht aber an Sportveranstaltung
- Umzug
- Stellensuche, z. B. Vorstellungsgespräch bei anderem Dienst-/Arbeitgeber nach erfolgter Kündigung durch den bisherigen Dienst-/Arbeitgeber.

3.2.2.7 Wettbewerbsverbote

Ein in der Praxis wesentlicher Unterschied zwischen einem Arbeitsverhältnis und einem freien Mitarbeiterverhältnis liegt in dem Bestehen eines gesetzlichen Wettbewerbsverbots, dem der Arbeitnehmer während der Dauer des Arbeitsverhältnisses[269] ausgesetzt ist, wohingegen der freie Mitarbeiter grundsätzlich keinerlei Wettbewerbsbeschränkungen unterliegt.

Gemäß § 60 HGB darf der „Handlungsgehilfe“, der nach heutigem Sprachgebrauch mit dem *kaufmännischen Angestellten* identisch ist, ohne Einwilligung des „Prinzipals“, also des Arbeitgebers, weder ein Handelsgewerbe betreiben noch im Handelszweig des Arbeitgebers für eigene oder fremde Rechnung Geschäfte machen. Nach h. M. ist

---

266 Vgl. *Palandt/Putzo*, BGB, § 616 Rn. 3; BAG vom 19. 3. 1965, NJW 1965, 1397 f.

267 Vgl. *Palandt/Putzo*, a. a. O., Rn. 6.

268 Vgl. die Beispiele bei *Palandt/Putzo*, BGB, § 616 Rn. 8 m. w. N.

269 Zum *nachvertraglichen* Wettbewerbsverbot gem. §§ 74 bis 75 d HGB vgl. im folgenden.

§ 60 HGB verfassungskonform dahingehend auszulegen, daß dem Arbeitnehmer nur Handelsgewerbe bzw. Geschäfte derselben Art, wie sie der Arbeitgeber betreibt, untersagt sind.[270] Zwar existiert für die *übrigen Arbeitnehmer* außerhalb des Geltungsbereichs des HGB ein ausdrückliches Wettbewerbsverbot nicht. Jedoch entspricht es ständiger Rechtsprechung des Bundesarbeitsgerichts, daß aus der allgemeinen Treuepflicht des Arbeitnehmers dessen Verpflichtung gegenüber dem Arbeitgeber abzuleiten ist, ebenso wie ein kaufmännischer Angestellter nach § 60 HGB während der Dauer des Arbeitsverhältnisses Wettbewerb zu unterlassen.[271]

Verbotene Konkurrenztätigkeiten können zum einen im Betreiben eines Handelsgewerbes und zum anderen in sonstigen Konkurrenzgeschäften bestehen. Unter den Konkurrenzgeschäften iSv. § 60 HGB ist jede Art spekulativer und damit auf Gewinnerzielung gerichteter Teilnahme am Geschäftsverkehr zu verstehen.[272] Da das gesetzliche Wettbewerbsverbot aus § 60 HGB unmittelbar bzw. analog nur für Arbeitnehmer eingreift, sind freie Mitarbeiter in dieser Situation besser gestellt, die im übrigen auch – anders als Arbeitnehmer – keiner allgemeinen Treuepflicht unterliegen, wie dies für das Arbeitsverhältnis typisch ist. Mit dieser Besserstellung des freien Mitarbeiters korrespondiert unmittelbar eine vertraglich ungünstigere Position des Auftraggebers als Partner eines freien Mitarbeiterverhältnisses. Da es dem freien Mitarbeiter grundsätzlich gestattet ist, für mehrere Auftraggeber tätig zu sein und dies dem Leitbild des freien Mitarbeiters geradezu entspricht, können die betriebswirtschaftlichen Belange aus der Sicht des Unternehmens beeinträchtigt werden, wenn sich der freie Mitarbeiter in derselben Geschäftsbranche wie der Auftraggeber betätigt. Damit stellt sich für den Auftraggeber eines freien Mitarbeiters ggf. die Frage, ob ein Wettbewerbsverbot für die Dauer des Mitarbeiterverhältnisses vertraglich vereinbart werden soll. Daß dies grund-

270 St. Rspr.; vgl. BAG vom 25. 5. 1970, BB 1970, 1134 = AP Nr. 4 zu § 60 HGB; BAG vom 12. 5. 1972, BB 1972, 1056 = AP Nr. 6 zu § 60 HGB; BAG vom 7. 9. 1972, BB 1973, 144 f. = AP Nr. 7 zu § 60 HGB.

271 Vgl. BAG vom 17. 10. 1969, AP Nr. 7 zu § 611 BGB Treuepflicht = BB 1970, 214; BAG vom 16. 6. 1976, BB 1977, 296 = AP Nr. 8 zu § 611 BGB Treuepflicht; BAG vom 16. 8. 1990, BB 1991, 347 ff. = AP Nr. 10 zu § 611 BGB Treuepflicht.

272 Vgl. BAG vom 24. 4. 1970, BB 1970, 1095 f. = AP Nr. 5 zu § 60 HGB.

sätzlich möglich ist, ergibt sich aus dem Grundsatz der Vertragsfreiheit.[273]

Allerdings sollten die Parteien eines freien Mitarbeiterverhältnisses äußerst sensibel an die vertragliche Vereinbarung eines Wettbewerbsverbotes herangehen und ein solches ggf. sehr sorgfältig ausformulieren. Von der Vereinbarung eines generellen Wettbewerbsverbotes sollte in jedem Falle Abstand genommen werden, und zwar auch aus der Sicht des Auftraggebers. Insoweit ist nämlich unbedingt zu berücksichtigen, daß damit unmittelbar eine wirtschaftliche Abhängigkeit des freien Mitarbeiters begründet wird, der auf diese Weise ungewollt zumindest den Status einer arbeitnehmerähnlichen Person, wenn nicht gar bei Herbeiführung eines gewissen Grades an persönlicher Abhängigkeit die eines Arbeitnehmers erlangen kann. Zumindest aber besteht in einem solchen Fall die Gefahr, daß ein Gericht im Rahmen eines Statusverfahrens der Vereinbarung eines generellen oder wenigstens umfassenden Wettbewerbsverbotes Indizwirkung beimessen und dies im Zweifel als Hinweis auf ein Arbeitsverhältnis werten könnte. Zu empfehlen ist daher, in einem freien Mitarbeitervertrag ein Wettbewerbsverbot nur dann zu vereinbaren, wenn eine unmittelbare Veranlassung hierzu besteht. Zudem sollte eine Wettbewerbsvereinbarung nicht zu eng gefaßt werden. Eine Alternative zur Vereinbarung eines Wettbewerbverbotes mit einem freien Mitarbeiter kann demgegenüber darin bestehen, für den Fall eines Interessenkonflikts eine ordentliche Kündigung mit kurzer Kündigungsfrist oder gar eine entfristete Kündigungsmöglichkeit zu vereinbaren.[274]

Entsprechende Überlegungen sollten im übrigen regelmäßig auch bei der Inaussichtnahme eines *nachvertraglichen* Wettbewerbsverbotes gem. §§ 74 ff. HGB angestellt werden. Schon die Vereinbarung eines Wettbewerbsverbotes für die Zeit *nach Beendigung des Vertrages* über die freie Mitarbeit dürfte den Mitarbeiter regelmäßig als Arbeitnehmer kennzeichnen, so daß aus der Sicht des Auftraggebers die Gefahr nicht zu unterschätzen ist, daß der Mitarbeiter als Arbeitnehmer angesehen werden könnte.

---

273 So auch *Streit,* S. 40.

274 Vgl. insoweit die Formulierungsvorschläge von *Streit,* S. 13.

3.2.2.8 Haftung aus Pflichtverletzungen

Ein sehr bedeutsamer Unterschied zwischen der Einstellung eines Arbeitnehmers und der Beschäftigung eines freien Mitarbeiters besteht in der Frage der *Haftung aus Pflichtverletzungen* des Mitarbeiters. Zunächst einmal müssen insoweit die gesetzlichen Anspruchsgrundlagen für die jeweiligen Vertragstypen ermittelt werden.

Sowohl beim Arbeits- wie beim Dienstvertrag existieren keine gesetzlichen Gewährleistungsvorschriften, so daß „Schlechtleistungen" des Arbeit- bzw. Dienstnehmers im weitesten Sinne mit dem Rechtsinstitut der positiven Vertragsverletzung (pVV) zu begegnen ist. Demgegenüber beinhaltet das Werkvertragsrecht der §§ 631 ff. BGB in den Vorschriften der §§ 633 ff. BGB einen mehr oder minder umfassenden Gewährleistungskatalog, der insbesondere die Mängelhaftung des Werkunternehmers regelt. Soweit allerdings der Werkunternehmer Nebenpflichten aus dem Werkvertrag verletzt und er dadurch dem Besteller Schäden an dessen sonstigen Rechtsgütern zufügt, die nicht mit Mängeln des Werkes zusammenhängen, kommt auch insoweit eine Haftung des Werkunternehmers aus den Grundsätzen über die pVV in Betracht.[275]

Haftung bei Pflichtverletzungen					
Arbeitnehmer		**Dienstnehmer**		**Werkunternehmer**	
Haupt-pflicht	Neben-pflicht	Haupt-pflicht	Neben-pflicht	Haupt-pflicht	Neben-pflicht
pVV	pVV	pVV	pVV	§§ 633 ff. BGB	pVV

Nach den Grundsätzen über die positive Vertragsverletzung haftet der Mitarbeiter gegenüber dem Unternehmen auf Schadensersatz (positives Interesse), wenn er schuldhaft eine Pflicht aus dem dem Beschäftigungsverhältnis zugrundeliegenden Vertrag verletzt und dem Auftraggeber dadurch einen Schaden verursacht.

275 Vgl. *Palandt/Thomas*, BGB, Vorbem. vor § 633 Rn. 22.

In der Praxis ist die Wahrscheinlichkeit einer solchen Haftungssituation im Rahmen eines Arbeitsverhältnisses regelmäßig größer als bei den freien Beschäftigungsverhältnissen. Dies hängt damit zusammen, daß der Arbeitnehmer in aller Regel seine Arbeitsmittel und -werkzeuge vom Arbeitgeber gestellt bekommt, während der freie Mitarbeiter mit seinen eigenen Gerätschaften und Utensilien arbeitet (Computer, PKW u. ä.). Damit besteht gerade bei denjenigen Tätigkeiten, die von der Lebenserfahrung her häufiger zu einem Schadenseintritt führen können – z. B. der Teilnahme am Straßenverkehr mit einem Kraftfahrzeug – ein erhöhtes Schadensrisiko des Auftraggebers, wenn er dem Mitarbeiter eigene Vermögenswerte (z. B. Firmen-PKW) zur Nutzung überläßt. Aus diesem Grunde wird es im Rahmen von Arbeitsverhältnissen häufiger zu Haftungssituationen kommen als bei freien Mitarbeiterverhältnissen.

Gleichwohl kann es auch im Verhältnis eines freien Mitarbeiters zu seinem Auftraggeber durchaus zu Haftungsfällen kommen, die regelmäßig über das Rechtsinstitut der pVV zu lösen sind. Danach haftet der freie Mitarbeiter zwar nur bei Vorliegen eines Verschuldens[276], jedoch kommt hier jede Form von Vorsatz oder Fahrlässigkeit in Betracht. Dies bedeutet insbesondere, daß der freie Mitarbeiter auch im Falle leichter Fahrlässigkeit gegenüber dem Auftraggeber für den Ersatz eines von ihm verursachten Schadens haftet. Daß dies z. B. bei einem Totalschaden mit einem neuwertigen Kraftfahrzeug zu ganz erheblichen Schadenspositionen führen kann, liegt auf der Hand. Der freie Mitarbeiter, der beispielsweise mit einem nicht vollkaskoversicherten Kraftfahrzeug seines Auftraggebers unterwegs ist, geht also hier ganz erhebliche finanzielle Risiken ein.

Im Arbeitsverhältnis ist die Haftungssituation des Arbeitnehmers grundsätzlich für diesen günstiger. Der Arbeitnehmer haftet bei schuldhaften Pflichtverletzungen aus dem Arbeitsvertrag nicht bei jedwedem Verschulden, vielmehr ist insoweit von der höchstrichterlichen Rechtsprechung[277] ein sog. *abgestuftes Verschulden* entwickelt worden, das zu einer (arbeits)vertragstypischen Einschränkung der allgemeinen Haftung aus pVV führt. Insbesondere bei leichtem Ver-

---

276 Vgl. § 276 BGB.

277 Vgl. BAG GS vom 25. 9. 1957, BAGE 5, 1 ff. (7); BAG GS vom 12. 6. 1992, BB 1993, 1009 = NZA 1993, 547; BGH vom 23. 9. 1993, DB 1994, 428.

schulden, also bei einem Verhalten, das jedem auch noch so sorgfältigen Menschen trotz nötiger Aufmerksamkeit einmal passieren kann, soll der Arbeitnehmer von der Haftung freigestellt sein und der Arbeitgeber das Schadensrisiko allein tragen. Begründet wird dies mit der Überlegung, daß der Arbeitgeber als der regelmäßig wirtschaftlich stärkere Vertragspartner im Verhältnis zum schutzbedürftigen Arbeitnehmer eher Vorsorge (z. B. durch den Abschluß einer Versicherung) treffen und sich so weitgehend vor Schäden schützen kann.[278]

Damit erfährt die Haftung des Arbeitnehmers gegenüber dem Arbeitgeber eine Einschränkung beim Tatbestandsmerkmal des Verschuldens: Handelt der Arbeitnehmer vorsätzlich oder grob fahrlässig, haftet er gegenüber dem Arbeitgeber aus pVV auf vollen Schadensersatz. Handelt er leicht fahrlässig, entfällt eine Haftung gänzlich. Handelt er im mittleren Bereich der Fahrlässigkeit, soll regelmäßig eine Quotelung des Schadens zwischen Arbeitgeber und Arbeitnehmer erfolgen, wobei insbesondere auch die Vorschrift des § 254 BGB über ein etwaiges Mitverschulden des Arbeitgebers zu berücksichtigen ist. In der Praxis kommt es insoweit häufig mangels Feststellung besonderer Umstände zur Schadensteilung.[279]

Gegenüber einem freien Mitarbeiter, der bei einer schuldhaften Vertragsverletzung gegenüber dem Auftraggeber grundsätzlich in voller Höhe haftet, unterliegt die Haftung eines Arbeitnehmers aus dem Arbeitsvertrag[280] somit folgenden Einschränkungen:

278 Aus der Literatur vgl. z. B. *v. Hoyningen-Huene,* BB 1989, 1889 ff.

279 Die frühere Rechtsprechung des BAG, wonach die Haftungsbegrenzung nur in den Fällen sog. *gefahrgeneigter* oder *schadengeneigter* Arbeitstätigkeiten zu erfolgen hatte (vgl. BAGE 5, 1 ff.), ist zugunsten einer allgemeinen Haftungsbegrenzung im Arbeitsverhältnis aufgegeben worden. Nach der neueren höchstrichterlichen Rechtsprechung (vgl. BAG vom 12. 6. 1992, BB 1993, 1009 = NZA 1993, 547 und BGH vom 23. 9. 1993, DB 1994, 428) ist allein entscheidend, daß ein Schaden anläßlich einer Tätigkeit aus einem Arbeitsvertrag entstanden ist, die betrieblich veranlaßt war.

280 Sofern neben der vertraglichen Haftung auch eine Haftung aus gesetzlichen Anspruchsgrundlagen besteht (z. B. aus §§ 823 ff. BGB wegen fahrlässiger Eigentumsverletzung), greift die Haftungsbeschränkung entsprechend ein (vgl. *Brox/ Rüthers,* Arbeitsrecht, Rn. 102).

Verschulden des Arbeitnehmers	
Verschuldensgrad	**Haftungsumfang**
Vorsatz	Volle Haftung
Grobe Fahrlässigkeit	Volle Haftung
Mittlere Fahrlässigkeit	Quotelung (häufig Schadenteilung)
Leichte Fahrlässigkeit	Keine Haftung

Da die Grundsätze über die eingeschränkte Arbeitnehmerhaftung im freien Mitarbeiterverhältnis keine Anwendung finden, stellt sich in der Praxis aus der Sichtweise des Mitarbeiters regelmäßig die Frage nach einer *vertraglichen Haftungsbegrenzung.* Hierbei ist zu differenzieren, ob der freie Mitarbeiter als Dienstnehmer oder Werkunternehmer tätig wird, da beim Werkvertrag neben der Haftung des Werkunternehmers aus pVV wegen Verletzung vertraglicher Nebenpflichten auch eine Haftung aufgrund der werkvertraglichen Gewährleistungsvorschriften der §§ 633 ff. BGB wegen einer etwaigen Mangelhaftigkeit des hergestellten Werkes eintreten kann.

Im Hinblick darauf, daß die Zuordnung des freien Mitarbeiterverhältnisses zu dem einen oder anderen Vertragstypus entscheidenden Einfluß auf Art und Umfang der Haftung des freien Mitarbeiters hat, sollen an dieser Stelle nochmals in gebotener Kürze die Unterschiede der Hauptleistungspflichten auf seiten des Mitarbeiters beim Dienstvertrag einerseits und beim Werkvertrag andererseits aufgezeigt werden:

Wie oben bereits dargelegt, ist der Dienstvertrag zeit- bzw. tätigkeitsbestimmt, während der Werkvertrag erfolgsorientiert ist. Hiermit soll zum Ausdruck gebracht werden, daß der Dienstnehmer nicht zur Herbeiführung eines konkreten Arbeitsergebnisses (Erfolges) verpflichtet ist, sondern daß seine Leistung gegenüber dem Auftraggeber in der Ausführung einer bestimmten Tätigkeit – eben einer Dienstleistung –

als solcher besteht.[281] Demgegenüber ist der freie Mitarbeiter, der als Werkunternehmer tätig wird, zur Herbeiführung eines bestimmten Arbeitsergebnisses – eben des vertraglich vereinbarten Werkes im Sinne eines Arbeitserfolges – verpflichtet. Die Zeit- bzw. Tätigkeitskomponente stellt dabei lediglich das Mittel zum Erreichen des Zieles dar.[282] Schwierig wird regelmäßig die Abgrenzung, wenn der freie Mitarbeiter – in der Eigenschaft als Subunternehmer nicht selten – in einem mehr oder minder *ständigen* Betrauungsverhältnis steht und somit zu wiederkehrenden Leistungen mit jeweils konkreten Leistungsergebnissen verpflichtet ist. Eine generelle Beantwortung der Frage, von welchem Vertragstypus aufgrund welcher Kriterien auszugehen ist, kann wegen der Vielschichtigkeit der denkbaren und in der Praxis vorkommenden Tätigkeiten nicht erfolgen. Vielmehr muß einzelfallbezogen und hierbei nach dem wirtschaftlichen Ziel entschieden werden, das nach dem Willen der Vertragspartner jeweils verfolgt wird.

Ergibt die Einzelfallprüfung, daß das freie Mitarbeiterverhältnis auf der rechtlichen Basis eines Dienstvertrages gründet, haftet der Dienstnehmer für Schäden des Auftraggebers uneingeschränkt, die er bei der Leistungserbringung schuldhaft verursacht, sei es nun wegen einer mangelhaften Hauptleistung oder der Verletzung von vertraglichen Nebenpflichten. Eine Haftungseinschränkung aufgrund eines abgestuften Verschuldens – wie beim Arbeitnehmer – greift nicht ein. Daher sollte der freie Mitarbeiter darauf bedacht sein, seine Haftung im Dienstvertrag dem Grunde, der Art und der Höhe nach zu begrenzen. Insoweit ist es üblich und praxisgerecht, die Haftung des freien Mitarbeiters dem *Grunde* nach auf die Fälle vorsätzlicher und grob fahrlässiger Schadensverursachung zu beschränken. Der *Art* nach sollten Folgeschäden wie z. B. entgangener Gewinn ausgeschlossen und der *Höhe* nach sollte eine Haftungsbegrenzung pro anno der Vertragslaufzeit auf einen Maximalbetrag festgelegt werden.

Ist das freie Mitarbeiterverhältnis werkvertraglicher Qualität, sieht sich der Mitarbeiter neben etwaigen Ansprüchen des Bestellers wegen Nebenpflichtverletzungen ggf. auch Ansprüchen wegen mangelhafter

281 Hier ist z. B. klassischerweise an die „reinen" Beratungstätigkeiten der sog. *freien Berufe* zu denken (Rechtsanwälte, Steuerberater, Unternehmensberater u. ä.).

282 Insoweit kommen z. B. über die eigentliche Beratungstätigkeit hinausgehende Gutachtertätigkeiten der in vorstehender Fußnote genannten Berufsgruppen in Betracht.

Werkerstellung auf Nachbesserung, Wandelung, Minderung oder gar Schadensersatz wegen Nichterfüllung ausgesetzt. Insoweit ist es den Vertragsparteien aufgrund der Vertragsfreiheit regelmäßig unbenommen, hinsichtlich einer Haftungsbegrenzung des Mitarbeiters ihre Vorstellungen in vertragliche Abreden einfließen zu lassen. In der Praxis ist es vielfach üblich, die Gewährleistungsrechte des Bestellers zunächst auf ein Nachbesserungsrecht zu reduzieren[283] und im Falle des Fehlschlagens der Nachbesserung die Vergütung des Mitarbeiters zu mindern. Im übrigen wird auch bei werkvertraglich tätigen freien Mitarbeitern eine Begrenzung der Haftung dem Grunde und der Höhe nach analog zum Dienstnehmer in Erwägung zu ziehen sein.[284]

3.2.2.9 Erholungsurlaub

Auch beim gesetzlichen Mindesturlaub und – im Falle der Tarifbindung – beim Mehrurlaub[285] ist entscheidend, ob der Beschäftigte in einem Arbeitsverhältnis oder einem freien Mitarbeiterverhältnis steht. Grundsätzlich hat jeder *Arbeitnehmer* gem. §§ 1, 3 BUrlG Anspruch auf einen jährlichen Erholungsurlaub von 24 Werktagen. Wer Arbeitnehmer im Sinne des BUrlG ist, wird von § 2 geregelt, wonach hierunter die Arbeiter und Angestellten sowie die zu ihrer Berufsausbildung Beschäftigten fallen. Des weiteren bestimmt § 2 Satz 2 BUrlG, daß als Arbeitnehmer im Sinne des BUrlG auch diejenigen Personen gelten, die wegen ihrer wirtschaftlichen Unselbständigkeit als arbeitnehmerähnliche Personen anzusehen sind. Für den Bereich der Heimarbeit hat § 12 BUrlG eine eigenständige Regelung getroffen.[286] Damit gilt das BUrlG für freie Mitarbeiter mit Ausnahme der arbeitnehmerähnlichen Personen und der Heimarbeiter nicht.[287]

---

283 Damit werden vorläufig die weiteren alternativ bestehenden Gewährleistungsrechte ausgeschlossen.

284 Vgl. hierzu die Formulierungsvorschläge von *Streit,* S. 11.

285 Mehrurlaub ist der über den gesetzlichen Mindesturlaub von 24 Werktagen hinausgehende (tarif)vertraglich vereinbarte Anteil des Erholungsurlaubs.

286 Siehe auch § 2 Satz 2 letzter Halbsatz. Bei der Einbeziehung der arbeitnehmerähnlichen Personen als „Arbeitnehmer" in den Geltungsbereich des BUrlG handelt es sich um eine gesetzliche Fiktion; so zu Recht *Schaub,* Arb-Hdb., S. 866 f.

287 Ganz h. M.; vgl. BAG vom 28. 6. 1973, BB 1973, 1356 = AP Nr. 2 zu § 2 BUrlG; *Hohmeister,* BUrlG, § 2 Rn. 6 f.; *Leinemann/Linck,* Urlaubsrecht, § 2 Rn. 33.

Dieser Umstand ist für das Unternehmen bei der Einstellung eines Mitarbeiters unter dem Gesichtspunkt der Personalkostenreduzierung von ganz erheblicher Bedeutung, denn Erholungsurlaub bedeutet eine temporäre Freistellung des Mitarbeiters von seiner Arbeitsverpflichtung unter Fortzahlung der Vergütung als Urlaubsentgelt.[288] Dem freien Mitarbeiter stehen demgegenüber keine „echten" Urlaubsansprüche zu, weil er allenfalls durch unbezahltes Nichttätigwerden von der Arbeit freigestellt, der „Urlaub" also nicht vergütet wird. Die vertragliche Vereinbarung von bezahltem Erholungsurlaub für einen freien Mitarbeiter ist in der Praxis nicht üblich und widerspräche im Einzelfall auch dem Leitbild des freien Mitarbeiters. Die Aufnahme einer Urlaubsregelung in den Mitarbeitervertrag hätte sicherlich mehr als bloße Indizwirkung für die Annahme, daß es sich bei einem solchermaßen abgesicherten Beschäftigten nicht um einen freien Mitarbeiter, sondern um einen Arbeitnehmer handelt.

3.2.2.10 Zeugnis

Gem. § 630 BGB erlangt der Verpflichtete eines dauernden Dienstverhältnisses – also der Dienstnehmer – bei dessen Beendigung einen Anspruch gegen seinen Vertragspartner auf Erteilung eines Zeugnisses, und zwar wahlweise als sog. *einfaches Zeugnis* (§ 630 Satz 1 BGB) oder sog. *qualifiziertes Zeugnis* (§ 630 Satz 2 BGB). Es ist unbestritten, daß § 630 BGB den Rechtscharakter einer Generalklausel trägt, der allen *Arbeitnehmern* einen einheitlichen Zeugnisanspruch gewährt.[289] Darüber hinaus existieren für die verschiedenen *Arbeitnehmergruppen* weitere spezialgesetzliche Regelungen, in denen der Anspruch auf ein *Arbeitszeugnis* rechtlich verbrieft ist.[290] Unbestritten ist auch, daß der als Werkunternehmer zu qualifizierende freie Mitarbeiter keinen Zeugnisanspruch erlangt, weil insoweit keine Anspruchsgrundlage existiert.

Umstritten ist allerdings, ob der freie Dienstnehmer nach Beendigung eines dauernden Dienstverhältnisses einen Anspruch gegen den Auf-

288 Vgl. *Hohmeister,* BUrlG, Vorbem. Rn. 3 und § 1 Rn. 8.
289 Vgl. *Schleßmann,* S. 20.
290 Vgl. z. B. § 73 HGB für kaufmännische Angestellte („Handlungsgehilfen"), § 113 GewO für gewerbliche Arbeitnehmer (Arbeiter und technische Angestellte), § 8 BBiG für Auszubildende.

traggeber auf Ausstellung eines *Dienstzeugnisses* erlangt. Teils wird die Ansicht vertreten, daß § 630 BGB auf freie Dienstverträge wegen der fehlenden Weisungsgebundenheit und der persönlichen Unabhängigkeit des freien Mitarbeiters keine Anwendung finde.[291] Diese Ansicht ist abzulehnen. Sie ist mit der gesetzlichen Regelung des § 630 BGB nicht in Einklang zu bringen. Schon der Wortlaut des Gesetzes spricht eindeutig davon, daß der Verpflichtete eines dauernden *Dienstverhältnisses* einen Zeugnisanspruch unter den Voraussetzungen des § 630 BGB erlangt. An keiner Stelle des Gesetzes ist hier von einem Arbeitnehmer die Rede. Des weiteren macht das Gesetz auch nicht etwa eine Einschränkung dahingehend, daß nur ein weisungsgebundener und damit persönlich abhängiger Dienstnehmer ein Zeugnis beanspruchen könnte. Auch Sinn und Zweck der gesetzlichen Regelung gebieten es geradezu, dem freien Dienstnehmer bei Beendigung des freien Mitarbeiterverhältnisses ein Zeugnis zuzubilligen. Daß die fehlende persönliche Abhängigkeit des freien Mitarbeiters vom Auftraggeber einer Zeugniserteilung entgegenstünde, ist auch nicht ansatzweise zu erkennen. Im übrigen läßt sich wohl auch aus dem Umstand, daß der Gesetzgeber trotz der allgemeinen Regelung in § 630 BGB zusätzlich weitere spezielle Anspruchsgrundlagen für besondere Arbeitnehmergruppen geschaffen hat, der Rückschluß ziehen, daß § 630 BGB sogar in erster Linie für die freien Dienstnehmer geschaffen worden ist, denn sonst hätte es spezialgesetzlicher Anspruchsgrundlagen für besondere *Arbeitnehmergruppen* (etwa § 113 GewO) nicht bedurft.[292]

Nach der hier vertretenen Auffassung ist es also unerheblich, ob im Einzelfall ein Arbeitsverhältnis oder ein freies Mitarbeiterverhältnis auf der rechtlichen Grundlage eines Dienstvertrages begründet wird. In beiden Fällen steht dem Dienstverpflichteten gem. § 630 BGB bei Beendigung des Mitarbeiterverhältnisses ein Zeugnis entweder als Arbeitszeugnis oder als Dienstzeugnis zu. Lediglich der Werkunternehmer kann mangels Bestehens einer Anspruchsgrundlage kein Zeugnis

291 Vgl. *Schleßmann*, S. 27.

292 Für eine Anwendung des § 630 BGB auf alle Dienstverhältnisse z. B. auch *Palandt/Putzo*, BGB, § 630 Rn. 2; vgl. jüngst noch *Hohmeister,* NZA 1998, 571 ff. m. w. N.; nicht ganz eindeutig *Schaub,* Arb-Hdb., S. 1277. Insbesondere erwächst ein Zeugnisanspruch nach § 630 BGB auch dem Fremdgeschäftsführer einer GmbH, vgl. BGH vom 9. 11. 1967, BB 1967, 1394; *Palandt/Putzo*, ebenda.

verlangen, was aber auch wegen seiner unabhängigen Unternehmerposition ohne weiteres einleuchtet. Allerdings sollte dann, wenn der Werkunternehmer in einer *dauernden* Vertragsbeziehung zum Besteller (Auftraggeber) Leistungen erbringt, die wegen ihrer Erfolgsorientierung als Werkleistungen und nicht als Dienstleistungen einzustufen sind, analog zu § 630 BGB ebenfalls ein Zeugnis verlangt weden können, weil in einem solchen Fall ein sachliches Bedürfnis für eine Gleichbehandlung beider Mitarbeitertypen besteht.[293]

3.2.2.11 Rechte in der Insolvenz des Arbeit- bzw. Auftraggebers

Im Konkurs[294] über das Vermögen des Arbeit- bzw. Auftraggebers werden für den Beschäftigten regelmäßig dreierlei Problembereiche relevant, wobei der Status des Mitarbeiters von Bedeutung ist.

- *Erstens* stellt sich im Insolvenzfall die Frage, welche Auswirkungen dies auf den *Bestand des Mitarbeiterverhältnisses* hat und ob die Eröffnung des Konkursverfahrens möglicherweise gar zur Beendigung des Beschäftigtenverhältnisses führt.
- *Zweitens* erlangt die Frage Bedeutung, welches rechtliche Schicksal die *Vergütungsansprüche* des Mitarbeiters erfahren.[294a]
- *Drittens* ist von Belang, ob Ansprüche auf *Konkursausfallgeld* entstehen.

Zunächst ist von dem *Grundsatz* auszugehen, daß die Eröffnung des Konkursverfahrens über das Vermögen des Arbeit- bzw. Auftraggebers keinen Einfluß auf den *Bestand des Beschäftigungsverhältnisses hat,* und zwar unabhängig davon, ob es sich um ein Arbeitsverhältnis oder ein freies Mitarbeiterverhältnis handelt. Der Bestand des Beschäftigungsverhältnisses wird folglich von der Eröffnung des Konkursverfahrens nicht unmittelbar tangiert.[295] Allerdings ändert sich gem. § 6 KO[296] wegen des durch Eröffnung des Konkursverfahrens eintretenden Verlusts des Gemeinschulders, über sein in die Konkursmasse fallendes Vermögen die Verwaltungs- und Verfügungsbefugnis

293 Vgl. auch *Hohmeister,* NZA 1998, 571 ff.
294 Ab dem 1. 1. 1999 ist der vereinheitlichte Rechtsbegriff der *Insolvenz* zu benutzen.
294a Ab dem 1. 1. 1999 wird das bisherige Konkursausfallgeld durch das Insolvenzgeld ersetzt. Vgl. hierzu *Marschner*, DB 1998, 2165 f.
295 Vgl. *Küttner/Kania,* Personalbuch 1998, Konkurs des Arbeitgebers, Rn. 1 ff.
296 Ab 1. 1. 1999 gilt der neue § 80 InsO.

auszuüben, auch dessen Arbeitgeber- bzw. Auftraggeberstellung. Gem. § 6 II KO[297] geht die insoweitige Verwaltungs- und Verfügungsbefugnis auf den *Konkursverwalter* über, der als *Partei kraft Amtes* in die Arbeit- bzw. Auftraggeberstellung des Gemeinschuldners einrückt. Der Arbeitnehmer behält damit zwar bei gleichzeitigem Fortbestand des Beschäftigungsverhältnisses „seinen" Arbeit- bzw. Auftraggeber, wobei allerdings die diesem obliegenden Rechte und Pflichten aus dem Arbeitsverhältnis vom Konkursverwalter wahrgenommen werden.[298] Diese rechtliche Ausgangssituation bedeutet nun allerdings nicht, daß die Eröffnung des Konkursverfahrens nicht doch zumindest mittelbar Einfluß auch auf den *Fortbestand des Beschäftigungsverhältnisses* haben kann.

Bis zum Inkrafttreten des Arbeitsrechtlichen Beschäftigungsförderungsgesetzes am 1. 10. 1996, das in seinem Art. 6 Teile der zukünftigen Insolvenzordnung im Geltungsbereich der Konkursordnung[299] vorzeitig in Kraft gesetzt hat, räumte das Gesetz dem Konkursverwalter in § 22 KO das Recht ein, das Beschäftigungsverhältnis unter Einhaltung der gesetzlichen Kündigungsfrist und damit ordentlich zu kündigen.[300] Voraussetzung der Anwendbarkeit des § 22 KO war allerdings, daß das Beschäftigungsverhältnis im Zeitpunkt der Konkurseröffnung bereits in Vollzug gesetzt war, weil ansonsten vorrangig die Vorschrift des § 17 KO eingriff, über die der Konkursverwalter auf einfachere Art und Weise das vom Beschäftigten noch nicht angetretene Beschäftigungsverhältnis beenden konnte. § 22 KO knüpfte insbesondere nicht an eine Arbeitnehmereigenschaft des Beschäftigten an, sondern sprach expressis verbis von einem „Dienstverhältnis". Die Vorschrift wollte ausdrücklich Arbeitnehmer und freie Dienstnehmer[301], die dem Gemeinschuldner gegenüber bereits Dienste erbracht hatten, vor den Folgen schützen, die eingetreten wären, wenn der Konkursverwalter von seinem Wahlrecht nach § 17 KO Gebrauch gemacht

297 Siehe Fn. 296.

298 Vgl. *Küttner/Kania,* Personalbuch 1998, Konkurs des Arbeitgebers, Rn. 4 f.

299 Für das Gesamtvollstreckungsverfahren gilt allerdings noch bis 31. 12. 1998 die § 22 KO inhaltsgleiche Regelung in § 9 GesO. Ab dem 1. 1. 1999 gilt einheitlich die InsO.

300 Dieses Kündigungsrecht stand nach § 22 KO auch dem Beschäftigten zu, wobei ggf. kürzer vereinbarte Kündigungsfristen zu beachten waren.

301 Auf den Werkvertrag fand § 22 KO keine Anwendung. Insoweit griff § 17 KO ein.

und die weitere Erfüllung des dem Beschäftigungsverhältnis zugrundeliegenden Vertrages sofort abgelehnt hätte. § 22 KO fand damit bei bereits angetretenen Arbeits- und freien Dienstverhältnissen als lex specialis vor § 17 KO Anwendung und galt insbesondere auch zugunsten des GmbH-Geschäftsführers.[302] Abgesehen von einem auf werkvertraglicher Grundlage ausgeübten freien Mitarbeiterverhältnis war es somit nach der beschriebenen rechtlichen Situation zumindest hinsichtlich Kündigung und Fortbestand des Beschäftigungsverhältnisses unerheblich, welchen Status der Mitarbeiter hatte, insbesondere, ob er Arbeitnehmer oder freier Dienstnehmer war.[303]

Dies hat sich teilweise mit dem vorzeitigen Inkrafttreten von Teilregelungen der neuen Insolvenzordnung durch das Arbeitsrechtliche Beschäftigungsförderungsgesetz am 1. 10. 1996 geändert, so daß für den hier interessierenden Aspekt der Kündigung eines in Vollzug gesetzten Beschäftigungsverhältnisses durch den Konkursverwalter insbesondere schon zum heutigen Zeitpunkt[304] § 113 InsO zu beachten ist, der § 22 KO ersetzt. § 113 I InsO ist in seiner grundlegenden Struktur § 22 KO nachgebildet, wobei die Vorschrift einmal eine inhaltliche *Neuerung* und zum anderen eine inhaltliche *Klarstellung* gegenüber dem bisherigen § 22 KO nach sich zieht:

Zunächst erlangt der Konkursverwalter nunmehr die Möglichkeit – vorbehaltlich einer kürzeren Kündigungsfrist –, das Beschäftigungsverhältnis ordentlich mit einer Frist von drei Monaten zum Monatsende zu kündigen. Nach § 22 KO war die „gesetzliche" Kündigungsfrist maßgebend, die im Einzelfall auch länger ausfallen konnte. Andererseits stellt § 113 I InsO nunmehr ausdrücklich klar, daß mit einer dreimonatigen Kündigunsgfrist zum Monatsende „ohne Rücksicht auf eine vereinbarte Vertragsdauer oder einen vereinbarten Ausschluß des Rechts zur ordentlichen Kündigung" gekündigt werden kann. Damit ist die früher zu § 22 KO kontrovers diskutierte Frage, ob tarifvertragliche Kündigungsfristen und Unkündbarkeitsregelungen konkursfest

302 Vgl. *Reiserer,* S. 56.

303 Ausgenommen sollen nur solche freien Dienstverträge sein, die nicht auf Dauer angelegt sind; vgl. Kasseler Handbuch-*Eisenbeis*, 1.9 Rn. 8.

304 Die neue Insolvenzordnung vom 5. 10. 1994 (BGBl. I, S. 2866), die Konkursordnung, Vergleichordnung und Gesamtvollstreckungsordnung mit Wirkung ab dem 1. 1. 1999 ablöst, war im Zeitpunkt der Drucklegung dieses Buches noch nicht vollständig in Kraft getreten.

sind, dahingehend beantwortet worden, daß generell die in § 113 I InsO nunmehr festgeschriebene Kündigungsfrist vorbehaltlich einer kürzeren gilt.[305] Ansonsten gilt das bereits zu § 22 KO Ausgeführte auch für § 113 I InsO.

Insbesondere greift die Vorschrift sowohl für Arbeitsverhältnisse als auch für freie Dienstverträge ein, so daß die Statusdiskussion nach wie vor zumindest für § 113 I InsO keine Rolle spielt. Für die Praxis ist aber zu beachten, daß einem freien Mitarbeiter, der als Dienstnehmer iSv. § 611 BGB tätig wird, die grundsätzlich auch für ihn geltende Regelung des § 113 I InsO nicht viel Vorteile bringen wird, weil es sich bei der gesetzlichen Neuregelung des § 113 I InsO zwar um eine eigenständige Regelung der Kündigungsfrist im Konkurs handelt, die aber als Maximalfrist zu verstehen ist und die nur dann eingreift, „wenn nicht eine kürzere Frist maßgeblich ist“[306]. Für freie Dienstnehmer sind aber gem. § 621 BGB gerade kürzere Fristen maßgebend, die im Insolvenzfall regelmäßig anstelle von § 113 I InsO einschlägig sein werden.[307]

Allerdings enthält die neu geschaffene Vorschrift des § 113 II InsO eine Änderung, die nur für Arbeitnehmer einschlägig ist, wonach die Klagefrist des § 4 KSchG für Kündigungen von *Arbeitsverhältnissen* im Konkursverfahren auch insoweit gilt, als der Arbeitnehmer andere Kündigungsgründe als die Sozialwidrigkeit der Kündigung iSv. § 1 KSchG geltend macht.[308] Dies bedeutet letztendlich, daß der von einer Kündigung des Arbeitsverhältnisses durch den Konkursverwalter betroffene Arbeitnehmer binnen drei Wochen seit Zugang der Kündigung Kündigungsschutzklage beim örtlich zuständigen Arbeitsgericht erheben muß, und zwar auch dann, wenn beispielsweise besonderer Kündigungsschutz nach den bestandsschutzrechtlichen Sondergesetzen oder kollektiver Kündigungsschutz nach dem BetrVG reklamiert

---

305 Vgl. Kasseler Handbuch-*Eisenbeis*, a. a. O. Rn. 27 ff.; *Küttner/Kania*, Personalbuch 1998, Insolvenz Rn. 8.

306 Vgl. § 113 I S. 2 InsO.

307 Vgl. hierzu Kasseler Handbuch-*Eisenbeis*, a. a. O. Rn. 29, wonach der Gesetzgeber mit der Neuregelung der Kündigungsfrist im Konkurs eine eigenständige Regelung mit einer Kündigungsfrist von *höchstens* drei Monaten zum Monatsende schaffen wollte.

308 Zu den Unterschieden bei der Beendigung eines Arbeitsverhältnisses einerseits und eines freien Mitarbeiterverhältnisses andererseits vgl. unter Teil 1, 3.2.3.

wird.[309] Erklärt hingegen der Konkursverwalter die Kündigung des Dienstvertrages eines freien Mitarbeiters, greift § 113 II InsO nicht ein, so daß die dreiwöchige Klagefrist keine Beachtung finden muß.

Die außerordentliche Kündigung eines Beschäftigungsverhältnisses durch den Konkursverwalter unterliegt den Anforderungen des § 626 BGB, und zwar für Arbeitsverhältnisse und freie Dienstverträge gleichermaßen. Insbesondere im Hinblick auf § 626 I BGB ist zu beachten, daß die Konkurseröffnung selbst keinen wichtigen Grund zur außerordentlichen Kündigung darstellt.[310] Des weiteren ist auch der Konkursverwalter an die zweiwöchige Ausschlußfrist des § 626 II BGB gebunden.[311] Bei der außerordentlichen Kündigung eines Arbeitsverhältnisses ist wiederum die Klagefrist des § 113 II InsO einzuhalten.

Bei Kündigungen des Konkursverwalters gegenüber freien Mitarbeitern, die auf werkvertraglicher Basis tätig werden, findet allerdings § 113 InsO wegen der Erfolgsorientierung des Vertragsverhältnisses keine Anwendung. Insoweit ist § 17 KO zu beachten, wonach der Konkursverwalter ein Wahlrecht hat, ob er auf Erfüllung des Werkvertrages besteht, oder ob er die Erfüllung ablehnt. Mit Beendigung des Werkvertrages ist das freie Mitarbeiterverhältnis erledigt. Mit Wirkung ab dem 1. 1. 1999 ist § 17 KO durch § 103 InsO ersetzt worden, der dem Insolvenzverwalter ebenfalls das (bisherige) Wahlrecht einräumt. Die Erfüllungsablehnung durch den Insolvenzverwalter kommt hinsichtlich ihrer Rechtswirkungen einer fristlosen Kündigung gleich.

Praktisch relevant wird im Konkursfall weiterhin regelmäßig die Frage, ob *rückständige Vergütungen* des Mitarbeiters Masseschulden, bevorrechtigte Konkursforderungen oder einfache Konkursforderungen darstellen. Dies ist wiederum entscheidend davon abhängig, welchen Status der Mitarbeiter im Einzelfall besitzt. Nach der bis zum 31. 12. 1998 geltenden Regelung des bisherigen Konkursrechts war bei den Ansprüchen von *Arbeitnehmern* auf rückständiges Arbeitsentgelt da-

309 In diesem Sinne Kasseler Handbuch-*Eisenbeis*, a. a. O. Rn. 33. Zu beachten ist aber, daß § 113 II S. 2 InsO nur auf § 4 Satz 4 und § 5 KSchG, nicht aber auch auf § 7 KSchG verweist, so daß eine verspätet erhobene Klage keine Fiktionswirkung nach sich zieht, sondern zur Abweisung der Klage als unzulässig führen dürfte; vgl. Kasseler Handbuch-*Eisenbeis*, a. a. O. Rn. 35.

310 Vgl. BAG vom 25. 10. 1968, EzA § 626 BGB Nr. 10.

311 Vgl. KR-*Weigand*, § 22 KO Rn. 27 m. w. N.

nach zu unterscheiden, auf welchen rückständigen Zeitraum sich die Vergütungsansprüche bezogen.

Danach waren

- Entgeltansprüche für die letzten sechs Monate vor Konkurseröffnung Masseschulden gem. § 59 I Nr. 3 a KO mit dem Rang nach § 60 I Nr. 3 KO,
- Entgeltansprüche für die letzten zwölf Monate vor Konkurseröffnung Konkursforderungen mit dem Vorrecht aus § 61 I Nr. 1 a KO,
- Entgeltansprüche für Zeiträume, die länger als ein Jahr vor Konkurseröffnung datierten, einfache Konkursforderungen mit dem Rang des § 61 I Nr. 6 KO.

Von Bedeutung war in diesem Zusammenhang, daß nur Vergütungsansprüche von Arbeitnehmern, nicht auch von sonstigen freien Mitarbeitern, von einer konkursrechtlichen Bevorrechtigung betroffen waren, so daß sowohl die Vergütungsansprüche von Dienstnehmern wie auch Werkunternehmern als einfache Konkursforderungen nach § 61 I Nr. 6 KO zu behandeln waren. Eine konkursrechtliche Bevorzugung war daher an den Arbeitnehmerstatus gebunden.[312]

Entsprechendes galt für Ansprüche des Mitarbeiters auf *Konkursausfallgeld*.[313] Nach Maßgabe der bis zum 31. 12. 1998 geltenden Regelungen der §§ 141a bis 141n AFG über die Gewährung von Konkursausfallgeld galt eine zeitliche Differenzierung danach, ob ein *Arbeitnehmer* zum Zeitpunkt der Eröffnung des Konkursverfahrens über das Vermögen des Arbeitgebers noch Ansprüche auf Arbeitsentgelt für die letzten drei der Eröffnung des Konkursverfahrens vorausgehenden Monate hatte. Nur die aus diesem Zeitraum stammenden Ansprüche auf Arbeitsentgelt konnten Ansprüche auf Konkursausfallgeld auslösen, das der Nettoarbeitsvergütung des Arbeitnehmers entsprach. Ältere Ansprüche waren entsprechend der oben dargelegten Rangfolge je nach Alter als Masseschulden, bevorrechtigte oder einfache Konkursforderungen zu behandeln. Im Hinblick darauf, daß es sich beim Konkursausfallgeld um eine sozialversicherungsrechtliche Leistung

312 Die h. M. geht dabei beim konkursrechtlichen Arbeitnehmerbegriff von den arbeitsrechtlichen Unterscheidungskriterien aus, stellt also in erster Linie auf die persönliche Abhängigkeit ab. Vgl. *Küttner/Kania*, Personalbuch 1998, Konkurs des Arbeitgebers, Rn. 12 m. w. N.

313 Vgl. *Reiserer*, S. 59 f.

handelte, kamen die der Beitragspflicht zur gesetzlichen Sozialversicherung nicht unterliegenden freien Mitarbeiter nicht in den Genuß von Konkursausfallgeld.[314]

An dieser rechtlichen Situation hat sich mit Inkrafttreten der InsO am 1. 1. 1999 einiges entscheidend verändert. Grundsätzlich sieht die InsO – anders als noch die KO – keine generelle Privilegierung mehr für rückständiges Arbeitsentgelt aus der Zeit vor Eröffnung des Insolvenzverfahrens vor. Zum einen wird die bisherige Einordnung der Ansprüche nach ihrem Alter in Masseschulden nach § 59 I Nr. 3 a KO und bevorrechtigte Konkursforderungen nach § 61 I Nr. 1 a KO aufgehoben. Sämtliche Arbeitnehmeransprüche auf rückständiges Arbeitsentgelt sind nach neuem Recht *einfache Insolvenzforderungen* nach § 38 InsO, so daß insoweit keine unterschiedliche Behandlung der Vergütungsansprüche von Arbeitnehmern und freien Mitarbeitern mehr erfolgt. Allerdings tritt für die insoweit betroffenen *Arbeitnehmer* eine Kompensierung der Schlechterstellung gegenüber dem bisherigen Recht dadurch ein, daß anstelle des ehemaligen Konkursausfallgeldes ab dem 1. 1. 1999 gem. §§ 183 ff. SGB III sog. *Insolvenzgeld* für die letzten drei Monate vor Konkurseröffnung gezahlt wird, und zwar auch dann, wenn eine Sanierung des Betriebes erfolgt. Weiterhin sind Sozialplanansprüche – anders als nach altem Recht – als Masseforderungen privilegiert.[315]

Die genannten Regelungen gelten indessen nur für Arbeitnehmer. In den Genuß dieser Vorrechte gelangen freie Mitarbeiter – ungeachtet ihres Status als Dienst- oder Werkunternehmer – nicht.[316]

3.2.3 Beendigung der Vertragsverhältnisse

Auch bei der Beendigung der verschiedenartigen Vertragstypen, die freien Mitarbeiterverhältnissen einerseits und Arbeitsverhältnissen andererseits zugrunde liegen, sind teils erhebliche Unterschiede zu verzeichnen. Im folgenden soll auf die Unterschiede bei den für die Praxis bedeutsamsten Beendigungstatbeständen eingegangen werden,

---

314 Vgl. hierzu eingehend *Schaub,* Arb-Hdb., S. 794 f. m. w. N.

315 Vgl. weiterführend *Küttner/Kania*, Personalbuch 1998, Insolvenz, Rn. 5, 13, 14; *Marschner*, DB 1998, 2165 f.

316 Speziell zum GmbH-Geschäftsführer vgl. *Reiserer,* S. 57 ff.

nämlich den *Aufhebungsvertrag,* die *Befristungsabrede* und die *Kündigung.*

3.2.3.1 Aufhebungsvertrag

Zur Beendigung eines Arbeitsverhältnisses ebenso wie eines freien Mitarbeiterverhältnisses können – dem Grundsatz der Vertragsfreiheit folgend – Aufhebungsverträge geschlossen werden, die grundsätzlich formlos vereinbart werden können. Arbeitnehmer, die sich vertraglich über eine Aufhebung und damit Beendigung ihres Arbeitsvertrages mit dem Arbeitgeber einigen, sollten allerdings für den Fall, daß sie anschließend auf den Bezug von Arbeitslosengeld oder -hilfe angewiesen sind, an etwaige sozialversicherungsrechtliche Nachteile denken. Insoweit ist insbesondere auf die in § 144 SGB III geregelten *Sperrzeittatbestände* hinzuweisen. Besondere Bedeutung kann im Zusammenhang mit einem arbeitsrechtlichen Aufhebungsvertrag der Sperrzeittatbestand „Lösen des Beschäftigungsverhältnisses" in § 144 I Nr. 1 SGB III erlangen. Hiervon ist auszugehen, wenn kumulativ folgende Voraussetzungen vorliegen:

- Freiwillige Lösung des Arbeitsverhältnisses
- Kausalität der Lösung für die Arbeitslosigkeit
- Vorsätzliche oder grob fahrlässige Herbeiführung der Arbeitslosigkeit
- Für die Lösung des Arbeitsverhältnisses bestand kein wichtiger Grund.

Tritt aufgrund der dargelegten Voraussetzungen eine Sperrzeit ein, ruht der Anspruch auf Arbeitslosengeld bzw. Arbeitslosenhilfe.[317] Außerdem kann ein Erlöschen des Anspruchs auf Arbeitslosengeld bzw. -hilfe eintreten.[318] Der Arbeitnehmer sollte daher bei Abschluß eines – arbeitsrechtlich in der Regel problemlosen – Aufhebungsvertrages immer auch die sozialversicherungsrechtlichen Konsequenzen bei sich anschließender Arbeitslosigkeit berücksichtigen.

Für die Beendigung freier Mitarbeiterverhältnisse durch Aufhebungsverträge sind keine Besonderheiten zu beachten. Insbesondere braucht der freie Mitarbeiter insoweit – anders als ggf. ein Arbeitnehmer – kei-

---

317 § 144 II S. 2 SGB III.
318 § 147 SGB III.

ne sozialversicherungsrechtlichen Konsequenzen zu bedenken, weil auch bei sich anschließender Beschäftigungslosigkeit ohnehin keine Ansprüche auf Arbeitslosenunterstützung entstehen. Dies gilt sowohl für Dienst- als auch Werkverträge, wobei ein Werkvertrag meist schon durch Erfüllung sein Ende finden wird.

3.2.3.2 Fristablauf

Gem. § 620 I BGB endigt das Dienstverhältnis mit dem Ablauf der Zeit, für die es eingegangen ist. Einer Kündigung bedarf es demgegenüber nach § 620 II BGB nur dann, wenn die Dauer des Dienstverhältnisses weder bestimmt noch aus der Beschaffenheit oder dem Zwecke der Dienste zu entnehmen ist. Mit dieser Regelung geht das Gesetz vom *Regelfall des befristeten Dienstverhältnisses* aus und erhebt das unbefristete Dienstverhältnis zur Ausnahme bzw. stellt es gleichrangig neben das befristete. Grundsätzlich ist § 620 BGB auch auf den Arbeitsvertrag anzuwenden, was schon der Verweis in § 620 II BGB auf § 622 BGB, der die Kündigungsfristen im Arbeitsverhältnis regelt, bezeugt. Allerdings ist die betriebliche Wirklichkeit beim Arbeitsverhältnis eine andere, verhält es sich dort doch gerade umgekehrt: Der Arbeitsvertrag wird regelmäßig als unbefristeter Vertrag geschlossen, wohingegen der befristete Arbeitsvertrag die Ausnahme darstellt. Dies hat seinen guten Grund darin, daß bei uneingeschränkter Zulässigkeit befristeter Arbeitsverträge der Kündigungsschutz des Arbeitnehmers umgangen werden könnte, so daß trotz Beschäftigungskrise und damit verbundener hoher Arbeitslosenrate im betrieblichen Alltag immer noch der unbefristete Arbeitsvertrag die Regel darstellt. Der befristete Arbeitsvertrag wird damit zum Ausnahmetatbestand, der an das Vorliegen bestimmter Voraussetzungen gebunden ist. Von diesen Hemmnissen sind die Parteien eines freien Mitarbeiterverhältnisses befreit, weil der freie Mitarbeiter keinen Kündigungsschutz für sich geltend machen kann, worauf im übrigen noch näher einzugehen sein wird.[319]

Damit ein Arbeitsvertrag in wirksamer Weise befristet abgeschlossen werden kann, bedarf es des Vorliegens von *Befristungsgründen.* Entweder es liegt ein sachlicher Grund für die Befristung eines Arbeitsvertrages vor oder die Befristung erfolgt aufgrund des Beschäfti-

319 Vgl. unter Teil 1, 3.2.3.3.

gungsförderungsgesetzes. Als sachliche Gründe für eine wirksame Befristungsabrede sind im wesentlichen folgende Fallgruppen anerkannt:

- Wunsch des Arbeitnehmers[320]
- Befristetes Probearbeitsverhältnis[321]
- Zweckbefristung.[322]

Soweit die Befristung eines Arbeitsvertrages ohne sachlichen Grund beabsichtigt ist, kommt dies nur unter den Voraussetzungen des Beschäftigungsförderungsgesetzes in Betracht. Gem. § 1 I BeschFG ist die Befristung eines Arbeitsverhältnisses bis zur Höchstdauer von zwei Jahren zulässig. Bis zur Gesamtdauer von zwei Jahren kann zudem die höchstens dreimalige Verlängerung eines befristeten Arbeitsvertrages vorgenommen werden. Insoweit besteht eine Ausnahme im Sinne einer Erleichterung der Befristung für Arbeitnehmer, die bei Beginn des befristeten Arbeitsvertrages bereits das 60. Lebensjahr vollendet haben, weil für diese Beschäftigtengruppe die Einschränkungen des § 1 I BeschFG unter dem Vorbehalt von § 1 III BeschFG[323] nicht gelten.

Die erörterten Befristungsbeschränkungen gelten indessen nur für Arbeitsverträge und sind nicht auf freie Mitarbeiterverträge anzuwenden, so daß insbesondere freie Dienstverträge ohne Einschränkungen befristet werden und damit bei Fristablauf ohne weiteres enden können. Bei einem freien Mitarbeiterverhältnis auf werkvertraglicher Basis stellt sich die Problematik der Beendigung des Vertragsverhältnis-

---

320 In der betrieblichen Praxis ist allerdings unbedingt sicherzustellen, daß es sich um ein ausdrückliches, ernsthaftes und unbeeinflußtes Befristungsbegehren des Arbeitnehmers handelt. Vgl. hierzu *Schaub,* Arb-Hdb., S. 251.

321 Die Rechtsprechung erkennt befristete Probearbeitsverhältnisse bis zur Höchstdauer von einem Jahr an. Vgl. BAG vom 7. 5. 1980, AP Nr. 36 zu § 611 BGB Abhängigkeit. Zu den möglichen Befristungszeiten vgl. auch *Hohmeister,* Arbeitsrecht, S. 139 f. (insb. Abb. 61).

322 Eine Zweckbefristung liegt vor, wenn die Dauer eines Arbeitsvertrages nicht kalendermäßig bestimmt ist, sondern von dem Eintritt eines gewissen Ereignisses abhängig gemacht wird, dessen genauer Termin aber nicht feststeht, z. B. bei einem Aushilfsarbeitsverhältnis. Vgl. zur Zulässigkeit der Zweckbefristung als Befristungsgrund BAG vom 12. 6. 1987, BB 1988, 138 = AP Nr. 113 zu § 620 BGB Befristeter Arbeitsvertrag.

323 Gem. § 1 III BeschFG darf zu einem vorhergehenden unbefristeten Arbeitsvertrag oder befristeten Arbeitsvertrag nach Abs. 1 kein enger sachlicher Zusammenhang bestehen. Vgl. hierzu *Hohmeister,* Arbeitsrecht, S. 135 ff.

ses durch Fristablauf im Hinblick auf seine Erfolgsorientierung regelmäßig nicht. Die Erfüllung des Vertrages durch Erstellung des Werkes bzw. anderweitige Herbeiführung des versprochenen Erfolges beendet in aller Regel auch den Werkvertrag. Im übrigen wäre der Abschluß eines quasi übergeordneten befristeten freien Mitarbeiterverhältnisses auf der Grundlage von Teilwerkverträgen ohne Bedenken zulässig.[324]

3.2.3.3 Kündigung und Kündigungsschutz

Bei der Kündigung und dem Kündigungsschutz zugunsten des Mitarbeiters bestehen entscheidende Unterschiede je nach Typus des zugrundeliegenden Vertrages. Zunächst sind bei der ordentlichen Kündigung eines Arbeitsvertrages einerseits und eines Dienstvertrages andererseits unterschiedliche *Kündigungsfristen* zu berücksichtigen.

Für die ordentliche Kündigung des freien Dienstnehmers ist die Dauer der jeweiligen Kündigungsfrist daran geknüpft, für welche Zeitabschnitte die Vergütung bemessen ist. Die gesetzlichen Kündigungsfristen im freien Dienstverhältnis ergeben sich aus § 621 Nr. 1 bis 5 BGB nach Maßgabe der folgenden Tabelle.

Zu beachten ist, daß die Kündigungsfristen des § 621 BGB nur für den freien Dienstvertrag iSv. §§ 611 ff. BGB gelten. Die Kündigungsfristen im Arbeitsverhältnis sind demgegenüber in § 622 BGB geregelt, auf die im folgenden noch einzugehen sein wird. Umstritten ist die Frage, ob § 621 Nr. 3 BGB oder § 622 BGB auf arbeitnehmerähnliche Organvertreter juristischer Personen wie z. B. GmbH-Geschäftsführer Anwendung findet, soweit diese Fremdgeschäftsführer oder zumindest nicht beherrschende Gesellschafts-Geschäftsführer sind.[325] Insoweit dürfte davon auszugehen sein, daß wegen der rechtlichen Qualifizierung der Anstellungsverträge von Leitungs- und Vertretungsorganen juristischer Personen – und zwar ungeachtet ihrer Stellung als Fremd- oder Gesellschafts-Geschäftsführer – als Dienstvertrag[326] nicht § 622 BGB, sondern § 621 BGB hinsichtlich der Bestimmung

324 Beispiel: Hauptunternehmer A vereinbart mit Subunternehmer B, daß dieser befristet für die Dauer von 15 Monaten für ein Bauprojekt auf der Grundlage mehrerer aufeinanderfolgender Werkverträge jeweils Bauleistungen erbringt.

325 Für die Anwendung von § 621 BGB wohl *Palandt/Putzo*, BGB, § 621 Rn. 1; für die Anwendung von § 622 BGB z. B. *Reiserer*, S. 75.

326 Vgl. schon oben 2.6.13.

Gesetzliche Kündigungsfristen im freien Dienstverhältnis	
Bemessung der Vergütung nach	**Dauer der Frist**
Tagen	kalendertäglich zum Ablauf des nächsten Tages
Wochen	spätestens am ersten Werktag einer Woche für den Ablauf des folgenden Sonnabends
Monaten	spätestens am fünfzehnten eines Monats für den Schluß des Kalendermonats
Quartalen oder länger	sechs Wochen zum Quartalsende
ohne Bemessung nach Zeitabschnitten	jederzeit, es sei denn, die Erwerbstätigkeit des Mitarbeiters wird vollständig oder hauptsächlich in Anspruch genommen, dann zwei Wochen

der Kündigungsfristen Anwendung findet. Dies gilt um so mehr, als in § 622 BGB eine Erweiterung des persönlichen Anwendungsbereichs auf arbeitnehmerähnliche Personen, wie etwa in § 2 Satz 2 BUrlG, nicht erfolgt ist. Für die Gruppe der Heimarbeiter ist § 29 HAG und für Handelsvertreter § 89 HGB jeweils als lex specialis zu berücksichtigen. Die für den freien Dienstvertrag in § 621 Nr. 1 bis 5 BGB geregelten Kündigungsfristen stellen kein zwingendes Recht dar und sind deshalb abdingbar.[327] Damit sind sowohl Verkürzungen als auch Verlängerungen der Kündigungsfristen des § 621 BGB zulässig.[328]

327 Vgl. BGH vom 25. 11. 1963, NJW 1964, 350.

328 Für Formularverträge, die unter den Geltungsbereich des AGB-Gesetzes fallen, ist bei Fristverlängerungen § 11 Nr. 12 AGBG zu beachten.

Nur für das Arbeitsverhältnis gelten die gesetzlichen Kündigungsfristen des § 622 BGB, wobei zwischen der Regel- bzw. Grundkündigungsfrist des § 622 I BGB, den verlängerten Kündigungsfristen aufgrund einer bestimmten Dauer des Arbeitsverhältnisses nach § 622 II Nr. 1 bis 7 BGB und der Kündigungsfrist während einer Probezeit nach § 622 III BGB mit nach Maßgabe der folgenden tabellarischen Übersicht zu differenzieren ist.

Die Verkürzung bzw. Verlängerung der gesetzlichen Kündigungsfristen im Arbeitsverhältnis sind – anders als im freien Dienstverhältnis – nur eingeschränkt, und zwar unter den Voraussetzungen von § 622 IV bis VI BGB möglich.

Da das Arbeitsrecht in erster Linie Arbeitnehmerschutzrecht ist, gelten die verlängerten Kündigungsfristen des § 622 II Nr. 1 bis 7 BGB ausschließlich für die Arbeitgeberkündigung, wohingegen der Arbeitnehmer auch bei längerer Betriebszugehörigkeit immer mit der Regelfrist des § 622 I BGB kündigen kann.[329] Zulässig ist es allerdings, arbeitsvertraglich zu vereinbaren, daß für die Arbeitnehmerkündigung dieselben Kündigungsfristen wie für den Arbeitgeber gelten sollen.[330]

Für außerordentliche Kündigungen ist § 626 BGB anzuwenden. Besonderheiten zwischen freiem Dienstvertrag und Arbeitsvertrag sind nicht zu beachten. Für Werkverträge gilt statt § 626 BGB die speziellere Vorschrift des § 649 BGB, so daß es insoweit eines wichtigen Grundes nicht bedarf. Der Besteller bleibt aber zur Zahlung der Vergütung verpflichtet, wenn ein wichtiger Grund zur Kündigung nicht vorlag.[331]

Kündigungsschutz hat bei Kündigungen des dem Beschäftigungsverhältnis zugrundeliegenden Vertrages nur der Arbeitnehmer. Weder freien Dienstnehmern noch Werkunternehmern stehen Kündigungsschutzmöglichkeiten zu. Sowohl der allgemeine Kündigungsschutz nach dem Kündigungsschutzgesetz als auch der besondere Kündigungsschutz nach den bestandsschutzrechtlichen Spezialgesetzen und der kollektive Kündigungsschutz nach Betriebsverfassungs- oder Personalvertretungsrecht stehen nur Arbeitnehmern zu.

329 Vgl. den eindeutigen Gesetzeswortlaut des § 622 II BGB.
330 Vgl. § 622 VI BGB und *Schaub,* Arb-Hdb., S. 1114.
331 Vgl. *Palandt/Putzo*, BGB, § 649 Rn. 6 m. w. N.

Gesetzliche Kündigungsfristen im Arbeitsverhältnis	
Art der Frist	**Dauer der Frist**
Regelfrist des § 622 I BGB	Vier Wochen zum 15. oder zum Monatsende
Während Probezeit*	Zwei Wochen zum Ende eines Kalendertages
Beschäftigungsdauer ab Vollendung des 25. Lj. bei:	
mindestens 2 Jahren	1 Monat zum Ende eines Kalendermonats
mindestens 5 Jahren	2 Monate zum Ende eines Kalendermonats
mindestens 8 Jahren	3 Monate zum Ende eines Kalendermonats
mindestens 10 Jahren	4 Monate zum Ende eines Kalendermonats
mindestens 12 Jahren	5 Monate zum Ende eines Kalendermonats
mindestens 15 Jahren	6 Monate zum Ende eines Kalendermonats
mindestens 20 Jahren	7 Monate zum Ende eines Kalendermonats
* max. sechs Monate	

Einen Überblick über die Kündigungsschutzmöglichkeiten der Arbeitnehmer gibt die folgende Übersicht.

Allgemeiner Kündigungsschutz	**Besonderer Kündigungsschutz**	**Kollektiver Kündigungsschutz**
Alle Arbeitnehmer nach Maßgabe der §§ 1, 23 KSchG: • Arbeitsverhältnis besteht länger als sechs Monate • Betrieb beschäftigt regelmäßig mehr als zehn Arbeitnehmer[332]	Besondere Arbeitnehmergruppen nach folgender Maßgabe: Werdende Mütter und Wöchnerinnen (§ 9 MuSchG) Schwerbehinderte und Gleichgestellte (§ 15 SchwbG) Erziehungsurlaubsberechtigte (§ 18 BErzGG) Wehr- und Zivildienstleistende (§§ 1 I ArbPlSchG, 78 ZDG) Mitglieder der Organe der Betriebsverfassung und Personalvertretung (§ 15 KSchG)	Anhörung von Betriebs- und Personalrat vor Kündigungen des Arbeitgebers nach BetrVG bzw. Personalvertretungsrecht

An dieser Stelle soll schließlich noch auf die Problematik des *Betriebsübergangs* nach § 613 a BGB hingewiesen werden, wonach die Arbeitsverhältnisse im Falle eines rechtsgeschäftlichen Betriebsinhaberwechsels auf den Erwerber übergehen. Gem. § 613 a IV BGB gilt

332 Im Zeitpunkt der Drucklegung dieses Buches waren gesetzgeberische Initiativen im Gange, den Schwellenwert wieder auf fünf Arbeitnehmer zu senken.

insoweit ein Kündigungsverbot für den bisherigen und den neuen Betriebsinhaber wegen des Betriebsübergangs (§ 613 a IV Satz 1 BGB), wohingegen das Recht zur Kündigung des Arbeitsverhältnisses aus anderen Gründen unberührt bleibt (§ 613 a IV Satz 2 BGB). Auf freie Mitarbeiterverhältnisse findet § 613 a BGB allerdings keine Anwendung.[333]

3.3 Fehlerhafte Wahl der Rechtsform und Fälle von „Scheinselbständigkeit"

3.3.1 Bestehende Rechtslage

Da auf ein freies Mitarbeiterverhältnis zugunsten des Beschäftigten die Schutzbestimmungen des Arbeitsrechts keine Anwendung finden, kann es im Einzelfall vorkommen, daß der Abschluß eines freien Mitarbeitervertrages als *Umgehungsgeschäft* zu qualifizieren ist. Ist der als freier Mitarbeiter bezeichnete Beschäftigte in Wirklichkeit nicht selbständig tätig, sondern persönlich von seinem Auftraggeber abhängig – und damit „scheinselbständig" –, ist danach zu fragen, welche Konsequenzen dies in arbeits-, sozial- und steuerrechtlicher Hinsicht nach sich ziehen kann.

Grundsätzlich ist davon auszugehen, daß durch die fehlerhafte Form der richtigen Vertragsart keine Arbeitnehmerschutzrechte eingeschränkt werden können, was in ganz besonderem Maße für den arbeitnehmerseitigen Kündigungsschutz gilt.[334] Liegt also im Einzelfall für den Abschluß eines freien Mitarbeitervertrages kein sachlicher Grund vor, hätte somit ein verständiger und sozial verantwortungsbewußter Vertragspartner unter den gegebenen Umständen nicht den Abschluß eines freien Mitarbeitervertrages, sondern eines Arbeitsvertrages in Betracht ziehen müssen, und zwar unter Berücksichtigung dessen, was im Arbeitsleben üblich ist, bedeutet der Abschluß eines freien Mitarbeitervertrages einen Mißbrauch der Vertragsfreiheit.[335] In einem solchen Fall der „Scheinselbständigkeit" ist zugunsten des

---

333 Vgl. nur *Palandt/Putzo*, BGB, § 613 a Rn. 2 und Einf. vor § 611 Rn. 5.

334 Vgl. hierzu BAG vom 30. 10. 1991, BB 1992, 1356 ff. = AP Nr. 59 zu § 611 BGB Abhängigkeit.

335 Vgl. *Küttner/Bauer*, Personalbuch 1998, Freie Mitarbeit, Rn. 17.

Mitarbeiters vom Bestehen eines Arbeitsvertrages mit allen arbeits- und sozialversicherungsrechtlichen[336] Konsequenzen auszugehen.[337]

Hierbei ist allerdings zu berücksichtigen, daß aus der bloßen Zahlung eines Honorars für freie Mitarbeiter, das im Einzelfall über den entsprechenden Angestelltenvergütungen liegt, nicht ohne weiteres geschlossen werden kann, daß diese Honorarvergütung auch für den Fall vereinbart ist, daß der Mitarbeiter statusmäßig als Arbeitnehmer anzusehen ist.[338] Hier kommt regelmäßig nur die Zahlung der üblichen Arbeitsvergütung in Betracht.[339]

Unter der Voraussetzung, daß beide Vertragsparteien ein Umgehungsgeschäft beabsichtigt haben, um in sozialversicherungs- und steuerrechtlicher Hinsicht zum Nachteil der Rentenkassen und des Finanzamts Beiträge und Steuern zu hinterziehen, handelt es sich um ein Scheingeschäft iSv. § § 117 I BGB, das von Anfang an nichtig ist. Im Hinblick darauf, daß die Nichtigkeit nur das Verpflichtungs-, nicht auch das Erfüllungsgeschäft erfaßt, findet zum Schutze des regelmäßig rechtlich und wirtschaftlich schwächeren Mitarbeiters Art. 1 § 10 I Satz 4 AÜG entsprechenden Anwendung. In der rechtlichen Konsequenz bedeutet dies, daß zwischen den (vermeintlichen) Vertragspartnern das Zustandekommen eines Arbeitsverhältnisses vom Beginn der Tätigkeitsaufnahme an zu den für die verrichtete Tätigkeit im Unternehmen des Vertragspartners geltenden Vorschriften und sonstigen Regelungen *für die Vergangenheit* fingiert wird.[340] Dem fiktiven Arbeitnehmer erwächst damit als üblicher Vergütungsanspruch ein Arbeitsentgelt in einer Höhe, das auch den übrigen Arbeitnehmern des Betriebs zu zahlen ist. Ein etwaiger Vergütungsvorsprung, wie in dem Scheindienst- oder -werkvertrag vereinbart, steht dem Beschäftigten also nicht zu.[341] Etwaige Rückabwicklungen von in der Vergangenheit vom Auftraggeber schon erbrachten Mehrleistungen werden regelmä-

336 Zu den steuerrechtlichen Folgen vgl. Teil 2.

337 Vgl. BAG vom 14. 2. 1974, BB 1974, 838 f. = AP Nr. 12 zu § 611 BGB Abhängigkeit. Siehe auch „Schuß nach hinten“ in: DIE ZEIT Nr. 11 vom 5. 3. 1998, S. 23.

338 So jüngst das BAG vom 21. 1. 1998, BB 1998, 796 f.

339 So nunmehr ausdrücklich das BAG vom 28. 1. 1998, BB 1998, 796 f. Vgl. auch schon oben unter Teil 1, 3.2.1 und im folgenden.

340 Vgl. BAG vom 9. 11. 1994, BB 1995, 1293 = AP Nr. 18 zu § 1 AÜG; *Küttner/Bauer*, Personalbuch 1998, Freie Mitarbeit, Rn. 19.

341 Vgl. BAG vom 21. 7. 1993, AP Nr. 10 zu § 10 AÜG = BB 1993, 2533.

ßig an § 817 Satz 2 BGB scheitern.[342] Für die Zukunft bestehen demgegenüber wegen der Nichtigkeit des Verpflichtungsgeschäfts keine rechtlichen Bindungen, so daß in einem solchen Fall – ähnlich wie bei einem faktischen Arbeitsverhältnis nach Loslösungserklärung einer Partei – keine wechselseitigen Ansprüche auf Beschäftigung bzw. Inanspruchnahme von Diensten und Vergütung bestehen.

Befanden sich beide Vertragspartner demgegenüber hinsichtlich des Rechtscharakters ihrer Rechtsbeziehung in einem Rechtsirrtum, greifen nach Ansicht des BAG[343] die Vorschriften über das Fehlen und den Wegfall der (subjektiven) Geschäftsgrundlage ein. Damit kommt eine Anpassung des Vertrages an die wahren Rechtsverhältnisse für die Zukunft in Betracht. Durch die neue Entscheidung des BAG vom 21. 1. 1998[344] ist der bisherige Streit, ob der Mitarbeiter zukünftig eine höhere freie Mitarbeitervergütung als Arbeitsvergütung beanspruchen könne, dahingehend entschieden worden, daß für die Zukunft kein Anspruch auf Arbeitsentgelt in Höhe der früher als freier Mitarbeiter erzielten höheren Honorare besteht, sondern daß nur ein Anspruch auf Arbeitsvergütung in üblicher Höhe geltend gemacht werden kann (§ 612 II BGB).

Für die Vergangenheit bestehen weder Ansprüche des Beschäftigten auf Zahlung einer etwaigen Vergütungsdifferenz, noch sind etwaige Mehrzahlungen zu erstatten. Im übrigen wäre insoweit auch die Verjährungsfrist des § 196 I Nr. 8–10 BGB zu beachten.[345]

In sozialversicherungsrechtlicher Hinsicht führt das Nichtabführen von Beiträgen zur gesetzlichen Sozialversicherung durch den vermeintlichen Auftraggeber und echten Arbeitgeber dazu, daß der Arbeitgeber gleichwohl Schuldner des Gesamtsozialversicherungsbeitrags[346] ist und bleibt.[347] Der Arbeitgeber hat damit die Beiträge nachzuentrichten, deren Verjährung einer Frist von vier Jahren unterliegt, beginnend mit dem Ablauf desjenigen Jahres, in dem der Anspruch fäl-

342 Vgl. *Küttner/Bauer*, Personalbuch 1998, Freie Mitarbeit, Rn. 20.

343 Vgl. BAG vom 9. 7. 1986, AP Nr. 49 zu § 611 BGB Abhängigkeit = BB 1987, 1812. Vgl. auch die Leitsätze unter Teil 1, 3.5.

344 BB 1998, 796 f.; vgl. auch Teil 1, 3.2.1.

345 *Küttner/Bauer*, Personalbuch 1998, Freie Mitarbeit, Rn. 22.

346 Also einschließlich des Arbeitnehmeranteils.

347 § 28 e I Satz 1 SGB IV.

lig geworden ist.[348] Wurden die Beiträge vorsätzlich vorenthalten, beträgt die Verjährungsfrist 30 Jahre nach Ablauf des Kalenderjahres, in dem der Beitragsanspruch entstanden ist. Gegenüber dem aus § 28 e I SGB IV folgenden Nachentrichtungsanspruch kann der Arbeitgeber auch nicht einwenden, der Anspruch auf Zahlung des Arbeitsentgelts und damit die Pflicht zur Nachentrichtung der Sozialversicherungsbeiträge sei aufgrund von tarifvertraglichen Ausschlußfristen entfallen.[349]

Der Arbeitgeber wiederum kann seinen Erstattungsanspruch gegen den Arbeitnehmer nur durch Abzug vom Arbeitsentgelt realisieren.[350] Hierbei ist aber zu beachten, daß ein unterbliebener Abzug nur bei den drei nächsten Lohn- oder Gehaltszahlungen nachgeholt werden kann.[351] Danach kommt ein Abzug nur dann in Betracht, wenn der Abzug ohne Verschulden des Arbeitgebers unterblieben ist.[352] Allerdings dürfte in aller Regel von einem Verschulden des Arbeitgebers auszugehen sein, weil dieser als verpflichtet anzusehen ist, sich in Zweifelsfällen bei der Einzugsstelle entsprechende Informationen einzuholen.[353] Der Arbeitgeber kann seinen Erstattungsanspruch indes unbeschränkt geltend machen, wenn der Arbeitnehmer seinen Pflichten aus § 28 o I Satz 1 SGB IV vorsätzlich oder grob fahrlässig nicht nachgekommen ist.[354] Im Hinblick darauf, daß eine Erstattung nur mittels des Zahlungsabzugsverfahrens möglich ist[355], scheidet eine Erstattung immer dann aus, wenn das Arbeitsverhältnis bereits beendet ist.

Eine von den vorgenannten Regelungen abweichende Vereinbarung ist gem. § 32 SGB I nichtig.

Die nachteiligen sozialversicherungsrechtlichen Konsequenzen für den Arbeitgeber bei nachträglicher Feststellung der Scheinselbständigkeit eines Mitarbeiters können demnach wie folgt zusammengefaßt werden:

- Es fallen für die Zukunft höhere Personalkosten an, als zunächst veranschlagt, weil die Arbeitgeberbeiträge zur Sozialversicherung

---

348 § 25 I Satz 1 SGB IV.
349 Vgl. BSG vom 30. 8. 1994, AP Nr. 128 zu § 4 TVG.
350 § 28 g Satz 2 SGB IV. Die Pfändungsfreigrenzen sind zudem zu beachten.
351 § 28 g Satz 3 SGB IV.
352 § 28 g Satz 3 2. Halbs. SGB IV.
353 Vgl. BAG vom 12. 7. 1963, BB 1963, 1256 = AP Nr. 4 zu § 823 BGB Schutzgesetz.
354 § 28 g Satz 4 SGB IV.
355 § 28 g Satz 2 SGB IV.

entrichtet werden müssen, die in einem freien Mitarbeiterverhältnis nicht entstanden wären.
- Für die Vergangenheit können – ggf. bis zu 30 Jahren – Sozialversicherungsbeiträge nachgefordert werden.
- Die Nachentrichtung umfaßt auch die Arbeitnehmeranteile zur Sozialversicherung, die vom Arbeitgeber nur zu einem geringen Teil oder gar nicht vom Arbeitnehmer zurückverlangt werden können.
- Weitere steuerrechtliche Folge: Auf die nachgeforderten Arbeitnehmeranteile ist Lohnsteuer zu entrichten.[356]

Den vertragschließenden Parteien einer freien Mitarbeit ist im Hinblick auf die bestehenden sozialversicherungsrechtlichen Risiken anzuraten, eine *Anfrage zur Sozialversicherungsfreiheit* an sämtliche beteiligten Sozialversicherungsträger zu richten.[357] Gem. § 15 SGB I sind die Sozialversicherungsträger verpflichtet, in einem solchen Fall eine gesetzlich verbindliche Auskunft zu erteilen, an die sie gebunden sind und bleiben.[358]

3.3.2 Gesetzgeberische Reformbemühungen

Im Zeitpunkt der Drucklegung des Manuskripts existierte ein Gesetzentwurf der Bundesfraktionen der Regierungskoalition aus SPD und Bündnis 90/Die Grünen, mit dem der sog. *Scheinselbständigkeit* begegnet werden soll.[359] Danach ist die Änderung des SGB IV vorgesehen, wonach dessen § 7 folgender Absatz 4 angefügt werden soll:

„(4) Bei Personen, die erwerbsmäßig tätig sind und

1. *im Zusammenhang mit ihrer Tätigkeit mit Ausnahme von Familienangehörigen keinen versicherungspflichtigen Arbeitnehmer beschäftigen,*
2. *regelmäßig nur für einen Auftraggeber tätig sind,*
3. *für Beschäftigte typische Arbeitsleistungen erbringen oder*
4. *nicht aufgrund unternehmerischer Tätigkeit am Markt auftreten.*

---

356 Vgl. BFH vom 21. 2. 1992, DB 1992, 2603.

357 Die Anfrage sollte nicht nur an die Krankenkasse als die zuständige Einzugsstelle für den Gesamtsozialversicherungsbeitrag, sondern auch an das zuständige Arbeitsamt und die zuständige Berufsgenossenschaft gerichtet werden, weil jedenfalls die Bundesanstalt für Arbeit nicht an die Feststellungen der Krankenkasse gebunden ist (vgl. BSG vom 6. 2. 1992, BB 1992, 2437).

358 Ein Muster für eine derartige Anfrage stellt *Reiserer,* BB 1998, 1258 ff. (1264) vor.

359 Entwurf eines Gesetzes zu Korrekturen in der Sozialversicheurng und zur Sicherung der Arbeitnehmerrechte, BT-Ds. 14/45.

wird vermutet, daß sie gegen Arbeitsentgelt beschäftigt sind, wenn mindestens zwei der genannten Merkmale vorliegen. Satz 1 gilt nicht für Handelsvertreter, die im wesentlichen frei ihre Tätigkeit gestalten und über ihre Arbeitszeit bestimmen können. Familienangehörige im Sinne des Satzes 1 Nr. 1 sind

1. *der Ehegatte sowie*
2. *Verwandte bis zum zweiten Grade,*
3. *Verschwägerte bis zum zweiten Grade,*
4. *Pflegekinder (§ 56 Abs. 2 Nr. 2 des Ersten Buches) des Versicherten oder seines Ehegatten.*

Auftraggeber gelten als Arbeitgeber".

Fernerhin soll § 14 SGB IV folgender Absatz 4 angefügt werden:

„*(4) In den Fällen des § 7 Abs. 4 gilt bei einer Beschäftigung, die nach dem Einkommensteuerrecht als selbständige Tätigkeit bewertet wird, als Arbeitsentgelt ein Einkommen in Höhe der Bezugsgröße, bei Nachweis eines niedrigeren oder höheren Einkommens jedoch dieses Einkommen. § 165 Abs. 1 Satz 2 bis 10 des Sechsten Buches gilt entsprechend.*"

In diesem Zusammenhang ist allerdings darauf hinzuweisen, daß mit diesem Entwurf – sollte er Gesetz werden – keine Neudefinition des Arbeitnehmerbegriffs verbunden ist. Vielmehr bezieht der Gesetzgeber einen Personenkreis in die Sozialversicherungspflicht ein, der bislang – bei fehlender persönlicher Abhängigkeit – nicht sozialversicherungspflichtig war. Ob ein solches Gesetz – entgegen seinen Intentionen – nicht eher die selbständige Tätigkeit behindert, ohne gleichzeitig die vorgetäuschte Selbständigkeit zu treffen, mag die Zukunft zeigen. Entsprechende Bedenken sind zumindest vorsorglich anzumelden.

3.4 Rechtswegfragen

Für die Ansprüche zwischen Arbeitnehmern und Arbeitgebern sind die Gerichte für Arbeitssachen zuständig.[360] Es handelt sich insoweit um eine Sondergerichtsbarkeit für den Bereich des Arbeitsrechts als Sonderrecht der Arbeitnehmer. Daraus ergibt sich die zwangsläufige Folge, daß freie Mitarbeiter und ihre Auftraggeber die wechselseitigen Ansprüche vor den ordentlichen Gerichten auszutragen haben. Mit

360 Vgl. § 2 I, insb. Nr. 3 a bis e ArbGG.

Ausnahme der arbeitnehmerähnlichen Personen[361] werden freie Mitarbeiter – egal ob Dienstnehmer oder Werkunternehmer – vom ArbGG nicht erfaßt.

Der prozessuale Arbeitnehmerbegriff ist in § 5 ArbGG geregelt. Danach sind Arbeitnehmer iSd. ArbGG Arbeiter und Angestellte sowie die zu ihrer Berufsausbildung Beschäftigten. Als Arbeitnehmer gelten gem. § 5 I Satz 2 ArbGG – ebenso wie im Sinne des BUrlG – auch die Heimarbeiter und die arbeitnehmerähnlichen Personen.[362] Als Arbeitnehmer gelten insoweit ausdrücklich nicht die Organe juristischer Personen, wie z. B. der GmbH-Geschäftsführer, die zu ihrem Auftraggeber in einem Dienstverhältnis stehen, das nicht als Arbeitsverhältnis qualifiziert wird. Allerdings muß insoweit § 2 IV ArbGG beachtet werden. Danach kann die Zuständigkeit des Arbeitsgerichts für Streitigkeiten zwischen einer juristischen Person des Privatrechts und ihrem Vertretungsorgan vereinbart werden, wenn nicht im Einzelfall die ausschließliche Zuständigkeit eines anderen Gerichts besteht.

Sonstige freie Mitarbeiter fallen nach h. M. ebenfalls nicht unter den Arbeitnehmerbegriff des § 5 ArbGG.[363] In diesem Zusammenhang ist allerdings noch auf die Möglichkeit einer sog. *Zusammenhangsklage* gem. § 2 III ArbGG hinzuweisen, wonach nichtarbeitsrechtliche Streitigkeiten auch dann vor das Arbeitsgericht gebracht werden können, wenn sie mit einem bereits beim Arbeitsgericht anhängigen Streit in rechtlichem oder unmittelbar wirtschaftlichem Zusammenhang stehen. Dies wäre z. B. der Fall, wenn der Arbeitgeber aus ein und demselben Lebenssachverhalt heraus gegen seinen Mitarbeiter A (Arbeitnehmer) und M (freier Mitarbeiter) als Gesamtschuldner einen Schadensersatzanspruch geltend machen kann und er zunächst A vor dem Arbeitsgericht verklagt und sodann M in das Verfahren einbezieht.

Besondere Bedeutung kommt in der Praxis den sog. *„Sic-non-Fällen“* zu. Es handelt sich hierbei um prozessuale Verfahren, in denen der

361 Vgl. hierzu auch die sog. „Eismann-Entscheidung“ des BAG vom 16. 7. 1997, BB 1997, 2220 f. und des BGH vom 4. 11. 1998, Pressemitteilung des BGH Nr. 87/1998.

362 Vgl. zur Zuständigkeit der Gerichte für Arbeitssachen für Streitigkeiten aus sog. Kommissionärsverträgen mit einer arbeitnehmerähnlichen Person BAG vom 8. 9. 1997, BB 1997, 2332 (Ls.) = DB 1997, 2544.

363 Vgl. BAG vom 24. 4. 1996, BB 1996, 1512 = AP Nr. 1 zu § 2 ArbGG 1979 Zuständigkeitsprüfung (Ls. 3). Vgl. auch die Leitsätze unter Teil 1, 3.5.

Kläger sog. *doppeltrelevante Tatsachen* vorträgt, die sowohl für die Zulässigkeit als auch die Begründetheit der Klage eine Rolle spielen. Dies ist etwa der Fall, wenn die vor dem Arbeitsgericht erhobene Klage in einer bürgerlich-rechtlichen Streitigkeit nur dann Erfolg haben kann, wenn der Kläger überhaupt Arbeitnehmer ist. In diesem Zusammenhang reicht es nach Ansicht des BAG aus, wenn der Kläger die bloße Rechtsansicht vertritt, er sei Arbeitnehmer. Hierdurch ist bereits die Zuständigkeit des Arbeitsgerichts begründet, so daß insbesondere auch solche Klagen, in denen der Status eines Beschäftigten als freier Mitarbeiter oder Arbeitnehmer zwischen den Parteien umstritten ist, vor den Gerichten für Arbeitssachen ausgetragen werden können.[364]

Im übrigen gilt, daß auch die isolierte Feststellung der Arbeitnehmereigenschaft durch Erhebung einer Klage vor dem Arbeitsgericht erfolgen kann.[365] Auch insoweit reicht die bloße Rechtsansicht des Klägers, er sei Arbeitnehmer, aus, um die sachliche Zuständigkeit des Arbeitsgerichts zu begründen.[366]

3.5 Leitsätze gerichtlicher Entscheidungen

Nachfolgend sollen noch einige bedeutsame Einzelfälle aus der Rechtsprechung aufgeführt werden, in denen über die Eigenschaft eines Beschäftigten als freier Mitarbeiter bzw. Arbeitnehmer und über die inhaltliche Ausgestaltung freier Mitarbeiterverträge entschieden worden ist. Wiedergegeben werden jeweils die wesentlichen Leitsätze der Entscheidungen:

- *Persönliche Abhängigkeit:* „(1) Der Senat hält an der bisherigen Rechtsprechung fest, wonach sich ein Arbeitsverhältnis von dem Rechtsverhältnis eines freien Mitarbeiters durch den Grad der persönlichen Abhängigkeit unterscheidet, in der sich der zur Dienstleistung Verpflichtete jeweils befindet. Persönliche Abhängigkeit besteht darin, daß ein Arbeitnehmer fremdbestimmte Arbeit zu leisten hat. (2) Bei der Frage, in welchem Maße der Mitarbeiter persönlich abhängig ist, muß die Eigenart der jeweiligen Tätigkeit be-

364 Vgl. BAG vom 24. 4. 1996, a. a. O.; krit. Sächsisches LAG vom 5. 8. 1997, BB 1998, 55 (Ls.).

365 Zur Prozeßtaktik vgl. *Reinecke,* DB 1998, S. 1282 ff.

366 Vgl. BAG vom 24. 4. 1996, a. a. O.; BAG vom 9. 10. 1996, AP Nr. 2 zu § 2 ArbGG 1979 Zuständigkeitsprüfung.

rücksichtigt werden. Bei den Mitarbeitern von Rundfunk und Fernsehen, die unmittelbar an der Herstellung einzelner Beiträge beteiligt sind, zeigt sich die persönliche Abhängigkeit darin, daß sie in ihrer Arbeit auf den Apparat der Anstalt und das Mitarbeiter-Team angewiesen sind ...".[367]

- *Abgrenzung von Arbeitnehmern zu Selbständigen:* „(1) Bei der Abgrenzung zwischen selbständiger und unselbständiger Tätigkeit kommt es nicht auf die im Vertrag zwischen den Parteien verwendeten Bezeichnungen an, sondern auf den materiellen Gehalt – die tatsächliche Durchführung – der vertraglichen Beziehungen. (2) Bei der Beurteilung der Frage, ob ein Fall der ‚Scheinselbständigkeit' vorliegt, sind in einer Gesamtschau alle maßgeblichen Umstände des Einzelfalls abzuwägen. (3) Gewichtige Indizien für die rechtliche Beurteilung als Arbeitnehmer sind die Weisungsgebundenheit und die Eingliederung in die Arbeitsorganisation des ‚Auftraggebers'. Gegen eine Selbständigkeit spricht zudem, wenn keine Ausgewogenheit zwischen unternehmerischen Chancen und Risiken besteht."[368]
- *Fehlerhafte Wahl der Rechtsform:* „(1) Haben sich die Parteien in einem beidseitigen Rechtsirrtum befunden, als sie ihr Arbeitsverhältnis als freie Mitarbeit angesehen haben, so richtet sich die Anpassung des Vertrages nach den Grundsätzen über den Wegfall der (subjektiven) Geschäftsgrundlage. (2) Eine Anpassung des Vertrages unter den vorgenannten Voraussetzungen wird regelmäßig nur für noch nicht beendete Vertragsverhältnisse für die Zukunft in Betracht kommen. (3) Neben den Grundsätzen über den Wegfall der Geschäftsgrundlage findet § 812 I 2 BGB keine Anwendung (ebenso BGH, Urteil vom 17. Januar 1975 – V ZR 105/73 – NJW 1975, 776)."[369]
- *Wettbewerbsverbot eines freien Mitarbeiters:* „Wird mit einem freien Mitarbeiter vereinbart, er dürfe nicht für ein Unternehmen tätig sein, das mit dem Vertragspartner in Wettbewerb stehe, ist ihm

367 BAG vom 15. 3. 1978, BB 1978, 760 f. = AP Nr. 26 zu § 611 BGB Abhängigkeit.

368 LG München I vom 15. 5. 1997, BB 1997, 1796 = NZA 1997, 943 (redaktionelle Leitsätze). Vgl. des weiteren die Entscheidung des ArbG Oldenburg vom 7. 6. 1996, NZA-RR 1997, 162 f. zur Arbeitnehmereigenschaft einer Zeitungszustellerin und LAG Düsseldorf vom 9. 9. 1997, DB 1998, 207 zur Arbeitnehmereigenschaft eines Sargträgers.

369 BAG vom 9. 7. 1986, AP Nr. 49 zu § 611 BGB Abhängigkeit = BB 1987, 1812.

nicht verwehrt, für ein anderes Unternehmen tätig zu werden, dessen Produktions- oder Dienstleistungsangebot sich nicht mit dem des Vertragspartners überschneidet.“[370]

- *Rechtswegfragen:* „(1) Kann die vor dem Arbeitsgericht in einer bürgerlich-rechtlichen Streitigkeit erhobene Klage nur dann Erfolg haben, wenn der Kläger Arbeitnehmer ist (sog. Sic-non-Fall), reicht die bloße Rechtsansicht des Klägers, er sei Arbeitnehmer, zur Bejahung der arbeitsgerichtlichen Zuständigkeit aus. (2) Daher ist die arbeitsgerichtliche Zuständigkeit immer dann gegeben, wenn sich der Kläger gegen die ordentliche Kündigung des Rechtsverhältnisses wendet, das er selbst für ein Arbeitsverhältnis, der Beklagte dagegen für ein freies Dienstverhältnis hält, und der Kläger nur Unwirksamkeitsgründe geltend macht, die seine Arbeitnehmerstellung voraussetzen. (3) Ist der Kläger nicht Arbeitnehmer, so ist die Klage als unbegründet abzuweisen. Eine Verweisung des Rechtsstreites an das Gericht eines anderen Rechtswegs kommt in diesem Fall nicht in Betracht.“[371]
- *Lehrkräfte:* „(1) Lehrkräfte an allgemeinbildenden Schulen sind in aller Regel Arbeitnehmer, auch wenn es sich um eine nebenberufliche Tätigkeit handelt. (2a) Dagegen können Volkshochschuldozenten, die außerhalb schulischer Lehrgänge unterrichten, sowie Musikschullehrer auch als freie Mitarbeiter beschäftigt werden. (2b) Sie sind Arbeitnehmer, wenn die Parteien dies vereinbart haben oder im Einzelfall festzustellende Umstände hinzutreten, aus denen sich ergibt, daß der für das Bestehen eines Arbeitsverhältnisses erforderliche Grad der persönlichen Abhängigkeit gegeben ist. (2c) Solche Umstände können etwa sein das vom Schulträger beanspruchte Recht, die zeitliche Lage der Unterrichtsstunden einseitig zu bestimmen oder das Rechtsverhältnis umfassend durch (einseitig erlassene) ‚Dienstanweisung‘ zu regeln.“[372]
- *Lehrerin an einer Volkshochschule (VHS-Lehrkraft):* „Lehrkräfte, die an Volkshochschulen Kurse zur Erlangung des Haupt- oder Realschulabschlusses leiten, sind jedenfalls dann Arbeitnehmer,

370 BAG vom 21. 1. 1997, BB 1997, 1796 = NZA 1997, 1284 ff.

371 BAG vom 24. 4. 1996, BB 1996, 1512 = AP Nr. 1 zu § 2 ArbGG 1979 Zuständigkeitsprüfung.

372 BAG vom 24. 6. 1992, AP Nr. 61 zu § 611 BGB Abhängigkeit.

wenn sie in den Schulbetrieb eingegliedert werden und nicht nur stundenweise Unterricht erteilen."[373]

- *Lehrbeauftragter an einer Hochschule:* „Lehrbeauftragte an Hochschulen oder hochschulähnlichen Instituten können in privatrechtlichen Beschäftigungsverhältnissen stehen, auch wenn die Lehrbefugnis als solche öffentlich-rechtlichen Ursprungs ist. Wird ein Lehrauftrag nur für ein Semester erteilt, so handelt es sich um ein freies Dienstverhältnis, das eine arbeitnehmerähnliche Stellung begründet."[374]
- *Hörfunkkorrespondent:* „Ein Hörfunk-Korrespondent, dem die regelmäßige Berichterstattung über politische, wirtschaftliche und kulturelle Themen der Landespolitik übertragen ist, und von dem die Rundfunkanstalt ständige Dienstbereitschaft erwartet, ist Arbeitnehmer."[375]
- *Bildberichterstatter:* „Pauschal bezahlte Bildberichterstatter, die einer Zeitungsredaktion monatlich eine bestimmte Zahl von Bildern liefern, sind keine Arbeitnehmer i. S. des § 5 Abs. 1 BetrVG, wenn sie in der Übernahme der Fototermine frei sind."[376]
- *Rundfunk- und Fernsehmitarbeiter:* „Werden Rundfunk- und Fernsehmitarbeiter in Dienstplänen aufgeführt, die ohne vorherige Absprache mit ihnen erstellt wurden, ist dies ein starkes Indiz für ihre Arbeitnehmereigenschaft. Dies gilt regelmäßig auch dann, wenn der Sender ausdrücklich erklärt, daß die Dienstpläne unverbindlich sind oder erst in Kraft treten, wenn die eingesetzten Mitarbeiter ihnen nicht widersprechen."[377]
- *Rundfunksprecher und Übersetzer:* „Rundfunksprecher und Übersetzer, die aufgrund von Dienstplänen eingesetzt werden, sind in aller Regel auch dann Arbeitnehmer, wenn ihnen zugestanden wird, einzelne Einsätze abzulehnen."[378]
- *Verlagslektor:* „Verrichtet ein mit den Vorarbeiten für die Herausgabe einer Buchreihe beauftragter Mitarbeiter eines Verlages den

---

373 BAG vom 26. 7. 1995, BB 1996, 60 ff.

374 BAG vom 16. 12. 1957 (Ls. 1), AP Nr. 3 zu § 611 BGB Lehrer, Dozenten.

375 BAG vom 7. 5. 1980, AP Nr. 35 zu § 611 BGB Abhängigkeit = EzA § 611 BGB Arbeitnehmerbegriff Nr. 22.

376 BAG vom 29. 1. 1992, BB 1992, 1216 und 1490 f. = AP Nr. 47 zu § 5 BetrVG 1972.

377 BAG vom 16. 2. 1994, BB 1994, 1224 (Ls.) = AP Nr. 15 zu § 611 BGB Rundfunk.

378 BAG vom 30. 11. 1994 (Ls. 2), AP Nr. 74 zu § 611 BGB Abhängigkeit = EzA § 611 BGB Arbeitnehmerbegriff Nr. 55 = BB 1995, 831 (Ls.).

wesentlichen Teil seiner Aufgaben in selbstbestimmter Arbeitszeit und an selbstgewähltem Arbeitsort, so fehlt die für ein Arbeitsverhältnis erforderliche Abhängigkeit. Daran ändert nichts, wenn der Mitarbeiter aufgrund gelegentlich notwendiger Zusammenarbeit auf die Arbeitszeit der Verlagsangestellten Rücksicht nehmen muß."[379]

- *Zeitungsredakteur:* „Wird eine sich im wesentlichen nicht ändernde Tätigkeit des Lokalredakteurs einer Zeitung von den Parteien für manche Zeiträume als ‚Arbeitsverhältnis', für andere Zeiträume als ‚freies Mitarbeiterverhältnis' bezeichnet, so spricht der erste Anschein dafür, daß ein Arbeitsverhältnis vorliegt."[380]
- *Orchestermusiker:* „Ist ein von einer Orchestergesellschaft als ‚freier Mitarbeiter' beschäftigter Musiker zeitlich im wesentlichen in derselben Weise und in demselben Umfang wie andere im Anstellungsverhältnis beschäftigte Musiker in den Orchesterbetrieb eingegliedert, spricht dies dafür, daß der Musiker in einem Arbeitsverhältnis zu der Orchestergesellschaft steht."[381]
- *Rechtsanwalt in Sozietät oder Bürogemeinschaft:* „Ein Rechtsanwalt, der aufgrund eines der Vorschrift des § 705 BGB entsprechenden Gesellschaftsvertrages Partner einer Anwaltssozietät ist, die auch den berufsrechtlichen Anforderungen entspricht, ist keine arbeitnehmerähnliche Person im Sinne des § 5 Abs. 1 Satz 2 ArbGG, auch wenn er von der Sozietät wirtschaftlich abhängig ist."[382]
- *Anwaltsassessor:* „Ein Assessor, der nach bestandenem Assessorexamen bis zur Einstellung in den Staatsdienst vorübergehend halbtags in einer Anwaltskanzlei arbeitet, ist Arbeitnehmer; für ihn sind Beiträge zur Kranken- und Rentenversicherung zu entrichten ...".[383]

---

379 BAG vom 27. 3. 1991, BB 1991, 1414 ff. = AP Nr. 53 zu § 611 BGB Abhängigkeit.

380 BAG vom 19. 6. 1970, BB 1970, 1136, 1216 = AP Nr. 144 zu § 242 BGB Ruhegehalt.

381 BAG vom 3. 10. 1975, BB 1976, 184 = AP Nr. 16 zu § 611 BGB Abhängigkeit. Vgl. des weiteren zur Arbeitnehmereigenschaft von Orchestermusikern, die ständig zu Orchesterdiensten herangezogen werden, BAG vom 7. 5. 1980, AP Nr. 36 zu § 611 BGB Abhängigkeit.

382 BAG vom 15. 4. 1993, AP Nr. 12 zu § 5 ArbGG 1979 = BB 1993, 2163.

383 BSG vom 30. 11. 1978, AP Nr. 31 zu § 611 BGB Abhängigkeit. Vgl. weiterhin zur Arbeitnehmereigenschaft eines Rechtsanwalts in fremder Kanzlei, der Arbeitszeiten einzuhalten hat und dem Mandate zugewiesen werden, LAG Frankfurt vom 16. 3. 1990, BB 1990, 2492 f.

- *Betriebswirt in Anwaltskanzlei:* „(1) Ein in einer Rechtsanwaltskanzlei zur Bearbeitung von Steuer- und Buchhaltungsangelegenheiten beschäftigter Betriebswirt ist je nach Ausgestaltung des Beschäftigungsverhältnisses als freier Mitarbeiter oder als Arbeitnehmer anzusehen. Maßgebend dafür sind der Grad der Weisungsgebundenheit und der Integration in die Arbeitsorganisation des Anwaltsbüros. (2) Gegen eine Weisungsgebundenheit spricht nicht eine Selbständigkeit bei fachbezogenen Entscheidungen im Rahmen der Fallbearbeitung, und gegen eine Eingliederung in die Arbeitsorganisation spricht nicht, daß restliche Arbeiten abends und an Wochenenden erledigt werden“.[384]
- *Handelsvertreter:* „Bei der Entscheidung der Frage, ob der für eine Versicherungsgesellschaft arbeitende Versicherungsvermittler selbständiger Versicherungsvertreter (§ 92 i. V. m. § 84 Abs. 1 HGB) oder Angestellter ist, sind alle Umstände des Falles in Betracht zu ziehen und in ihrer Gesamtheit zu würdigen. Dabei kommt der tatsächlichen Ausgestaltung und Durchführung des Vertragsverhältnisses wesentliche Bedeutung zu. Anknüpfungspunkte für die Selbständigkeit eines Versicherungsvermittlers sind seine Weisungsfreiheit, seine Freiheit im Einsatz der Arbeitskraft, das eigene Unternehmen und das eigene Unternehmerrisiko. Es genügt, wenn diese Voraussetzungen im wesentlichen erfüllt sind“.[385]
- *Franchisenehmer:* „(1) Ob eine Partei Arbeitnehmer oder arbeitnehmerähnliche Person ist, richtet sich ausschließlich danach, ob sie persönlich abhängig oder zwar rechtlich selbständig, aber wirtschaftlich abhängig und einem Arbeitnehmer vergleichbar schutzbedürftig ist. (2) Daß ein Franchisenehmer den für ein solches Rechtsverhältnis typischen Bedingungen unterliegt, schließt die Annahme eines Arbeitsverhältnisses nicht aus.“[386]
- *Zeitungszusteller:* „(1) Zeitungszusteller können je nach Umfang und Organisation der übernommenen Tätigkeit Arbeitnehmer oder Selbständige sein. (2) Kann ein Zusteller das übernommene Ar-

---

384 OLG Köln vom 15. 9. 1993, BB 1994, 145 f. Für Mitarbeiter in Steuerberaterbüros gelten entsprechende Überlegungen. Derjenige Mitarbeiter eines Steuerberaters, der nur Vorbereitungsarbeiten an selbstgewählten Tagen zu Hause erledigt, ist kein Arbeitnehmer, sondern freier Mitarbeiter, vgl. LAG Berlin vom 29. 5. 1989, LAGE § 611 BGB Arbeitnehmerbegriff Nr. 9.

385 BAG vom 21. 1. 1966, BB 1966, 407 = AP Nr. 2 zu § 92 HGB.

386 BAG vom 16. 7. 1997, BB 1997, 2220 f. = DB 1997, 2127 („Eismann-Fall“).

beitsvolumen in der vorgegebenen Zeit nicht bewältigen, so daß er weitere Mitarbeiter einsetzen muß, so spricht das gegen die Annahme eines Arbeitsverhältnisses.“[387]

- *Lotsen:* „Wird ein Rheinlotse für einzelne Lotsungen angenommen, so leistet er im Rahmen dieses Dienstverhältnisses keine abhängige Arbeit im Betrieb des Schiffseigners und ist daher nicht Arbeitnehmer. Er ist auch nicht arbeitnehmerähnliche Person.“[388]
- *Tankstellenbetreiber:* „Wer gegen Provision ständig damit betraut ist, im Namen und für Rechnung einer Treibstoffgesellschaft von einer Tankstelle aus zu verkaufen, ist Handelsvertreter und nicht Arbeitnehmer, wenn der Treibstoffgesellschaft kein Direktionsrecht hinsichtlich der Ausführung der Arbeit im Einzelfall zusteht.“[389]
- *Frachtführer:* „(1) Der Frachtführer i. S. des § 425 HGB übt ein selbständiges Gewerbe aus. (2) Das gilt auch dann, wenn er als Einzelperson ohne weitere Mitarbeiter nur für einen Spediteur tätig ist und beim Transport ein mit den Farben und dem Firmenzeichen des Spediteurs ausgestattetes eigenes Fahrzeug einsetzt. (3) Wird die Tätigkeit des Transporteurs stärker eingeschränkt, als es aufgrund gesetzlicher Regelungen oder wegen versicherungsrechtlicher Obliegenheiten geboten ist, so kann das Rechtsverhältnis als ein Arbeitsverhältnis anzusehen sein.“[390]
- *Frachtführer als Subunternehmer:* „„Unterfrachtführer“, die vertraglich in ihrer Berufsausübung so stark eingeschränkt sind, daß sie weitgehend dem Berufsbild eines abhängig beschäftigten Kraftfahrers entsprechen, sind sozialversicherungspflichtige Beschäftigte i. S. des § 7 SGB VI.“[391]

---

387 BAG vom 16. 7. 1997, BB 1997, 2377, vgl. auch BAG vom 29. 1. 1992, BB 1992, 1486 ff. = AP Nr. 1 zu § 7 BetrVG 1972.

388 BGH vom 28. 9. 1972 (Ls. 1), AP Nr. 1 zu § 611 BGB Lotse = BGHZ 59, 242. Die Entscheidung enthält Ausführungen zur persönlichen und wirtschaftlichen Abhängigkeit. Vgl. auch BAG vom 25. 7. 1963, AP Nr. 2 zu § 611 BGB Lotse.

389 BSG vom 11. 8. 1966, AP Nr. 5 zu § 611 BGB Abhängigkeit.

390 BAG vom 19. 11. 1997, BB 1998, 794 ff. = DB 1998, 624 ff.

391 LSG Berlin vom 27. 10. 1993, BB 1994, 1642 = DB 1994, 1829 ff.

3.6 Vertragsgestaltung und Vertragsmuster

3.6.1 Allgemeines zur Vertragsgestaltung

Bei der Vertragsgestaltung im Bereich der freien Mitarbeit ist besonderer Wert darauf zu legen, daß hinsichtlich der nachfolgend aufgeführten Stichworte eine eindeutige Regelung erfolgt, die in der betrieblichen Praxis auch „gelebt", also umgesetzt werden muß, um Fälle von Scheinselbständigkeit zu vermeiden:

- Keine örtliche, zeitliche, fachliche Weisungsgebundenheit
- Keine Eingliederung in eine betriebliche Struktur
- Kein eingerichteter Arbeitsplatz
- Kein Einsatz von Betriebsmitteln
- Keine persönliche Bindung an die Dienstleistung
- Entscheidungsfreiheit bei der Annahme einzelner Aufträge und damit Möglichkeit der Ablehnung
- Gestattung von Nebentätigkeiten
- Keine fixe, sondern erfolgs- oder zeitabhängige Vergütung
- Kein Anspruch auf Erholungsurlaub und Entgeltfortzahlung im Krankheitsfall

Nachfolgend sollen drei Muster jeweils für einen Arbeitsvertrag, einen freien Dienstvertrag und einen Werkvertrag in Form des Subunternehmervertrages vorgestellt werden.[392]

3.6.2 Vertragsmuster: Arbeitsvertrag (mit leitendem/r Angestellten)[393]

Zwischen der Firma (F) und dem Angestellten (A) wird folgender Arbeitsvertrag geschlossen:

---

392 Eingehend zu Musterverträgen vgl. *Streit,* Freie Mitarbeit, S. 4 bis 17; *Schaub,* Formularsammlung, S. 90 ff. (113); vgl. auch *Reiserer,* BB 1998, 1258 ff. (1263) sowie die von *Popp,* MDR 1998, 18 ff. unter Ziff. 6 vorgeschlagenen acht Kriterien, die bei Abschluß eines Vertrages über freie Mitarbeit unbedingt beachtet werden sollten.

393 Es handelt sich bei den im Musterarbeitsvertrag enthaltenen Regelungen um die wesentlichen Vertragsbedingungen, die in der Praxis üblicherweise eine Regelung erfahren. Je nach Einzelfall und konkreter Notwendigkeit kann die Regelungsdichte erhöht werden.

§ 1 [Allgemeines] Die Anstellung des A erfolgt mit Wirkung ab dem ... als ..., und zwar für den nachfolgend genannten Aufgabenbereich: ... *(Anm.: Der Aufgabenbereich eines leitenden Angestellten wird regelmäßig gegenüber dem Tätigkeitsfeld eines nichtleitenden Angestellten weniger spezifiziert und damit weniger umfassend formuliert sein).*

§ 2 [Arbeitszeit] A ist verpflichtet, der F seine gesamte Arbeitskraft zur Verfügung zu stellen und im Bedarfsfalle über die betriebsüblichen Arbeitszeiten hinaus, die sich aus der Betriebsvereinbarung „Gleitzeit" vom ... ergeben, zu arbeiten.

§ 3 [Arbeitsort] Arbeitsort des A ist die Betriebsstätte der F in ...-Stadt. A ist verpflichtet, soweit die betrieblichen Belange dies erfordern, auch in den beiden Filialen der F in ...-Stadt und ...-Stadt tätig zu werden.

§ 4 [Arbeitsvergütung] A erhält als Arbeitsvergütung ein Jahresgehalt in Höhe von ... DM (brutto), das in monatlichen Teilbeträgen in Höhe von ... DM (brutto) am Ende eines jeden Kalendermonats zur Zahlung durch F fällig wird. Mit Zahlung dieser Vergütung ist jedwede Mehrarbeit – auch an Sonn- und Feiertagen – abgegolten. Zusätzlich zu diesem Bruttogehalt zahlt F an A eine Weihnachtsgratifikation in Höhe eines monatlichen Bruttogehalts, die am 30. 11. eines jeden Jahres zur Zahlung fällig wird. Des weiteren erhält A eine jährliche Tantieme in Höhe von ...% des am Jahresende ausgewiesenen Gewinns der F. Berechnungsgrundlage für die Tantieme ist der Reingewinn nach Steuern, der sich aus der Steuerbilanz der F ergibt. Der Anspruch auf die Tantieme wird mit Erstellung der Jahresbilanz zur Zahlung fällig. Scheidet A im Laufe eines Geschäftsjahres = Kalenderjahres aus dem Arbeitsverhältnis aus, entstehen die Ansprüche auf Weihnachtsgratifikation und Tantieme anteilig.

§ 5 [Reisekosten] Die Kosten von Dienstreisen (Fahrt- und Übernachtungskosten, Verpflegungsmehraufwendungen) werden nach folgender Maßgabe erstattet: ...

§ 6 [Arbeitnehmererfindungen] Erfindungen und technische Verbesserungsvorschläge des A sind der F unverzüglich zu melden und werden nach den Vorschriften des Arbeitnehmererfindungsgesetzes behandelt.

§ 7 [Dienstverhinderung wegen Krankheit] A ist im Falle einer zur Arbeitsunfähigkeit führenden Erkrankung verpflichtet, dies unverzüglich gegenüber F anzuzeigen und durch ärztliches Attest nachzuweisen. Auf Verlangen der F ist A verpflichtet, sich durch den medizinischen Dienst der Krankenkasse untersuchen zu lassen. Im übrigen, insbesondere zu Höhe und Dauer der Krankenvergütung, finden die Vorschriften des Entgeltfortzahlungsgesetzes Anwendung. *(Anm.: Das EFZG sieht in § 5 I Satz 2 die Vorlage eines ärztlichen Attestes erst nach dreitägiger Arbeitsunfähigkeit vor. Eine frühere Vorlage kann allerdings nach h. M.*[394] *vertraglich vereinbart werden, und zwar schon ab dem ersten Tag der Arbeitsunfähigkeit.).*

§ 8 [Erholungsurlaub] A erhält einen jährlichen Erholungsurlaub in Höhe von 32 Arbeitstagen, wobei klargestellt wird, daß der Samstag nicht als Arbeitstag zählt. Während der Dauer des Erholungsurlaubs erhält A sein reguläres Gehalt als Urlaubsvergütung und ein zusätzliches Urlaubsgeld in Höhe von ... DM (brutto). Urlaubsvergütung und Urlaubsgeld sind auf Wunsch des A vor Urlaubsantritt auszuzahlen.

§ 9 [Nebenbeschäftigungen] A darf während der Dauer des Arbeitsverhältnisses Nebenbeschäftigungen nur mit vorheriger Zustimmung des F aufnehmen. Ausgenommen hiervon sind Fachvorträge und schriftstellerische Tätigkeiten für Fachzeitschriften. Auch die Beteiligung und die Mitwirkung an anderen Firmen bedürfen der vorherigen Zustimmung der F.

§ 10 [Wettbewerbsverbot] A verpflichtet sich, für die Dauer von ... Jahren nach Beendigung des Arbeitsverhältnisses im Bereich des Postleitzahlenbezirks ... nicht für ein Konkurrenzunternehmen tätig zu werden, noch unmittelbar oder mittelbar an der Gründung oder im Betrieb eines solchen Unternehmens mitzuwirken. Für die Dauer dieses Wettbewerbsverbots zahlt F an A 50% der zuletzt bezogenen vertragmäßigen Vergütungsleistungen als Entschädigung. Im übrigen gelten die Vorschriften der §§ 74 ff. HGB.

§ 11 [Beendigung des Arbeitsverhältnisses] Das Arbeitsverhältnis kann beiderseits mit einer Frist von sechs Monaten zum Ende eines Kalenderjahres gekündigt werden. Die Kündigung bedarf der Schriftform. Eine Kündigung vor Dienstantritt ist ausgeschlossen.

---

394 Vgl. *Helml,* Entgeltfortzahlungsgesetz, § 5 Rn. 1; *Marburger,* BB 1994, 1421.

3.6.3 Vertragsmuster: Freier Dienstvertrag (mit freiberuflichem/r Übersetzer/in)

Zwischen Dienstnehmer (D) und Firma (F) wird nachfolgender Dienstvertrag über eine freie Mitarbeit des D geschlossen:

§ 1 [Aufgabenbereich] D wird für F ab dem ... als Übersetzerin tätig. D kann sowohl die Arbeitszeiten als auch den Arbeitsort frei bestimmen. Die zu übersetzenden Texte werden seitens F auf Disketten zur Verfügung gestellt und sind bis spätestens zum Ablauf von 3 Monaten ab Erhalt in übersetzter Form auf derselben Diskette an F zurückzugeben. D ist gestattet, sich ihrerseits der Mitarbeit von Hilfspersonen zu bedienen. Die zur Arbeitsausführung notwendigen Hilfsmittel wie z. B. Personalcomputer, Telefon, Telefax, Schreibmaterialien werden von D gestellt. D unterliegt keinerlei Weisungsbefugnis der F.

§ 2 [Vergütung] D erhält für die Verrichtung der Übersetzungstätigkeit ein Stundenhonorar in Höhe von ... DM. Mit diesem Honorar sind auch die Auslagen von D abgegolten. Zuzüglich zu diesem Honorar zahlt F an D die gesetzliche Umsatzsteuer, sofern D zum umsatzsteuerpflichtigen Personenkreis zählt. Die Umsatzsteuer ist auf der Abrechnung durch D gesondert auszuweisen. Die Abrechnung durch D erfolgt monatlich. Der Abrechnung ist eine spezifizierte Aufstellung der geleisteten Tätigkeitsstunden beizufügen. D hat die Vergütung in eigener Selbständigkeit zur Einkommensteuer anzumelden. Eine Anmeldung in der gesetzlichen Sozialversicherung erfolgt nicht *(Anm.: Die beiden letzten Sätze haben deklaratorische Bedeutung, sollten aber zur Klarstellung in den Vertrag aufgenommen werden).*

§ 3 [Reisekosten] Eine Erstattung von Reisekosten erfolgt nach der Maßgabe, daß [hier konkreter Berechnungsmodus].

§ 4 [Haftungsbegrenzung] Der Dienstnehmer haftet nur für Vorsatz und grobe Fahrlässigkeit. Entgangenee Gewinn ist nicht erstattungsfähig. Schadensersatz wird auf … DM pro anno begrenzt.

§ 5 [Nebentätigkeiten] Während des Tätigwerdens für F ist D die Tätigkeit für Dritte ausdrücklich gestattet.

§ 6 [Dienstverhinderung] Die Regelung des § 616 BGB, wonach der Dienstverpflichtete trotz vorübergehender Dienstverhinderung einen Anspruch auf Zahlung der Vergütung erlangt, wird ausgeschlossen.

§ 7 [Beendigung des Dienstverhältnisses] Das Mitarbeiterverhältnis kann beiderseits mit einer Frist von 1 Monat zum Monatsende gekündigt werden. Die Kündigung bedarf der Schriftform.

3.6.4 Vertragsmuster: Werkvertrag (mit Subunternehmer/in)

Zwischen Unternehmer (U) und Subunternehmer (S) wird nachfolgender Werkvertrag geschlossen:

§ 1 [Vertragsgegenstand] U betreibt ein Hoch- und Tiefbauunternehmen. In der Zeit vom 1. 1. 1999 bis zum 31. 12. 2002 hat U das Bauprojekt ... in ... für ... zu erstellen. S übernimmt im Rahmen diese Bauprojekts in der Zeit von ... bis ... gegenüber U die Durchführung und Erledigung folgender Tätigkeiten: ... *(Anm.: Hier ist konkret anzugeben, welcher Art die seitens S zu erbringende Werkleistung ist, z. B. Erstellung bestimmter Teilkomplexe am Gesamtbauvorhaben oder bei einem Transportsubunternehmen das Abfahren und Beseitigen von Erdaushub. Auch können insoweit ein allgemeiner Zeitrahmen und sonstige Eckdaten aufgenommen werden, die die einzelnen Tätigkeiten des S in den zeitlichen oder sonstigen Gesamtkontext des Bauvorhabens integrieren, wie z. B. ein Zeitrahmen für die Fertigstellung einzelner Bauabschnitte oder eine Zeitvorgabe, wonach der Erdaushub binnen eines bestimmten Zeitraums seit der Ablagerung zu beseitigen und abzufahren ist).*

§ 2 [Weisungsfreiheit] S unterliegt bei der Durchführung und Erledigung der von ihm übernommenen Aufgaben keinerlei Weisung des U und ist in der Vertragsdurchführung in zeitlicher, örtlicher und inhaltlicher Hinsicht frei. Auch die weiteren Mitarbeiter des U (Arbeitnehmer und sonstige freie Mitarbeiter) sind gegenüber S nicht weisungsbefugt. Die in § 1 vereinbarten zeitlichen Eckdaten bzw. Fälligkeitstermine sind zu beachten und einzuhalten.

§ 3 [Gerätschaften, Werkzeuge und sonstige Arbeitsmittel] Sämtliche zur Ausführung der Werkleistungen notwendigen Gerätschaften, Werkzeuge und Arbeitsmittel werden von S gestellt. S hat keinen Anspruch darauf, entsprechende Sachmittel oder Mitarbeiter des U in Anspruch zu nehmen. S kann sich zur Vertragsausführung gegenüber U weiterer eigener Mitarbeiter bedienen, die ihrerseits keinerlei Weisungen des U bzw. dessen Mitarbeitern unterliegen.

§ 4 [Vergütung] S erhält von U eine Vergütung in Höhe von ... DM pro ... zuzüglich der gesetzlichen Umsatzsteuer. *(Anm.: Hier ist eine konkrete Vergütungsvereinbarung für die erbrachte Werkleistung je nach Einzelfallgestaltung zu treffen, z. B. eine Pauschalvergütung, eine feste Vergütung für einen bestimmten Teilkomplex oder eine Vergütung pro* m^3 *abgefahrenem Erdaushub).* S verpflichtet sich, die ausgeführten Tätigkeiten bzw. erbrachten Teilleistungen in einem Tätigkeitsbericht nach Art, Inhalt und Zeit zu fixieren, und U in regelmäßigen Abständen von ... zur Kenntnis zu bringen. Die Vergütung des S wird nach Rechnungsstellung wie folgt durch U zur Zahlung fällig: ...

§ 5 [Haftung] Gewährleistungsansprüche nach §§ 633 ff. BGB und/ oder aus positiver Vertragsverletzung beschränken sich zunächst auf ein Nachbesserungsrecht des U. Sollte der Nachbesserungsversuch durch S fehlschlagen, ist U bei entsprechender Minderung des Vergütungsanspruchs des S zur Ersatzvornahme berechtigt. Weitergehende Schadensersatzansprüche wegen Mangelschäden bleiben unberührt. Wegen Mangelfolgeschäden wird die Haftung des S dem Grunde nach auf Vorsatz und grobe Fahrlässigkeit und der Höhe nach auf einen Betrag von ... DM beschränkt.

§ 6 [Beendigung des Vertragsverhältnisses] Der Vertrag hat eine feste Laufzeit von ... Jahren und endet zum ..., ohne daß es der Kündigung einer Vertragspartei bedarf.

§ 7 [Gerichtsstand] Als ausschließlicher Gerichtsstand für alle Streitigkeiten aus diesem Vertrag wird, soweit gesetzlich zulässig, vereinbart: ...

Teil 2: Steuerrecht

1. Einleitung

1.1 Problemstellung

In den letzten Jahren haben sich die Bedingungen auf dem Arbeitsmarkt ständig verschlechtert. Dies hängt zum einen mit der hohen Arbeitslosigkeit zusammen, die bereits seit langem ca. 4 Millionen Arbeitsuchende betrifft.[1] Darüber hinaus haben sich die Nettolohnzuwächse in den 90er Jahren verringert und sind 1998 erstmals seit Bestehen der BRD sogar gesunken. Während 1997 die Inflation 1,9% betrug, sind im gleichen Zeitraum Lohnzuwächse von nur 1,2% registriert worden.[2] Gleichzeitig ist ein ständiger Anstieg der Lohnnebenkosten zu verzeichnen. So belaufen sich die Rentenbeiträge im Jahr 1998 auf 20,3%[3], die Beitragsbemessungsgrenze für die Kranken- und Pflegeversicherung liegt für das Kalenderjahr 1998 bei jährlich 75 600 DM (West) bzw. 63 000 DM (Ost).[4] Dies alles sind Umstände, die sowohl auf seiten der Arbeitgeber als auch auf seiten der Arbeitnehmer vermehrt dazu führen, auf die Rechtsform des freien Mitarbeiters zurückzugreifen. Für die Arbeitgeber ist die Einschaltung von freien Mitarbeitern vor allem mit dem Vorteil verbunden, daß nur tatsächlich

---

1 Nach dem Stand vom Mai 1998 4,197 Mio.; vgl. Frankfurter Allgemeine Zeitung, Bericht vom 10. 6. 1998; Ende Oktober 1998 ca. 3,89 Mio. Arbeitssuchende.

2 Frankfurter Allgemeine Zeitung, Bericht vom 27. 1. 1998.

3 Dieser Satz konnte aufgrund des Gesetzes zur Finanzierung eines zusätzlichen Bundeszuschusses zur gesetzlichen Rentenversicherung, BGBl. I 1997, 3121 ff., durch eine Anhebung des Umsatzsteuersatzes von 15% auf 16% ab 1. 4. 1998 beibehalten werden. Die Beitragsbemessungsgrenzen wurden für 1999 wie folgt angehoben: Rentenversicherung und Arbeitslosenversicherung DM 102 000 (West) bzw. DM 86 400 (Ost); Kranken- und Pflegeversicherung DM 76 500 (West) bzw. DM 64 800 (Ost); vgl. Verordnung über maßgebende Rechengrößen der Sozialversicherung für 1999 (Sozialversicherungs-Rechengrößenverordnung 1999) vom 18. 12. 1998, BGBl. I 1998, 3823 ff. Nach dem Gesetz zur Bestimmung der Beitragssätze in der gesetzlichen Rentenversicherung für 1999 und zur Bestimmung weiterer Rechengrößen der Sozialversicherung für 1999 (Beitragsgesetz 1999 – BSG 1999) wird nach § 1 der Beitragssatz ab 1. 4. 1999 auf 19,5% herabgesetzt, vgl. Art. 5 § 1 des Gesetzes zu Korrekturen in der Sozialversicherung und zur Sicherung der Arbeitnehmerrechte vom 19. 12. 1998, BGBl. I 1998, 3848.

4 § 223 Abs. 3, § 6 Abs. 1 Nr. 1 SGB V, § 55 Abs. 2 SGB XI.

benötigte Dienstleistungen vergeben und damit auch vergütet werden müssen. Die bei Bestehen eines Arbeitsverhältnisses von den Arbeitgebern als belastend empfundenen Folgen zu hoher Lohnnebenkosten, des Kündigungs- und Mutterschutzes sowie der Entgeltfortzahlung im Krankheitsfall entfallen. Ebenso werden Kosten, die ein konjunkturell bedingter oder durch Rationalisierungsmaßnahmen begründeter Arbeitsplatzabbau in Form von Sozialplanabfindungen oder Abfindungen nach dem Kündigungsschutzgesetz mit sich bringt, vermieden. Für Arbeitnehmer kann der Wechsel in die Vertragsform des freien Mitarbeiters den Zugang zur privaten Kranken- und Altersversorgung eröffnen. Vor allem wird aber der Wunsch nach einem flexibel und selbstbestimmt gestalteten Arbeitsfeld ausschlaggebend für die Wahl eines selbständigen Beschäftigungsverhältnisses sein. So lassen sich bei selbständig Tätigen Familien- und Berufsplanung häufig besser vereinbaren. Beispiele sind virtuelle Arbeitsplätze, die eine berufliche Tätigkeit von Zuhause aus ermöglichen. Auch das Outsourcing, mit dem langjährig leitende Mitarbeiter mit professioneller Hilfe in den Weg der Selbständigkeit begleitet werden, kann Anlaß für die Begründung eines freien Mitarbeiterverhältnisses sein. Für Arbeitnehmer stellt die freie Mitarbeit daher häufig einen Ausweg aus einer bestehenden oder drohenden Arbeitslosigkeit dar. Darüber hinaus gibt es zahlreiche Neben- oder Aushilfstätigkeiten, für die die Rechtsform des freien Mitarbeiters gewählt wird. Sofern der zur Dienstleistung Verpflichtete bereits anderweitig arbeitsvertraglich gebunden und auch abgesichert ist, kann er diese Tätigkeit ohne die Vorlage einer weiteren Lohnsteuerkarte ausüben, selbst wenn er die Pauschalversteuerungsgrenzen überschreitet. Der Auftraggeber erspart sich den hohen Verwaltungsaufwand, der mit der Anmeldung eines Arbeitnehmers bei den Sozialversicherungsträgern und dem Finanzamt verbunden ist.

1.2 Begriffsbestimmung

Das Steuerrecht kennt den Begriff des freien Mitarbeiters nicht. Unter einem freien Mitarbeiter wird man einen Beschäftigten verstehen, der eine freiberufliche, zumindest aber eine sonstige selbständige Berufstätigkeit ausübt. Der Personenkreis der freien Mitarbeiter ist demzufolge zunächst von der Gruppe der Arbeitnehmer abzugrenzen. Darüber hinaus stellt nicht jede selbständige Tätigkeit die Ausübung eines freien Berufs dar. Insofern muß die jeweilige Beschäftigung auch darauf untersucht werden, ob sie nicht als gewerbliche Berufsausübung einzuordnen ist. Ein freier Mitarbeiter kann demzufolge, je nach seinem Aufgabengebiet und seiner Beziehung zum Vertragspartner, Einkünfte aus Gewerbebetrieb (§ 15 EStG), selbständiger Arbeit (§ 18 EStG) oder nichtselbständiger Arbeit (§ 19 EStG) beziehen. Allein die Besteuerung der vorgenannten Einkünfte nach dem Einkommensteuergesetz besagt, daß es sich bei dem freien Mitarbeiter um eine natürliche Person handeln muß, da das Einkommensteuergesetz nur diese Besteuerungssubjekte erfaßt.

Von Bedeutung ist die Unterscheidung, ob der freie Mitarbeiter gewerblich, selbständig oder nichtselbständig tätig ist, weil Selbständige neben der Besteuerung nach dem Einkommensteuergesetz auch der Umsatzsteuer unterliegen und, soweit sie gewerbliche Einkünfte erzielen, gewerbesteuerpflichtig sind. Im übrigen sieht § 32 c EStG ab dem Veranlagungszeitraum 1994 für gewerbliche Einkünfte eine Begrenzung des Spitzensteuersatzes auf 47% vor, wohingegen Einkünfte aus selbständiger Tätigkeit i. S. d. § 18 EStG uneingeschränkt dem Spitzensteuersatz von 53% unterliegen. Handelt es sich bei dem freien Mitarbeiter dagegen aus steuerrechtlicher Sicht um einen Arbeitnehmer, ist der Vertragspartner Arbeitgeber und hat für die Einbehaltung und Abführung der Lohnsteuer Sorge zu tragen. Aus der Differenzierung zu den Einkünften aus selbständiger oder gewerblicher Arbeit, die eine unabhängige, selbstbestimmte Tätigkeit voraussetzen, läßt sich die nichtselbständige Arbeit als abhängige, fremdbestimmte Tätigkeit kennzeichnen.

2. Die Einkünfte des freien Mitarbeiters

2.1 Einkünfte aus selbständiger Arbeit, § 18 EStG

Vereinbaren Vertragsparteien ein Freies-Mitarbeiter-Verhältnis, kommt steuerrechtlich zunächst die Zuordnung zu den Einkünften aus selbständiger Arbeit i. S. d. § 18 EStG in Betracht. Dazu gehören drei Arten der Einkunftserzielung: die freiberufliche Tätigkeit (§ 18 Abs. 1 Nr. 1 EStG), die Tätigkeit als Einnehmer einer staatlichen Lotterie (§ 18 Abs. 1 Nr. 2 EStG) und die sonstige selbständige Tätigkeit (§ 18 Abs. 1 Nr. 3 EStG). Da das Einkommensteuerrecht in § 18 EStG keine Definition der selbständigen Arbeit enthält, sondern nur darauf abstellt, ob eine Tätigkeit selbständig ausgeübt wird, kommt es in der Praxis immer wieder zu Abgrenzungsschwierigkeiten mit der Finanzverwaltung darüber, ob die Beschäftigung als selbständige oder unselbständige Berufsausübung oder auch als gewerbliche Tätigkeit anzusehen ist. Dies verdeutlicht die bereits dreistellige Zahl der Entscheidungen des Bundesfinanzhofs zu § 18 Abs. 1 Nr. 1 EStG.[5] Ausschlaggebend ist nämlich nicht die von den Vertragsparteien gewählte Berufsbezeichnung, sondern die Art und Weise der tatsächlichen Berufsausübung.[6] Allgemein wird als selbständige Arbeit eine selbstbestimmte, unabhängige Tätigkeit verstanden, die auf eigene Rechnung und eigene Verantwortung ausgeübt wird.[7] Als Charakteristika werden das vorwiegend geistige Vermögen sowie der Einsatz der persönlichen Arbeitskraft des Berufsträgers angesehen. Im Vergleich dazu sollen bei der gewerblichen Berufsausübung der Kapitaleinsatz oder die kaufmännische Tätigkeit bestimmend sein. Weitere Merkmale sind, daß die selbständige Tätigkeit nachhaltig sowie durch den Einsatz eigener Arbeitskraft und mit der Absicht der Gewinnerzielung ausgeübt wird. Insofern stimmen die steuerlichen Merkmale der selbständigen Tätigkeit mit denen der Gewerbetreibenden, die in § 15 Abs. 2 EStG und § 1 Abs. 1 GewStDV niedergelegt sind, überein. Gewerblich Tätige werden von den Freiberuflern negativ dahingehend abgegrenzt, daß sie gerade keine selbständige Tätigkeit i. S. d. § 18 EStG ausüben.[8]

2.1.1 Freiberufliche Tätigkeit

Erfordert die Ausübung der selbständigen Beschäftigung eine gesetzlich vorgeschriebene Berufsausbildung, so kann sie als freiberufliche Tätigkeit einzuordnen sein. In diesem Fall übt nur derjenige, der aufgrund seiner Berufsausbildung berechtigt ist, die betreffende Berufsbezeichnung zu führen, die freiberufliche Tätigkeit aus.[9] Die freien Berufe stellen die wichtigste Gruppe der selbständig Tätigen dar. § 18 EStG definiert die freiberufliche Tätigkeit nicht, sondern führt Tätigkeiten auf, die als freiberufliche anzusehen sind. Dabei handelt es sich

---

5 *Kupfer*, KÖSDI 1990, 8066 (8066); *Tipke/Lang*, Steuerrecht, § 9 G. II. 3.; *Schmidt/Seeger*, EStG, § 18 Rn. 7 ff.

6 *Hartmann/Christians*, DB 1984, 1365 (1366).

7 Vgl. Abschn. 134 Abs. 1 Satz 1 EStR.

8 *Hartmann/Christians*, DB 1984, 1365 (1366).

9 Vgl. H 136 EStR.

zum einen um bestimmte Berufe, die freiberuflich ausgeübt werden. Zum anderen werden beispielhaft bestimmte Katalogberufe aufgezählt, die eine freiberufliche Tätigkeit darstellen, wobei die ihnen „ähnlichen" Berufe gleichgestellt werden.

Zu den *freiberuflichen Tätigkeiten* gehören die wissenschaftliche, künstlerische, schriftstellerische, unterrichtende oder erzieherische Tätigkeit. Als wissenschaftliche Tätigkeit wird die Erarbeitung von Erkenntnissen anhand objektiver Maßstäbe unter Anwendung rationaler Methoden angesehen. Gefordert wird zwar kein wissenschaftliches Studium, aber wissenschaftliche Kenntnisse und eine Berufsausübung, die auf wissenschaftlichen Grundsätzen beruht.[10] Eine künstlerische Tätigkeit übt ein Steuerpflichtiger aus, wenn er eine eigenschöpferische Leistung vollbringt, in der seine individuelle Anschauungsweise und Gestaltungskraft zum Ausdruck kommt, und die über eine hinreichende Beherrschung der Technik hinaus grundsätzlich eine künstlerische Gestaltungshöhe erreicht.[11] Schriftstellerische Tätigkeit liegt vor, wenn in selbständiger Gestaltung eigene Gedanken schriftlich für die Öffentlichkeit niedergelegt werden.[12] Auf das Niveau des Inhalts kommt es nicht an, so daß der Schriftsteller weder ein Denker noch ein Künstler oder Gelehrter zu sein braucht. Auch der Verfasser von Trivialromanen erzielt freiberufliche Einkünfte. Das gleiche gilt für Journalisten, Schul- und Sachbuchautoren, die auf Honorarbasis tätig werden.[13] Während Unterricht eine auf das Vermitteln von Kenntnissen und Fähigkeiten gerichtete Tätigkeit darstellt, wird als Erziehung die planmäßige Tätigkeit zur körperlichen, geistigen und charakterlichen Formung von Kindern zu tüchtigen und mündigen Menschen verstanden. Auf den Gegenstand des Unterrichts kommt es nicht an.[14]

Zu den in § 18 Abs. 1 Nr. 1 Satz 1 EStG genannten *Katalogberufen* gehört die selbständige Berufstätigkeit der Ärzte, Zahnärzte, Tierärzte, Rechtsanwälte usw. Die freiberufliche Tätigkeit läßt sich demzufolge in zwei Kategorien einteilen. Zum einen handelt es sich um bestimmte Berufe, die steuerlich als freie Berufe behandelt werden, zum anderen

10 *Schmidt/Seeger*, EStG, § 18 Rn. 62 f.
11 *Schmidt/Seeger*, EStG, § 18 Rn. 66.
12 *Schmidt/Seeger*, EStG, § 18 Rn. 77.
13 *Tiedtke*, Einkommensteuer- und Bilanzsteuerrecht, S. 131.
14 *Schmidt/Seeger*, EStG, § 18 Rn. 83.

um bestimmte, den freien Berufen typische, wichtige oder wesentliche Merkmale, die, falls sie erfüllt sind, die Anerkennung der Tätigkeit als freiberuflich bedeuten.[15]

Ein *„ähnlicher" Beruf* muß nach der Rechtsprechung des Bundesfinanzhofs in wesentlichen Punkten mit einem oder mehreren der ausdrücklich im Gesetz genannten Katalogberufe vergleichbar sein und diesem in bezug auf Ausbildung und Gesamtbild der beruflichen Tätigkeit entsprechen. Dazu genügt nicht, daß der Steuerpflichtige eine Tätigkeit ausübt, die auch Angehörige eines Katalogberufs ausüben, sondern die für den Katalogberuf erforderlichen Kenntnisse müssen den wesentlichen Teil der gesamten Berufstätigkeit ausmachen und ihm das Gepräge geben.[16]

Ein wesentliches Begriffsmerkmal für die Einordnung zu den freien Berufen ist, daß der Betreffende leitend und eigenverantwortlich tätig ist. Dies erfordert, daß er aufgrund eigener Kenntnisse und in ausreichendem Umfang persönlich an der praktischen Arbeit teilnimmt.[17] Dieses Kriterium grenzt die selbständige Arbeit von der gewerblichen ab, bei der der Aspekt der geistigen Arbeit und der eigenen Arbeitskraft gegenüber dem Kapitaleinsatz in den Hintergrund tritt.[18] Der Freiberufler darf sich zwar zur Ausübung seiner Tätigkeit der Mithilfe fachlich vorgebildeter Arbeitskräfte bedienen[19], muß aber selbst leitend und eigenverantwortlich tätig bleiben. Gefordert wird, daß die in seinem Unternehmen erbrachten Leistungen durch ihn geprägt sind, er also der Tätigkeit seiner Mitarbeiter den „Stempel der Persönlichkeit des Berufsträgers aufdrückt", sog. Stempeltheorie.[20] Diese Voraussetzungen sind nicht mehr erfüllt, wenn der Freiberufler Aufgaben auf qualifizierte Mitarbeiter überträgt und sich lediglich auf deren Überwachung beschränkt oder sich persönlich nur noch um besonders

15 *Schmidt/Seeger*, EStG, § 18 Rn. 61.

16 BFH vom 16. 10. 1997, BB 1998, 1093 (1093); BFH vom 7. 7. 1976, BStBl. II 1976, 621 (621); BFH vom 7. 9. 1989, BFH/NV 1991, 359 (360) „Kfz-Sachverständiger als Gewerbetreibender"; *Heidel/Pauly*, § 13 Rn. 210.

17 *Hartmann/Christians*, DB 1984, 1365 (1366).

18 *Heidel/Pauly*, § 13 Rn. 212.

19 Anders noch der BFH in der Entscheidung BStBl. III 1958, 34 (37) sog. Vervielfältigungstheorie, die durch die Einfügung des Satzes 3 in § 18 Abs. 1 Nr. 1 EStG überholt ist.

20 *Kupfer*, KÖSDI 1990, 8066 (8067); *Schmidt/Seeger*, EStG, § 18 Rn. 15 ff.; BFH vom 25. 10. 1963, BStBl. III 1963, 595 (596).

schwierige oder wichtige Aufträge kümmert, während er die Erledigung der einfachen oder weniger bedeutsamen Aufträge ganz auf seine Mitarbeiter delegiert.[21]

2.1.2 Sonstige selbständige Tätigkeit

Während der freie Mitarbeiter keine Einkünfte aus selbständiger Tätigkeit als Einnehmer einer staatlichen Lotterie i. S. d. § 18 Abs. 1 Nr. 2 EStG erzielen wird, kann seine Tätigkeit auch unter die sonstige selbständige Arbeit nach § 18 Abs. 1 Nr. 3 EStG einzuordnen sein. Dabei handelt es sich um eine Auffangvorschrift, durch die die Besteuerung sonstiger, von der freiberuflichen Berufsausübung nicht erfaßter Tätigkeiten gesichert werden soll. Beispielhaft aufgezählt sind die Vergütungen der Testamentsvollstrecker, der Vermögens-, Konkurs- oder Nachlaßverwalter, der als Vormund, Pfleger sowie Hausverwalter Bestellten und die Tätigkeit als Aufsichtsratsmitglied. Mit der Ausdehnung des § 18 EStG auf sonstige selbständige Arbeiten sollen auch Einnahmen aus gelegentlichen Tätigkeiten für die Einkommensbesteuerung erfaßt werden. Stehen diese Arbeiten im Zusammenhang mit einer freiberuflichen Tätigkeit, werden sie von § 18 Abs. 1 Nr. 1 EStG erfaßt.[22] Da das Gesetz auch für die sonstige selbständige Berufsausübung keinen einheitlichen Oberbegriff zur Verfügung stellt, verbleiben Grenzfälle, die nicht eindeutig der gewerblichen Tätigkeit oder sonstigen selbständigen Arbeit i. S. d. § 18 Abs. 1 Nr. 3 EStG zuzuordnen sind.

Aber nicht nur die Abgrenzung von selbständiger und gewerblicher Tätigkeit stellt sich häufig als schwierig dar. Wird die Dienstleistung eines freien Mitarbeiters durch seinen persönlichen Einsatz geprägt, ist gleichzeitig zu untersuchen, ob er nicht als Arbeitnehmer anzusehen ist, also Einkünfte aus nichtselbständiger Tätigkeit i. S. d. § 19 EStG bezieht. In der persönlichen Arbeitsleistung ist eine Übereinstimmung von selbständiger und nichtselbständiger Tätigkeit zu sehen. Bei beiden Einkunftsarten kommt es, anders als bei der gewerblichen Berufsausübung, regelmäßig nicht auf den Kapitaleinsatz an. Abgrenzungsprobleme treten ferner dort auf, wo mehrere Tätigkeiten verrichtet werden und zu prüfen ist, ob eine der Beschäftigungen als

21 *Kupfer*, KÖSDI 1990, 8066 (8067).

22 *Tiedtke*, Einkommensteuer- und Bilanzsteuerrecht, S. 135.

eigenständige Einkunftsquelle der selbständigen Arbeit zuzuordnen ist oder als Hilfstätigkeit der nichtselbständigen Arbeit unterfällt.[23] Ob der freie Mitarbeiter, wie von den Vertragsparteien gewollt, selbständig i. S. d. § 18 EStG tätig ist, hat daher jeweils anhand einer Abgrenzung zur gewerblichen bzw. nichtselbständigen Tätigkeit zu erfolgen.

2.2 Abgrenzung zu den Einkünften aus nichtselbständiger Arbeit, § 19 EStG

Derjenige, der einen freien Mitarbeiter beauftragt, wird in der Regel davon ausgehen, daß kein Anstellungsverhältnis begründet wird und will dies regelmäßig auch vermeiden. Dennoch kann trotz anderslautender Wortwahl ein Arbeitsverhältnis im lohnsteuerrechtlichen Sinn vorliegen, wenn ein freier Mitarbeiter oder ein Subunternehmer eingeschaltet oder ein Auftrag im Rahmen eines Werkvertrages vergeben wird. Handelt es sich bei dem Mitarbeiter nach Auffassung der Finanzverwaltung um einen Arbeitnehmer im steuerrechtlichen Sinn, kann die Nichtabführung von Lohnsteuer, Kirchensteuer und Solidaritätszuschlag sowie der Sozialversicherungsbeiträge eine Beitragsvorenthaltung gegenüber den Sozialversicherungsträgern darstellen und bei leichtfertigem oder bewußtem Handeln steuerstrafrechtliche Schritte nach sich ziehen. Gleichzeitig haftet der dann als Arbeitgeber anzusehende Auftraggeber für die ausstehende Lohnsteuer des „freien Mitarbeiters“. Für beide Vertragsbeteiligten treten weiterhin umsatzsteuerrechtliche Auswirkungen ein.[24]

Das Einkommensteuergesetz selbst gibt keine Auskunft darüber, wer als Arbeitnehmer anzusehen ist. § 19 EStG führt lediglich auf, daß zu den Einkünften aus nichtselbständiger Arbeit z. B. Löhne, Gehälter, Tantiemen, Gratifikationen und Ruhegelder gehören. Die Vorschrift stellt klar, daß es sich gleichermaßen um eine Beschäftigung im öffentlichen oder privaten Dienst handeln kann, setzt aber den Begriff des Arbeitnehmers voraus. § 38 Abs. 1 EStG trifft nur insoweit eine Regelung, als die Einkommensteuer bei den Einkünften aus nichtselbständiger Arbeit durch den Abzug vom Arbeitslohn zu erheben ist, soweit der Arbeitslohn von einem Arbeitgeber gezahlt wird. Nach § 38 Abs. 1 Nr. 1 EStG muß dieser Arbeitgeber im Inland einen Wohnsitz, seinen

23 Vgl. unter Teil 2 Kap. 2.5 und 2.6.

24 Vgl. unter Teil 2 Kap. 9.2.

gewöhnlichen Aufenthalt, seine Geschäftsleitung, seinen Sitz, eine Betriebsstätte im Sinne der §§ 8 bis 13 der Abgabenordnung haben oder nach § 38 Abs. 1 Nr. 2 EStG einem Dritten (Entleiher) Arbeitnehmer gewerbsmäßig zur Arbeitsleistung im Inland überlassen, ohne inländischer Arbeitgeber zu sein (ausländischer Verleiher).[25] Obwohl im Einkommensteuergesetz eine Regelung fehlt, wer für Besteuerungszwekke als Arbeitnehmer anzusehen ist, kann auf den Arbeitnehmerbegriff des Arbeits- oder Sozialrechts nur bedingt zurückgegriffen werden.

2.2.1 Unterschiede zum Arbeits- und Sozialrecht

Unterschiede zu der arbeits- und sozialversicherungsrechtlichen Begriffsbestimmung des Arbeitnehmers bestehen zunächst insoweit, als von der Besteuerung der Einkünfte aus nichtselbständiger Arbeit nach § 19 EStG auch Bezüge aus einem früheren Dienstverhältnis erfaßt werden.[26] Dieser Personenkreis (Rentner, Pensionäre) gehört jedoch nicht zu den Arbeitnehmern im arbeits- oder sozialversicherungsrechtlichen Sinn[27], da diese Rechtsgebiete das Bestehen eines gegenwärtigen Dienstverhältnisses voraussetzen. Auch gesetzliche Vertreter und GmbH-Gesellschafter-Geschäftsführer bzw. Vorstände juristischer Personen sind aufgrund ihrer leitenden Tätigkeit keine Arbeitnehmer im Sinne des Arbeitsrechts, werden jedoch regelmäßig mit ihren Einkünften nach § 19 EStG besteuert.[28] Gleiches gilt für Minister, Richter, Beamte und Soldaten, die dem öffentlichen Recht unterfallen und daher nur im Steuerrecht als Arbeitnehmer angesehen werden. Abweichungen zeigen sich auch bei der Arbeitnehmerüberlassung. Arbeitsrechtlich gilt der Entleiher bei unerlaubter Arbeitnehmerüberlassung als Arbeitgeber (§ 10 AÜG). Steuerrechtlich wird der Entleiher nur dann als Arbeitgeber angesehen, wenn es sich um eine unerlaubte Arbeitnehmerüberlassung handelt und der Entleiher tatsächlich den Lohn im eigenen Namen und auf eigene Rechnung an die Leihar-

---

25 Zur Arbeitnehmerüberlassung vgl. unter Teil 2 Kap. 2.8 sowie zur Haftung bei Arbeitnehmerüberlassung unter Teil 2 Kap. 8.2.

26 Vgl. § 19 Abs. 1 Nr. 2 EStG.

27 Vgl. dazu Teil 1.

28 Gesellschafter-Geschäftsführer von Personengesellschaften sind dagegen Mitunternehmer i. S. d. § 15 Abs. 1 Nr. 2 EStG.

beitnehmer auszahlt.[29]

2.2.2 Der steuerrechtliche Arbeitnehmerbegriff

Da auf das Arbeits- und Sozialrecht nicht zurückgegriffen werden kann, hat sich für das Einkommen- und Lohnsteuerrecht ein eigenständiger Begriff des Arbeitnehmers entwickelt[30], der eine Regelung in § 1 LStDV gefunden hat. Nach Absatz 1 Satz 1 dieser Vorschrift sind Arbeitnehmer Personen, die im öffentlichen oder privaten Dienst angestellt oder beschäftigt sind oder waren und die aus diesem Dienstverhältnis oder einem früheren Dienstverhältnis Arbeitslohn erhalten. Dazu gehören nach Satz 2 auch die Rechtsnachfolger dieser Personen, soweit sie Arbeitslohn aus dem früheren Dienstverhältnis ihres Rechtsvorgängers beziehen. Ein Arbeitnehmer im steuerrechtlichen Sinn kann daher Arbeitslohn aus einem eigenen gegenwärtigen, früheren oder zukünftigen Dienstverhältnis beziehen oder als Rechtsnachfolger aus einem früheren Dienstverhältnis einer anderen Person.[31] Ein Dienstverhältnis liegt nach § 1 Abs. 2 LStDV vor, wenn der Angestellte (Beschäftigte) dem Arbeitgeber seine Arbeitskraft schuldet, indem er in der Betätigung seines geschäftlichen Willens unter der Leitung des Arbeitgebers steht oder im geschäftlichen Organismus des Arbeitgebers dessen Weisungen zu folgen verpflichtet ist. § 1 Abs. 3 LStDV enthält schließlich eine Negativdefinition des Arbeitnehmers. Danach ist derjenige, der Lieferungen und sonstige Leistungen innerhalb der von ihm selbständig ausgeübten gewerblichen oder beruflichen Tätigkeit im Inland gegen Entgelt ausführt, nicht Arbeitnehmer. Auch das Umsatzsteuergesetz bestimmt in § 2 Abs. 2 Nr. 1 mittels einer Negativdefinition, daß eine berufliche Tätigkeit nicht selbständig ausgeübt wird, soweit natürliche Personen, einzeln oder zusammengeschlossen, einem Unternehmen so eingegliedert sind, daß sie den Weisungen des Unternehmers zu folgen verpflichtet sind. Daraus folgt, wer als natürliche Person nicht selbständig ist, weil er den Weisungen eines anderen unterworfen ist, kann nicht Unternehmer sein. Für die Gewerbesteuer ist in § 2 Abs. 1 Satz 2 GewStG niedergelegt, daß der Begriff des gewerblichen Unternehmens nach dem Einkommensteuer-

29 *Schmidt/Drenseck*, EStG, § 42 d Rn. 75; vgl. § 42 d Abs. 7 EStG sowie unter Teil 2 Kap. 2.8.2.2.

30 BFH vom 21. 3. 1975, BStBl. II 1975, 513 (513); BFH vom 7. 4. 1972, BStBl. II, 1972, 643 (643).

31 Z. B. Witwen- und Waisengeld.

gesetz maßgebend ist. Damit gilt für das Steuerrecht ein einheitlicher Arbeitnehmerbegriff, der die Eingliederung und Weisungsgebundenheit als wesentliche Kriterien der steuerrechtlichen Arbeitnehmereigenschaft verlangt.

Im folgenden sollen die Merkmale der nichtselbständigen Tätigkeit in Abgrenzung zur selbständigen Beschäftigung näher erläutert werden.

2.2.2.1 Öffentliches oder privates Dienstverhältnis

Arbeitnehmer im Sinne des Einkommensteuerrechts ist jeder Beschäftigte, d. h. jeder, der eine unselbständige, fremdbestimmte Tätigkeit ausführt. Dabei kann nach § 1 Abs. 1 LStDV ein Dienstverhältnis im steuerrechtlichen Sinn dem privaten oder öffentlichen Recht angehören, so daß Beschäftigungen im öffentlichen Dienst der Privatwirtschaft gleichgestellt sind. Als Beschäftigter gilt im Steuerrecht jedoch nur derjenige, der Einnahmen erzielt, weil ansonsten die Besteuerung nach § 2 Abs. 1 Ziff. 4 EStG nicht Platz greift.

– Einnahmeerzielung aus einer gegenwärtigen oder ehemaligen Beschäftigung

Durch das Merkmal der Einnahmeerzielung werden auch ehemalige Beschäftigte, also Pensionäre und Rentner, sowie die Rechtsnachfolger der Arbeitnehmer zu Arbeitnehmern im steuerrechtlichen Sinn.[32] Die Einbeziehung der Einnahmen aus „früheren Dienstverhältnissen" in die Einkünfte aus nichtselbständiger Arbeit nach § 19 Abs. 1 Nr. 2 EStG verdeutlicht, daß im Steuerrecht auch derjenige als Arbeitnehmer gilt, der nicht mehr in einem Beschäftigungsverhältnis steht. Insofern kommt § 24 Nr. 2 EStG für die Besteuerung von Einkünften aus einer ehemaligen Tätigkeit nur klarstellende Bedeutung zu. Den Einkünften aus nichtselbständiger Arbeit werden über § 24 Nr. 1 Buchstabe a) EStG auch Entschädigungen als Ersatz für entgangene oder entgehende Einnahmen wie Entlassungsentschädigungen, Abfindungen, die Kapitalisierung von Rentenansprüchen, Pensionsabfindungen und dergleichen zugeordnet.[33] Ebenso hält der Bundesfinanzhof Einnah-

32 *Giloy*, DB 1986, 822 (822).
33 Vgl. hierzu Teil 2 Kap. 7 sowie ausführlich *Schmidt/Seeger*, EStG, § 24 Rn. 26 ff.

men aus einem künftigen Dienstverhältnis für möglich.[34] Die Vereinbarung einer Wettbewerbsbeschränkung zwischen Arbeitnehmer und Arbeitgeber, nach der der Arbeitnehmer für die Nichtausübung einer Tätigkeit ein Entgelt erhält, unterliegt nach der konstitutiven Bestimmung des § 24 Nr. 1 Buchstabe b) EStG ebenfalls der Besteuerung nach § 19 EStG. Verzichtet dagegen jemand entgeltlich darauf, überhaupt in ein Dienstverhältnis einzutreten, damit die Tätigkeit von einem anderen ausgeübt werden kann, fehlt es an einem konkreten Bezug zu einem künftigen Dienstverhältnis, so daß keine Lohneinkünfte vorliegen. Entscheidendes Merkmal für die steuerrechtliche Qualifizierung der Einkünfte aus nichtselbständiger Arbeit ist demnach nicht die Beschäftigung, sondern die Tatsache der Einnahmeerzielung aus einem Dienstverhältnis.

– Dienstverhältnis

Ein Dienstverhältnis liegt nach § 1 Abs. 2 LStDV vor, wenn ein Angestellter (Beschäftigter) dem Arbeitgeber seine Arbeitskraft schuldet und dessen Weisungen zu befolgen hat. Anders als bei der selbstbestimmten Tätigkeit kommt es nicht auf den Arbeitserfolg, sondern allein auf die Arbeitsleistung an. An dem Vorliegen eines steuerlichen Dienstverhältnisses fehlt es jedoch, wenn kein Leistungsaustausch zwischen Arbeit und Lohn vereinbart wird. Beispiel ist die Ausübung eines Ehrenamtes, sofern lediglich die durch das Ehrenamt entstehenden Kosten erstattet werden oder das Verfolgen uneigennütziger Ziele mit einem Taschengeld „vergütet" wird. Die durch eine Tätigkeit ausgelösten Zuwendungen in Form einer Anerkennung, Aufmerksamkeit, Belohnung oder Schenkung stellen keine Einkünfte aus nichtselbständiger Tätigkeit dar, sofern die Vergütung so niedrig ist, daß sie schlechterdings nicht Gegenleistung sein kann.[35] Ausschlaggebend ist, daß die Zuwendung nicht vom Wert der Arbeitsleistung bestimmt wird. Gleiches gilt für bloße Gefälligkeiten gegenüber Familienmitgliedern oder fremden Dritten. Sie stellen kein Dienstverhältnis dar, wenn die Arbeitsleistung ohne Anspruch auf ein Entgelt erbracht wird. Selbstverständlich können aber auch zwischen nahen Angehörigen

---

34 Vgl. z. B. BFH vom 13. 3. 1981, BStBl. II 1981, 439 (440).

35 BFH vom 28. 7. 1983, BStBl. II 1984, 60 (61); vgl. zu den Nebeneinkünften unter Teil 2 Kap. 2.6.

Dienstverhältnisse begründet werden. Für die Abgrenzung zwischen steuerlichem Dienstverhältnis und unentgeltlicher Familienhilfe kann darauf abgestellt werden, ob statt des Familienangehörigen eine fremde Hilfe beschäftigt worden wäre oder ob der tätige Angehörige auf eine Vergütung angewiesen ist.[36]

2.2.2.2 Gesamtbild der tatsächlichen Vertragsbeziehungen

Die Einordnung des freien Mitarbeiters unter die Gruppe der Selbständigen oder Nichtselbständigen wird im wesentlichen durch das Innenverhältnis zwischen der mit der Tätigkeit beauftragten Person und ihrem Auftraggeber bestimmt. Die getroffenen Vereinbarungen müssen ernsthaft gewollt sein und auch tatsächlich durchgeführt werden. Abzustellen ist nicht auf einzelne Umstände, sondern auf das Gesamtbild der Verhältnisse.[37] Eine Weisungsgebundenheit und damit ein Dienstverhältnis im steuerrechtlichen Sinn hat sich auf den Ort, die Zeit sowie die Art und Weise der Tätigkeit zu erstrecken. Allein die wirtschaftliche Abhängigkeit führt nicht zur Weisungsgebundenheit. Ebenso ist die Dauer der Tätigkeit für sich betrachtet nicht ausschlaggebend.

– Einzelkriterien

Das Gesamtbild der tatsächlichen Beziehungen zwischen den Vertragsparteien setzt sich aus einer Vielzahl von Einzelkriterien zusammen, die für eine Gesamtwürdigung herangezogen werden. Dazu gehören die persönliche Abhängigkeit, die Weisungsgebundenheit, die Vereinbarung fester Arbeitszeiten, feste Bezüge, Anspruch auf die üblichen Sozialleistungen wie Kranken-, Renten-, Arbeitslosenversicherung, Entgeltfortzahlung, Urlaub sowie ggf. freiwillige Zusatzleistungen wie Urlaubs- und Weihnachtsgeld. Von Bedeutung sind weiterhin die Eingliederung in einen Betrieb, die Unselbständigkeit bei der Ausführung der Tätigkeit, das fehlende Unternehmerrisiko oder der fehlende Kapitaleinsatz des Beschäftigten, das Schulden der Arbeitskraft

---

36 *Schmidt/Drenseck*, EStG, § 33 a Rn. 70.

37 Abschn. 67 Abs. 1 Satz 1 LStR sowie die ständige Rspr. des BFH vom 24. 11. 1961, BStBl. III 1962, 125 (126); BFH vom 14. 12. 1978, BStBl. II 1979, 188 (189); BFH vom 20. 2. 1979, BStBl. II 1979, 414 (415); BFH vom 24. 7. 1992, DB 1993, 208; *Heidel/Pauly*, § 6 Rn. 2.

und nicht des Arbeitserfolgs sowie das Benutzen von Arbeitsmitteln, die der Auftraggeber zur Verfügung gestellt hat. Auch das Tätigwerden für nur einen Auftraggeber, regelmäßige Berichterstattungen an den Auftraggeber, die Einbehaltung von Steuern und Sozialabgaben und die persönliche Arbeitsverpflichtung sprechen für die Arbeitnehmereigenschaft eines Beschäftigten in steuerrechtlicher Hinsicht.[38] Ferner wird darauf abgestellt, ob die ausgeübte Tätigkeit mit der anderer Arbeitnehmer desselben Betriebs vergleichbar ist und ob z. B. vorwiegend untergeordnete Tätigkeiten verrichtet werden, die üblicherweise Arbeitnehmer ausführen und bei denen Weisungsgebundenheit die Regel ist. Auch das Vorliegen eines sachlichen Grundes für die Einstufung wird als Kriterium genannt.[39]

– Weisungsgebundenheit

§ 1 Abs. 2 LStDV nennt die Weisungsgebundenheit als Merkmal der abhängigen Beschäftigung. Diese kann dadurch zum Ausdruck kommen, daß der freie Mitarbeiter dem Direktionsrechts eines anderen hinsichtlich Ort, Zeit, und Inhalt der von ihm ausgeführten Tätigkeit untersteht. Daneben kann die Weisungsgebundenheit auch auf einem öffentlich-rechtlichen Gewaltverhältnis beruhen, wie dies bei Richtern, Beamten und Soldaten der Fall ist. In welchem Umfang ein Mitarbeiter aufgrund von Weisungsrechten persönlich abhängig ist, kann nicht für alle Beschäftigungsarten gleichermaßen von Bedeutung sein. Entscheidend ist vielmehr die Eigenart der jeweiligen Tätigkeit. Setzt diese keine qualifizierte Berufsausbildung voraus, wird die Weisungsabhängigkeit regelmäßig als ausschlaggebendes Merkmal anzusehen sein. Dies gilt vornehmlich für Arbeiten, bei denen keine eigene Initiative entfaltet werden kann.[40] Das Merkmal der Leitung oder Weisung des Arbeitgebers stellt jedoch kein unverzichtbares Kriterium dar. Führungskräfte, wie insbesondere GmbH-Geschäftsführer und Vorstände, beziehen ebenfalls Einkünfte aus nichtselbständiger Arbeit,

38 Vgl. die Zusammenstellung bei *Giloy*, DB 1986, 822 (823) sowie die Rspr. des BFH vom 21. 3. 1975, BStBl. II 1975, 213 (213); vom 14. 6. 1985, BStBl. II 1985, 661 (663); vom 26. 10. 1977, BStBl. II 1978, 137 (139); BFH vom 4. 12. 1975, BStBl. II 1976, 292 (293); BFH vom 14. 12. 1978; BStBl. II 1979, 188 (189); BFH vom 20. 2. 1079, BStBl. II 1979, 414 (415); *Heidel/Pauly*, § 6 Rn. 4, 11.

39 *Kunz/Kunz*, DB 1993, 326 (327).

40 BFH vom 14. 6. 1985, BStBl. II 1985, 661 (663).

obwohl es bei ihnen regelmäßig an der Weisungsgebundenheit fehlen wird. Der Bundesfinanzhof[41] hat aus diesem Grund die Bedeutung der Weisungsgebundenheit bei gehobenen Arbeiten eingeschränkt und sie lediglich als Indiz der Eingliederung und damit der Unselbständigkeit angesehen. Bei Führungskräften, die weitgehend eigenverantwortlich handeln, reicht es aus, wenn sie Weisungen hinsichtlich der Art und Weise der Ausführung der geschuldeten Arbeitsleistung zu folgen verpflichtet sind.[42]

– Eingliederung

Aus diesem Grund ist dem Merkmal der Eingliederung in einen anderen Betrieb entscheidende Bedeutung beizumessen. Die Eingliederung ist nicht räumlich zu sehen, denn auch außerhalb des Unternehmens eingesetzte Mitarbeiter sind Arbeitnehmer. Wichtig ist vielmehr die strukturelle Eingliederung.[43] Da auch der selbständig Tätige häufig mit dem Betrieb seines Auftraggebers in Berührung kommt, wird darauf abgestellt, ob dieser Kontakt zeitlich befristet ist[44], wie z. B. bei der Urlaubsvertretung von Ärzten und Rechtsanwälten. Andererseits sind Gelegenheitsarbeiter, die zu bestimmten, unter Aufsicht durchzuführenden Arbeiten herangezogen werden, selbst dann Arbeitnehmer, wenn sie die Tätigkeit nur für einige Stunden ausüben[45], da bei ihnen das Merkmal der Weisungsgebundenheit besonders stark ausgeprägt ist. Indizielle Bedeutung für die Eingliederung eines Beschäftigten hat die Vornahme des Lohnsteuerabzugs durch den Unternehmer[46], womit er zum Ausdruck bringt, daß er den Arbeitnehmer seinem Betrieb zuordnet. Im Hinblick auf die wachsende Zahl der sog. virtuellen Arbeitsplätze wird das Merkmal der Eingliederung künftig eine Änderung erfahren müssen.[47] Infolge virtueller Organisationskonzepte entstehen ausgelagerte Arbeitsplätze, die nicht nur von Angestellten, sondern auch von freien Mitarbeitern und sogar Kunden in Anspruch ge-

---

41 BFH vom 3. 8. 1978, BStBl. II 1979, 131 (133); BFH vom 25. 10. 1977, BStBl. II 1978, 125 (129) „Handelsvertreter".
42 *Heidel/Pauly*, § 6 Rn. 9.
43 *Giloy*, DB 1986, 822 (826).
44 BFH vom 12. 10. 1978, BStBl. II 1981, 706 (707) „Synchronsprecherin".
45 Abschn. 68 Abs. 1 Satz 5 LStR.
46 *Schmidt/Schmidt*, EStG, § 15 Rn. 15.
47 *Schmidt*, FR 1996, 706 f.

nommen werden. Telearbeitnehmer oder Mitarbeiter virtueller Teams tragen zwar kein Unternehmerrisiko im klassischen Sinn, doch sind ihre Bezüge häufig wesentlich stärker erfolgsabhängig als bei „normalen" Arbeitnehmern. Als gewerbliche Mitunternehmer kann dieser Personenkreis nur dann angesehen werden, wenn er selbst die Arbeitsergebnisse am Markt verwertet, als Freiberufler i. S. d. § 18 EStG, wenn einer der Katalogberufe vorliegt. Die bisher gängigen Zuordnungen sind daher für diese Berufszweige nicht mehr ausreichend.

– Vertragliche Gestaltung

Für die steuerrechtliche Zuordnung eines Vertragsverhältnisses ist die von den Vertragsparteien getroffene rechtliche Einordnung oder Bezeichnung des Beschäftigungsvertrages als Freier-Mitarbeiter-Vertrag bedeutungslos.[48] Gleichgültig ist auch, ob ein mündlicher oder schriftlicher Arbeits- bzw. Dienstvertrag abgeschlossen wurde. Ebenso ist die Art der vereinbarten Vergütung nicht maßgebend für die rechtliche Einordnung des Vertragsverhältnisses. Gleiches gilt für das Auftreten des Mitarbeiters im Außenverhältnis. So können z. B. Reisende Arbeitnehmer sein, selbst wenn sie erfolgsabhängig entlohnt werden und eine gewisse Bewegungsfreiheit hinsichtlich Zeit und Ort ihrer Tätigkeit haben.[49] Es entspricht ständiger Rechtsprechung des Bundesfinanzhofs[50], daß formelle Gestaltungen für die steuerrechtliche Beurteilung nicht bindend sind. Dies verstößt nicht gegen den Grundsatz der Vertragsfreiheit (§§ 241, 305 BGB), da es den Parteien eines Beschäftigungsverhältnisses unbenommen bleibt, den Inhalt eines Freien-Mitarbeiter-Vertrages ihren Bedürfnissen entsprechend zu gestalten. Nicht zu ihrer Disposition steht hingegen, ob die von ihnen erstrebten rechtlichen Wirkungen eintreten. Hierfür sind die tatsächliche Durchführung der zwischen den Vertragsparteien getroffenen Vereinbarungen und die Art der geleisteten Arbeit entscheidend. Dem Parteiwillen kommt insofern nur indizielle Bedeutung zu. Dies gilt auch,

48 Abschn. 134 H EStR; BFH vom 24. 7. 1992, DB 1993, 208 (209).

49 BFH vom 7. 12. 1961, BStBl. III 1962, 149 (150).

50 BFH vom 13. 3. 1981, BStBl. II 1981, 439 (440); BFH vom 29. 9. 1967, BStBl. II, 1968, 84 (86); BFH vom 4. 5. 1972, BStBl. II 1972, 618 (619 f.); BFH vom 14. 10. 1976, BStBl. II 1977, 50 (51 f.); BFH vom 14. 12. 1978, BStBl. II 1979, 188 (189); BFH vom 20. 2. 1979, BStBl. II 1979, 414 (415); BFH vom 24. 7. 1992, DB 1993, 208 (209) „Stromableser als Arbeitnehmer".

wenn der Arbeitgeber das Einverständnis des Mitarbeiters erhält, seinen bisherigen Anstellungsvertrag in einen Freien-Mitarbeiter-Vertrag umzuwandeln oder statt einer Neueinstellung ein Freier-Mitarbeiter-Vertrag abgeschlossen wird.[51]

Der sich anhand der vorgenannten Kriterien aufgrund der Rechtsprechung des Bundesfinanzhofs entwickelte steuerrechtliche Arbeitnehmerbegriff ist in der Fachliteratur wegen der fehlenden Gesetzestechnik kritisiert worden. Die Verknüpfung des Arbeitnehmerbegriffs mit dem Bezug von Arbeitslohn i. S. d. LStDV wird als nicht systemgerecht angesehen, weil die Einnahmeerzielung kein Tatbestandsmerkmal, sondern Folge der Tätigkeit des Arbeitnehmers ist.[52] Umstritten ist weiter, ob ein öffentlich-rechtliches Gewaltverhältnis der Arbeitnehmereigenschaft nicht entgegensteht, weil der Begriff des Dienstverhältnisses eine freiwillige Verpflichtung zum Schulden der Arbeitskraft voraussetzt. Zivil- oder Wehrdienstleistende sind dagegen aufgrund öffentlich-rechtlicher Verpflichtung tätig.[53] Richtigerweise erzielt aber auch dieser Personenkreis durch den Einsatz seiner Arbeitskraft Einnahmen, die § 19 EStG zuzuordnen sind.[54] Für die Praxis sollte mit Hilfe der vorgenannten Einzelmerkmale – dem derzeitigen Stand der Rechtsprechung entsprechend – jeweils geprüft werden, ob der freie Mitarbeiter tatsächlich nicht weisungsgebunden ist und die Eingliederung in die betriebliche Organisation des Auftraggebers fehlt, oder ob er nicht vielmehr als Arbeitnehmer anzusehen ist.

So werden z. B. Musiker, die in Gaststätten auftreten, den Arbeitnehmern zugeordnet[55], Trainer von Sportvereinen, Rechtsanwälte, die bei Verbänden oder Unternehmen gegen festes Entgelt tätig sind, Reinigungskräfte, Mitarbeiter von Rundfunk- und Fernsehanstalten, wenn sie den Anstalten dauerhaft zur Verfügung stehen, auch wenn sie als „freie Mitarbeiter" jeweils für den Einzelfall verpflichtet werden.[56] Als selbständig tätige freie Mitarbeiter sind andererseits z. B. Sozietätsmitglieder mit festem Gewinnanteil angesehen worden oder Frei-

51 *Kunz/Kunz*, DB 1993, 326 (327).
52 *H/H/R*, § 19 EStG Anm. 20.
53 Vgl. dazu *Giloy,* DB 1986, 822 (824).
54 *Schmidt/Drenseck*, EStG, § 19 Rn. 7.
55 Vgl. hierzu auch die Ausführungen zur Nebentätigkeit unter Teil 2 Kap. 2.6.
56 Vgl. dazu die Auflistung bei *Schmidt/Drenseck*, EStG, § 19 Rn. 15.

berufler, die gegen festes Entgelt Urlaubsvertretungen übernehmen, Hebammen ohne festen Anstellungsvertrag, Innenarchitekten, die gestaltend tätig sind, Graphiker, sofern sie sich künstlerisch betätigen, Journalisten und Kameraleute, die ihre Werke selbst verwerten, sowie selbständig tätige Krankenschwestern, Masseure und Tagesmütter.[57]

2.3 Abgrenzung zu den Einkünften aus Gewerbebetrieb, § 15 EStG

Fehlt es an der Eingliederung bzw. Weisungsgebundenheit des für eine Dienstleistung eingeschalteten Mitarbeiters, werden je nach Art der Beschäftigung Einkünfte aus selbständiger Arbeit oder gewerblicher Tätigkeit erzielt. Stellt die Tätigkeit des freien Mitarbeiters eine gewerbliche Berufsausübung dar, ist für die Einkunftsbesteuerung die Vorschrift des § 15 EStG einschlägig. Voraussetzung ist, daß die Beschäftigung auf eigene Rechnung (Unternehmerrisiko) und auf eigene Verantwortung (Unternehmerinitiative) ausgeübt wird.[58] Unter Umständen kann aber auch derjenige, der in den Betrieb eines anderen eingegliedert ist und eine weisungsgebundene Tätigkeit ausführt, gewerbliche Einkünfte beziehen. So unterstellt § 15 Abs. 1 Nr. 2 EStG Vergütungen, die ein Gesellschafter von einer Personengesellschaft für eine Tätigkeit im Dienst der Gesellschaft bezieht, den Einkünften aus Gewerbebetrieb. Dazu gehören auch die von einer KG gezahlten Arbeitgeberanteile zur Sozialversicherung des Kommanditisten.[59] Ebenso beziehen Arbeitnehmer, die mit einer geringen Einlage an der sie beschäftigenden KG beteiligt sind, über die Qualifikationsnorm des § 15 Abs. 1 Nr. 2 EStG gewerbliche Einkünfte. Werden sie im Rahmen eines Vermögensbeteiligungsmodells Kommanditist des arbeitgebenden Unternehmens, ist ihre Arbeitsleistung nicht mehr fremdbestimmt, sondern selbstbestimmt. § 15 Abs. 1 Nr. 2 EStG bewirkt, daß die Arbeitsleistung als Beitrag zur Förderung des Gesellschaftszwecks qualifiziert wird. Damit geht trotz Vorliegens der Wei-

---

57 Vgl. dazu die Auflistung der selbständigen Tätigkeiten bei *Schmidt/Seeger*, EStG, § 18 Rn. 7 ff.

58 R 134 Abs. 1 Satz 1 EStR.

59 BFH vom 13. 3. 1980, BStBl. II 1980, 499 (501) „Vermittlungsprovision für einen Kommanditisten"; BFH vom 27. 5. 1981, BStBl. II 1982, 192 (195) „Beteiligung von 2,35%"; BFH – GrS – vom 19. 10. 1970, BStBl. II 1971, 177 (178) „Sozialversicherungsbeiträge eines Kommanditisten".

sungsgebundenheit und Eingliederung die Arbeitnehmerstellung verloren.[60] Der Gesetzgeber bezweckt mit dieser Vorschrift eine einheitliche Besteuerung beim gemeinschaftlichen Bezug von Einkünften aus Gewerbebetrieb und eine Gleichstellung von Mit- und Einzelunternehmern.[61] Dagegen erzielt der stille Gesellschafter Einkünfte aus Kapitalvermögen nach § 20 Nr. 4 EStG, auch wenn seine Einlage allein in der Arbeitskraft besteht.[62] In Abgrenzung zur Mitunternehmerschaft und damit gewerblichen Einkommenserzielung ist der stille Gesellschafter grundsätzlich nicht am Verlust beteiligt und trägt insofern kein Unternehmerrisiko.[63] Wird dagegen eine gewinnabhängige Tantieme vereinbart, soll dies wieder für das Vorliegen einer Mitunternehmerschaft sprechen. Gewerbliche Einkünfte erzielt auch ein Gemeinschuldner, der vom Konkursverwalter beschäftigt wird. Zwar kann der Konkursverwalter als Partei kraft Amtes zivilrechtlich ein Arbeitsverhältnis begründen und ist in diesem Fall auch verpflichtet, die Arbeitgeberanteile zur Sozialversicherung abzuführen.[64] Ein Dienstverhältnis im steuerrechtlichen Sinn liegt aber nicht vor, denn der Gemeinschuldner bleibt Inhaber des Konkursvermögens und erzielt keine Einnahmen in Form von Wertzuflüssen von außen.[65]

2.3.1 Positive Abgrenzungsmerkmale

In § 15 Abs. 2 EStG werden folgende positive Abgrenzungsmerkmale für die Ausübung einer gewerblichen Tätigkeit genannt:

1. Selbständigkeit
2. Nachhaltigkeit
3. Gewinnerzielungsabsicht
4. Beteiligung am allgemeinen wirtschaftlichen Verkehr.

2.3.1.1 Selbständigkeit

Eine gewerbliche Betätigung muß selbständig ausgeübt werden. Dieses Merkmal soll die Einkünfte aus Gewerbebetrieb von denen aus

60 *Giloy*, DB 1986, 822 (824).
61 BFH vom 28. 4. 1983, BStBl. II 1983, 668 (670).
62 BFH vom 7. 12. 1983, BStBl. II 1984, 373 (375 f.).
63 BFH vom 9. 9. 1954, BStBl. III 1954, 317 (318).
64 BFH – GrS – vom 19. 10. 1970, BStBl. II 1971, 177 (178).
65 *Giloy*, DB 1986, 822 (825).

nichtselbständiger Arbeit unterscheiden und stimmt insofern mit der selbständigen Tätigkeit i. S. d. § 18 EStG überein. Entscheidend ist die persönliche Selbständigkeit.[66] Diese ist gegeben, wenn derjenige, dem der Gewerbebetrieb zugerechnet werden soll, die Tätigkeit auf eigene Rechnung und Gefahr ausübt. Das bedeutet, er trägt selbst das Erfolgsrisiko und entfaltet bei der Tätigkeit eine unternehmerische Initiative[67], indem er den Gewerbebetrieb unter eigener Verantwortung betreibt und selbst die Arbeits- und Zeiteinteilung bestimmt. Als weitere Merkmale werden – in Anlehnung an die arbeitsrechtliche Einordnung – die Tätigkeit für verschiedene Auftraggeber genannt, die Übernahme des Unternehmerrisikos, die Berufsausübung in eigenen Räumen sowie die Möglichkeit, sich bei der Durchführung der Arbeit eines Dritten zu bedienen.[68] Kriterien sind auch das Fehlen fester Bezüge sowie von Ansprüchen auf Sozialleistungen, die selbständige Organisation und Ausführung der Tätigkeit, keine ständige Zusammenarbeit mit Mitarbeitern des Auftraggebers und die fehlende Eingliederung in einen anderen Betrieb, sofern es sich nicht lediglich um eine Urlaubsvertretung handelt. Die fehlende Eingliederung kann allerdings nicht alleiniges Abgrenzungskriterium sein, da auch ein selbständig tätiger Unternehmensberater regelmäßig im Betrieb des Auftraggebers tätig ist. Ebenso ist ein festes Honorar bei Selbständigen nicht ungewöhnlich. Jedoch sollte der finanzielle Erfolg der Tätigkeit durch größeren oder geringeren Arbeitseinsatz beeinflußt werden können.[69] Zur Selbständigkeit gehört ferner, daß nicht die Arbeitskraft, sondern der Arbeitserfolg geschuldet wird.[70] Insofern bestehen Unterschiede zwischen der gewerblichen und freiberuflichen Tätigkeit. Denn die Dienstleistungen von Ärzten, Rechtsanwälten oder Wirtschaftsprüfern werden regelmäßig nicht erfolgsabhängig vergütet, auch wenn diese Berufsgruppen selbständig sind. Erfolgt die Berufsausübung in Gemeinschaft mit anderen, handelt es sich um eine mitunternehmerische Tätigkeit, wenn der Tätigwerdende an den Anlagewerten des Un-

66 BFH vom 17. 1. 1973, BStBl. II 1973, 260 (261).

67 *Meyer/Scharenberg/Popp*, Gewerbesteuer, § 2 Rn. 25; BFH vom 27. 9. 1988, BStBl. II 1988, 414 (415).

68 *Wiemhoff*, Lohnsteuer, S. 20 f.

69 *Meyer/Scharenberg/Popp*, Gewerbesteuer, § 2 Rn. 30.

70 Vgl. Abschn. 67 LStR; R 134 EStR; *Heidel/Pauly*, § 6 Rn. 13; *Meyer/Scharenberg/Popp*, Gewerbesteuer, § 2 Rn. 27.

ternehmens beteiligt ist[71], gemeinsam Unternehmerinitiative entfaltet und das Unternehmer- und Haftungsrisiko getragen wird.[72] Erforderlich sind weiter Überwachungs- und Mitspracherechte.[73] Anders als Gesellschafter-Geschäftsführer einer GmbH, die Einkünfte aus nichtselbständiger Tätigkeit beziehen, stellen Vergütungen an Gesellschafter von Personengesellschaften aufgrund der Qualifikationsnorm des § 15 Abs. 1 Nr. 2 EStG immer gewerbliche Einkünfte dar. Dies gilt selbst für die Witwe eines verstorbenen Gesellschafters, die Versorgungsleistungen von der Personengesellschaft bezieht.[74] Die persönliche Selbständigkeit der gewerblich Tätigen beurteilt sich ebenfalls nach dem Gesamtbild der Verhältnisse, d. h. sprechen verschiedene Umstände für oder gegen die Einordnung als selbständige Beschäftigung, sind die wichtigsten Merkmale ausschlaggebend.[75]

2.3.1.2 Nachhaltigkeit

Nachhaltig ist eine Tätigkeit, die von der Absicht getragen ist, sie zu wiederholen und daraus eine ständige Erwerbsquelle zu machen. Bereits eine einmalige Handlung kann den Beginn einer fortgesetzten Tätigkeit begründen, wenn die Absicht der Wiederholung nach außen erkennbar ist. Bei einer Mehrheit verschiedener einmaliger Handlungen ist die Nachhaltigkeit nur dann gegeben, wenn die Handlungen in einem gewissen inneren Zusammenhang stehen.[76] Daher erfüllt der private Autoverkauf bei Anschaffung eines neuen Fahrzeugs grundsätzlich nicht die Voraussetzungen der Nachhaltigkeit, selbst wenn er alle 2 Jahre und damit wiederholt vorgenommen wird. Gewerbliche Einkünfte sind ferner zu verneinen, wenn der Steuerpflichtige durch eine einmalige Tätigkeit lediglich einen Steuerzustand schafft, in dem für einen längeren Zeitraum Vergütungen anfallen.[77] Das Problem der Nachhaltigkeit ist insbesondere im Zusammenhang mit Grundstücksverkäufen relevant geworden.[78] Zur Wiederholungsabsicht beim An-

71 BFH vom 9. 10. 1969, BStBl. II 1970, 320 (321).
72 BFH vom 9. 12. 1976, BStBl. II 1977, 155 (158).
73 BFH vom 11. 12. 1980, BStBl. II 1981, 310 (312).
74 Vgl. unter Teil 2 Kap. 2.3.
75 *Meyer/Scharenberg/Popp*, Gewerbesteuer, § 2 Rn. 27.
76 Vgl. Abschn. 134 a EStR; BFH vom 17. 1. 1973, BStBl. II 1973, 260 (261).
77 BFH vom 14. 11. 1963, BStBl. III 1964, 139.
78 Vgl. 134 a EStR unter Hinweis auf BFH vom 11. 4. 1989, BStBl. II 1989, 621 (622).

und Verkauf von festverzinslichen Wertpapiere liegen ebenfalls eine Reihe von Entscheidungen des Bundesfinanzhofs vor.[79] Insoweit bestehen Unterschiede zwischen der gewerblichen und selbständigen Tätigkeit, da bei letzterer die Einkünfte nach § 18 Abs. 2 EStG auch dann steuerpflichtig sind, wenn es sich um eine vorübergehende Tätigkeit handelt.[79a]

2.3.1.3 Gewinnerzielungsabsicht

Der Steuerpflichtige muß mit seiner Tätigkeit die Absicht verfolgen, eine Mehrung des Betriebsvermögens i. S. d. § 4 Abs. 1 EStG zu erzielen. Erforderlich ist ein subjektiver Wille des Steuerpflichtigen, dessen Ziel ein bestimmtes objektives Ergebnis ist und dessen Vorhandensein im Einzelfall der tatsächlichen Feststellung bedarf.[80] Entscheidend ist die Absicht der Gewinnerzielung und nicht, ob tatsächlich ein Gewinn erzielt wird. Beweisanzeichen für das Vorliegen der Gewinnerzielungabsicht ist eine Betriebsführung, bei der der Betrieb nach seiner Wesensart und der Art seiner Bewirtschaftung auf Dauer gesehen dazu geeignet und bestimmt ist, mit Gewinn zu arbeiten.[81] Aus diesem Grund wird nach einer Entscheidung des BHF[82] die Tätigkeit als Rechtsanwalt selbst dann mit Gewinnerzielungsabsicht betrieben, wenn seit 20 Jahren Verluste erzielt werden. Denn ein Unternehmen dieser Art sei regelmäßig nicht dazu bestimmt und geeignet, der Befriedigung persönlicher Neigungen oder der Erlangung wirtschaftlicher Vorteile außerhalb der Einkommenssphäre zu dienen. Im wesentlichen dient dieses Merkmal dazu, die sog. Liebhaberei aus dem Bereich der gewerblichen Einkünfte auszuklammern, um dem Steuerpflichtigen den Verlustabzug mit sonstigen positiven Einkünften zu versagen.[83] Liebhaberei liegt vor, wenn ein Steuerpflichtiger nicht aus Gewinnerzielungsabsicht, sondern aus persönlichen Gründen oder Neigungen eine Tätigkeit ausübt, die mit seiner Lebensführung zu-

---

79 BFH vom 31. 7. 1990, BStBl. II 1991, 66 (68) und BFH vom 6. 3. 1991, BStBl. II 1991, 631 (632).

79a *Schmidt/Seeger*, EStG, § 18 Rn. 1.

80 BFH vom 28. 4. 1977, BStBl. II 1977, 728; BFH vom 21. 8. 1985, BStBl. II 1986, 88 (90); *Meyer/Scharenberg/Popp*, Gewerbesteuer, § 2 Rn. 40.

81 Vgl. R 134 a Abs. 1 und 2 EStR.

82 BFH vom 22. 4. 1998, NJW 1998, 2471.

83 Vgl. H 134 b EStR.

sammenhängt. Auch im Bereich des Lohnsteuerrechts führt die Einordnung einer Tätigkeit als Liebhaberei zum Abzugsverbot für damit zusammenhängende Werbungskosten.

2.3.1.4 Beteiligung am allgemeinen wirtschaftlichen Verkehr

Eine Beteiligung am allgemeinen wirtschaftlichen Verkehr liegt vor, wenn der Steuerpflichtige mit Gewinnerzielungsabsicht nachhaltig am Leistungs- und Güteraustausch teilnimmt, d. h. am Markt gegen Entgelt und für Dritte erkennbar seine Güter oder Leistungen anbietet. Seine Tätigkeit muß nach außen in Erscheinung treten, indem er sich mit ihr an eine – wenn auch begrenzte – Allgemeinheit wendet und damit seinen Willen zu erkennen gibt, ein Gewerbe zu betreiben. Nicht erforderlich ist, daß die Leistungen einer Mehrzahl von Interessenten angeboten werden. Geschäfte mit mehreren Kunden sprechen für eine Teilnahme am Marktgeschehen, sind aber nicht unerläßlich. Bereits die Tätigkeit für nur einen bestimmten Vertragspartner reicht aus.[84] Dies gilt insbesondere bei typisch kaufmännischen Tätigkeiten, bei denen der Steuerpflichtige seine Leistungen nur einem Kunden oder einem begrenzten Kreis von Personen anbietet.[85] Mit dem Erfordernis der Beteiligung am allgemeinen wirtschaftlichen Verkehr werden solche Tätigkeiten aus dem gewerblichen Bereich ausgeklammert, die zwar von einer Gewinnerzielungsabsicht getragen, aber nicht auf einen Leistungs- und Güteraustausch gerichtet sind[86], wie z. B. die bloße verzinsliche Geldanlage, nachhaltiges Lottospielen oder das Sammeln von Pfandflaschen gegen Pfandrückgabe.[87]

2.3.2 Negative Abgrenzungsmerkmale

Keine Einkünfte aus Gewerbebetrieb erzielt derjenige, der eine land- und forstwirtschaftliche Tätigkeit i. S. d. § 13 EStG oder eine freiberufliche Tätigkeit oder sonstige selbständige Arbeit i. S. d. § 18 EStG ausübt. Als ungeschriebenes negatives Abgrenzungsmerkmal ist noch

---

84 Vgl. R 134 c Abs. 2 EStR unter Hinweis auf BFH vom 9. 7. 1986, BStBl. II 1986, 851 (851) und BFH vom 12. 9. 1991, BStBl. II 1992, 134 (135).

85 *Schmidt/Schmidt*, EStG, § 15 Rn. 20.

86 Vgl. R 134 c Abs. 1 EStR mit Hinweis auf BFH vom 9. 7. 1986, BStBl. II 1986, 851 (851).

87 *Schmidt/Schmidt*, EStG, § 15 Rn. 21.

die private Vermögensverwaltung von der gewerblichen Tätigkeit abzugrenzen.

2.3.2.1 Land- und Forstwirtschaft

Land- und Forstwirtschaft ist die planmäßige Nutzung der Naturkräfte des Bodens und die Verwertung der dadurch gewonnenen Erzeugnisse. Auch Tierzucht und Tierhaltung stellen Land- und Forstwirtschaft dar, sofern es sich um Tiere handelt, die typischerweise in land- und forstwirtschaftlichen Betrieben gezogen und gehalten werden. Tierhaltung ist die Ernährung und Pflege sowohl eigener als auch fremder Tiere, soweit der Tierbestand im Verhältnis zu den land- und forstwirtschaftlich selbstbewirtschafteten Flächen den in § 13 Abs. 1 EStG angegebenen Umfang nicht übersteigt. Ansonsten stellt die Tierzucht ebenso wie die Zucht und Haltung von Tierarten, die nicht typischerweise in land- und forstwirtschaftlichen Betrieben vorkommen, Gewerbe oder Liebhaberei dar.[88]

2.3.2.2 Private Vermögensverwaltung

Die Vermögensverwaltung einschließlich der Veräußerungsgeschäfte kann eine selbständige nachhaltige und von Gewinnabsicht getragene Teilnahme am allgemeinen wirtschaftlichen Verkehr darstellen. Zur gewerblichen Tätigkeit wird die Vermögensverwaltung jedoch nur, wenn sie den privaten Rahmen überschreitet. Maßgeblich sind das Gesamtbild der Verhältnisse und die Verkehrsanschauung. Für den Bereich des An- und Verkaufs bebauter oder unbebauter Grundstücke bzw. der Errichtung von Gebäuden und deren Veräußerung wird nach der Rechtsprechung des Bundesfinanzhofs[89] und nach Ansicht der Finanzverwaltung[90] abstrakt darauf abgestellt, ob die Grundstücksgeschäfte noch als Nutzung des Grundbesitzes durch Fruchtziehung aus zu erhaltender Substanz anzusehen sind oder ob die Ausnutzung von Substanzwertsteigerungen in den Vordergrund tritt. Dabei hat sich an-

88 *Schmidt/Schmidt*, EStG, § 15 Rn. 105 ff.
89 BFH vom 7. 3. 1996, BStBl. II 1996, 369 (371).
90 BMF-Schreiben vom 20. 12. 1990, BStBl. I 1990, 884–888.

hand der Rechtsprechung eine sog. Drei-Objekt-Grenze[91] entwickelt, d. h. der Bereich der privaten Vermögensverwaltung ist im Sinne einer gewerblichen Tätigkeit überschritten, wenn der Steuerpflichtige mehr als drei Objekte veräußert und zwischen dem Kauf bzw. der Errichtung des Gebäudes und dem Verkauf ein enger zeitlicher Zusammenhang besteht. Dieser liegt regelmäßig bei fünf Jahren.[92]

2.3.2.3 Freiberufliche bzw. selbständige Tätigkeit

Diejenigen Selbständigen, die aufgrund ihrer Berufsausbildung und der Art ihrer Tätigkeit sog. freiberufliche Einkünfte erzielen, werden dem Anwendungsbereich des § 15 EStG entzogen und nach § 18 EStG besteuert.[93] Da die selbständige Arbeit nicht der Gewerbesteuerpflicht unterliegt, andererseits aber gewerbliche Einkünfte mit höchstens 47% besteuert werden, hat die Abgrenzung erhebliche praktische Bedeutung. In § 18 Abs. 1 Nr. 1 EStG sind beispielhaft Berufe aufgeführt, die nach der Rechtsprechung als selbständige Arbeit anzusehen sind.[94] Zu diesen Berufsgruppen, die dem Grenzbereich der Einkunftserzielung nach § 15 EStG unterfallen, zählen die Insolvenz- oder Zwangsverwalter, der EDV-Berater im Bereich der Systemtechnik, sofern die eigenschöpferische Leistung im Vordergrund steht. Gewerblich tätig sind dagegen in der Regel Baubetreuer, EDV-Berater im Bereich der Anwendersoftwareentwicklung, Makler, Versicherungsvertreter, Rundfunksprecher, Werbeberater und Gutachter, sofern sie nicht als Kfz-Sachverständige mit Ingenieurexamen tätig sind.[95] Eine Auflistung der Berufe, für die von der höchstrichterlichen Rechtsprechung eine Abgrenzung als selbständige Arbeit/Gewerbebetrieb erfolgt ist, findet sich in Abschn. 136 H der EStR.

Selbständig Tätige, insbesondere Freiberufler, können sich zur gemeinsamen Ausübung ihrer Berufstätigkeit in einer Sozietät zusam-

---

91 BFH vom 3. 7. 1995, BStBl. II 1995, 617 (619); vgl. im übrigen den Vorlagebeschluß des Großen Senats zur Frage der bedingten Veräußerungsabsicht bei der Errichtung von Wohnobjekten, BFH vom 29. 10. 1997, BB 1998, 517 ff.

92 *Schmidt/Schmidt*, EStG, § 15 Rn. 50 ff.; R 137 Abs. 1 Satz 2 EStR.

93 Vgl. dazu unter Teil 2 Kap. 2.1.

94 Vgl. dazu unter Teil 2 Kap. 2.1.

95 Vgl. dazu die Beispielsfälle bei *Schmidt/Seeger*, EStG, § 18 Rn. 7 ff. sowie Rn. 155 und *Schmidt/Schmidt*, EStG, § 15 Rn. 150.

menschließen, also mitunternehmerisch tätig sein.[96] Auch in diesem Fall beziehen sie Einkünfte aus selbständiger Arbeit, sofern alle Gesellschafter freiberuflich mitarbeiten, d. h. leitend und eigenverantwortlich tätig sind. Sind diese Voraussetzungen nicht erfüllt, weil einer der Freiberufler nur noch kapitalmäßig beteiligt ist oder ein Berufsfremder in die Gesellschaft aufgenommen wird, führt dies zur Einordnung der Sozietätseinnahmen als Einkünfte aus Gewerbebetrieb.[97] Insofern ist für den Fall der Erbfolge durch entsprechende Gestaltungen Vorsorge zu treffen. Denn nach der sog. Abfärbetheorie[98], die ihre Grundlage in § 15 Abs. 3 Nr. 1 EStG findet, werden Einnnahmen einer Sozietät insgesamt als gewerbliche Einkünfte behandelt, wenn auch nur ein Gesellschafter gewerblich tätig ist. Dies steht im Widerspruch zur Behandlung einer natürlichen Person, die gleichzeitig freiberufliche und gewerbliche Einkünfte erzielen kann.[99]

2.4 Einzelfälle

2.4.1 Handels- bzw. Reise- und Versicherungsvertreter

Die häufig zu Einordnungsschwierigkeiten führende Berufsgruppe der Handelsvertreter wird regelmäßig zu den selbständigen Gewerbetreibenden (§ 84 Abs. 1 HGB) gehören. Sie können aber auch den Arbeitnehmern (§ 84 Abs. 2 HGB) zuzuordnen sein. Nach § 84 Abs. 1 Satz 2 HGB ist selbständig, wer im wesentlichen frei seine Tätigkeit gestalten und seine Arbeitszeit bestimmen kann. Die handelsrechtliche Vorschrift bietet insoweit einen Anhaltspunkt für die einkommensteuerrechtliche Beurteilung.[100] Nach Abschn. R 134 Abs. 2 EStR sind Reisevertreter im allgemeinen selbständig tätig, sofern sie die typische Tätigkeit eines Handelsvertreters ausüben, d. h. Geschäfte für ein anderes Unternehmen vermitteln oder abschließen und geschäftliches Risiko tragen. Ist der Reisevertreter dagegen derart in das Unter-

---

96 *Heidel/Pauly*, § 13 Rn. 213; BFH vom 25. 6. 1984, BStBl. II 1984, 751 (759).

97 BFH vom 11. 6. 1985, BStBl. II 1985, 584 (585); BFH vom 26. 11. 1970, BStBl. II 1971, 249 (249); BFH vom 9. 10. 1986, BStBl. II 1987, 124 (125 f.); *Heidel/Pauly*, § 13 Rn. 213.

98 Vgl. dazu den Aufsatz von *Söffing*, NJW 1998, 511 ff.; *Schmidt/Schmidt*, EStG, § 15 Rn. 185; *Heidel/Pauly*, § 13 Rn. 214.

99 Vgl. unter Teil 2 Kap. 2.5.

100 BFH vom 31. 10. 1974, BStBl. II 1975, 115 (175); BFH vom 25. 10. 1977, BStBl. II 1978, 125 (129); *Hartmann/Christians*, DB 1984, 1365 (1371).

nehmen seines Auftraggebers eingegliedert, daß er dessen Weisungen zu folgen verpflichtet ist, ist er Arbeitnehmer des Auftraggebers. Entscheidend dafür, ob eine Unterordnung vorliegt, sind die Art und Weise, wie der Reisevertreter tatsächlich seine Tätigkeit ausübt sowie seine Rechtsstellung gegenüber dem Auftraggeber. Werden einem Reise- bzw. Versicherungsvertreter vom auftraggebenden Unternehmen genau abzuarbeitende Kundenlisten vorgelegt, und hat er ständige, unter Umständen sogar tägliche, Berichte zu erstellen, wird er als Arbeitnehmer anzusehen sein. Anhaltspunkte sind, ob er von seinem Auftraggeber für den jeweiligen Vorgang Instruktionen erhält und detaillierte Reiseberichte zu erstellen hat.[101] Sofern Reisevertreter bzw. Versicherungsberater eine selbständige Beschäftigung ausüben, ist diese grundsätzlich als gewerbliche Tätigkeit anzusehen. Der Versicherungsberater wird auch dann nicht zum Freiberufler, wenn er eine Erlaubnis zur Rechtsberatung gemäß Art. 1 § 1 RBerG besitzt. Denn die Versicherungsberatung ist in steuerrechtlicher Hinsicht grundsätzlich nicht den rechts- oder steuerberatenden Berufen gleichzustellen.[102]

2.4.2 Hausgewerbetreibende, Heimarbeiter, Zwischenmeister

Die Begriffe des Hausgewerbetreibenden, Heimarbeiters und Zwischenmeisters sind in §§ 1, 2 HAG niedergelegt.[103] Sie nehmen eine Stellung ein, die zwischen der des selbständigen Unternehmers und der im privaten Dienst angestellten und beschäftigten Personen anzusiedeln ist. Die zivilrechtliche Einordnung dieser Berufsgruppen ist zwar steuerrechtlich nicht bindend, für die Abgrenzung der selbständigen von der nichtselbständigen Tätigkeit wird jedoch in den Einkommensteuerrichtlinien[104] ebenso wie im Gewerbesteuergesetz[105] auf das HAG verwiesen. In Grenzfällen hat eine Prüfung anhand des Gesamtbildes der Verhältnisse, insbesondere unter Berücksichtigung des Unternehmerrisikos, nach den allgemeinen steuerrechtlichen Grundsätzen zu erfolgen.[106]

---

101 BFH vom 7. 12. 1961, BStBl. III 1961, 149 (150).
102 BFH vom 16. 10. 1997, BB 1998, 1093 (1094).
103 Vgl. dazu Teil 1.
104 R 134 Abs. 2 und H 134 EStR.
105 § 11 Abs. 3 GewStG.
106 *Küttner/Huber*, Personalbuch 1998, Heimarbeit, Rn. 49 ff.

Hausgewerbetreibende sind nach § 2 Abs. 2 HAG in eigener Arbeitsstätte mit nicht mehr als zwei Hilfskräften oder Heimarbeitern im Auftrag von Gewerbetreibenden oder Zwischenmeistern tätig. Sie stellen Waren her, bearbeiten oder verpacken diese, überlassen jedoch die Verwertung des Arbeitsergebnisses dem unmittelbar oder mittelbar auftraggebenden Gewerbetreibenden. Hausgewerbetreibende tragen regelmäßig Unternehmerrisiko und arbeiten mit eigenen Betriebsmitteln. Als wesentlich wird angesehen, daß sie Herr ihrer Zeit bleiben, d. h. ihre Arbeit selbst einteilen und auch andere Personen zur Durchführung der Arbeit zuziehen können. Gleichzeitig steht es ihnen frei, auch für andere Auftraggeber tätig zu sein.[107] Entspricht das Gesamtbild diesen Merkmalen, üben sie eine selbständige gewerbliche Tätigkeit aus.

Dagegen verrichten *Heimarbeiter* in selbstgewählter Arbeitsstätte allein oder mit ihren Familienangehörigen Auftragsarbeiten, wobei sie die Verwertung der Arbeitsergebnisse dem auftraggebenden Unternehmen überlassen. Selbst wenn die sonst bei Arbeitnehmern erforderliche Weisungsgebundenheit und organisatorische Eingliederung nicht vorliegen, sind Heimarbeiter – ungeachtet ihres arbeitsrechtlichen Sonderstatus – regelmäßig nichtselbständig tätig.[108] Steuerrechtlich ist nämlich entscheidend, daß sie zur persönlichen Arbeitsleistung verpflichtet sind und kein eigenes Unternehmerrisko tragen. Die vom HAG getroffene zivilrechtliche Zuordnung ist für die Besteuerung nicht bindend.[109] Im übrigen ist auf die Absätze 2 bis 4 des Abschn. 134 EstR zu verweisen, die detaillierte Regelungen für die steuerrechtliche Behandlung der Hausgewerbetreibende und Heimarbeiter enthalten.

Zwischenmeister geben die ihnen von Gewerbetreibenden übertragenen Arbeiten an Heimarbeiter oder Hausgewerbetreibende weiter. Sie stehen gegenüber ihrem Auftraggeber für den Arbeitserfolg ein, tragen also weitgehend selbst das Unternehmerrisiko. Steuerrechtlich werden sie daher als selbständige Gewerbetreibende behandelt.[110]

---

107 *Ranft/Lange*, Lohnsteuer, Rn. 8. 1.3.

108 Abschn. R 134 Abs. 4 und H 134 EStR; *Schmidt/Schmidt*, EStG, § 15 Rn. 16.

109 *Ranft/Lange*, Lohnsteuer, Rn. 8. 1.3.

110 *Ranft/Lange*, Lohnsteuer, Rn. 8. 1.3.

2.4.3 Mitarbeiter bei Rundfunk und Fernsehen

Rundfunk- oder Fernsehsprecher, die der sie beauftragenden Anstalt auf Dauer zur Verfügung stehen, sind selbst dann keine selbständig tätigen Unternehmer, wenn sie von der Rundfunk- oder Fernsehanstalt für jeden Einzelfall ihrer Mitwirkung als „freie Mitarbeiter“ verpflichtet werden.[111] Dagegen ist eine Synchronsprecherin, die von einer Fernsehanstalt wiederholt beauftragt wird, in der Regel selbständig, da ihre Tätigkeit nicht von vornherein geplant, d. h. auf Dauer angelegt ist.[112] Im übrigen wurden mit BMF-Schreiben vom 5. 10. 1990[113] Grundsätze für die steuerliche Behandlung der als freie Mitarbeiter bezeichneten Beschäftigten von Rundfunk- und Fernsehanstalten niedergelegt.

2.5 Gemischte Tätigkeiten Selbständiger

Abgrenzungsprobleme zwischen den einzelnen Einkunftsarten treten auch dort auf, wo mehrere Tätigkeiten verrichtet werden. Sofern nicht eine von ihnen von untergeordneter Bedeutung ist oder nur aushilfsweise erfolgt, spricht man von einer gemischten Tätigkeit. Ein freier Mitarbeiter kann daher neben seiner freiberuflichen auch eine gewerbliche Tätigkeit ausüben. Beide Tätigkeiten sind grundsätzlich getrennt zu beurteilen, sofern eine Trennung nach der Verkehrsauffassung ohne besondere Schwierigkeiten möglich ist.[114] Notfalls sind die den einzelnen Einkunftsarten zuzurechnenden Anteile im Wege der Schätzung zu ermitteln.[115] Die gegenteilige Ansicht der früheren Rechtsprechung des Bundesfinanzhofs[116], wonach bei Überwiegen der gewerblichen Einnahmen die Gesamttätigkeit als gewerbliche behandelt wur-

---

111 BFH vom 14. 10. 1976, BStBl. II 1977, 50 (51 f.).

112 BFH vom 12. 10. 1976, BStBl. II 1976, 706 (707).

113 BMF-Schreiben vom 5. 10. 1990, BStBl. I 1990, 638, Tz. 1.3 und 1.4.

114 *Hartmann/Christians*, DB 1984, 1365 (1366); Abschn. 135 H „Gemischte Tätigkeit“ EStR.

115 BFH vom 14. 6. 1984, BStBl. II 1985, 15 (16 f.) „Möbelverkauf durch einen Innenarchitekten“; BFH vom 9. 8. 1983, BStBl. II 1984, 129 (131) „Steuerberater als Vermittler von Bauherren-Modellen“; BFH vom 15. 10. 1981, BStBl. II 1982, 340 (342) „Geldgeschäfte eines Freiberuflers“; BFH vom 3. 10. 1985, BStBl. II 1986, 213 (214 f.) „Rechtsanwalt als Konkurs- und Vergleichsverwalter“; *Kupfer*, KÖSDI 1990, 8066 (8068).

116 BFH vom 16. 3. 1962, BStBl. III 1962, 302 (303).

de, ist zwischenzeitlich überholt. Maßgebliches Kriterium ist nicht mehr das Verhältnis der Umsätze[117], sondern es erfolgt eine Gesamtwürdigung, innerhalb derer die Umsatz- bzw. Einkunftsanteile mitberücksichtigt werden.[118] Sind allerdings beide Tätigkeitsmerkmale so miteinander verflochten, daß sie sich gegenseitig bedingen, oder ist nach der Verkehrsauffassung der gesamte Betrieb als Einheit anzusehen, erfolgt eine einheitliche Einordnung zu einer der Einkunftsarten. Davon ist auszugehen, wenn keine getrennte Buchführung für die beiden Tätigkeiten vorhanden ist.[119] Die Art der ausgeübten Haupttätigkeit ist dann ausschlaggebend für die Zuordnung der Einkünfte.[120]

Die grundsätzliche Trennung der aus den verschiedenen Tätigkeiten erzielten Einnahmen wird aufgehoben, wenn die Einkunftserzielung in Gemeinschaft mit anderen erfolgt. Ist eine Personengesellschaft teilweise gewerblich, teilweise freiberuflich tätig, wird nach § 15 Abs. 3 Nr. 1 EStG das Vorliegen eines einheitlichen Gewerbebetriebs fingiert, sog. Abfärbetheorie.[121] Dies hat zur Folge, daß der gesamte erzielte Gewinn den Einkünften aus Gewerbebetrieb zuzuordnen ist. Übt z. B. nur ein Rechtsanwalt im Rahmen und für Rechnung der Sozietät neben seiner rechtsberatenden auch eine gewerbliche Tätigkeit aus, etwa als Treuhänder einer Bauherrengemeinschaft oder im Rahmen einer als gewerblich einzustufenden Vermögensverwaltung, sind alle Einkünfte der Sozietät als gewerbliche zu behandeln.[122] Dieses Ergebnis können die Gesellschafter vermeiden, indem sie für die jeweilige Tätigkeit personengleiche Gesellschaften gründen.

2.6 Nebentätigkeit/Mehrfachbeschäftigung von Arbeitnehmern

Eine getrennte Beurteilung der einzelnen Einkunftsarten ist auch vorzunehmen, wenn eine nichtselbständig beschäftigte Person gleichzeitig gewerblich oder freiberuflich tätig ist. Hat eine der mehreren Tätig-

117 BFH vom 7. 3. 1974, BStBl. II 1974, 383 (384 f.).

118 BFH vom 15. 2. 1979, BStBl. II 1979, 274 (275 f.); *Kupfer*, KÖSDI 1990, 8066 (8069).

119 Vgl. Abschn. 126 EStR „Gemischte Tätigkeit"; BFH vom 9. 8. 1983, BStBl. II 1984, 129 (131); kritisch *Kupfer*, KÖSDI 1990, 8066 (8068).

120 Vgl. Abschn. 136 H EStR „Gemischte Tätigkeit".

121 BFH vom 11. 5. 1989, BStBl. II 1989, 797 (798 f.); BFH vom 10. 8. 1994, BStBl. II 1995, 171 (172 ff.).

122 *Tiedtke*, Einkommensteuer- und Bilanzsteuerrecht, S. 110.

keiten ein Übergewicht, so ist diese Haupttätigkeit, die andere Nebentätigkeit. Die Nebentätigkeit kann als eigenständige Einkunftsquelle der selbständigen bzw. gewerblichen Arbeit oder der nichtselbständigen Arbeit anzusehen sein und damit § 19 EStG unterfallen.[123] Auch für den Fall, daß sowohl die Haupt- als auch die Nebentätigkeit nichtselbständig ausgeübt wird, gilt nach den allgemeinen Grundsätzen des Lohnsteuerrechts[124], daß jede Tätigkeit für sich zu beurteilen ist. Das bedeutet, die Einkünfte aus jeder Beschäftigung sind getrennt zu erfassen, soweit zwischen den Tätigkeiten kein Sachzusammenhang besteht.[125]

2.6.1 Rechtliche Einordnung

Bei Steuerpflichtigen, die ihre Haupttätigkeit nichtselbständig ausüben, d. h. Arbeitnehmer i. S. d. Lohnsteuerrechts sind, ist zu unterscheiden, ob sie die verschiedenen Tätigkeiten für denselben Arbeitgeber verrichten oder auch für einen Dritten tätig sind. Stellen sie außerhalb ihres Arbeitsverhältnisses ihre Arbeitskraft Dritten zur Verfügung, kann das Rechtsverhältnis als Dienst-, Werk- oder Arbeitsvertrag ausgestaltet sein.[126] Stellt die Tätigkeit bei dem Dritten ebenfalls nichtselbständige Arbeit dar, spricht man von sog. Mehrfachbeschäftigung. Das bedeutet, der Arbeitnehmer bezieht aus mehreren gleichzeitigen, gegenwärtigen oder früheren Dienstverhältnissen von verschiedenen Arbeitgebern Arbeitslohn.[127] Ist er mehrfach tätig, hat er jedem Arbeitgeber eine Lohnsteuerkarte vorzulegen, sofern nicht in einem der Dienstverhältnisse die Voraussetzungen für eine Lohnsteuerpauschalierung gegeben sind.[128] Auf der zweiten und ggf. weiteren Lohnsteuerkarte wird die Lohnsteuerklasse VI eingetragen. Dem Arbeitnehmer steht ein Wahlrecht zu, welchem Arbeitgeber er die für ihn

---

123 Vgl. zu den Nebentätigkeiten unter Teil 2 Kap. 2.6.

124 Abschn. 68 Abs. 1 LStR.

125 Abschn. 68 Abs. 1 LStR; BFH vom 21. 3. 1975, BStBl. II 1975, 513 (514); BFH vom 4. 12. 1975, BStBl. II 1976, 291 (291); BFH vom 20. 2. 1979, BStBl. II 1979, 414 (415); *Schmidt/Drenseck*, EStG, § 19 Rn. 9; *Küttner/Huber*, Personalbuch 1998, Nebentätigkeit, Rn. 20.

126 BFH vom 21. 3. 1975, BStBl. II 1975, 513 (514); *Schmidt/Drenseck*, EStG, § 19 Rn. 10.

127 *Küttner/Huber*, Personalbuch 1998, Mehrfachbeschäftigung, Rn. 15.

128 Abschn. 128 Abs. 1 Sätze 2 und 3 LStR.

aufgrund der Steuerklasse günstigere Lohnsteuerkarte vorlegt. Nach § 46 Abs. 2 Nr. 2 EStG ist in den Fällen der Mehrfachbeschäftigung von Amts wegen eine Einkommensteuerveranlagung durchzuführen.[129]

Eine andere steuerliche Beurteilung kann sich ergeben, wenn der Arbeitnehmer neben seiner Haupttätigkeit noch weitere Leistungen gegen Entgelt für denselben Arbeitgeber erbringt. Ob die Nebentätigkeit hier ebenfalls nichtselbständig oder selbständig ausgeübt wird, hat Bedeutung für den vom Arbeitgeber vorzunehmenden Lohnsteuerabzug. Grundsätzlich kann auch eine Nebentätigkeit für den Arbeitgeber der Haupttätigkeit selbständig ausgeübt werden. Voraussetzung ist, daß diese mit der Ausübung der Haupttätigkeit nicht unmittelbar zusammenhängt.[130] Ein innerer Zusammenhang ist gegeben, wenn die Nebentätigkeit vom Arbeitgeber erwartet werden kann, gleichgültig ob der Arbeitgeber sie zusätzlich zu vergüten hat.[131] Selbst eine freiwillig erbrachte Nebentätigkeit wird unselbständig ausgeübt, wenn sie gegenüber der Haupttätigkeit als Aushilfstätigkeit erscheint oder sich von der Haupttätigkeit nicht unterscheidet.[132] Die Nebentätigkeit teilt in diesen Fällen das rechtliche Schicksal der Haupttätigkeit[133], d. h. die Gesamtvergütung unterliegt als Arbeitslohn der Lohnsteuer. Eine getrennte Abrechnung ist nicht möglich, da § 40 Abs. 4 Nr. 2 EStG die Lohnsteuerpauschalierung für Teilzeitbeschäftigte ausschließt, wenn aktive Dienstbezüge bei demselben Arbeitgeber bezogen werden.[134] Nur wenn der Arbeitnehmer Ruhegeldbezüge von dem Arbeitgeber erhält, bei dem er gleichzeitig als Teilzeitkraft tätig ist, kann die Arbeitsvergütung pauschalbesteuert werden.[135]

Andererseits sind Vergütungen des Arbeitnehmers aus einer Nebentätigkeit den Einkünften aus selbständiger Arbeit i. S. d. § 18 EStG zu-

---

129 *Küttner/Huber*, Personalbuch 1998, Mehrfachbeschäftigung, Rn. 16.

130 BFH vom 25. 11. 1971, BStBl. II 1972, 212 (213); BFH vom 8. 2. 1972, BStBl. II 1972, 460 (461); BFH vom 29. 1. 1987, BStBl. II 1987, 783 (784); *Schmidt/Drenseck*, EStG, § 19 Rn. 10; *Wiemhoff*, Lohnsteuer, S. 30.

131 BFH vom 25. 11. 1971, BStBl. II 1972, 212 (213); *Schmidt/Drenseck*, EStG, § 19 Rn. 10; Abschn. 68 Abs. 2 LStR mit Rspr. des BFH.

132 BFH vom 4. 12. 1975, BStBl. II 1976, 291 (291).

131 BFH vom 24. 11. 1961, BStBl. III 1962, 37 (38 – 40); BFH vom 4. 10. 1984, BStBl. II 1985, 51 (52); *Heidel/Pauly*, § 6 Rn. 91.

134 Vgl. Abschn. 128 Abs. 1 Satz 5 LStR.

135 Vgl. Abschn. 128 Abs. 1 Satz 4 LStR.

zuordnen, wenn der Arbeitgeber dem Arbeitnehmer lediglich die Möglichkeit bietet, die während der nichtselbständigen Arbeit erworbenen oder die der nichtselbständigen Arbeit dienenden Fähigkeiten außerhalb der vereinbarten Dienstzeit und ohne aus dem Arbeitsvertrag sich ergebenden Weisungen und Kontrollbefugnissen zu verwerten.[136] Hier fehlt der unbedingte Zusammenhang zwischen Haupt- und Nebentätigkeit, so daß die Nebentätigkeit nicht mehr als Hilfstätigkeit anzusehen ist. Der Arbeitnehmer erzielt insoweit Einkünfte aus selbständiger Arbeit, selbst wenn seine Stellung wegen der Weisungsbefugnis des Arbeitgebers oder wegen anderer Umstände derjenigen eines Arbeitnehmers ähnlich ist.[137] Für die steuerrechtliche Zuordnung der Einkünfte ist es unerheblich, ob die gleichzeitige Ausübung von freiberuflicher oder nichtselbständiger bzw. gewerblicher Tätigkeit standesrechtlich zulässig ist.[138]

2.6.2 Beispiele häufig ausgeübter Nebentätigkeiten

2.6.2.1 Nebenberufliche Lehr- und Prüfungstätigkeit

Werden Lehr- und Prüfungstätigkeiten als Nebentätigkeit ausgeübt, sind die Vergütungen in der Regel den Einkünften aus selbständiger Arbeit i. S. d. § 18 EStG zuzuordnen.[139] So sind z. B. Lehrbeauftragte an Fachhochschulen regelmäßig freiberuflich tätig.[140] Entsprechendes gilt für die Gutachtertätigkeit von Ärzten, die neben einer nichtselbständigen Tätigkeit ausgeübt wird, denn sie steht mit den dienstvertraglichen Pflichten nicht im Zusammenhang.[141] Auch hauptberufliche Lehrkräfte der allgemein- und berufsbildenden Schulen, die nebenamtlich eine Lehrtätigkeit ausüben, z. B. als Mitglieder in einem Prüfungsausschuß, sind regelmäßig freiberuflich tätig.[142] Gehört die

---

136 BFH vom 7. 2. 1980, BStBl. II 1980, 321 (322); BFH vom 25. 11. 1971, BStBl. II 1972, 212 (213); *Schmidt/Drenseck*, EStG, § 19 Rn. 10.

137 *Wiemhoff*, Lohnsteuer, S. 30.

138 BFH vom 15. 10. 1981, BStBl. II 1982, 340 (342); *Kupfer*, KÖSDI 1990, 8066 (8068).

139 BFH vom 24. 4. 1959, BStBl. III 1959, 193 (194); *Heidel/Pauly*, § 6 Rn. 93.

140 BFH vom 4. 10. 1984, BStBl. II 1985, 51 (52).

141 *Schmidt/Seeger*, EStG, § 18 Rn. 9.

142 Abschn. 68 Abs. 4 LStR; BFH vom 14. 3. 1958, BStBl. III 1958, 255 (256); BFH vom 2. 4. 1958, BStBl. III 1958, 293 (294); BFH vom 29. 1. 1987, BStBl. II 1987, 783 (784); *Küttner/Huber*, Personalbuch 1998, Nebentätigkeit, Rn. 20.

Lehrtätigkeit andererseits zu den Dienstaufgaben, weil eine Verpflichtung zur Erteilung von Unterricht oder zur Abnahme von Prüfungen kraft des Amtes besteht, sind die Lehrentschädigungen bzw. Vergütungen für die Prüfungstätigkeit zusammen mit dem aus dem Dienstverhältnis bezogenen Arbeitslohn der Lohnsteuer zu unterwerfen, auch wenn die Bezüge aus verschiedenen öffentlichen Kassen gezahlt werden. Der Lohnsteuerabzug ist hier von derjenigen Stelle vorzunehmen, die die laufenden Bezüge zahlt.[143] Ein Indiz für die fehlende Eingliederung und damit Selbständigkeit kann die zeitliche Begrenzung auf nicht mehr als 6 Wochenstunden sein.[144] Wesentlich ist, ob das Vertragsverhältnis ähnlich wie ein Anstellungsverhältnis ausgestaltet ist. So wurde entschieden, daß ein nicht vollbeschäftigter Dozent an einer Ingenieurschule, der 8 bis 12 Wochenstunden unterrichtete, auf den aber ein Tarifvertrag Anwendung fand, und dem Urlaubs- und Feiertagsvergütungen zustanden, nichtselbständig tätig war.[145] Als nichtselbständig wurde weiter ein als Ingenieur beschäftigter Arbeitnehmer angesehen, der an einer technischen Abendschule wöchentlich nur 2 Stunden Unterricht erteilte, weil sich aus der schriftlichen Vereinbarung über die Unterrichtstätigkeit ergab, daß tatsächlich ein Arbeitsverhältnis gewollt und durchgeführt wurde.[146] Werden Lehr- und Prüfungstätigkeiten als Nebentätigkeit zu einer selbständigen Haupttätigkeit ausgeübt, gehören sie regelmäßig zu den Einkünften aus selbständiger Arbeit. Unter den Voraussetzungen des § 3 Nr. 26 EStG bleiben sie bis zur Höhe einer Aufwandsentschädigung von 2400 DM steuerfrei, gleichgültig, ob ein selbständiges oder nichtselbständiges Beschäftigungsverhältnis vorliegt.[147]

2.6.2.2 Musiker

Musiker, die nur gelegentlich am Abend oder an den Wochenenden bei Veranstaltungen oder in Gaststätten auftreten, sind selbständig tätig.[148]

143 *Wiemhoff*, Lohnsteuer, S. 31.
144 Abschn. 68 Abs. 3 und 4 LStR.
145 BFH vom 4. 5. 1972, BStBl. 1972, 618 (619 f.).
146 BFH vom 4. 12. 1975, BStBl. II 1976, 291 (291).
147 Vgl. zur Versteuerung unter Teil 2 Kap. 7.3.3.
148 BFH vom 10. 9. 1976, BStBl. II 1977, 178 (180) „Musiker in Gastwirtschaft“; *Küttner/Huber*, Personalbuch 1998, Nebentätigkeit, Rn. 20; *Schmidt/Seeger*, EStG, § 18 Rn. 11.

Das gleiche gilt für Musiker, die für einzelne Aufnahmen im Rundfunk oder bei Schallplattenherstellern herangezogen werden.[149] Nichtselbständig tätig sind Musiker, die in einen anderen Betrieb eingegliedert sind, also z. B. regelmäßig in Gaststätten auftreten. Handelt es sich jedoch um eine größere Kapelle, sind die Musiker in der Regel Arbeitnehmer des Kapellenleiters, es sei denn, sie haben sich zu einer Gesellschaft bürgerlichen Rechts zusammengeschlossen.[150]

2.7 Schwarzarbeit

Die vorstehenden Abgrenzungskriterien, mit denen haupt- oder nebenberuflich ausgeübte Dienstleistungen als selbständige, nichtselbständige oder gewerbliche Tätigkeit eingeordnet wurden, sind auch heranzuziehen, wenn zwischen den Vertragsparteien sog. Schwarzarbeit vereinbart wird. Im Einzelfall kann ein Schwarzarbeiter daher Arbeitnehmer des Auftraggebers sein. Dies gilt insbesondere, wenn er in den Betrieb des Auftraggebers – wenn auch nur kurzfristig – eingegliedert ist und dort nur einfache Tätigkeiten verrichtet.[151]

2.8 Arbeitnehmerüberlassung/Werk- bzw. Dienstvertrag/ Subunternehmervertrag

Häufig wird ein Freier-Mitarbeiter-Vertrag abgeschlossen, der nicht oder nicht nur eine gegenüber dem Auftraggeber zu erbringende Dienstleistung zum Gegenstand hat, sondern der freie Mitarbeiter wird zusätzlich mit der Ausführung von Arbeiten betraut, die sein Auftraggeber einem Dritten schuldet. Ist der freie Mitarbeiter im Unternehmen des Dritten, aber im Auftrag seines Vertragspartners tätig, stellt sich die Frage, welche Rechtsbeziehungen zwischen den Beteiligten bestehen. In Betracht kommt einmal, daß zwischen dem Auftraggeber des freien Mitarbeiters und dem Dritten ein Werkvertrag

---

149 BFH vom 25. 11. 1971, BStBl. II 1972, 212 (213) oder Aushilfsmusiker (*Schmidt/ Seeger*, EStG, § 18 Rn. 11).

150 *Schmidt/Seeger*, EStG, § 18 Rn. 11; *Küttner/Huber*, Personalbuch 1998, Nebentätigkeit, Rn. 20; BFH vom 10. 9. 1976, BStBl. II 1977, 178 (180); *Heidel/Pauly*, § 6 Rn. 92.

151 BFH vom 21. 3. 1975; BStBl. II 1975, 513 (514); *Heidel/Pauly*, § 6 Rn. 15; Abschn. 67 Abs. 1 a S. 7 LStR.

oder Dienstverhältnis begründet wurde.[152] Der freie Mitarbeiter ist dann als Erfüllungsgehilfe (§ 278 BGB) seines Auftraggebers anzusehen. Er kann insoweit unselbständiger Erfüllungsgehilfe, also Arbeitnehmer sein. Ist er dagegen – wie von den Vertragsparteien gewollt – selbständig tätig, tritt er gegenüber dem Dritten als Subunternehmer seines Auftraggebers auf.

Liegt dem Vertragsverhältnis zwischen Auftraggeber und Drittem kein Werk- oder Dienstvertrag zugrunde, übt der freie Mitarbeiter seine Dienste im Rahmen eines als Arbeitnehmerüberlassung anzusehenden Rechtsverhältnisses oder als selbständiger Mitarbeiter aus. Wie die Vertragsbeziehungen steuerrechtlich einzuordnen sind, richtet sich zum einen nach dem wesentlichen Inhalt der vertraglichen Absprachen zwischen freiem Mitarbeiter und Auftraggeber sowie zwischen Auftraggeber und Drittem. Zum anderen kommt der tatsächlichen Abwicklung der Rechtsverhältnisse entscheidende Bedeutung zu.[153] Der Bundesfinanzhof hat mit Urteil vom 18. 1. 1991[154] Kriterien für die Abgrenzung dieser Fallgestaltungen aufgestellt, die nachstehend näher erläutert werden.

2.8.1 Werk- bzw. Dienstvertrag zwischen Auftraggeber und Drittem

Werden zwischen Vertragsbeteiligten Werk- und Dienstverträge abgeschlossen, hat der Auftragnehmer die zur Erreichung eines wirtschaftlichen Erfolgs notwendigen Handlungen selbst zu organisieren, wobei er sich der Mithilfe von Arbeitnehmern oder Subunternehmern bedienen kann. Er selbst bleibt aber für die Erfüllung der im Vertrag vorgesehenen Dienste oder die Herstellung des geschuldeten Werks verantwortlich. Im Rahmen von Werk- oder Dienstverträgen ist die Einordnung des freien Mitarbeiters als Subunternehmer oder unselbständiger Erfüllungsgehilfe (Arbeitnehmer) seines Auftraggebers danach vorzunehmen, ob er in den Betrieb seines Auftraggebers eingegliedert ist und bei der Ausführung der Arbeitsleistung dessen Weisungen untersteht. Dies beurteilt sich nach dem Gesamtbild der Verhältnisse, insbesondere der tatsächlichen Durchführung des Vertragsverhältnisses

152 Vgl. zum Werk- oder Dienstvertrag Teil 1.
153 BFH vom 18. 1. 1991, BStBl. II 1991, 409 (410 ff.).
154 BFH vom 18. 1. 1991, BStBl. II 1991, 409 (410 ff.).

zwischen freiem Mitarbeiter und seinem Auftraggeber, wobei der Arbeitnehmerbegriff des § 1 Abs. 2 LStDV zugrunde zu legen ist.[155]

Gegen die Annahme eines Werk- oder Dienstvertrages zwischen Auftraggeber und Drittem und für ein Arbeitnehmerüberlassungsverhältnis spricht, wenn der Auftraggeber seine Haftung für mangelhafte (Werk-)Leistungen ganz oder weitgehend ausschließt. Denn im Rahmen von Werk- oder Dienstverträgen haftet der Unternehmer grundsätzlich für das Verschulden seiner Erfüllungsgehilfen nach § 278 BGB, wohingegen bei der Arbeitnehmerüberlassung diese Bestimmung keine Anwendung findet.[156] Bei Vereinbarung eines Arbeitnehmerüberlassungsverhältnisses sind dem Vertragspartner lediglich geeignete Arbeitskräfte zu überlassen, die dieser nach eigenen betrieblichen Erfordernissen in seinem Betrieb einsetzen kann.[157] Eine Haftung für die Art und Weise der Ausführung der Tätigkeiten besteht nicht.

2.8.2 Mitarbeiterüberlassungsvertrag zwischen Auftraggeber und Drittem

Der freie Mitarbeiter kann bei dem Dritten im Rahmen einer Arbeitnehmerüberlassung tätig sein oder als Arbeitnehmer seines Vertragspartners bei einem Dritten Dienste verrichten. Er kann ferner durch die Vermittlung seines Auftraggebers als Selbständiger Dienst- oder Werkleistungen für den Dritten erbringen. Auch diesbezüglich sind die lohnsteuerrechtlichen Abgrenzungskriterien unter Beachtung des Gesamtbildes der Verhältnisse entscheidend.[158]

Um *Arbeitnehmerüberlassung* handelt es sich, wenn der Arbeitgeber einen Arbeitnehmer für eine begrenzte Zeit einem anderen Arbeitgeber zum Zwecke der Arbeitsleistung überläßt. Grundlage ist in der Regel ein Dienstverschaffungsvertrag. Dieser erfordert wegen der Vorschrift des § 613 Satz 2 BGB die Zustimmung des Arbeitnehmers. Das Arbeitsverhältnis besteht grundsätzlich zu dem verleihenden Arbeitgeber.[159] Der Verleiher haftet gegenüber dem Entleiher nicht für die

155 Vgl. zur Abgrenzung Arbeitnehmer/Selbständiger unter Teil 2 Kap. 2.2.
156 BFH vom 18. 1. 1991, BStBl. 1991, 409 (410 ff.).
157 Vgl. dazu Teil 1 sowie BFH vom 18. 1. 1991, BStBl. II 1991, 409 (410 ff.).
158 BFH vom 18. 1. 1991, BStBl. 1991, 409 (410 ff.).
159 *Palandt/Putzo*, Einf. vor § 611 BGB Rn. 38.

ordnungsgemäße Dienstleistung des Arbeitnehmers. Er hat ihn nur danach auszusuchen, ob er für die vorgesehene Dienstleistung tauglich und geeignet ist.[160] Verleiht der Arbeitgeber nur vorübergehend und gelegentlich einen Arbeitnehmer, handelt es sich um ein sog. echtes Leiharbeitsverhältnis, das nicht unter die Bestimmungen des Arbeitnehmerüberlassungsgesetzes fällt. Nur wenn ein Arbeitgeber gewerbsmäßig Arbeitnehmer ausleiht, sog. unechtes Leiharbeitsverhältnis, finden die Vorschriften des Arbeitnehmerüberlassungsgesetzes sowie die speziellen steuerrechtlichen Haftungsvorschriften des § 42 d Abs. 6 bis 8 EStG Anwendung.[161]

Keine Arbeitnehmerüberlassung, sondern ein gewöhnliches *Arbeitsverhältnis* der Vertragsparteien liegt vor, wenn das Überlassen des Arbeitnehmers als Nebenleistung zu einer anderen Leistung anzusehen ist. Dies gilt beispielhaft, wenn Mitarbeiter des Verkäufers Arbeitnehmer des Käufers einer Produktionsanlage oder sonstiger technologischer Produkte bei der Installation von Hard- und Software einweisen. Auch die Vermietung von Maschinen und gleichzeitige Gestellung des Bedienungspersonals stellt keinen Fall der Arbeitnehmerüberlassung dar. Voraussetzung ist aber immer, daß der Wert der Kauf- oder Mietsache im Vordergrund steht.[162]

Eine *selbständige Tätigkeit* übt der freie Mitarbeiter bei drittbezogener Tätigkeit aus, wenn er dem Dritten gegenüber weder weisungsgebunden noch in dessen Geschäftsbetrieb eingegliedert ist. Die Bezeichnung des Rechtsgeschäfts ist nicht ausschlaggebend.[163] Bedeutung hat die Einordnung dafür, ob die Dienstleistung lohnsteuerpflichtig ist und wer für den Fall, daß steuerrechtlich ein Arbeitsverhältnis begründet wird, als Arbeitgeber anzusehen ist. Diesbezüglich gelten für das Leiharbeitsverhältnis die nachstehend zu erörternden Besonderheiten.

---

160 *Palandt/Putzo*, Einf. vor § 611 BGB Rn. 39; BAG vom 9. 11. 1994, WiB 1995, 632 ff. (633).

161 Vgl. dazu unter Teil 2 Kap. 8.2 Haftung bei Arbeitnehmerüberlassung sowie *Mösbauer*, FR 1996, 281 (282).

162 *Heidel/Pauly*, § 6 Rn. 97.

163 Abschn. 146 Abs. 3 Sätze 1 bis 3 LStR; BFH vom 18. 1. 1991, BStBl. II 1991, 409 (410 ff.); *Heidel/Pauly*, § 6 Rn. 98.

2.8.2.1 Der freie Mitarbeiter als Leiharbeitnehmer

Leiharbeitnehmer sind Arbeitnehmer, die ein Unternehmer (Verleiher) einem anderen Unternehmer (Entleiher) auf Zeit gegen Entgelt zur Verfügung stellt. Die Abgrenzung, ob es sich bei den verliehenen Arbeitskräften um Leiharbeitnehmer oder selbständige Kräfte handelt, erfolgt nach denselben Kriterien, die für die lohnsteuerrechtliche Beurteilung zur Abgrenzung des Arbeitnehmers von dem Selbständigen herangezogen werden.[164] Ausschlaggebend ist das Gesamtbild der Verhältnisse, wobei das Dreiecksverhältnis (Verleiher-Entleiher-Entliehener) zu berücksichtigen ist. Besonderheiten ergeben sich bezüglich der Eingliederung in einen fremden Betrieb sowie hinsichtlich des Weisungsrechts des Arbeitgebers. Im Rahmen eines Leiharbeitsverhältnisses erschöpfen sich die Weisungen des Arbeitgebers im wesentlichen darin, in welchen Betrieb der Leiharbeitnehmer entsandt wird. Das mit der Arbeitgeberstellung verknüpfte Direktionsrecht übt regelmäßig der Entleiher aus, und zwar nicht aufgrund originärer Arbeitgeberstellung, sondern aufgrund der zeitweisen entgeltlichen Übertragung durch den Verleiher. Der Arbeitnehmer wiederum unterwirft sich dem Weisungsrecht des Entleihers infolge seiner arbeitsvertraglichen Beziehung zum Verleiher, weil dieser ihn für seine Tätigkeit im Betrieb des Dritten entlohnt.[165]

Ob ein von einem Unternehmen in einen anderen Betrieb entsandter Mitarbeiter als Leiharbeitnehmer anzusehen ist, also auch die lohnsteuerrechtlichen Folgen der Arbeitnehmerüberlassung eintreten, wird regelmäßig nach der zivil- bzw. arbeitsrechtlichen Einordnung vorgenommen. Auch wenn grundsätzlich keine Bindung des steuerrechtlichen Arbeitnehmerbegriffs an die Begriffsbestimmung des Arbeits- bzw. Sozialrechts besteht[166], schließt sich die Finanzverwaltung hinsichtlich des Vorliegens eines Arbeitnehmerüberlassungsverhältnisses regelmäßig der Arbeitsverwaltung an.[167] Nach der Rechtsprechung des Bundesfinanzhofs[168] sprechen für das Vorliegen eines Leih-

---

164 Vgl. dazu unter Teil 2 Kap. 2.2.

165 *Küttner/Huber*, Personalbuch 1998, Leiharbeitnehmer, Rn. 29; BFH vom 18. 1. 1991, BStBl. II 1991, 409 (410 ff.).

166 Vgl. dazu Teil 1.

167 Vgl. Abschn. 146 Abs. 3 Sätze 6 und 7 LStR.

168 BFH vom 18. 1. 1991, BStBl. II 1991, 409 (410 ff.).

arbeitsverhältnisses die Eingliederung des Arbeitnehmers in die Betriebsorganisation des Entleiher ähnlich wie dessen Stammkräfte, die Berechtigung des Auftraggebers (Entleihers) bestimmte Qualifikationen der eingesetzten Kräfte zu verlangen und bestimmte Mitarbeiter zurückzuweisen, die Weisungsgebundenheit der eingesetzten Kräfte gegenüber dem Auftraggeber, die Vergütung der Leistungen nach Zeiteinheiten, die Zahlung einer besonderen Vergütung für geleistete Überstunden, die Haftung des Verleihers gegenüber dem Entleiher für etwaiges Verschulden bei der Auswahl der eingesetzten Kräfte (nicht aber für die erbrachte Dienstleistung) sowie die Pflicht des Entleihers, die vereinbarte Vergütung unabhängig von dem Ergebnis der von den eingesetzten Kräften erbrachten Leistungen zu entrichten.

Diese Grundsätze sind in Abschn. 146 Abs. 3 Satz 4 der LStR niedergelegt. Danach weisen z. B. folgende Merkmale auf eine Arbeitnehmerüberlassung hin:

1. der Inhaber der Drittfirma (Entleiher) nimmt im wesentlichen das Weisungsrecht des Arbeitgebers wahr;
2. der mit dem Einsatz des Arbeitnehmers verfolgte Leistungszweck stimmt mit dem Betriebszweck der Drittfirma überein;
3. das zu verwendende Werkzeug wird im wesentlichen von der Drittfirma gestellt, es sei denn dies wird aufgrund von Sicherheitsvorschriften verlangt;
4. die mit anderen Vertragstypen, insbesondere dem Werkvertrag, verbundenen Haftungsrisiken sind ausgeschlossen oder beschränkt worden;
5. die Arbeit des eingesetzten Arbeitnehmers gegenüber dem entsendenden Arbeitgeber wird auf der Grundlage von Zeiteinheiten vergütet.

2.8.2.2 Die Arbeitgeberstellung von Verleiher und Entleiher

Zum inhaltlichen Schutz des Leiharbeitverhältnisses bestimmt § 1 AÜG, daß Arbeitgeber nur sein darf, wer eine Erlaubnis zur Arbeitnehmerüberlassung besitzt und sich damit der staatlichen Kontrolle seiner Tätigkeit auf Zuverlässigkeit und den rechtmäßigen Betrieb der Arbeitnehmerüberlassung unterstellt hat (vgl. §§ 9 Abs. 1 und 3 Abs. 1 Nr. 1 bis 6 AÜG). Der von einem Verleiher ohne Arbeitnehmerüberlassungserlaubnis mit einem Leiharbeitnehmer abgeschlossene

Vertrag ist unwirksam. Das gleiche gilt nach § 9 Ziff. 1 AÜG für den Überlassungsvertrag im Verhältnis zwischen Verleiher und Entleiher. Rechtsfolge der Unwirksamkeit ist gemäß § 10 Abs. 1 AÜG, daß ein Arbeitsverhältnis zwischen Entleiher und Leiharbeitnehmer zustande kommt. Dies bedeutet, bei unerlaubter Arbeitnehmerüberlassung ist der Entleiher der zivilrechtliche Arbeitgeber. Steuerrechtlich bleibt der Verleiher jedoch auch im Fall der unerlaubten Arbeitnehmerüberlassung Arbeitgeber des Leiharbeitnehmers.[169] Der Verleiher hat also sowohl bei erlaubter als auch bei unerlaubter Arbeitnehmerüberlassung als Arbeitgeber die steuerrechtliche Pflicht zur Einbehaltung der Lohnsteuer nach § 38 Abs. 3 Satz 1 EStG, Anmeldung der einzubehaltenden Lohnsteuerbeträge im Rahmen einer Lohnsteuer-Anmeldung nach § 41 a Abs. 1 Nr. 1 EStG und Abführung der einbehaltenen Steuerbeträge an das Finanzamt gemäß § 41 a Abs. 1 Nr. 2 EStG. Auch ein ausländischer Verleiher hat gem. § 38 Abs. 1 Satz 1 Nr. 2 EStG die lohnsteuerlichen Pflichten des Arbeitgebers im Inland zu erfüllen, wenn er gewerbsmäßig Arbeitnehmer einem Dritten zur Arbeitsleistung im Inland überläßt. Die Lohnsteuereinbehaltungspflicht gilt unabhängig vom Wohnsitz des Arbeitnehmers. Selbst bei im Ausland ansässigen Arbeitnehmern, die aufgrund von Doppelbesteuerungsabkommen im Inland nicht zur Lohnsteuer herangezogen werden können, wird der Arbeitgeber erst durch eine vom Betriebsstättenfinanzamt[170] erteilte Freistellungsbescheinigung gem. § 39 d Abs. 3 EStG und § 39 b Abs. 6 EStG von der Einbehaltungspflicht befreit.[171] Der Verleiher wird bei erlaubter Arbeitnehmerüberlassung selbst dann als Arbeitgeber angesehen, wenn der Entleiher den Arbeitslohn direkt an seine Arbeitnehmer ausbezahlt, § 38 Abs. 1 Satz 2 EStG. Für ausländische Verleiher[172] gilt dies auch, wenn ein Doppelbesteuerungsabkommen bestimmt, daß der Entleiher Arbeitgeber ist. Das Abkommen ändert nämlich nicht die Arbeitgebereigenschaft, sondern hat nur Bedeutung für die Zuteilung des Besteuerungsrechts.[173]

---

169 Vgl. Abschn. 146 Abs. 1 Satz 2 und Abschn. 66 Abs. 1 Satz 3 LStR unter Hinweis auf das BFH-Urteil vom 2. 4. 1982, BStBl. 1982 II, 502 (505).

170 Vgl. § 41 Abs. 2 EStG.

171 Vgl. *Schmidt/Drenseck*, EStG, § 38 Rn. 6.

172 Vgl. Abschn. 105 Abs. 1 Satz 4 LStR.

173 Vgl. Abschn. 146 Abs. 1 Satz 3 LStR.

Nur ausnahmsweise ist der Entleiher auch steuerrechtlicher Arbeitgeber. Voraussetzung ist, daß er im Rahmen einer unerlaubten Arbeitnehmerüberlassung im eigenen Namen und für eigene Rechnung den gesamten Arbeitslohn an die Leiharbeitnehmer zahlt.[174] Um dem zunehmenden Auftreten von Scheinwerkverträgen zwischen ausländischen Gesellschaften und deutschen Entleiherfirmen entgegenzutreten, liegt derzeit ein Gesetzesentwurf zur Änderung des § 42 d Abs. 1 EStG vor. Danach soll ein Arbeitsverhältnis zwischen Entleiher und Leiharbeitnehmer fingiert werden, wenn ein ausländischer Vertragspartner als ausländischer Verleiher nach § 38 Abs. 1 Nr. 2 EStG anzusehen ist und keinen für die Bewirkung derartiger Dienstleistungen eingerichteten Geschäftsbetrieb unterhält.[175] Gerechtfertigt werde die steuerrechtliche Arbeitgeberstellung des Entleihers aufgrund der Integration der ausländischen Arbeitnehmer in die betriebliche Organisation und die von dem Entleiher geführten Baustellen. Die geplante Gesetzesänderung wird die Anwendung der 183-Tage-Regelung gemäß Art. 15 Nr. 2 b OECD-Musterabkommen entbehrlich machen. Die deutschen Finanzbehörden haben dann nicht mehr den Nachweis zu erbringen, daß ein Lohnsteueranspruch für die im Inland tätigen Arbeitnehmer besteht.

3. Vorgehensweise bei Einordnungsschwierigkeiten

3.1 Die Anrufungsauskunft nach § 42 e EStG

Die vorgenannten Abgrenzungskriterien verdeutlichen, daß für den Auftraggeber in vielen Fällen nicht eindeutig zu erkennen ist, ob der von ihm Beschäftigte tatsächlich selbständig oder nichtselbständig ist. Häufig stellt sich erst im Laufe der Zeit heraus, inwiefern er durch Weisungen Einfluß auf die Arbeit des sog. freien Mitarbeiters nimmt. Weiterhin kann die Einbindung in den Betrieb bzw. die Organisation des Auftraggebers enger sein als ursprünglich geplant. Der Unternehmer, der einen freien Mitarbeiter einsetzt, wird ferner nicht immer wissen oder beurteilen können, welche zusätzlichen Tätigkeiten der von ihm Beauftragte verrichtet. Um die sich bei einer falschen Einordnung

---

174 *Heidel/Pauly*, § 6 Rn. 17.

175 Vgl. Art. 4 des Gesetzentwurfs zum Abbau unerwünschter Steuergestaltungen und Vollzugsdefizite des Landes Hessen vom 2. 3. 1998, BR-Drs. 208/98.

stellenden Schwierigkeiten bzw. nachteiligen Folgen zu vermeiden, sollte der Auftraggeber von seinem Recht Gebrauch machen, eine Anrufungsauskunft einzuholen. Der Gegenstand der Auskunft bestimmt sich durch den Zweck des § 42 e EStG. Die Anfrage muß auf einen konkreten betrieblichen Vorgang bezogen sein und mit der Frage der Einbehaltung und Abführung von Lohnsteuer zusammenhängen.[176] Das Betriebsstättenfinanzamt hat auf eine entsprechende Anfrage hin Auskunft zu geben, ob und inwieweit im einzelnen Fall die Vorschriften des Lohnsteuerrechts anzuwenden sind.[177] Neben der Frage der Arbeitnehmerschaft bestimmter Personen, an die der Betrieb Zahlungen leistet, können z. B. auch Fragen zur Form und zum Inhalt der Lohnbuchführung oder zur Zulässigkeit, Art und Weise der Lohnsteuerpauschalierung Gegenstand einer Anrufungsauskunft sein. § 42 e EStG ist andererseits nicht einschlägig bei Sachverhalten, über die das Wohnsitzfinanzamt im Rahmen der Veranlagung des Arbeitnehmers zu entscheiden hat.[178]

3.1.1 Auskunftsberechtigte

Auskunftsberechtigt ist zunächst der Arbeitgeber. Die Anrufungsauskunft trägt dem Umstand Rechnung, daß er für zu Unrecht nicht einbehaltene und abgeführte Lohnsteuer nach § 42 d EStG haftet.[179] Darüber hinaus sind alle anderen Personen, die als Haftende in Betracht kommen, zur Lohnsteuerauskunft berechtigt.[180] Auch der Arbeitnehmer kann eine Anrufungsauskunft einholen, da er regelmäßig Schuldner der Lohnsteuer ist.[181] Abschn. 147 Abs. 1 Satz 1 LStR spricht insoweit von dem Auskunftsanspruch sowohl des Arbeitgebers als auch des Arbeitnehmers.

---

176 *Schmidt/Drenseck*, EStG, § 42 e Rn. 6; *Heidel/Pauly*, § 7 Rn. 186; *Dißars/Dißars*, DStR 1995, 1817 ff.

177 Abschn. 147 LStR; *Küttner/Huber*, Personalbuch 1998, Anrufungsauskunft, Rn. 4.

178 *Obermeier/Kanzler/Obermeier*, Absicherung von Gestaltungsempfehlungen, Rn. 102; *Schmidt/Drenseck*, EStG, § 42 e Rn. 6.

179 Vgl. zur Lohnsteuerhaftung unter Teil 2 Kap. 8.

180 *Schmidt/Drenseck*, EStG, § 42 e Rn. 2; *Heidel/Pauly*, § 7 Rn. 188.

181 *Schmidt/Drenseck*, EStG, § 42 e Rn. 2 m. w. N.

3.1.2 Form des Antrags

Das Gesetz sieht für die Anrufungsauskunft keine Form vor. Da Unklarheiten oder spätere Beweisschwierigkeiten hinsichtlich des Inhalts der vom Finanzamt erteilten Auskunft zu Lasten des Anfragenden gehen, sollte eine mündlich eingeholte Anfrage zumindest schriftlich wiederholt bzw. das Finanzamt um eine schriftliche Bestätigung der mündlich erteilten Auskunft gebeten werden.[182] In Abschn. 147 Abs. 1 Satz 3 LStR ist für die Behörde die Schriftform niedergelegt, wobei die Auskunft unter ausdrücklichen Hinweis auf § 42 e EStG erfolgen soll, selbst wenn der Anrufende sie nur formlos erbeten hat.[183]

3.1.3 Zuständigkeit

Zuständig für die Auskunftserteilung ist das Betriebsstättenfinanzamt (§ 42 e EStG), also das Finanzamt, in dessen Bezirk sich der Betrieb oder Teil des Betriebs des Arbeitgebers befindet, in dem der für die Durchführung des Lohnsteuerabzugs maßgebende Arbeitslohn ermittelt wird. Wird der Arbeitslohn nicht in dem Betrieb oder nicht im Inland ermittelt, gilt als Betriebsstätte der Mittelpunkt der geschäftlichen Leitung im Inland. Bei einem ausländischen Arbeitnehmer-Verleiher gilt als Betriebsstätte der Ort im Inland, an dem die Arbeitsleistung ganz oder vorwiegend stattfindet, § 41 Abs. 2 Satz 2 EStG. Hat ein Arbeitgeber mehrere Betriebsstätten, soll das Finanzamt seine Auskunft mit den anderen Betriebsstättenfinanzämtern abstimmen, soweit es sich um einen Fall von einigem Gewicht handelt und erkennbar ist, daß die Auskunft auch für die anderen Betriebsstätten von Bedeutung ist.[184] Innerhalb des Betriebsstättenfinanzamts ist der Innendienst der Lohnsteuerstelle, also der Sachbearbeiter des Lohnsteuer-Arbeitgeberbezirks oder der Sachgebietsleiter für die Lohnsteuer, zuständig. Dagegen können Beamte des Außendienstes die Anrufungsauskunft nicht wirksam erteilen. Die Meinungsäußerung eines Außendienstmitarbeiters sollte man sich durch den Innendienst in jedem Fall

182 *Schmidt/Drenseck*, EStG, § 42 e Rn. 4.
183 *Heidel/Pauly*, § 7 Rn. 188.
184 *Schmidt/Drenseck*, EStG, § 42 e Rn. 3; vgl. Abschn. 147 Abs. 2 Satz 1 LStR; *Heidel/Pauly*, § 7 Rn. 188.

bestätigen lassen. Bei Anfragen eines Arbeitnehmers soll die Auskunft mit dem Wohnsitzfinanzamt abgestimmt werden[185].

3.1.4 Bindungswirkung der Anrufungsauskunft

Die Auskunft ist auf das Lohnsteuer-Abzugsverfahren beschränkt. Sie bindet das Finanzamt nur gegenüber demjenigen, der sie erbeten hat. Dies ist in der Regel der Arbeitgeber. Verfährt dieser entsprechend der ihm erteilten Auskunft, schließt er das Risiko einer Lohnsteuerhaftung nach § 42 d EStG aus. Er hat die Lohnsteuer vorschriftsmäßig i. S. d. § 42 d Abs. 3 Satz 4 Nr. 1 EStG einbehalten, selbst wenn die Auskunft unrichtig war. Weicht der Arbeitgeber dagegen von einer ihm erteilten Auskunft ab, kann er den Haftungsausschluß nach § 42 d Abs. 2 Nr. 1 EStG i. V. m. § 41 c Abs. 4 EStG nicht bewirken, auch wenn er die Abweichung dem Betriebsstättenfinanzamt anzeigt.[186]

Ist die Auskunft für den Arbeitnehmer nachteilig, muß er ggf. einen Erstattungsantrag nach § 37 AO stellen oder das Veranlagungsverfahren abwarten. Das für ihn zuständige Finanzamt ist nicht daran gehindert, im Veranlagungsverfahren einen anderen Rechtsstandpunkt zu vertreten.[187] Nur in Ausnahmefällen kann sich eine Bindung aus dem Grundsatz von Treu und Glauben nach § 204 AO ergeben, wenn z. B. das Wohnsitzfinanzamt dem Arbeitnehmer eine Auskunft erteilt und diese für eine zur Steuerpflicht führende Disposition des Arbeitnehmers ursächlich war.[188] Hat der Arbeitnehmer selbst die Anrufungsauskunft beantragt, oder hat der Arbeitgeber bei der von ihm veranlaßten Auskunft zum Ausdruck gebracht, daß die Anfrage auch im Interesse des Arbeitnehmers erfolgt, tritt eine Bindungswirkung gegenüber dem Arbeitnehmer ein. Es kommt dann nicht darauf an, ob das Be-

---

185 *Obermeier/Kanzler/Obermeier*, Absicherung von Gestaltungsempfehlungen, Rn. 106 ff.

186 BFH vom 4. 6. 1993, BStBl. II 1993, 687 (689); *Heidel/Pauly*, § 7 Rn. 187; BFH vom 4. 6. 1993, BStBl. II 1993, 687 (689); *Obermeier/Kanzler/Obermeier*, Absicherung von Gestaltungsempfehlungen, Rn. 117; *Schmidt/Drenseck*, EStG, § 42 e Rn. 8.

187 *Obermeier/Kanzler/Obermeier*, Absicherung von Gestaltungsempfehlungen, Rn. 112 f.; *Schmidt/Drenseck*, EStG, § 42 e Rn. 10; *Dißars/Dißars*, DStR 1995, 1817, 1819; BFH vom 9. 10. 1992, BStBl. II 1993, 166 (167 ff.).

188 *Schmidt/Drenseck*, EStG, § 42 e Rn. 12; BdF, Schreiben vom 24. 6. 1987, DB 1987, 1465.

triebsstättenfinanzamt für den Arbeitnehmer örtlich zuständig war.[189] Um in jedem Fall eine gleichzeitige Bindung herbeizuführen, sollten Arbeitnehmer und Arbeitgeber gemeinsam die Auskunft einholen.[190] Erhält der Arbeitnehmer eine für ihn günstige Auskunft, etwa in dem Sinn, daß er kein Arbeitnehmer ist, hat er einen zivilrechtlichen Anspruch gegen seinen Arbeitgeber, entsprechend der Auskunft zu verfahren. Da der Arbeitgeber in diesem Fall kein Haftungsrisiko trägt, kann er sich nicht gegen die in der Auskunft festgelegte Verfahrensweise wenden.[191]

Eine Änderung der in der Auskunft erteilten Rechtsansicht des Finanzamts ist nur innerhalb der Korrekturvorschriften der Abgabenordnung möglich. War die Auskunft rechtswidrig, kann eine Änderung nach § 130 AO erfolgen. Voraussetzung ist, daß sie einen Vorteil begründet oder bestätigt hat, von einer sachlich unzuständigen Behörde erlassen wurde, durch unlautere Mittel oder Angaben erwirkt wurde, die in wesentlicher Beziehung unrichtig oder unvollständig waren, oder dem Begünstigenden die Rechtswidrigkeit bekannt oder infolge grober Fahrlässigkeit unbekannt war. Sofern die Auskunft rechtmäßig war, kann sie nach § 131 AO nur mit Wirkung für die Zukunft widerrufen werden, sofern sie für den Anrufenden nicht begünstigend war. Bei einer Änderung der Gesetzeslage tritt die Anrufungsauskunft entsprechend § 207 Abs. 1 AO außer Kraft.

3.1.5 Rechtsbehelfe bei Nichterteilung bzw. Versagung der Auskunft

Auf die Erteilung der Auskunft besteht ein Rechtsanspruch. Die Finanzverwaltung hat kein Ermessen, ob sie die Auskunft erteilt oder nicht. Nach § 42 e EStG ist sie zur Auskunftserteilung verpflichtet.[192] Die Weigerung, eine Auskunft zu erteilen, stellt einen Verwaltungsakt dar.[193] Wird über die Anrufungsauskunft ohne Mitteilung eines sachlichen Grundes nicht binnen einer angemessenen Frist entschieden, kann der Anrufende nach § 347 Abs. 1 Satz 2 AO Einspruch einlegen

189 *Schmidt/Drenseck*, EStG, § 42 e Rn. 9.

190 *Schmidt/Drenseck*, EStG, § 42 e Rn. 9.

191 So die h. M. vgl. z. B. *Schmidt/Drenseck*, EStG, § 42 e Rn. 9; *Küttner/Huber*, Personalbuch 1998, Anrufungsauskunft, Rn. 11.

und ggf. anschließend Verpflichtungsklage erheben.[194] Entsprechendes gilt, wenn das Finanzamt den Antrag auf Erteilung der Auskunft ablehnt.[195] Ist der Anfragende dagegen mit dem Inhalt der Auskunft nicht einverstanden, sind nur die formlosen Rechtsbehelfe wie Dienstaufsichtsbeschwerde oder Gegenvorstellung möglich, weil die Anrufungsauskunft eine bloße Wissenserklärung beinhaltet, mit der die einschlägigen Rechtsgrundlagen aus Sicht der Finanzverwaltung erläutert werden. Die Auskunft selbst stellt nach h. M. keinen Verwaltungsakt dar, da sie keine unmittelbare Regelung trifft.[196]

3.2 Einordnungsverfahren mit Finanzbehörden und -gerichten

Arbeitsrechtlich sind gerade in den letzten Jahren zahlreiche Verfahren im Hinblick auf den Status von freien Mitarbeitern geführt worden, in denen die Scheinselbständigkeit von Versicherungsvertretern, Handelsvertretern, Mitarbeitern von Rundfunk- und Fernsehanstalten, etc. gerichtlich festgestellt wurde.[197] Steuerrechtlich kommt es weniger zwischen Arbeitgeber und freiem Mitarbeiter, sondern eher zwischen der Finanzverwaltung und einem oder beiden Parteien des freien Mitarbeiterverhältnisses zu Auseinandersetzungen über die Behandlung des Vertragsverhältnisses. Anlaß für eine Beanstandung kann z. B. sein, daß der freie Mitarbeiter im Rahmen seiner Steuererklärung Aufwendungen für sein Arbeitszimmer als Betriebsausgabe geltend macht, die ihm seitens der Finanzverwaltung mit dem Hinweis auf seine nichtselbständige Tätigkeit versagt bzw. nur in Höhe der Pauschalgrenze von derzeit 2400 DM im Kalenderjahr anerkannt wird.[198] Auf seiten des Arbeitgebers kann es im Rahmen von Lohnsteueraußenprüfungen zu Differenzen über die Einordnung des Vertragsverhältnisses kommen, etwa wenn der Prüfer Lohnsteuer für Mitarbeiter nachfordert mit der Begründung, diese seien Arbeitnehmer. Gleichzeitig erfolgen Meldungen an die Sozialversicherungsträger, die ebenfalls ent-

---

194 *Dißars/Dißars*, DStR 1995, 1818 (1819).

195 Vgl. Abschn. 147 Abs. 1 Satz 4 LStR.

196 BFH vom 9. 10. 1992, BStBl. II 1993, 166 (167); *Obermeier-Kanzler/Obermeier*, Absicherung von Gestaltungsempfehlungen, Rn. 117; *Schmidt/Drenseck*, EStG, § 42 e Rn. 7; *Dißars/Dißars*, DStR 1995, 1817 (1819); *Heidel/Pauly*, § 7 Rn. 192; FG Hamburg vom 6. 1. 1984, EFG 1984, 462.

197 Vgl. dazu die Ausführungen in Teil 1.

198 Vgl. Abschn. 45 LStR.

sprechende Nachforderungsbescheide erlassen. Im Rahmen des Vorsteuerabzugsverfahrens kann die Frage der steuerrechtlichen Einordnung des Vertragsverhältnisses eine Rolle spielen, wenn der Unternehmer die ihm von dem freien Mitarbeiter für seine Dienste in Rechnung gestellte Umsatzsteuer als Vorsteuer geltend macht und das Finanzamt den Vorsteuerabzug mit der Begründung versagt, eine ordnungsgemäße Rechnung liege wegen der fehlenden Selbständigkeit des Mitarbeiters nicht vor. Weiterhin drohen sowohl dem freien Mitarbeiter als auch dem Unternehmer Ordnungswidrigkeits- bzw. Strafverfahren im Hinblick auf die Beitragsvorenthaltung gegenüber den Sozialversicherungsträgern sowie ggf. wegen Steuerhinterziehung bzw. leichtfertiger Steuerverkürzung.

3.2.1 Einkommen- bzw. Lohnsteuerveranlagungsverfahren

Die Finanzverwaltung wird bei Aufdeckung eines Sachverhalts, den sie als Scheinselbständigkeit einordnet, für die Zukunft entsprechende Steuerbescheide erlassen bzw. schon ergangene Steuerbescheide nach §§ 172, 173 AO ändern. Diese Bescheide müssen von dem freien Mitarbeiter und/oder dem Unternehmer mit dem Rechtsbehelf des Einspruchs angefochten werden, sofern sie ihren Rechtsstandpunkt beibehalten wollen. Nach §§ 348 ff. AO müssen die Einsprüche gegen die Steuerbescheide schriftlich innerhalb eines Monats nach deren Bekanntgabe eingelegt werden. Über die Einsprüche entscheidet das Finanzamt, das den Steuerbescheid erlassen hat. Die Einspruchseinlegung erzeugt keinen Suspensiveffekt, d. h. die Vollziehung des Lohnsteuer-, Umsatzsteuer- oder Einkommensteuerbescheides bzw. Bescheides zur gesonderten Feststellung von Besteuerungsgrundlagen nach §§ 179, 180 AO wird nicht gehemmt. Um die Vollstreckung aus dem Steuerbescheid während des Einspruchsverfahrens abzuwenden, kann der Steuerpflichtige die Aussetzung der Vollziehung nach § 361 Abs. 2 AO beim Finanzamt beantragen. Diesem Antrag wird jedoch nur stattgegeben, wenn ernstliche Zweifel an der Rechtmäßigkeit des erlassenen Verwaltungsakts bestehen oder wenn die Vollziehung für den Betroffenen eine unbillige, nicht im öffentlichen Interesse gebotene Härte darstellt. Außerdem kann das Finanzamt die Aussetzung der Vollziehung von einer Sicherheitsleistung abhängig machen. Wird dem Antrag nicht stattgegeben, kann der Steuerpflichtige gegen den ablehnenden Bescheid Rechtsbehelf beim Finanzgericht einlegen, § 69 Abs. 2 FGO. Der Antrag auf Aussetzung der Vollziehung kann auch direkt beim Finanzgericht gestellt werden, wenn die Finanzbehörde zu erkennen gibt, daß sie dem Antrag nicht stattgeben wird oder über den Antrag des Steuerpflichtigen ohne Mitteilung eines zureichenden Grundes in angemessener Frist – regelmäßig 6 Monate – sachlich nicht entschieden hat. Auch wenn eine Vollstreckung aus den Steuerbescheiden während des Rechtsbehelfsverfahrens droht oder es den Beteiligten wegen der besonderen Umstände des Einzelfalls aus sonstigen Gründen nicht zumutbar ist, zunächst den Aussetzungsantrag bei der Finanzbehörde zu stellen, kann das Finanzgericht direkt angerufen werden.[199]

Wird dem vom freien Mitarbeiter und/oder vom Arbeitgeber eingelegten Einspruch nicht abgeholfen, kann das Klageverfahren vor den Finanzgerichten eingeleitet werden, § 40 FGO. Auch die Klage muß innerhalb eines Monats nach Bekanntgabe der Einspruchsentscheidung erhoben werden, § 47 Abs. 1 FGO. Im Rahmen des Klageverfahrens kommt der tatsächlichen Würdigung des Sachverhalts eine besondere Bedeutung zu. Da regelmäßig Merkmale sowohl für als auch gegen die Selbständigkeit des freien Mitarbeiters sprechen werden, sollten sämtliche Anhaltspunkte unter Beweisantritt sorgfältig vorgetragen werden, mit denen die Argumentation der Finanzverwaltung widerlegt werden kann. Eine Revisionsrüge mit der Begründung, das Finanzgericht hätte bestimmte Umstände bei der Sachverhaltswürdigung stärker beachten müssen, kann keinen Erfolg haben, da der Bundesfinanzhof nach § 118 Abs. 2 FGO grundsätzlich an die Tatsachenwürdigung des Finanzgerichts gebunden ist.[200] Wird die finanzgerichtliche Klage abschlägig entschieden, kann wegen der Verletzung von Verfahrens- oder Gesetzesvorschriften nach §§ 115 ff. FGO Revision zum Bundesfinanzhof eingelegt werden. Ist im Rahmen des Gerichtsverfahrens nicht feststellbar, ob eine Tätigkeit selbständig oder unselbständig ausgeübt wird, kann dies sowohl zu Lasten des Finanzamts als auch zu Lasten des freien Mitarbeiters bzw. des Auftraggebers gehen. Die Feststellungslast trägt derjenige, der Rechtsfolgen aus dem Vorhan-

---

199 *Tiedtke*, Einkommensteuer- und Bilanzsteuerrecht, S. 649 f.; *Niebler/Meier/Dubber*, Rn. 578 ff.

200 *Meyer-Scharenberg/Popp*, Gewerbesteuer, § 2 Rn. 38; BFH vom 14. 6. 1985, BStBl. II 1985, 661 (663).

densein bestimmter Einkünfte geltend machen will.[201] Dies ist im Rahmen des Lohnsteuerabzugsverfahrens das Finanzamt. Sofern es um die Anerkennung von Betriebsausgaben geht, trägt der freie Mitarbeiter oder sein Auftraggeber die Feststellungslast.

3.2.2 Umsatzsteuer- bzw. Vorsteuerabzugsverfahren

Erkennt das Finanzamt ein zwischen den Vertragsparteien vereinbartes freies Mitarbeiterverhältnis nicht an, hat dies Bedeutung für die vom Unternehmer an den freien Mitarbeiter gezahlte Umsatzsteuer.[202] Nach § 15 Abs. 1 Nr. 1 UStG sind Steuern nur dann als Vorsteuer abzugsfähig, wenn sie von einem anderen Unternehmer in Rechnung gestellt wurden. Vertritt das Finanzamt die Auffassung, der freie Mitarbeiter stehe in einem Anstellungsverhältnis, wird es dem Auftraggeber den Vorsteuerabzug versagen. Hier stellt sich die Frage, ob eine Auszahlung bzw. Verrechnung der gezahlten Umsatzsteuer mit der vom Unternehmer vereinnahmten Umsatzsteuer durch vorläufigen Rechtsschutz erreicht werden kann. Eine Aussetzung der Vollziehung nach § 69 FGO, § 361 AO kommt eigentlich nicht in Betracht, weil das Begehren in der Hauptsache auf den Erlaß eines begünstigenden Verwaltungsakts gerichtet ist, also mit der Verpflichtungsklage auf Erlaß eines Steuervergütungsbescheids verfolgt werden müßte.[203] Nach Ansicht des Bundesfinanzhofs[204] sind Vorsteuerbeträge aber als Besteuerungsgrundlagen der Umsatzsteuerfestsetzung anzusehen. Der Überschuß stellt eine negative Steuerfestsetzung dar, so daß bei Versagen der Vorsteuerabzugsberechtigung Anfechtungsklage eingereicht werden müßte. Trotz dieser Einordnung soll vorläufiger Rechtsschutz nur mittels einstweiliger Anordnung nach § 114 FGO zu beantragen sein. Der Erlaß der einstweiligen Anordnung setzt voraus, daß zur Regelung eines vorläufigen Zustands in bezug auf ein streitiges Rechtsverhältnis wesentliche Nachteile abzuwenden sind oder diese Anordnung aus sonstigen Gründen erforderlich scheint, § 114 Abs. 1 Satz 2 FGO. Ihrem Charakter als vorläufige Maßnahme entsprechend, darf sie regel-

201 BFH vom 28. 4. 1977, BStBl. II 1977, 728 (729); BFH vom 21. 8. 1985, BStBl. II 1986, 88 (90).

202 Zur Umsatzsteuer vgl. unter Teil 2 Kap. 5.

203 *Stadie*, Das Recht des Vorsteuerabzugs, S. 277 f.

204 BFH vom 28. 11. 1974, BStBl. II 1975, 239 (240); BFH vom 17. 12. 1981, BStBl. II 1982, 149 (150); BFH vom 29. 11. 1984, BStBl. II 1985, 194.

mäßig nicht zu einer Befriedigung des Antragstellers führen. Aus diesem Grund wird im allgemeinen die begehrte vorläufige Auszahlung bzw. Verrechnung von Vorsteuerbeträgen abschlägig beschieden.[205] Dem Unternehmer bleibt dann nur die Möglichkeit, sein Begehren in der Hauptsache, d. h. mit einem Klageverfahren, zu verfolgen. In diesem Verfahren trägt er die Feststellungslast hinsichtlich der Kriterien, die für die Selbständigkeit des freien Mitarbeiters sprechen, weil er aus dem Vorhandensein der Unternehmereigenschaft des von ihm Beauftragten Vorteile beim Vorsteuerabzugsverfahren hat.

3.2.3 Finanzgerichtliche Feststellungsklage

Bestehen Meinungsverschiedenheiten mit der Finanzbehörde über die lohnsteuerrechtliche Behandlung der in einem Betrieb Beschäftigten, kann der Unternehmer nach Ansicht des Finanzgerichts Hamburg[206] unmittelbar eine Feststellungsklage beim Finanzgericht einreichen, um die Frage der Lohnsteuerpflicht zu klären. Er braucht also nicht zuerst den Erlaß eines Steuer- oder Haftungsbescheids abzuwarten, um gegen diesen Einspruch einzulegen, wenn das Finanzamt ihn auf das Lohnsteuerabzugsverfahren verweist. Die Pflicht zur Anmeldung, zum Abzug und zur Abführung der Lohnsteuer soll sich unmittelbar aus dem Gesetz und nicht erst aus einem entsprechenden Steuerbescheid ergeben. Die Lohnsteuerpflichtigkeit von Bezügen stellt nach dieser Entscheidung eine Frage des Bestehens oder Nichtbestehens eines Rechtsverhältnisses dar, so daß der Klageweg nach § 41 Abs. 1 FGO eröffnet ist. Die Klagemöglichkeit bringt dem Auftraggeber und dem freien Mitarbeiter bei der Durchsetzung ihrer Rechtsauffassungen unter Umständen erhebliche Zeit- und Kostenvorteile, da die Veranlagungen des Finanzamts nicht abzuwarten sind.

4. Besteuerung der Einkünfte des freien Mitarbeiters

4.1 Buchführungspflicht der selbständig Tätigen

Eine Pflicht, Bücher und Aufzeichnungen zu führen, haben Steuerpflichtige nach § 162 Abs. 2 Satz 2 Halbsatz 1 AO nur, sofern Steuer-

205 *Stadie*, Das Recht des Vorsteuerabzugs, S. 278.
206 Finanzgericht Hamburg vom 6. 1. 1984, EFG 1984, 462.

gesetze dies anordnen. In den §§ 140, 141 AO ist niedergelegt, wer zu Besteuerungszwecken buchführungspflichtig ist. Inhalt und Umfang der Buchführung regeln §§ 143 bis 148 AO. Die Abgabenordnung ordnet in zwei Fällen eine Buchführungspflicht an. § 140 AO normiert die derivative, § 141 AO die originäre Buchführungspflicht.

4.1.1 Derivative Buchführungspflicht

Eine Buchführungspflicht nach § 140 AO besteht, wenn außersteuerliche Vorschriften die Anfertigung von Büchern und Aufzeichnungen vorschreiben. Die nach anderen Gesetzen vorgeschriebenen Buchführungspflichten sind dann auch für die Besteuerung zu erfüllen. Vor allem Unternehmen, für die die handelsrechtlichen Vorschriften einschlägig sind, fallen unter die Buchführungspflicht nach § 140 AO.

4.1.1.1 Buchführungspflicht nach Handelsrecht

Nach § 238 Abs. 1 Satz 1 HGB ist jeder Kaufmann, d. h. jeder, der ein Handelsgewerbe betreibt, verpflichtet, Bücher zu führen und in diesen seine Handelsgeschäfte und die Lage seines Vermögens nach den Grundsätzen ordnungsmäßiger Buchführung ersichtlich zu machen. Wer als Kaufmann anzusehen ist, bestimmt sich nach den §§ 1 ff. HGB.[207] Ein Handelsgewerbe ist nach § 1 Abs. 2 HGB jeder Gewerbebetrieb, es sei denn, daß das Unternehmen nach Art oder Umfang einen in kaufmännischer Weise eingerichteten Geschäftsbetrieb nicht erfordert. Weiter gilt nach § 2 HGB ein gewerbliches Unternehmen, das nicht die Voraussetzungen des § 1 Abs. 2 HGB erfüllt, als Handelsgewerbe, wenn die Firma im Handelsregister eingetragen ist. Das bedeutet, ein Unternehmer, dessen Gewerbebetrieb nach Art oder Umfang keine kaufmännische Einrichtung erfordert, kann durch seine Eintragung ins Handelsregister zum Kaufmann werden. In diesem Fall unterliegt er ebenfalls den Buchführungspflichten nach §§ 238 ff. HGB. Auch Land- und Forstwirte können Kaufleute sein, wenn ihr Unternehmen einen nach Art und Umfang in kaufmännischer Weise eingerichteten Geschäftsbetrieb erfordert und sie im Handelsregister

207 Die Vorschriften über Kaufleute wurden mit Wirkung zum 1. 7. 1998 gemäß Art. 3 des Gesetzes zur Neuregelung des Kaufmanns- und Firmenrechts und zur Änderung anderer handels- und gesellschaftsrechtlicher Vorschriften (Handelsrechtsreformgesetz – HRefG) vom 22. Juni 1998 geändert, BGBl. I 1998, 1474 ff.

eingetragen sind, § 3 Abs. 2 HGB. Bei Personengesellschaften richtet sich die Kaufmannseigenschaft gemäß § 6 Abs. 1 HGB nach den vorstehenden Voraussetzungen. Sie sind bei entsprechendem Umfang des Geschäftsbetriebs oder Eintragung im Handelsregister OHG oder KG, d. h. Handelsgesellschaften, §§ 105 Abs. 2, 123 Abs. 2, 161 Abs. 2 HGB.[208] Personengesellschaften, die keinen in kaufmännischer Weise eingerichteten Geschäftsbetrieb unterhalten und nicht im Handelsregister stehen, sind Gesellschaften bürgerlichen Rechts (GbR) und damit nach Handelsrecht nicht buchführungspflichtig. Auch der stille Gesellschafter ist nicht buchführungspflichtig, da nur der Inhaber des Handelsgewerbes Kaufmann ist, § 230 HGB. Kaufleute sind schließlich die sog. Formkaufleute. Dazu gehören die Aktiengesellschaft, die Kommanditgesellschaft auf Aktien, die GmbH sowie die eingetragene Genossenschaft. Sie sind unabhängig von der Art ihres Geschäftsbetriebs aufgrund gesetzlicher Anordnung in § 6 Abs. 2 HGB stets Kaufleute und damit buchführungspflichtig.

4.1.1.2 Buchführungspflicht nach anderen Gesetzen

Vorschriften über Buchführungs- und Aufzeichnungspflichten enthalten auch zahlreiche weitere Gesetze, wie das Aktiengesetz (§§ 150–158, 270, 286, 337 AktG), das GmbH-Gesetz (§§ 41, 42 GmbHG), das Genossenschaftsgesetz (§ 33 GenG), das Kreditwesengesetz (§§ 25 a ff. KWG) etc. In dem Einführungserlaß zur AO 1977 zu § 140 AO sind sie im einzelnen aufgezählt.[209] Die in diesen Gesetzen angeordnete Buchführungspflicht ist für Besteuerungszwecke jedoch nur zu erfüllen, wenn sie steuerlich bedeutsam ist.[210] Von der Buchführungspflicht nach § 140 AO ausgenommen sind Kleingewerbetreibende, die nicht im Handelsregister eingetragen sind, Land- und Forstwirte sowie die selbständig Tätigen i. S. d. § 18 EStG.

4.1.2 Originäre Buchführungspflicht

§ 141 AO begründet für Gewerbetreibende sowie Land- und Forstwirte eine originäre Buchführungspflicht, sofern die in § 141 Abs. 1 AO

---

208 *Tiedtke*, Einkommensteuer- und Bilanzsteuerrecht, S. 321.
209 Vom 10. 6. 1976, BStBl. I 1976, S. 576 (577).
210 *Tiedtke*, Einkommensteuer- und Bilanzsteuerrecht, S. 322.

festgelegten Grenzbeträge überschritten werden, die Steuerpflichtigen also

- einen Gesamtumsatz von mehr als 500 000 DM im Kalenderjahr erzielen oder
- selbstbewirtschaftete land- und forstwirtschaftliche Flächen mit einem Wirtschaftswert (§ 46 BewG) von mehr als 40 000 DM haben oder
- Gewinn aus Gewerbebetrieb bzw. Land- und Forstwirtschaft von mehr als 48 000 DM erzielen.

4.1.3 Fehlende Buchführungspflicht

Die selbständig Tätigen i. S. d. § 18 EStG, insbesondere die Angehörigen der freien Berufe, werden weder von § 140 AO noch von § 141 AO erfaßt, sind also nicht buchführungspflichtig. Dies wirkt sich auf die Art ihrer Gewinnermittlung aus. Freiberufler ermitteln ihren Gewinn in der Regel als Überschuß der Betriebseinnahmen über die Betriebsausgaben nach § 4 Abs. 3 EStG.[211] Eine Buchführung ist dazu weder vorgeschrieben noch erforderlich. Es genügt, wenn sie die Einnahmen und Ausgaben sowie das Anlageverzeichnis aufzeichnen.[212] Sie können jedoch freiwillig Bücher führen und sind dann ebenfalls nach § 4 Abs. 1 EStG bilanzierungspflichtig.[213]

4.2 Gewinnermittlung

Einkünfte sind bei Land- und Forstwirtschaft, Gewerbebetrieb und selbständiger Arbeit nach § 2 Abs. 2 EStG der Gewinn. Die Tätigkeiten werden daher als sog. Gewinneinkunftsarten bezeichnet. Die Gewinnermittlung erfolgt nach § 4 Abs. 1, § 5, § 13 a oder § 4 Abs. 3 EStG. Das Einkommensteuerrecht stellt also vier verschiedene Gewinnermittlungsmethoden zur Verfügung, wobei die Gewinnermittlung nach Durchschnittssätzen ausschließlich Land- und Forstwirten vorbehalten ist und daher nicht näher erläutert werden soll.

211 Vgl. unter Teil 2 Kap. 4.2.3.
212 *Tiedtke*, Einkommensteuer- und Bilanzsteuerrecht, S. 323.
213 Vgl. unter Teil 2 Kap. 4.2.1.

4.2.1 Betriebsvermögensvergleich nach § 4 Abs. 1 EStG

Der sog. einfache Betriebsvermögensvergleich (Bestandsvergleich) ist in § 4 Abs. 1 EStG geregelt. Gewinn ist danach der Unterschiedsbetrag zwischen dem Betriebsvermögen am Schluß des Wirtschaftsjahres und dem Betriebsvermögen am Schluß des vorangegangenen Wirtschaftsjahres, vermehrt um den Wert der Entnahmen und vermindert um den Wert der Einlagen. Die rechnerische Gegenüberstellung zweier Betriebsvermögen setzt voraus, daß das Betriebsvermögen zu Beginn der Tätigkeit und zum Schluß jeden Wirtschaftsjahres durch Bestandsaufnahme (Inventur) mengenmäßig festgestellt, bewertet und übersichtlich dargestellt wird. Unter Betriebsvermögen versteht man die Summe aller Wirtschaftsgüter und Verrechnungsposten, die zum Geschäftsbetrieb gehören. Diese können einen positiven Wert haben, wie z. B. die EDV-Anlage, die Geschäftsausstattung oder Fahrzeuge, oder einen negativen Wert, wie z. B. Bank- oder Lieferverbindlichkeiten. Der Wert des Betriebsvermögens wird durch das Eigenkapital ausgedrückt. Je nachdem, ob die Summe der positiven oder negativen Wirtschaftsgüter und Verrechnungsposten überwiegt, kann das Eigenkapital positiv oder negativ sein.[214] Einnahmen aus einem Wirtschaftsgut, das zum Betriebsvermögen gehört, stellen grundsätzlich Betriebseinnahmen dar. Entsprechend gehören alle Aufwendungen, die mit dem betreffenden Wirtschaftsgut in wirtschaftlichem Zusammenhang stehen, zu den Betriebsausgaben. Nutzt ein Steuerpflichtiger ein Wirtschaftsgut des Betriebsvermögens zum Teil privat, so stellt die Nutzung eine Entnahme dar.

Man unterscheidet zwischen notwendigem Betriebsvermögen, notwendigem Privatvermögen und gewillkürtem Betriebsvermögen. Zum notwendigen Betriebsvermögen sind die Wirtschaftsgüter zu rechnen, die dem Betrieb unmittelbar dienen, indem sie objektiv erkennbar zum direkten Einsatz im Betrieb selbst bestimmt sind. Notwendiges Privatvermögen sind Gegenstände, die ihrer Natur nach in keiner Weise in Beziehung zum Betrieb stehen. Solche Gegenstände dienen ausschließlich privaten Zwecken des Unternehmers oder seiner Angehörigen. Sind sie zu Unrecht bilanziert, müssen sie zum Buchwert erfolgsneutral ausgebucht werden.[215] Steuerpflichtige, die ihren

---

214 *Schmidt/Heinicke*, EStG, § 4 Rn. 42.

215 *Tiedtke*, Einkommensteuer- und Bilanzsteuerrecht, S. 336 f.

Gewinn nach § 4 Abs. 1 EStG oder § 5 EStG ermitteln, können Wirtschaftsgüter, die weder zum notwendigen Betriebsvermögen noch zum notwendigen Privatvermögen gehören, also ihrem Wesen nach neutral sind, durch eine Willenskundgebung zum Betriebsvermögen erklären, wenn die Wirtschaftsgüter objektiv dazu geeignet und erkennbar dazu bestimmt sind, den Betrieb zu fördern[216], sog. gewillkürtes Betriebsvermögen. Die vom Steuerpflichtigen vorgenommene Zuordnung zum gewillkürten Betriebsvermögen muß unmißverständlich sein. Ein sachverständiger Dritter soll ohne weitere Erklärung des Steuerpflichtigen die Zugehörigkeit zum Betriebsvermögen erkennen können. Die Erklärung erfolgt regelmäßig durch eine entsprechende Bilanzierung des Wirtschaftsguts, der konstitutive Wirkung zukommt.[217]

Bei Personengesellschaften ist zwischen dem Betriebsvermögen der Personengesellschaft (Gesellschaftsvermögen) und dem Sonderbetriebsvermögen der Gesellschafter zu unterscheiden. Zum Betriebsvermögen der Gesellschaft gehören grundsätzlich alle Wirtschaftsgüter, die im bürgerlich-rechtlichen Gesamthandseigentum der Gesellschaft stehen. Dem Sonderbetriebsvermögen sind alle Wirtschaftsgüter zuzurechnen, die ein Gesellschafter der Gesellschaft zur Nutzung überlassen hat, wie z. B. ein privates Grundstück oder einen privaten Pkw. Weiter gehören hierzu auch solche Wirtschaftsgüter, die der eigenen Beteiligung des Gesellschafters an der Gesellschaft zu dienen bestimmt sind. Sonderbetriebsvermögen kann ebenfalls notwendiges oder gewillkürtes Betriebsvermögen sein.

4.2.2 Betriebsvermögensvergleich nach § 5 EStG

Die Gewinnermittlung durch Betriebsvermögensvergleich nach § 5 EStG haben alle Gewerbetreibenden vorzunehmen, die aufgrund gesetzlicher Vorschriften zur Buchführung und zur regelmäßigen Erstellung von Abschlüssen verpflichtet sind oder dies freiwillig tun. Wer Gewerbetreibender ist, richtet sich nach § 15 Abs. 2 EStG. Ob eine gesetzliche Verpflichtung zur Buchführung besteht, ist nach § 140 AO i. V. m. den handels- bzw. einzelgesetzlichen Vorschriften bzw. § 141

216 BFH vom 18. 7. 1974, BStBl. II 1974, 767 (768 f.); BFH vom 30. 4. 1975, BStBl. II 1975, 582 (583); BFH vom 11. 10. 1979, BStBl. II 1980, 40 (41 f.).

217 *Tiedtke*, Einkommensteuer- und Bilanzsteuerrecht, S. 338.

AO zu beurteilen.[218] Im Unterschied zur Gewinnermittlung nach § 4 Abs. 1 EStG, sieht § 5 weitergehende Möglichkeiten vor, gewillkürtes Betriebsvermögen zu bilden.[219] Ein weiterer Unterschied besteht darin, daß Steuerpflichtige bei der Gewinnermittlung nach § 4 Abs. 1 EStG nur an die einkommensteuerlichen Bewertungsvorschriften gebunden sind. Beim Vermögensvergleich nach § 5 EStG hat dagegen der Ausweis des Betriebsvermögens nach den handelsrechtlichen Grundlagen ordnungsgemäßer Buchführung zu erfolgen. Es sind daher die Bewertungsvorschriften des Handelsrechts zu beachten, soweit das Steuerrecht keine andere Bewertung vorschreibt, sog. Maßgeblichkeitsgrundsatz der Handelsbilanz für die Steuerbilanz.

4.2.3 Einnahme-Überschußrechnung nach § 4 Abs. 3 EStG

Steuerpflichtige, die nicht aufgrund gesetzlicher Vorschriften verpflichtet sind, Bücher zu führen und regelmäßig Abschlüsse zu machen, und die tatsächlich (freiwillig) keine Bücher führen und keine Abschlüsse machen, können als Gewinn den Überschuß der Betriebseinnahmen über die Betriebsausgaben nach § 4 Abs. 3 Satz 1 EStG ansetzen. Sie sind, auch wenn sie die Grenzen des § 141 AO überschreiten, nicht buchführungspflichtig.[220] Einschlägig ist die Einnahme-Überschußrechnung daher für alle selbständig Tätigen i. S. d. § 18 EStG. Auch Land- und Forstwirte, die ihren Gewinn weder nach Durchschnittssätzen (§ 13 a EStG) ermitteln noch die Grenzen des § 141 Abs. 1 AO überschreiten, fallen unter diese Vorschrift. Gewerbetreibende erstellen eine Einnahme-Überschußrechnung, wenn sie weder unter § 5 Abs. 1 EStG fallen, also keine Kaufleute sind, noch die Gewinn- oder Umsatzgrößen des § 141 Abs. 1 AO erreichen, also nicht buchführungspflichtig sind.

Für freie Mitarbeiter wird in der Regel die Gewinnermittlung nach § 4 Abs. 3 EStG einschlägig sein, da sie entweder eine selbständige Tätigkeit i. S. d. § 18 EStG ausüben, also vor allem Freiberufler sind, oder gewerbliche Einkünfte erzielen, aber aufgrund ihres Umsatzes nicht buchführungspflichtig sind. Bei der Gewinnermittlung tritt an die

---

218 Vgl. unter Teil 2 Kap. 4.1.

219 Vgl. dazu ausführlich die Erläuterungen bei *Schmidt/Heinicke*, EStG § 4 Rn. 161.

220 Unberührt bleiben allerdings andere Aufzeichnungspflichten, z. B. nach § 6 Abs. 2 EStG und nach § 22 UStG.

Stelle des Vermögensvergleichs die Ermittlung des Überschusses der Einnahmen über die Ausgaben. Der errechnete Überschuß ist der Gewinn oder der Verlust.[221] Ein Bestandsvergleich findet nicht statt. Ebensowenig müssen eine Inventur erstellt oder Bestandskonten und Aufzeichnungen von Geldeinlagen und -entnahmen geführt werden. Es werden nur Betriebseinnahmen und Betriebsausgaben erfaßt, also anders als beim Bestandsvergleich keine Forderungen oder Verbindlichkeiten. Zur Ermittlung des Jahresüberschusses werden lediglich die Betriebseinnahmen und -ausgaben errechnet und anschließend saldiert. Der Begriff der Betriebseinnahme ist gesetzlich nicht geregelt. In § 4 Abs. 4 EStG ist nur bestimmt, daß Betriebsausgaben Aufwendungen sind, die durch den Betrieb veranlaßt sind, wie z. B. Aufwendungen für Löhne, Gehälter, Rohstoffe, Waren, Zinszahlungen für Betriebsschulden, Miet- und Pachtzinszahlungen, Kfz- und Bürokosten und die Umsatzsteuer. Neben den durchlaufenden Posten stellen die Tilgung von betrieblichen Verbindlichkeiten oder Wertverluste, die an Wirtschaftsgütern eintreten, keine Betriebsausgaben dar. Unter Betriebseinnahmen werden in Anlehnung an § 4 Abs. 4 EStG Einnahmen verstanden, die durch den Betrieb veranlaßt sind. Einnahmen sind nach § 8 Abs. 1 EStG alle Güter, die in Geld oder Geldeswert bestehen und dem Steuerpflichtigen im Rahmen einer der Einkunftsarten des § 2 Abs. 1 Nr. 4 bis 7 EStG zufließen. Dazu gehören z. B. auch Vorsteuererstattungsbeträge.[222] Keine Betriebseinnahmen sind Gelder, die der Steuerpflichtige im Namen und für Rechnung eines anderen vereinnahmt, sog. durchlaufende Gelder, § 4 Abs. 3 Satz 2 EStG.

Die Einkommensbesteuerung erfolgt im Rahmen des § 4 Abs. 3 EStG in Form der sog. „Istbesteuerung“, d. h. der Steuerpflichtige muß erst die tatsächlich vereinnahmten Vergütungen versteuern. Es gilt das Zufluß- und Abflußprinzip des § 11 EStG. Danach ist eine Einnahme zugeflossen, wenn der Steuerpflichtige wirtschaftlich die Verfügungsmacht über sie erlangt. Das ist in der Regel der Zeitpunkt des Eintritts des Leistungserfolgs. Er richtet sich nach den Umständen des jeweiligen Falles. Nimmt der Steuerpflichtige z. B. Zahlungen entgegen, werden gegenseitige Forderungen verrechnet oder erhält der Steuerpflichtige eine Gutschrift, besitzt er die Verfügungsmacht über die Einnah-

221 *Tiedtke*, Einkommensteuer- und Bilanzsteuerrecht, S. 426.
222 *Tiedtke*, Einkommensteuer- und Bilanzsteuerrecht, S. 430.

men. Ein Scheckbetrag fließt ihm bereits dann zu, wenn er den Scheck entgegennimmt.[223] Betriebsausgaben werden grundsätzlich im Zeitpunkt des Abflusses erfaßt, § 11 Abs. 2 EStG. Daher sind Ausgaben für das Kalenderjahr anzusetzen, in dem sie geleistet worden sind, der Steuerpflichtige also die Verfügungsmacht über den Geldbetrag wirtschaftlich verloren hat.[224] Für die Bestimmung des Zufluß- und Abflußzeitpunkts regelmäßig wiederkehrende Einnahmen und Ausgaben sind in § 11 Abs. 1 Satz 2 EStG und § 11 Abs. 2 Satz 2 EStG Ausnahmen niedergelegt. Regelmäßig wiederkehrende Einnahmen, die dem Steuerpflichtigen kurze Zeit vor Beginn oder kurze Zeit nach Beendigung eines Kalenderjahres, zu dem sie wirtschaftlich gehören, zufließen, gelten als in diesem Kalenderjahr bezogen. Entsprechendes gilt für regelmäßig wiederkehrende Betriebsausgaben. Als kurze Zeit i. S. d. Vorschrift wird ein Zeitraum von jeweils 10 Tagen vor bzw. nach Jahresende angesehen. Regelmäßig wiederkehrend sind Einnahmen und Ausgaben, die aufgrund eines bestimmten Rechtsverhältnisses wiederkehrend geleistet werden, deren Wiederholung (mindestens zwei- oder dreimal) in gewissen Zeitabständen von Anfang an feststeht. Weiter müssen die Zahlungen zum Jahreswechsel fällig sein.[225] Beispiele sind die Zahlung von Arbeitslöhnen, Mietzinsen, Versicherungsleistungen etc. Während für Wirtschaftsgüter des Umlaufvermögens das Zu- und Abflußprinzip des § 11 EStG ansonsten in vollem Umfang Anwendung findet,[226] wird bei abnutzbaren Wirtschaftsgütern des Anlagevermögens vom Abflußprinzip abgewichen. Aufwendungen für diese Wirtschaftsgüter stellen im Jahr der Anschaffung nicht in voller Höhe Betriebsausgaben dar, sondern die Anschaffungskosten werden im Wege der AfA auf die Nutzungsdauer verteilt, sofern nicht die Voraussetzungen des § 6 Abs. 2 EStG (geringwertige Wirtschaftsgüter bis DM 800) vorliegen. Wird allerdings abnutzbares Anlagevermögen veräußert, bleibt es bei dem Zu- und Abflußprinzip des § 11 EStG.[227] Bei nicht abnutzbaren Wirtschaftsgütern des Anlagevermögens führt erst die Veräußerung oder Entnahme zu einer Be-

---

223 *Tiedtke*, Einkommensteuer- und Bilanzsteuerrecht, S. 427.
224 *Tiedtke*, Einkommensteuer- und Bilanzsteuerrecht, S. 431.
225 *Tiedtke*, Einkommensteuer- und Bilanzsteuerrecht, S. 428.
226 *Tiedtke*, Einkommensteuer- und Bilanzsteuerrecht, S. 432.
227 BFH vom 16. 12. 1995, NJW 1995, 3272 (3272); *Plewka/Söffing*, NJW 1996, 963 (964).

triebsausgabe. Zu diesem Zeitpunkt werden die Anschaffungs- oder Herstellungskosten gem. § 4 Abs. 3 Satz 4 EStG berücksichtigt.

4.2.4 Unterschiede der einzelnen Gewinnermittlungsarten

Der wesentliche Unterschied zwischen der Einnahme-Überschußrechnung und der Gewinnermittlung durch Betriebsvermögensvergleich besteht darin, daß Steuerpflichtige im Rahmen des § 4 Abs. 3 EStG keine Bilanzen erstellen. Dennoch gehören auch bei ihnen die Wirtschaftsgüter, die ausschließlich dazu bestimmt sind, ihrem Betrieb zu dienen, zum notwendigen Betriebsvermögen. Da kein Jahresabschluß erstellt wird, können Wirtschaftsgüter nicht durch einen nach außen erkennbaren Widmungsakt – die Bilanzierung – zum gewillkürten Betriebsvermögen erklärt werden. Daher haben Steuerpflichtige, die ihren Gewinn durch Einnahme- Überschußrechnung ermitteln, grundsätzlich kein gewillkürtes Betriebsvermögen.[228] Unterschiede ergeben sich auch im Fall des Verlusts von Wirtschaftscgütern, sofern dieser nicht betrieblich veranlaßt ist, also z. B. durch Zerstörung, Diebstahl oder Verderb herbeigeführt wurde. Zu Betriebsausgaben führt der Verlust, wenn auch die Anschaffungs- oder Herstellungskosten dieser Wirtschaftsgüter als Betriebsausgabe berücksichtigt wurden.[229] Dagegen gelten für die Übertragung stiller Reserven im Rahmen der Gewinnermittlung nach § 4 Abs. 3 EStG keine Besonderheiten.

Auch wenn die Gewinnermittlung durch Einnahme-Überschußrechnung anderen Grundsätzen folgt als der Betriebsvermögensvergleich, ist der Totalgewinn nach beiden Methoden gleich. Denn im Laufe des Gewinnermittlungszeitraums wird jede Einnahme zu einem Ertrag und jede Ausgabe zu einem Aufwand. Die Einnahme-Überschußrechnung ist nur eine modifizierte Gewinn- und Verlustrechnung. Sie kann allerdings zu Gewinnverlagerungen führen. Dies hängt damit zusammen, daß nicht die Erbringung der Leistung oder die Rechnungserstellung, sondern erst der Honorar- bzw. Geldeingang als Betriebseinnahme zu versteuern ist. Der Steuerpflichtige ist dadurch in der Lage, die Höhe seines Gewinns im Ermittlungszeitraum zu beeinflussen. Wegen

228 Eine Ausnahme gilt für Grundstücke, *Schmidt/Seeger*, EStG, § 18 Rn. 159, 161.
229 Vgl. dazu näher *Tiedtke*, Einkommensteuer- und Bilanzsteuerrecht, S. 433 ff.

der progressiven Ausgestaltung der Einkommensteuertarife können sich aufgrund von Gewinnverlagerungen Steuervorteile ergeben.[230]

4.2.5 Wahl bzw. Wechsel der Gewinnermittlungsart

Grundsätzlich haben selbständig Tätige i. S. d. § 18 EStG ein Wahlrecht, ob sie den Gewinn durch Einnahme-Überschußrechnung oder durch Vermögensvergleich ermitteln. Führen sie allerdings freiwillig Bücher, erfassen also nicht nur Einnahmen und Ausgaben, sondern auch ihre Forderungen und Verbindlichkeiten buchmäßig und erstellen Jahresabschlüsse, sind sie zur Gewinnermittlung durch Betriebsvermögensvergleich verpflichtet. Dem Steuerpflichtigen steht es frei, von einer Gewinnermittlungsart zu einer anderen überzugehen, wenn diese für ihn einfacher ist oder er sich hiervon Vorteile verspricht.[231] Er darf auch zu einer früheren Gewinnermittlungsart zurückkehren, sofern der Wechsel nicht willkürlich erfolgt.[232] Der Wechsel setzt voraus, daß der Steuerpflichtige nicht aufgrund gesetzlicher Vorschriften an eine bestimmte Gewinnermittlung gebunden ist. Eine Pflicht zu einem Wechsel der Gewinnermittlungsart kann sich für den Steuerpflichtigen aufgrund von Veränderungen seines Tätigkeitsgebiets oder bei Erweiterungen des Unternehmensumfangs ergeben. So können Art und Umfang des Geschäftsbetriebs im Laufe der Zeit eine kaufmännische Einrichtung erfordern, wodurch der Steuerpflichtige nach § 1 Abs. 2 HGB zum Kaufmann wird. Ferner kann ein Freiberufler durch die Verrichtung gewerblicher Tätigkeiten zum Gewerbetreibenden werden. Wurde bisher der Gewinn nach § 4 Abs. 3 EStG ermittelt, hat ein Wechsel zum Bestandsvergleichs zu erfolgen, wenn der Steuerpflichtige buchführungspflichtig geworden ist oder seinen Betrieb veräußert oder eingestellt hat. Ein Bestandsvergleich wird auch durchgeführt, wenn keine Steuererklärungen abgegeben wurden und das Finanzamt eine Schätzung der Besteuerungsgrundlagen nach § 162 AO vorgenommen hat. Diese Schätzung hat stets auf der Grundlage eines Bestandsvergleich zu erfolgen.[233] Dem Grundsatz der Steuergerechtigkeit entsprechend soll der Totalgewinn eines Betriebes nach allen Gewinnermittlungsarten gleich sein. Da bei der Einnahme-Über-

230 *Tiedtke*, Einkommensteuer- und Bilanzsteuerrecht, S. 428.
231 Z. B. Übergang von § 4 Abs. 1 EStG zu § 4 Abs. 3 EStG.
232 *Tiedtke*, Einkommensteuer- und Bilanzsteuerrecht, S. 443.
233 *Tiedtke*, Einkommensteuer- und Bilanzsteuerrecht, S. 444.

schußrechnung keine Forderungen und Schulden erfaßt werden, hätte der Übergang zum Bestandsvergleich nach § 4 Abs. 1 EStG zur Folge, daß bestimmte Einnahmen und Ausgaben nicht besteuert würden. Die durch den Wechsel einer Gewinnermittlungsart sich ergebenden Unterschiede in der Erfassung der Betriebseinnahmen und -ausgaben sind deswegen durch die Bildung von Zu- und Abrechnungen zu erfassen. Ihr Saldo ergibt den Übergangsgewinn. Damit wird gewährleistet, daß der Totalgewinn auch nach einem Wechsel der Gewinnermittlungsart konstant bleibt.[234]

4.3 Aufzeichnungs- und Aufbewahrungspflicht

4.3.1 Betriebsvermögensvergleich

Der Steuerpflichtige hat zu Beginn seines Gewerbebetriebes bzw. bei Aufnahme seiner geschäftlichen Tätigkeit eine Eröffnungsbilanz und am Ende jeden Wirtschaftsjahres einen Jahresabschluß aufzustellen. Der Jahresabschluß besteht aus der Bilanz sowie der Gewinn- und Verlustrechnung. Weiter ist eine jährliche Inventur durchzuführen und ein Inventarverzeichnis zu erstellen. Während des Geschäftsjahres sind sämtliche Geschäftsvorfälle im Rahmen einer ordnungsgemäßen doppelten Buchführung festzuhalten. In Abschn. R 29 EStR sind die seitens der Finanzverwaltung an eine ordnungsmäßige Buchführung gestellten Aufzeichnungs- und Aufbewahrungspflichten[234a] niedergelegt. Besondere Aufzeichnungspflichten enthält Abschn. R 22 der EStR.

4.3.2 Einnahme-Überschußrechnung

Steuerpflichtige entscheiden sich für die Gewinnermittlung nach § 4 Abs. 3 EStG durch den Verzicht auf die Erstellung einer Eröffnungsbilanz und die Einrichtung einer den jeweiligen Stand des Vermögens darstellenden Buchführung. Da sie nicht buchführungspflichtig sind, brauchen sie keine kaufmännischen Bücher zu führen. Sie müssen als Grundlage für die Überschußrechnung nur alle Betriebseinnahmen

234 *Tiedtke*, Einkommensteuer- und Bilanzsteuerrecht, S. 445.

234a Die handelsrechtlichen Aufbewahrungsfristen sind in § 257 HGB niedergelegt, der nunmehr in Abs. 4 eine zehnjährige Aufbewahrungspflicht für Buchungsbelege vorschreibt, vgl. Art. 4 des Steueränderungsgesetzes 1998 vom 19. 12. 1998, BGBl. I 1998, 3816 (3817).

und Betriebsausgaben anhand von Belegen sammeln und am besten chronologisch aufzeichnen. Für den Wareneingang und Warenausgang sind die Aufzeichnungspflichten der §§ 143, 144 AO zu beachten. Bei Fehlen dieser Aufzeichnungen bzw. Belege unterstellt das Finanzamt, daß keine Gewinnermittlung durch Einnahme-Überschußrechnung erfolgen soll.[235] Der Steuerpflichtige wird dann ggf. geschätzt und nach § 4 Abs. 1 EStG veranlagt.

Im übrigen macht das Gesetz für bestimmte Ausgaben die steuerliche Abzugsfähigkeit von einer gesonderten Aufzeichnung abhängig. Nach § 4 Abs. 7 EStG sind Aufwendungen für Geschenke, Bewirtungen, usw. i. S. d. § 4 Abs. 5 Nr. 1 bis 7 EStG einzeln und getrennt von den sonstigen Betriebsausgaben aufzuzeichnen. Für geringwertige Wirtschaftsgüter ist nach § 6 Abs. 2 Satz 4 EStG und für nicht abnutzbare Wirtschaftsgüter des Anlagevermögens nach § 4 Abs. 3 Satz 5 EStG ein besonderes Verzeichnis anzulegen. Ferner sehen § 6 c Abs. 2 EStG und § 7 a Abs. 8 EStG die Erstellung eines Verzeichnisses vor. Für Zwecke der Umsatzbesteuerung enthält § 22 UStG einen umfangreichen Katalog von Aufzeichnungspflichten. Danach sind alle Betriebseinnahmen getrennt nach Steuersätzen aufzulisten. Etwaige Abschlagszahlungen und der Eigenverbrauch sowie die Eingangsrechnungen sind mit gesondertem Ausweis der Vorsteuer aufzuzeichnen. Im Rahmen des Lohnsteuerabzugsverfahrens hat der Betriebsinhaber für jeden Arbeitnehmer ein Lohnkonto zu führen. Aufzeichnungen über seine Betriebseinnahmen und -ausgaben sowie die Aufstellung über die Ermittlung des Jahresgewinns sind vom Steuerpflichtigen nach § 147 AO zehn Jahre lang aufzubewahren. Die empfangenen Geschäftsbriefe, Kopien der abgesandten Geschäftsbriefe und die Buchungsbelege, wie abgesandte und empfangene Rechnungen, sind sechs Jahre aufzubewahren. Das gleiche gilt für sonstige Unterlagen, wie z. B. Patientenkarteien, Akten und Stammdaten, soweit sich aus ihnen Anhaltspunkte für die Honorarberechnung ergeben. Die genannten Fristen verlängern sich, sofern die Verjährung der Steuern nicht eingetreten ist, für die die Unterlagen Bedeutung haben. Vernichtet der Steuerpflichtige die Unterlagen vor Ablauf der Aufbewahrungsfristen, verliert seine Buchführung die Beweiskraft. In diesem Fall ist das Finanzamt berechtigt, die Besteuerungsgrundlagen zu schätzen, §§ 158, 162 AO.

---

235 Abschn. R 16 Abs. 1 S. 5 EStR.

4.4 Steuererklärung

Steuererklärungen sind gemäß § 149 Abs. 2 Satz 1 AO in der Regel bis zum 31. 5. des auf den Veranlagungszeitraum folgenden Jahres abzugeben. Die Erklärungsfrist kann nach § 109 Abs. 1 Satz 1 AO verlängert werden. Die Verlängerung der Abgabefrist ist vom Steuerpflichtigen zu beantragen. Bei Abgabe der Steuererklärung durch Angehörige der steuerberatenden Berufe verlängert die Finanzverwaltung auf dem Erlaßweg die Abgabefrist allgemein vom 31. 5. bis zum 30. 9. Auch eine Verlängerung über den 30. 9. hinaus ist auf entsprechenden Antrag möglich. Sie wird in der Regel bis zum 28. 2. des zweiten auf den Veranlagungszeitraum folgenden Jahres gewährt. Einer Verlängerung über diesen Termin hinaus wird nur in zwingenden Ausnahmefällen zugestimmt.[236]

Die Steuererklärungen sind mit Hilfe von amtlich vorgeschriebenen Vordrucken anzufertigen, § 150 Abs. 1 Satz 1 AO und vom Steuerpflichtigen eigenhändig zu unterschreiben, § 25 Abs. 3 Sätze 4 und 5 EStG. Den Steuererklärungen sind die Unterlagen beizufügen, die nach den Steuergesetzen vorgeschrieben sind. Dazu gehören eine Abschrift der Bilanz, eine Gewinn- und Verlustrechnung, Jahres- und Prüfberichte und, auf Verlangen des Finanzamts, eine Hauptabschlußübersicht, § 60 EStDV. Die Einkommensteuererklärung ist bei dem Finanzamt einzureichen, in dessen Bezirk der Steuerpflichtige seinen Wohnsitz oder seinen gewöhnlichen Aufenthaltsort hat, § 19 AO. Ist eine gesonderte Feststellung der Besteuerungsgrundlagen nach den §§ 179, 180 AO durchzuführen, so ist dafür nach § 18 AO das Betriebsstättenfinanzamt zuständig. Der Festellungsbescheid, der von diesem Finanzamt erlassen wird, ist für das Wohnsitzfinanzamt verbindlich, § 182 Abs. 1 AO.[237] Wird die Einkommensteuererklärung nicht oder nicht rechtzeitig abgegeben, kann das Finanzamt nach § 152 AO einen Verspätungszuschlag festsetzen und nach §§ 328 ff. AO die Abgabe der Steuererklärung erzwingen. Nach entsprechender Ankündigung können darüber hinaus die Besteuerungsgrundlagen nach § 162 AO geschätzt und ein auf der Schätzung beruhender Steuerbescheid erlassen werden.

---

236 *Tiedtke*, Einkommensteuer- und Bilanzsteuerrecht, S. 647.

237 *Tiedtke*, Einkommensteuer- und Bilanzsteuerrecht, S. 647.

4.5 Festsetzung der Einkommensteuer

Die Einkommensteuer wird nach Abschluß des Ermittlungsverfahrens in einem Steuerbescheid festgesetzt. Der Steuerbescheid ist nach § 157 AO schriftlich unter Bezeichnung der Art und Höhe der festgesetzten Steuer zu erteilen. Aus ihm muß sich eindeutig ergeben, wer die festgesetzte Steuer schuldet. Eine Begründung und eine eigenhändige Unterschrift des zuständigen Sachbearbeiters sind nicht erforderlich (§§ 121 Abs. 2 Nr. 3, 119 Abs. 4 AO). Dem Steuerbescheid ist eine Rechtsbehelfsbelehrung beizufügen, aus der der Steuerpflichtige entnehmen kann, welcher Rechtsbehelf möglich ist und innerhalb welcher Frist er eingelegt werden kann, § 157 Abs. 1 Satz 3 AO. Fehlt die Rechtsbehelfsbelehrung oder ist sie unrichtig, beginnt die Einspruchsfrist des § 355 Abs. 1 AO (ein Monat ab Bekanntgabe des Bescheids) nicht zu laufen. Der Steuerpflichtige kann dann innerhalb eines Jahres nach Bekanntgabe des Steuerbescheids einen Rechtsbehelf einlegen, § 356 Abs. 2 AO. Der Einkommensteuerbescheid wird mit der ordnungsgemäßen Bekanntgabe an den Steuerpflichtigen bzw. seinen gesetzlichen oder rechtsgeschäftlichen Vertreter wirksam. Bei Steuerbescheiden, die dem Steuerpflichtigen mit einfachem Brief durch die Post übermittelt werden, gilt gemäß § 122 Abs. 2 Nr. 1 AO der Bescheid mit dem 3. Tag nach der Aufgabe zur Post als bekanntgegeben, selbst wenn er tatsächlich früher zugegangen ist. Auch wenn es sich bei diesem Tag um einen Samstag, Sonntag oder gesetzlichen Feiertag handelt, tritt keine Fristverlängerung ein. Ist dem Steuerpflichtigen der Bescheid erst nach dem 3. Tag der Postaufgabe zugegangen, gilt er in diesem Zeitpunkt als bekanntgegeben. Allerdings muß der Steuerpflichtige Umstände darlegen, warum er den Bescheid erst verspätet erhalten hat. Abgeschlossen ist das Veranlagungsverfahren, wenn der Bescheid bestandskräftig ist, also innerhalb der Rechtsbehelfsfrist kein Einspruch eingelegt wurde bzw. der Steuerpflichtige auf den Einspruch verzichtet hat. Die Festsetzungsfrist beträgt regelmäßig 4 Jahre, §§ 169 ff. AO. Ist die Festsetzungsfrist abgelaufen, ist weder eine Steuerfestsetzung noch eine Aufhebung oder Änderung des Steuerbescheids zulässig. Die Steuerfestsetzung kann unter dem Vorbehalt der Nachprüfung nach § 164 AO erfolgen, sofern der Steuerfall nicht abschließend geprüft ist, oder als vorläufige Festsetzung, wenn ungewiß ist, ob die Voraussetzungen für die Entstehung der Steuer eingetreten sind, § 165 AO. In beiden Fällen kann die Steuerfestsetzung insoweit noch aufgehoben oder geändert werden, ohne daß ein Berichtigungstatbestand vorliegen muß.[238]

Mit dem Steuerbescheid setzt das Finanzamt gleichzeitig die Einkommensteuer-Vorauszahlungen für den laufenden Veranlagungszeitraum durch Vorauszahlungsbescheid gemäß § 37 Abs. 3 Satz 1 EStG fest. Die Vorauszahlungen bemessen sich nach der Höhe der Einkommensteuer, die sich nach Anrechnung der Steuerabzugsbeträge bei der letzten Veranlagung ergeben hat. Im Vorauszahlungsbescheid wird die voraussichtliche Jahressteuerschuld festgesetzt, die in vierteljährlichen Raten zu zahlen ist. Die Vorauszahlungen werden auf die endgültige Einkommensteuerschuld angerechnet, § 36 Abs. 2 Nr. 1 EStG. Eine Festsetzung der Einkommensteuer-Vorauszahlungen unterbleibt nach § 37 Abs. 5 Satz 1 EStG, wenn das jährliche Vorauszahlungssoll unter 400 DM liegt.

4.6 Kirchensteuer

Das Recht zur Erhebung der Kirchensteuer ist durch Art. 140 GG i. V. m. Art. 137 Abs. 6 der Weimarer Reichsverfassung verfassungsrechtlich niedergelegt. Die Kirchensteuer beträgt 8% oder 9 % der Maßstabsteuer. Die Landeskirchensteuergesetze, Durchführungs- bzw. Ausführungsverordnungen und kirchlichen Steuerordnungen regeln, welche Religionsgesellschaften und ggf. andere Gemeinschaften befugt sind, von ihren Mitgliedern Kirchensteuern zu erheben. Für die Festsetzung der Kirchensteuer ist die Zustimmung der obersten Landesbehörden einzuholen. Die Kirchensteuern werden in der Regel von den Landesfinanzbehörden verwaltet. Der Kirchensteuerpflicht unterliegen nur Steuerpflichtige mit Glaubenszugehörigkeit zu einer steuererhebungsberechtigten Kirche, Religionsgesellschaft oder anderen weltanschaulichen Gemeinschaft.[239] Bei konfessionsverschiedenen Eheleuten, die zusammen zur Einkommensteuer veranlagt werden, erfolgt eine hälftige Aufteilung der Kirchensteuer. Gehört ein Ehepartner keiner erhebungsberechtigten Kirche an, gilt der Grundsatz der Individualbesteuerung. Das bedeutet, Kirchensteuer wird nur in der Höhe erhoben, wie diese der Einkommensteuerschuld entspricht, die auf

238 *Tiedtke*, Einkommensteuer- und Bilanzsteuerrecht, S. 648.

239 Je nach den Kirchensteuergesetzen der einzelnen Bundesländer, vgl. z. B. Art. 1 Bay. KiStG v. 21. 11. 1994, GVBl. 1994 I, 1026.

das Einkommen des steuerpflichtigen Ehepartners entfällt. Dieser Grundsatz wird in einigen Bundesländern[240] durchbrochen, indem bei glaubensverschiedenen Ehen der überdurchschnittlich verdienende Partner, der keiner Kirche angehört, ein sog. Kirchgeld entrichten muß. Die Kirchensteuer wird in der Form eines Zuschlags zur Einkommensteuer oder bei der Lohnsteuer durch Steuerabzug vom Arbeitslohn erhoben[241], ist also eine Zuschlagsteuer i. S. d. § 51 a EStG. Bemessungsgrundlage ist die Einkommensteuer unter Berücksichtigung von Kinderfreibeträgen, § 51 a Abs. 2 EStG. Im Rahmen des Besteuerungsverfahrens stellt die von den Steuerpflichtigen erhobene Kirchensteuer eine Sonderausgabe i. S. d § 10 Abs. 1 Nr. 4 EStG dar.

4.7 Solidaritätszuschlag

Der Solidaritätszuschlag wird nach § 1 SolZG als Ergänzungsabgabe erhoben. Die Erhebung war zunächst auf die Jahre 1991 und 1992 befristet und erfolgt seit 1995 zeitlich unbefristet in Form eines Zuschlags in Höhe von derzeit 5,5% der Bemessungsgrundlage, d. h. der Einkommen- oder Körperschaftsteuer, § 3 SolZG, § 51 a EStG. Eine Abgabepflicht besteht für alle natürlichen Personen, die beschränkt oder unbeschränkt einkommensteuerpflichtig sind, sowie für die unter §§ 1, 2 KStG fallenden Körperschaften, Personenvereinigungen und Vermögensmassen.

5. Umsatzsteuer

Der Umsatzsteuer unterliegt der gesamte private und öffentliche Verbrauch an Lieferungen und sonstigen Leistungen. Sie wird als Allphasen-Netto-Umsatzsteuer mit Vorsteuerabzug bezeichnet. Hintergrund ist, daß die Umsätze aus sämtlichen Wirtschaftsstufen nur mit ihrem in der jeweiligen Wirtschaftsstufe erzielten Wert besteuert werden, um eine Steuerkumulierung zu vermeiden. Die Umsatzsteuer heißt daher

240 Vgl. z. B. § 5 KiStG Hessen.

241 Vgl. z. B. § 4 der VO zur Durchführung des KiStG Hessen v. 23. 11. 1968, GVBl. I 1969, 291 mit Änderung vom 20. 12. 1974, GVBl. I 1975, S. 5; §§ 13, 14 der Ausführungsverordnung des KiStG Bayern v. 15. 3. 1967, zuletzt geändert am 18. 12. 1995, GVBl. 1995 I, S. 909.

auch „Mehrwertsteuer".[242] Steuerschuldner ist der Unternehmer, der die Umsätze ausführt. Nach § 2 Abs. 1 UStG ist Unternehmer, wer eine gewerbliche oder berufliche Tätigkeit selbständig und nachhaltig, d. h. zur Erzielung von Einnahmen ausübt, auch wenn die Absicht fehlt, Gewinn zu erzielen.[243] Für das Vorliegen der nach dem Umsatzsteuergesetz geforderten Unternehmereigenschaft ist das Gesamtbild der Verhältnisse entscheidend.[244] Der freie Mitarbeiter ist daher, unabhängig von der Art seiner selbständigen Tätigkeit, Unternehmer, gleichgültig, ob er alleine seine Leistungen erbringt oder Arbeitskräfte einsetzt. Sein Unternehmen umfaßt die gesamte gewerbliche oder berufliche Tätigkeit. Die von ihm ausgeführten Leistungen sind umsatzsteuerpflichtig, sofern sie im Erhebungsgebiet gegen Entgelt im Rahmen seines Unternehmens ausgeführt werden, § 1 Abs. 1 Nr. 1 UStG. Von der Umsatzsteuer erfaßt wird jede Einnahme aus der selbständigen Tätigkeit, unabhängig davon, ob der einzelne Vorgang einen Überschuß erbringt oder kostendeckend ist. Die Umsatzsteuer ist nicht gewinn-, sondern ausschließlich einnahmebezogen. Der die Lieferung oder sonstige Leistung ausführende Unternehmer hat die seinen Kunden in Rechnung gestellte und von ihm vereinnahmte Umsatzsteuer in der Regel monatlich[245] an das Finanzamt abzuführen. Ist sein Leistungsempfänger ein Unternehmer, hat er den Vorsteuerabzug. Das bedeutet, er kann die von ihm gezahlte Umsatzsteuer von dem Betrag in Abzug bringen, den er als von seinen Kunden vereinnahmte Umsatzsteuer an das Finanzamt abzuführen hat. Dadurch „bezahlt" erst der Letztverbraucher die Umsatzsteuer, während sie von dem Unternehmer nur abgeführt wird. Beim Export wird der ausführende Unternehmer durch den Vorsteuerabzug entlastet. Der Importeur wiederum wird mit Einfuhrumsatzsteuer belastet, für die er bei Weitergabe der Lieferung oder Leistung im Rahmen seines Unternehmens den Vorsteuerabzug geltend macht. Bemessungsgrundlage der Umsatzsteuer ist jeweils nur das für die Lieferung oder sonstige Leistung gezahlte Entgelt. Dazu gehört alles, was der Leistungsempfänger aufwendet, um die Leistung zu erhalten, jedoch abzüglich der Umsatzsteuer, d. h. nur das jeweilige Nettoentgelt. Zum Entgelt gehört auch, was ein ande-

242 *Bunjes-Geist/Cissée*, § 15 UStG, Rn. 2.
243 Zum Unternehmerbegriff siehe *Mösslang*, UR 1994, 10 ff.
244 *Bunjes-Geist/Heidner*, § 2 UStG, Rn. 3.
245 Vgl. unter Teil 2 Kap. 5.4.1.

rer als der Leistungsempfänger dem Unternehmer für die Leistung gewährt. Kein Entgelt sind Beträge, die der Unternehmer im Namen und für Rechnung eines anderen vereinnahmt und verausgabt, sog. durchlaufende Posten, § 10 Abs. 1 Satz 5 UStG.

5.1 Umsatzsteuerpflicht

5.1.1 Steuerschuldner

Schuldner der Umsatzsteuer ist grundsätzlich der Unternehmer, sofern nicht ausnahmsweise andere Personen als Steuerschuldner genannt werden, vgl. § 13 Abs. 2 UStG. Der Begriff des Unternehmers in § 2 UStG entspricht im wesentlichen dem des gewerblichen Unternehmens i. S. d. § 15 Abs. 2 EStG, jedoch mit dem Unterschied, daß das Umsatzsteuergesetz keine Gewinnerzielungsabsicht fordert. Die Unternehmereigenschaft beginnt bereits mit dem ersten nach außen erkennbaren, auf eine Unternehmertätigkeit gerichteten Handeln. Hierzu gehören auch Vorbereitungshandlungen wie die Anmietung von Geschäftsräumen, die Bestellung von Briefpapier etc.

Die ausgewiesene Umsatzsteuer schuldet auch derjenige, der in einer Rechnung einen Steuerbetrag ausweist, obwohl er zum gesonderten Steuerausweis nach § 14 Abs. 3 UStG nicht berechtigt ist. Dies betrifft die Erstellung von Rechnungen mit gesondertem Steuerausweis durch Kleinunternehmer, sofern sie zur Umsatzsteuer optiert haben, oder durch Unternehmer, die eine Rechnung mit gesondertem Steuerausweis erteilen, der keine Leistung zugrunde liegt (sog. Schein- oder Gefälligkeitsrechnungen).

5.1.2 Steuersatz

Der allgemeine Umsatzsteuersatz des § 12 Abs. 1 UStG ist mit Wirkung ab 1. 4. 1998 von 15% auf 16% der Bemessungsgrundlage angehoben worden.[246] Er gilt für alle ab diesem Zeitpunkt bewirkten Umsätze. § 12 Abs. 2 UStG sieht einen ermäßigten Steuersatz von 7% der Bemessungsgrundlage vor, der unverändert geblieben ist. Der ermäßigte Steuersatz gilt z. B. für Lebensmittel, Bücher, Zeitungen, Theater- und Konzertkarten sowie für bestimmte Nahverkehrsentgelte.

---

246 Art. 5 Nr. 1 des Gesetzes zur Finanzierung eines zusätzlichen Bundeszuschusses zur gesetzlichen Rentenversicherung vom 19. 12. 1997, BStBl. I 1977, 3121 ff.

5.1.3 Steuerobjekt

Der Besteuerung unterliegen Lieferungen und sonstige Leistungen i. S. d. § 3 Abs. 1 und 9 UStG. Lieferungen sind Leistungen, durch die der Unternehmer oder in seinem Auftrag ein Dritter dem Abnehmer oder in dessen Auftrag einem Dritten die Verfügungsmacht über einen Gegenstand überträgt. Wird ein Gegenstand gegen Zahlung eines Kaufpreises veräußert, erfolgt nur eine Lieferung, denn die bloße Geldzahlung stellt keine Leistung dar. Sonstige Leistungen sind nach § 3 Abs. 9 UStG alle entgeltlichen Leistungen, die keine Lieferungen sind. Sie können auch in einem Unterlassen oder in dem Dulden einer Handlung oder eines Zustands bestehen. In § 3 Abs. 4 UStG werden Werklieferungen und -leistungen gesondert erwähnt. Eine Leistung ist als Werklieferung anzusehen, wenn ein Unternehmer die Be- oder Verarbeitung eines Gegenstandes übernimmt und dabei Stoffe verwendet, die er selbst beschafft, sofern es sich nicht um bloße Zutaten oder sonstige Nebensachen handelt. Der Bearbeitungsvorgang muß wesentlicher Leistungsinhalt sein. Stellt der Bearbeitungsvorgang nur eine Nebenleistung dar, die zwangsläufig oder üblicherweise mit der Lieferung verbunden ist, erbringt der Unternehmer keine Werklieferung, sondern eine schlichte Lieferung. Unter einer Werkleistung wird eine Leistung verstanden, bei der der Unternehmer keinen selbstbestellten Hauptstoff, sondern allenfalls selbstbeschaffte Nebenstoffe bzw. Zutaten verwendet, oder nur sein Handwerkszeug einsetzt. Während Werklieferungen wie Lieferungen behandelt werden, stellt die Werkleistung eine sonstige Leistung i. S. d. § 3 UStG dar.

5.1.4 Leistungsort

Nach § 1 Abs. 1 UStG werden nur Leistungen im Erhebungsgebiet besteuert. Dem Ort der Lieferung und Leistung kommt daher erhebliche Bedeutung zu. Eine Lieferung wird dort ausgeführt, wo sich der Gegenstand zur Zeit der Beschaffung der Verfügungsmacht befindet, § 3 Abs. 6 UStG. Für Beförderungs- und Versendungslieferungen trifft § 3 Abs. 7 UStG eine gesonderte Regelung. Beförderungslieferungen werden dort erbracht, wo die Beförderung beginnt. Versendungslieferungen werden ausgeführt, wo der Gegenstand zur Versendung übergeben wird. Der Ort der sonstigen Leistung bestimmt sich danach, wo der Unternehmer sein Unternehmen betreibt, § 3 a Abs. 1 UStG. Ausnahmen regeln § 3 a Abs. 2 und 3 UStG. Bei künstlerischen, wissenschaftlichen, unterrichtenden, sportlichen, unterhaltenden oder ähnlichen Leistungen ist Ort der Lieferung, wo der Unternehmer ausschließlich oder zum wesentlichen Teil tätig wird, § 3 a Abs. 2 Nr. 3 UStG. Sofern der Empfänger einer sonstigen Leistung nach § 3 a Abs. 4 UStG ein Unternehmer ist, gilt die Leistung dort als ausgeführt, wo der Empfänger sein Unternehmen betreibt, § 3 a Abs. 3 UStG. Hierzu gehören Leistungen, die der Werbung oder Öffentlichkeitsarbeit dienen, wie die Leistung der Werbemittler und Werbeagenturen, sonstige Leistungen aus der Tätigkeit als Rechtsanwalt, Patentanwalt, Steuerberater, Wirtschaftsprüfer, vereidigter Buchprüfer, Sachverständiger, Ingenieur, Aufsichtsratsmitglied, Dolmetscher, Übersetzer und Leistungen anderer Unternehmer, die z. B. im Bereich der wirtschaftlichen oder technischen Beratung und der Datenverarbeitung tätig sind. Weitere Ausnahmen zu dem in § 3 a Abs. 1 UStG geregelten Ort der sonstigen Leistung sehen §§ 3 c und d UStG vor.

5.1.5 Eigenverbrauch

Zum Bruttoumsatz gehört auch der sog. Eigenverbrauch. Er umfaßt die Entnahme von Gegenständen oder Leistungen aus dem betrieblichen in den privaten Bereich, § 1 Abs. 1 Nr. 2 UStG. Überführt ein Freiberufler Gegenstände, die er ursprünglich für seine selbständige Tätigkeit angeschafft hatte, in den privaten Bereich, ergeben sich daraus zunächst einkommensteuerrechtliche Folgen, weil eine Entnahme vorliegt. Darüber hinaus ist der Wert dieses Gegenstandes zum Zeitpunkt der Nutzungsänderung der Umsatzsteuer zu unterwerfen. Bemessungsgrundlage ist der Verkehrswert des Gegenstandes, nicht der in der Regel niedrigere Buchwert, § 10 Abs. 4 UStG. Eigenverbrauch sind auch Leistungen aller Art, die ein freier Mitarbeiter z. B. für seinen privaten Bereich erbringt. Typische Fälle sind die Privatnutzung des Firmen-Pkws, das Führen privater Telefongespräche oder Leistungen, die der freie Mitarbeiter im privaten Interesse tätigt. Der Umsatzsteuer unterliegt ferner der sog. Aufwendungseigenverbrauch. Darunter werden alle Aufwendungen verstanden, die dem Abzugsverbot als Betriebsausgabe nach § 4 Abs. 5 Nr. 1 bis 7 und Abs. 7 EStG unterliegen, wie z. B. Bewirtungskosten, die die angemessene Höhe überschreiten, oder betrieblich veranlaßte Geschenke.

5.1.6 Steuerfreie Umsätze

§ 4 UStG regelt Umsätze, die von der Umsatzsteuer befreit sind. Besonders zu erwähnen sind hier die unmittelbar dem Schul- und Bildungszweck dienenden Leistungen privater Schulen und anderer allgemein- oder berufsbildender Einrichtungen (§ 4 Nr. 21 UStG), die Umsätze der staatlichen Hochschulen aus Forschungstätigkeiten (§ 4 Nr. 21 a UStG) und die Vorträge, Kurse und anderen Veranstaltungen wissenschaftlicher oder belehrender Art, die von juristischen Personen des öffentlichen Rechts, von Verwaltungs- und Wirtschaftsakademien, von Volkshochschulen oder von Einrichtungen, die gemeinnützigen Zwekken oder dem Zweck eines Berufsverbandes dienen, durchgeführt werden, wenn die Einnahmen überwiegend zur Deckung der Unkosten verwendet werden. Auch für andere kulturelle oder sportliche Veranstaltungen, die von den vorgenannten Unternehmen durchgeführt werden, gilt die Umsatzsteuerbefreiung, wenn das Entgelt lediglich aus Teilnehmergebühren besteht (§ 4 Nr. 22 a und b UStG). In Abschn. 112 a Abs. 1 UStR wird klargestellt, daß auch einzelne Personen, die als freie Mitarbeiter an Schulen, Hochschulen oder ähnlichen Bildungseinrichtungen Unterricht erteilen, zu den Unternehmern gehören, deren Leistungen unter die Steuerbefreiung fallen können. Nach Abschn. 115 Abs. 2 Sätze 3 und 4 UStR wird die Steuerbefreiung für Veranstaltungen i. S. d. § 4 Nr. 22 UStG externen Dozenten nicht gewährt. Ihre Tätigkeit kann nur unter den in § 4 Nr. 21 UStG genannten Voraussetzungen steuerfrei sein. Da insbesondere Lehr- und Prüfungstätigkeiten an Schulen in Form von Freien-Mitarbeiter-Verträgen vergeben werden, kann die Abrechnung dieser Tätigkeiten ohne Umsatzsteuerausweis erfolgen.

Steuerbefreit sind weiter Ausfuhrlieferungen und Lieferungen innerhalb der EG (§ 4 Abs. 1 Nr. 1 und 2 UStG) sowie z. B. Umsätze, die dem Bank- und Kapitalmarktgeschäft zuzuordnen sind (§ 4 Abs. 1 Nr. 8 UStG), Umsätze aus der Vermietung und Verpachtung (§ 4 Abs. 1 Nr. 12 UStG), Umsätze aus der Tätigkeit als Arzt, Heilpraktiker, Krankengymnast, Hebamme und ähnlicher Berufe (§ 4 Abs. 1 Nr. 14 UStG). Steuerfrei sind ferner die Lieferung von Gegenständen und der Eigenverbrauch, sofern der Unternehmer die gelieferten oder entnommenen Gegenstände ausschließlich für eine nach § 4 Nr. 8 bis 27 UStG steuerfreie Tätigkeit verwendet.[247] Die Steuerbefreiung nach § 4

247 Vgl. § 4 Abs. 1 Nr. 28 UStG.

Nr. 8 a, g, k, Nr. 9 a, Nr. 12, Nr. 13, Nr. 19 UStG braucht der Unternehmer nicht in Anspruch zu nehmen. Er kann nach § 9 UStG auf die Befreiung verzichten, wenn die Leistung an einen Unternehmer für sein Unternehmen erfolgt. Dies ermöglicht ihm, den Vorsteuerabzug geltend zu machen, den er für steuerfreie Lieferungen und sonstige Leistungen nach § 15 Abs. 3 UStG nicht in Anspruch nehmen kann.

5.1.7 Kleinunternehmer

Bei Kleinunternehmern wird nach § 19 Abs. 1 Satz 1 UStG von der Erhebung der Umsatzsteuer abgesehen. Dementsprechend dürfen sie keine Umsatzsteuer in ihren Rechnungen ausweisen und können ihrerseits keinen Vorsteuerabzug geltend machen. Im Einzelfall kann dies zu Nachteilen führen, z. B. wenn größere Investitionen anfallen, so daß der Vorsteuerabzug zu einem Erstattungsanspruch führen würde. Dem Kleinunternehmer wird daher ein Optionsrecht eingeräumt, d. h. er kann eine Besteuerung nach den allgemeinen Vorschriften des Umsatzsteuergesetzes wählen. An die einmal ausgeübte Option ist er allerdings 5 Jahre gebunden. Als Kleinunternehmer gelten z. B. Freiberufler, deren Umsatz (ohne Steuer) im vorausgegangenen Kalenderjahr DM 32 500 nicht überschritten hat und im laufenden Kalenderjahr DM 100 000,– voraussichtlich nicht übersteigen wird. Insbesondere bei nebenberuflichen oder gemischten Tätigkeiten[248] kann der freie Mitarbeiter Kleinunternehmer sein.

5.1.8 Bemessungsgrundlage

Bemessungsgrundlage bei Lieferungen und sonstigen Leistungen ist das Entgelt, § 10 Abs. 1 UStG. Entgelt ist alles, was der Leistungsempfänger aufwendet, um die Leistung zu erhalten, abzüglich der Umsatzsteuer, § 10 Abs. 1 Satz 2 UStG. Zum Entgelt zählen auch freiwillige Zahlungen, wie z. B. Trinkgelder, wenn zwischen der Zuzahlung und der Leistung des Unternehmers eine innere Verknüpfung besteht. Ebenso gehören dazu Zahlungen des Leistungsempfängers an einen Dritten, sofern sie für Rechnung des leistenden Unternehmers entrichtet werden. Spätere Einflüsse auf die Bemessungsgrundlage, wie z. B. eine Minderung (z. B. Skonti, Gewährleistungsansprüche), Erhöhung

248 Vgl. dazu unter Teil 2 Kap. 2.5.

oder der Wegfall des Entgelts (z. B. infolge eines vertraglichen oder gesetzlichen Rücktritts) müssen nach § 17 UStG berücksichtigt werden. Gleiches gilt in den Fällen der Uneinbringlichkeit des Entgelts, der Nichterbringung der Leistung nach Entgeltentrichtung oder der Rückabwicklung der Leistung, § 17 Abs. 2 UStG. Der Unternehmer kann bei Änderungen der Bemessungsgrundlage den dem Finanzamt geschuldeten Umsatzsteuerbetrag berichtigen. Gleichzeitig muß der Unternehmer, an den dieser Umsatz ausgeführt wurde, den Vorsteuerabzug berichtigen.

5.2 Rechnungsstellung

Ein Unternehmer, der steuerpflichtige Lieferungen oder sonstige Leistungen ausführt, ist nach § 14 Abs. 1 Satz 1 UStG berechtigt bzw. auf Verlangen des Leistungsempfängers verpflichtet, Rechnungen auszustellen, in denen die Steuer gesondert ausgewiesen ist. Hintergrund ist, daß der Leistungsempfänger, soweit er selbst Unternehmer ist, die angefallene Steuer gemäß § 15 Abs. 1 Satz 1 UStG als Vorsteuer abziehen kann, d. h. bei der Berechnung der Steuer für ausgeführte Lieferungen oder Leistungen gemäß § 16 Abs. 2 Satz 1 UStG absetzen kann. Der Abzug setzt eine nach den Vorgaben des § 14 Abs. 1 Satz 2 UStG gestaltete Rechnung mit gesondertem Umsatzsteuerausweis voraus.[249] Der Leistungsempfänger hat einen zivilrechtlich durchsetzbaren Anspruch auf Erteilung einer Rechnung mit gesondertem Umsatzsteuerausweis, sofern der Rechnungsaussteller zum gesonderten Steuerausweis berechtigt ist, also kein Kleinunternehmer ist oder steuerfreie Leistungen ausführt. Dieser Anspruch ergibt sich im Verhältnis zum Leistenden als kauf-, dienst- oder werkvertragliche Nebenpflicht und ist vor den ordentlichen Gerichten geltend zu machen.[250] Ist ernstlich zweifelhaft, ob eine Leistung der Umsatzsteuer unterliegt, kann der Leistungsempfänger die Rechnungserteilung erst verlangen, wenn die Finanzbehörde den Vorgang bestandskräftig der Umsatzsteuer unterworfen hat.[251] Wurden Leistungen mit unterschiedlichen Steuersätzen ausgeführt, kann die Abrechnung innerhalb einer Rechnung erfol-

249 *Klein*, BB 1996, 135 (135); *Bunjes-Geist/Zeuner*, § 14 UStG, Rn. 21.

250 BGH vom 24. 2. 1988, NJW 1988, 2042 (2044); BGH vom 11. 12. 1974, NJW 1975, 310 (311); BGH vom 14. 1. 1980, NJW 1980, 2710 (2710); *Bunjes-Geist/Zeuner*, § 14 UStG, Rn. 21; *Klein*, BB 1996, 135 (135).

251 BGH vom 24. 2. 1988, NJW 1988, 2042 (2042).

gen, die Entgelte sind jedoch mit den auf sie entfallenden Steuerbeträgen gesondert aufzuführen.

Eine Rechnung ist nach § 15 Abs. 1 Nr. 1 UStG i. V. m. § 14 Abs. 4 UStG jede Urkunde, mit der ein Unternehmer – oder in seinem Auftrag ein Dritter – eine Lieferung oder sonstige Leistung gegenüber dem Leistungsempfänger abrechnet. Ohne Bedeutung ist, wie diese Urkunde im Geschäftsverkehr bezeichnet wird. Sie muß jedoch dem Leistungsempfänger als außenstehender Person zugehen. Auch Verträge können Rechnungen darstellen, sofern sie die vom Umsatzsteuergesetz geforderten Angaben enthalten. Dagegen sind unternehmensinterne Buchungsbelege, Mahnungen oder Kontoauszüge keine Rechnungen im Sinne des Umsatzsteuergesetzes, auch wenn sie Dritten zugehen.[252] § 14 Abs. 1 Satz 2 UStG schreibt folgende Angaben vor:

- den Namen und die Anschrift des leistenden Unternehmers,
- den Namen und die Anschrift des Leistungsempfängers,
- die Menge und die handelsübliche Bezeichnung des Gegenstandes der Lieferung oder die Art und den Umfang der sonstigen Leistung,
- den Zeitpunkt der Lieferung oder sonstigen Leistung,
- das Entgelt für die Lieferung oder sonstige Leistung,
- den auf das Entgelt entfallenden Umsatzsteuerbetrag.

Diese Angaben müssen auch Rechnungen über Anzahlungen oder Teilleistungen enthalten. Wird später eine Schlußrechnung erstellt, sind die bereits vereinnahmten Umsatzsteuerbeträge in voller Höhe zu berücksichtigen. Nur der für das letzte Nettoteilzahlungsentgelt entsprechende Umsatzsteuerbetrag ist noch auszuweisen. Bei Dauerschuldverhältnissen wie z. B. Leasing,- Miet-, Pacht- oder Zeitschriftenverträgen reicht es aus, wenn sich die Rechnungsangaben aus der Vertragsurkunde ergeben. In dem einzelnen Abrechnungsbeleg ist nur noch auf dieses Schriftstück zu verweisen.[253]

5.2.1 Kleinbetragsrechnungen

Für Kleinbetragsrechnungen und Fahrausweise sind in §§ 33, 34 UStDV Erleichterungen von den Formerfordernissen des § 14 Abs. 1 UStG aufgeführt. Unter Kleinbetragsrechnungen werden Abrech-

252 *Feißt/Krieger*, Das Steuerhandbuch für Freiberufler, S. 208 f.
253 *Feißt/Krieger*, Das Steuerhandbuch für Freiberufler, S. 209.

nungspapiere verstanden, bei denen der Bruttorechnungsbetrag einschließlich Umsatzsteuer eine Grenze von 200 DM nicht übersteigt. Bei ihnen sind die folgenden Angaben entbehrlich:

- Name und Anschrift des Leistungsempfängers,
- Zeitpunkt der Leistung,
- Auf das Entgelt entfallender Umsatzsteuerbetrag.[254]

Die Umsatzsteuer kann mit dem abgerundeten Hundertsatz von 13,79 und, sofern die Umsätze dem ermäßigten Steuersatz von 7 v. H. unterliegen, mit dem Hundertsatz von 6,54 errechnet werden.

5.2.2 Gutschriften

Gutschriften werden nach § 14 Abs. 5 UStG den Rechnungen gleichgestellt. Sie unterscheiden sich von einer Rechnung dadurch, daß nicht der Leistende, sondern der Leistungsempfänger eine Abrechnung über die Leistung erteilt. Eine Gutschrift hat die gleichen inhaltlichen Angaben zu enthalten wie eine Rechnung. Sie gilt nur dann als Rechnung i. S. d. Umsatzsteuergesetzes, wenn der Gutschriftenempfänger, also der leistende Unternehmer, zum gesonderten Umsatzsteuerausweis berechtigt ist. Er darf also weder Kleinunternehmer i. S. d. § 19 UStG sein noch steuerfreie Leistungen ausführen. Ferner ist Voraussetzung, daß die Parteien vereinbart haben, daß die Abrechnung über Gutschrift erfolgen soll. Diese Vereinbarung bedarf keiner Form, sondern kann mündlich oder in der der Leistung zugrundeliegenden Vertragsurkunde getroffen werden. Auch die Bezeichnung als Gutschrift ist nicht erforderlich, jedoch muß sich aus dem Beleg ergeben, daß per Gutschrift abgerechnet wird. Sofern die Gutschrift die für eine Rechnung erforderlichen Angaben enthält, berechtigt sie in gleicher Weise zum Vorsteuerabzug wie eine Rechnung. Der Leistungsempfänger ist daher zum Abzug der von ihm selbst in der Gutschrift ausgewiesenen Umsatzsteuer als Vorsteuer berechtigt.[255]

5.2.3 Entstehen der Steuerschuld

Die Steuer wird durch Anwendung des Steuersatzes auf die Bemessungsgrundlage, das Entgelt, für den Besteuerungszeitraum errechnet.

254 *Lippross*, Umsatzsteuer, S. 528.
255 *Lippross*, Umsatzsteuer, S. 524.

Maßgeblich ist grundsätzlich das vereinbarte Entgelt, sog. Sollversteuerung nach § 16 Abs. 1 UStG. Danach genügt es für die Berechnung und Entstehung der Steuer, daß der Unternehmer die Lieferung oder sonstige Leistung ausgeführt hat und der Leistungsempfänger das Entgelt schuldet. Ob der Unternehmer das Entgelt tatsächlich erhält, ist zunächst ohne Bedeutung. Das Finanzamt kann auf Antrag unter den in § 20 UStG genannten Voraussetzungen gestatten, daß die Steuer nicht nach den vereinbarten Entgelten für die ausgeführten Umsätze (Solleinnahmen), sondern nach den vereinnahmten Entgelten (Ist-Einnahmen) berechnet wird. Dieser Antrag setzt voraus, daß der Unternehmer im vorangegangenen Kalenderjahr einen Gesamtumsatz von nicht mehr als DM 250 000,– erzielt hat und von der Verpflichtung, Bücher zu führen sowie aufgrund jährlicher Bestandsaufnahmen regelmäßig Abschlüsse zu machen, nach § 148 AO befreit ist. Auch Unternehmer, die Umsätze aus einer Tätigkeit als Angehöriger eines freien Berufs i. S. d. § 18 Abs. 1 Nr. 1 EStG erzielen, können auf Antrag die Umsatzsteuer nach vereinnahmten Entgelten berechnen. Der Vorteil der Ist-Besteuerung liegt darin, daß der Unternehmer für von ihm bezahlte Rechnungen die Vorsteuerbeträge geltend machen kann, für von ihm gestellte Rechnungen aber die Umsatzsteuer nicht vorfinanzieren muß. Erst wenn sein Kunde die Rechnung begleicht, muß er die darin enthaltene Umsatzsteuer an das Finanzamt abführen. Vereinnahmt sind die Entgelte allerdings bereits bei anteiliger Bezahlung, so daß Voraus-, An- und Abschlagszahlungen der Ist-Besteuerung unterliegen.

5.3 Der Vorsteuerabzug

Ein Unternehmer kann die ihm von anderen Unternehmern gesondert in Rechnung gestellte Steuer für Lieferungen und sonstige Leistungen, die für sein Unternehmen ausgeführt worden sind, als Vorsteuer abziehen, § 15 Abs. 1 Nr. 1 UStG. Damit er von der Möglichkeit des Vorsteuerabzugs Gebrauch machen kann, hat er Anspruch auf den gesonderten Ausweis der Umsatzsteuer in den Rechnungen seines Vertragspartners.[256] Der Vorsteuerabzug hat zur Folge, daß die Besteuerung der vorhergehenden Wirtschaftsstufen rückgängig gemacht wird. Er ist das Instrument, um sicherzustellen, daß unternehmerischer Ver-

256 Vgl. zu dem zivilrechtlichen Anspruch unter Teil 2 Kap. 5.2.

brauch nicht belastet wird, indem die in der Rechnung auf den Empfänger überwälzte Steuer neutralisiert wird.[257] Zum Vorsteuerabzug berechtigt sind nur inländische Unternehmer i. S. d. § 2 UStG. Ausländischen Unternehmern steht der Vorsteuerabzug zu, wenn sie im Zusammenhang mit ihrer unternehmerischen Tätigkeit mit deutschen Vorsteuerbeträgen belastet werden. Sie können das sog. Vorsteuervergütungsverfahren nach § 18 Abs. 9 UStG i. V. m. §§ 59–62 UStDV durchführen.[258] Vom Vorsteuerabzug ausgeschlossen sind Abrechnungen über nicht im Inland ausgeführte Lieferungen oder Leistungen und über nichtsteuerbare Leistungen, wie z. B. dem Schadensersatz.[259] Nicht zum Vorsteuerabzug berechtigt sind Kleinunternehmer, die nicht für die Umsatzsteuer optiert haben, und Privatpersonen.

5.3.1 Ausweis des Steuerbetrages

Ein Unternehmer kann den Vorsteuerabzug nur in Anspruch nehmen, wenn ihm eine nach § 14 Abs. 1 UStG ordnungsgemäß erstellte Rechnung mit gesondertem Vorsteuerausweis von einem Unternehmer erteilt wurde. Weitere Voraussetzung ist, daß die in Rechnung gestellten Lieferungen oder Leistungen für den Betrieb seines Unternehmens erbracht wurden. Weist eine Rechnung einen höheren Steuerbetrag aus, als nach dem Gesetz für den Umsatz geschuldet wird, ist der tatsächlich ausgewiesene Betrag abzuführen, § 14 Abs. 2 UStG. Bisher konnte der Leistungsempfänger den höheren Betrag als Vorsteuer geltend machen. Für die Inanspruchnahme des Vorsteuerabzugs kam es nicht darauf an, ob die Umsatzsteuer rechtlich oder rechnerisch fehlerhaft ermittelt wurde.[260] Mit Urteil vom 2. 4. 1998[261] hat der Bundesfinanzhof unter Aufgabe seiner bisherigen Rechtsprechung nunmehr entschieden, daß diese Auslegung des Wortlauts des § 15 Abs. 1 Nr. 1 UStG nicht mit Art. 17 Abs. 2 Buchst. a der Sechsten Richtlinie des Rates vom 17. Mai 1977 zur Harmonisierung der Rechtsvorschriften der Mitgliedstaaten über die Umsatzsteuer 77/388/EWG übereinstimmt. Bei richtlinienkonformer Auslegung des § 15 Abs. 1 Nr. 1 UStG sei daher der Vorsteuerabzug auf den gesetzlich geschuldeten

---

257 *Stadie*, Das Recht des Vorsteuerabzugs, S. 1 ff.; *Reiss*, UR 1989, 178 (178).
258 *Bunjes-Geist/Cissée*, § 15 UStG, Rn. 3a).
259 *Birkenfeld*, Umsatzsteuer-Handbuch, II Rn. 323.
260 BFH vom 2. 11. 1989, BStBl. II 1990, 253 (254 f.).
261 BGH, Urt. vom 2. 4. 1998, BB 1998, 1728 ff.

Betrag beschränkt, so daß der ausgewiesene Steuerbetrag nicht maßgeblich sei. Abziehbar sind daher keine gesondert ausgewiesenen Umsatzsteuerbeträge für steuerfreie Leistungen (§ 14 Abs. 3 Nr. 1 UStG), sondern jeweils nur die geschuldeten Steuerbeträge.[261a] In den Fällen der unberechtigten oder unrichtigen Rechnungserstellung kommt aber eine Berichtigung nach § 14 Abs. 1 UStG i. V. m. § 14 Abs. 2 Satz 2 UStG in Betracht, sofern die Abrechnung von einem Unternehmer erstellt wurde.[262]

5.3.2 Vorsteuerabzug ohne Rechnung oder Gutschrift

Bei der Abrechnung von Reisekosten nach Pauschbeträgen wird keine Rechnung mit gesondertem Steuerausweis erteilt, so daß der Vorsteuerabzug grundsätzlich versagt wäre. §§ 36–38 UStDV sehen diesbezüglich Sonderregelungen vor, nach denen auch ohne Rechnung oder Gutschrift ein Vorsteuerabzug erfolgen kann. So kann ein pauschalierter Vorsteuerabzug bei Mehraufwendungen für die Verpflegung aus Anlaß einer Dienst- oder Geschäftsreise mit 13,1% der einkommensteuerlich zulässigen Pauschale bzw. bei Übernachtungskosten der erstatteten Pauschale vorgenommen werden. Für Fahrtkostenerstattungen bei Dienstreisen mit einem privaten Pkw des Arbeitnehmers wird ein Vorsteuerabzug in Höhe von 8,7% der erstatteten Pauschale und für Geschäftsreisen mit dem privaten Pkw des Unternehmers mit 6,1% des für Zwecke der Einkommensteuer anzusetzenden Pauschbetrages von 0,52 DM pro gefahrenen Kilometer zugelassen.[263]

Vorsteuerabzugsbeträge können darüber hinaus als Durchschnittssätze gemäß § 23 Abs. 1 Nr. 1 UStG i. V. m. §§ 69, 70 UStDV ermittelt werden. Voraussetzung ist, daß der Umsatz des Unternehmers im vorangegangenen Kalenderjahr nicht mehr als 120 000 DM betrug, keine Pflicht zur Buchführung besteht und das Unternehmen zu den in § 70 UStDV bzw. der in der Anlage zu dieser Vorschrift aufgeführten Berufs- und Gewerbezweigen gehört. Die Berechnung der Vorsteuer nach Durchschnittssätzen ist beim Finanzamt zu beantragen. Mit den

261a Mit Verfügung der OFD Düsseldorf vom 24. 9. 1998 – S 7300 A – St 1412 – D ist das BFH-Urteil vom 2. 4. 1998 auf alle noch offenen Fälle anwendbar, vgl. BB 1998, 2247.

262 Vgl. Abschn. 189 UStR.

263 *Feißt/Krieger*, Das Steuerhandbuch für Freiberufler, S. 213.

Durchschnittssätzen sind alle Vorsteuern abgegolten, die aus Umsätzen an den Unternehmer herrühren, sofern sie nach dem Übergang zur Durchschnittsbesteuerung ausgeführt wurden. Eine Ermittlung der Vorsteuer nach Durchschnittssätzen empfiehlt sich, wenn die tatsächlich angefallenen Vorsteuern niedriger sind als der Durchschnittssatz.[264]

5.4 Das Besteuerungsverfahren

5.4.1 Voranmeldungen

Der Unternehmer hat die von ihm an das Finanzamt abzuführende Umsatzsteuer nach § 18 Abs. 1 UStG unter Anwendung der §§ 16 Abs. 1 und 2, 17 UStG selbst zu berechnen und innerhalb des Anmeldezeitraums zusammen mit der Umsatzsteuervorauszahlung beim Finanzamt abzugeben. Anmeldezeitraum für die Umsatzsteuer-Voranmeldung ist gemäß § 18 Abs. 2 Satz 1 UStG grundsätzlich das Kalendervierteljahr. Beträgt die Steuer für das vorangegangene Kalenderjahr mehr als 12 000 DM, ist der Kalendermonat Voranmeldungszeitraum. Der Unternehmer kann den Kalendermonat bei geringeren Umsätzen als Voranmeldungszeitraum wählen, wenn sich für ihn im vorangegangenen Kalenderjahr ein Überschuß von mehr als 12 000 DM ergeben hat, § 18 Abs. 2 a UStG. Dies hat den Vorteil, daß er etwaige Erstattungsbeträge monatlich geltend machen kann. Beträgt die Steuer für das vorangegangene Kalenderjahr nicht mehr als 1000 DM, kann das Finanzamt den Unternehmer von der Verpflichtung zur Abgabe der Voranmeldungen und Entrichtung von Vorauszahlungen befreien.

Die Umsatzsteuervoranmeldungen sind grundsätzlich bis zum 10. Tag nach Ablauf des Voranmeldungszeitraums auf einem amtlich vorgeschriebenen Vordruck einzureichen, § 18 Abs. 1 Satz 1 UStG. Bis zu diesem Termin ist auch die sich ergebende Zahllast an das Finanzamt zu entrichten. Bei monatlichen Voranmeldungen hat der Unternehmer die Anmeldungen und Zahlungen bis zum 10. des Folgemonats, bei vierteljährlichen Voranmeldungen bis zum 10. April, 10. Juli, 10. Oktober und 10. Januar des Folgejahres abzugeben. Sofern das Fristende auf einen Samstag, Sonntag oder Feiertag fällt, verlängert sich die Frist bis zum Ablauf des nächsten Werktages, § 108 Abs. 1 und 3 AO

---

264 *Niebler/Meier/Dubber*, Rn. 477 ff.

i. V. m. § 193 BGB. Das Finanzamt kann nach § 152 AO einen Verspätungszuschlag festsetzen, wenn der Unternehmer die Voranmeldungen nicht oder nicht fristgerecht abgibt. Von der Festsetzung des Verspätungszuschlags wird abgesehen, wenn die Voranmeldung bis zu fünf Tagen verspätet abgegeben wird, sog. Abgabe-Schonfrist.[265] Unternehmer, die im vorangegangenen Kalenderjahr einen Umsatz zuzüglich der darauf entfallenden Steuer von nicht mehr als 32 500 DM erzielt haben und deren Umsatz im laufenden Kalenderjahr voraussichtlich 100 000 DM nicht übersteigen wird, d. h. Kleinunternehmer, die zur Umsatzsteuer optiert haben, können vom Finanzamt von der Pflicht zur Abgabe von Umsatzsteuervoranmeldungen befreit werden. Sie haben dann nur Jahreserklärungen abzugeben.

5.4.2 Dauerfristverlängerung

Die Abgabefrist von 10 Tagen nach Ablauf des Kalendermonats ist häufig nicht ausreichend, um die Voranmeldung einzureichen, da der Unternehmer die Höhe der abzuführenden Umsatzsteuer unter Zugrundelegung seiner Buchhaltung selbst errechnen muß. Durch einen beim Finanzamt zu stellenden Antrag kann der Anmeldezeitraum um einen Monat verlängert werden, sog. Antrag auf Dauerfristverlängerung, § 46 UStDV. Bei monatlichem Voranmeldezeitraum wird dem Antrag auf Dauerfristverlängerung nur stattgegeben, wenn der Unternehmer eine Sondervorauszahlung in Höhe von 1/11 der sich aus dem vorhergehenden Kalenderjahr ergebenden Zahllast leistet, § 47 UStDV. Die einmal vom Finanzamt auf Antrag des Steuerpflichtigen gewährte Dauerfristverlängerung gilt auch für das folgende Kalenderjahr, sofern der Unternehmer nicht ausdrücklich darauf verzichtet.[266] Die Sondervorauszahlung ist auf Basis des abgelaufenen Kalenderjahres zu berechnen und jeweils bis zum 10. Februar beim Finanzamt anzumelden und zu entrichten.[267]

5.4.3 Festsetzung der Umsatzsteuer

Die Voranmeldung ist eine Steueranmeldung i. S. d. § 150 Abs. 1 Satz 2 AO. Weicht das Finanzamt von ihr nicht ab, so steht die eine

---

265 AEAO Nr. 7 zu § 152 AO; *Lippross*, Umsatzsteuer, S. 693.
266 Abschn. 228 UStR.
267 *Feißt/Krieger*, Das Steuerhandbuch für Freiberufler, S. 223.

Zahllast des Steuerpflichtigen ausweisende Voranmeldung einer Steuerfestsetzung unter dem Vorbehalt der Nachprüfung gleich, § 168 Satz 1 AO i. V. m. § 164 Satz 1 AO. Die fällige Steuer ist ohne besonderes Leistungsgebot nach Eingang der Anmeldung vollstreckbar, § 254 Abs. 1 Satz 4 AO.[268] Solange der Vorbehalt wirksam ist, kann die Steuerfestsetzung jederzeit aufgehoben oder geändert werden. Führt die Voranmeldung zu einem Vorsteuerüberschuß (sog. negative Steuerschuld), tritt diese Wirkung erst mit der Zustimmung des Finanzamts ein, § 168 Satz 2 AO.[269] Bis dahin stellt die Steueranmeldung einen Antrag auf Steuerfestsetzung i. S. d. § 155 Abs. 1 und 6 AO dar. Wird die Steuer in der Umsatzsteuervoranmeldung unrichtig berechnet und weicht das Finanzamt von der in der Steueranmeldung angegebenen Vorauszahlung ab, ist ein schriftlicher Vorauszahlungsbescheid durch das Finanzamt zu erteilen, § 18 Abs. 4 Satz 2 UStG. Vorauszahlungsfestsetzungen stehen nach § 164 Abs. 1 Satz 2 AO stets unter dem Vorbehalt der Nachprüfung, ohne daß es hierzu eines besonderen Hinweises im Bescheid bedürfte.

5.4.4 Jahressteuererklärung

Nach § 18 Abs. 3 UStG hat der Unternehmer nach Ablauf des Besteuerungszeitraums eine Steuererklärung abzugeben, in der er die Steuer bzw. den sich zu seinen Gunsten ergebenden Überschuß selbst errechnet. Die Erklärung ist grundsätzlich bis zum 31. 5. des Folgejahres abzugeben, § 149 Abs. 2 AO. Ist ein Steuerberater mit der Anfertigung der Steuererklärung beauftragt und ist dieser Umstand dem Finanzamt bekannt, verlängert sich die Frist automatisch bis zum 30. September. Der Unternehmer kann auch selbst einen Antrag auf Fristverlängerung stellen, dem bei ausreichenden sachlichen Gründen stattgegeben wird. Die vom Unternehmer in der Jahreserklärung vorzunehmende Selbstberechnung der Umsatzsteuer hat für das gesamte Kalenderjahr zu erfolgen. Die Umsatzsteuer-Zahllast ergibt sich aus der Zusammenrechnung sämtlicher umsatzsteuerpflichtiger Vorgänge unter Abzug der Vorsteuerbeträge, die der Steuerpflichtige aus der Zahlung der ihm in Rechnung gestellten Umsatzsteuer geltend machen kann. Der Differenzbetrag stellt die noch offenstehende Ab-

---

268 *Lippross*, Umsatzsteuer, S. 694.
269 *Kühn/Hofmann*, Abgabenordnung, § 168 Rn. 2.

schlußzahlung oder, sofern die bisher geleisteten Vorauszahlungen höher waren als die sich aus der Jahreserklärung ergebende Zahllast, den Erstattungsbetrag dar, den der Steuerpflichtige vom Finanzamt verlangen kann bzw. der vom Finanzamt mit anderen Steueransprüchen verrechnet wird.

5.4.5 Aufzeichnungspflichten

§ 22 UStG und §§ 63 ff. UStDV verpflichten den Unternehmer, alle Umstände aufzuzeichnen, die für die Umsatzbesteuerung von Bedeutung sind. Kleinunternehmer unterliegen nach § 65 UStDV erleichterten Aufzeichnungspflichten.

6. Gewerbesteuer

Die Gewerbesteuer besteuert das Objekt „Gewerbebetrieb“. Sie gehört damit zu den sog. Real- bzw. Objekt- oder Sachsteuern. Die Gewerbesteuer berücksichtigt im Gegensatz zu den Personensteuern, wie z. B. der Einkommen- und Körperschaftsteuer, nicht die Leistungsfähigkeit einer Person, sondern einer Sache, d. h. des Gewerbebetriebes. Ihr unterliegt jeder stehende Gewerbebetrieb, soweit er im Inland betrieben wird. Da Freiberufler oder sonstige selbständig Tätige i. S. d. § 18 EStG keinen Gewerbebetrieb unterhalten, sind freie Mitarbeiter nur dann gewerbesteuerpflichtig, wenn sie gewerbliche Tätigkeiten i. S. d. § 15 EStG verrichten. Die Steuerpflicht beginnt ab dem Zeitpunkt der Aufnahme der gewerblichen Tätigkeit. Bloße Vorbereitungshandlungen, wie z. B. die Anmietung von Räumlichkeiten oder der Einkauf von Einrichtungsgegenständen, begründen noch keine Steuerpflicht. Die Steuerpflicht endet mit völliger Einstellung des Geschäftsbetriebs. Schuldner der Gewerbesteuer ist derjenige, auf dessen Rechnung das Gewerbe betrieben wird, § 5 Abs. 1 und 2 GewStG. Die Gewerbesteuer ist bei der Ermittlung des Gewinns als Betriebsausgabe abzugsfähig. Hierdurch ermäßigt sich die Einkommensteuer und auch die Gewerbesteuer selbst.

Zum 1. 1. 1998 ist die Besteuerungsgrundlage Gewerbekapital aufgrund des Gesetzes zur Fortsetzung der Unternehmenssteuerreform vom 29. 10. 1997[270] abgeschafft worden. Die Gewerbekapitalsteuer

270 BGBl. I 1997, 2590.

wird in den alten Bundesländern letztmals für das Jahr 1997 erhoben, § 36 Abs. 1 GewStG. Für Betriebsvermögen in den neuen Bundesländern bleibt sie für das Jahr 1997 ausgesetzt, § 37 Abs. 1 Satz 1 GewStG.[271] Besteuerungsgrundlage ist nunmehr ausschließlich der Gewerbeertrag, § 6 GewStG. Dieser wird nach § 7 GewStG aus dem nach den Vorschriften des Einkommensteuergesetzes zu ermittelnden Gewinn aus Gewerbebetrieb errechnet, vermehrt um die Hinzurechnungen nach § 8 GewStG und vermindert um die Kürzungen nach § 9 GewStG. Die Hinzurechnungs- und Kürzungsvorschriften sollen dem Objektcharakter der Gewerbesteuer Rechnung tragen. Dabei geht der Gesetzgeber von dem objektivierten Gewerbeertrag eines Unternehmens aus, das mit eigenem Kapital arbeitet und über eigene Wirtschaftsgüter verfügt. Hinzurechnungen kommen daher für solche Beträge in Betracht, die bei der Ermittlung des gewerblichen Gewinns nach den einkommensteuerlichen Vorschriften in Abzug gebracht wurden, § 8 GewStG. Dies betrifft z. B. Entgelte für Dauerschulden, die wirtschaftlich mit der Gründung oder dem Erwerb des Betriebs oder eines Anteils am Betrieb zusammenhängen, sowie Schulden, die der nicht nur vorübergehenden Verstärkung des Betriebskapitals dienen.[272] Schulden, die nicht zum laufenden Geschäftsverkehr gehören, wie z. B. Grund- und Hypothekenschulden, Investitionskredite für das Anlagevermögen etc. werden ab einer Laufzeit von 12 Monaten als Dauerschulden angesehen. Ferner wird für Renten und dauernde Lasten, wie Erbbauzinsen und Pensionsverpflichtungen, die wirtschaftlich mit der Gründung oder dem Erwerb des Betriebs zusammenhängen, und die Hälfte der Miet- und Pachtzinsen eine Hinzurechnung angeordnet. Um eine Doppelbesteuerung mit Gewerbesteuer zu vermeiden, unterbleibt diese Hinzurechnung, wenn die Beträge beim Empfänger zur Steuer nach dem Gewerbeertrag heranzuziehen sind. Eine Kürzung des Gewerbeertrags findet z. B. hinsichtlich des Wertes eines zum Betriebsvermögen gehörenden Grundbesitzes statt, um so eine doppelte Besteuerung mit Gewerbe- und Grundsteuer zu vermeiden. Der Gewerbeertrag, der in dem Erhebungszeitraum von dem Steuerpflichtigen unter Berücksichtigung der Hinzurechnungen und Kürzungen bezogen wurde, ist gemäß § 11 Abs. 1 Satz 3 GewStG auf vol-

---

271 Vgl. zu den Steuerrechtsänderungen des Jahres 1997 *Stuhrmann*, NJW 1998, 573 ff.

272 *Meyer-Scharenberg*, Gewerbesteuer, § 8 Nr. 1 Rn. 3 ff.

le 100 DM nach unten abzurunden. Bei natürlichen Personen ist er zudem um einen Freibetrag von 48 000 DM zu kürzen.

Die Gewerbesteuer wird von der zuständigen Gemeinde auf Grundlage eines einheitlichen Steuermeßbetrages mit dem sog. Hebesatz festgesetzt und erhoben, §§ 4, 16 Abs. 1 GewStG.[273] Der Steuermeßbetrag errechnet sich durch Anwendung eines Hundertsatzes, der sog. Steuermeßzahl, auf den Gewerbeertrag, § 11 Abs. 1 GewStG. Die Steuermeßzahl beträgt bei von natürlichen Personen oder Personengesellschaften geführten Gewerbebetrieben für die ersten 24 000 DM Gewerbeertrag 1% und steigt für jeweils weitere 24 000 DM um 1% bis auf den regelmäßigen Satz von vollen 5% an, § 11 Abs. 2 GewStG. Die Ermittlung der Besteuerungsgrundlagen erfolgt durch das Finanzamt, das den Gewerbesteuermeßbescheid erläßt. Der Gewerbesteuermeßbescheid ist mit dem Einspruch anfechtbar, § 348 Abs. 1 Nr. 2 AO. Er ist nach § 35 b GewStG von Amts wegen aufzuheben oder zu ändern, wenn der Einkommensteuerbescheid hinsichtlich der Feststellungen zum Gewinn aus Gewerbebetrieb aufgehoben oder geändert wird. Auf den im Gewerbesteuermeßbescheid enthaltenen Steuermeßbetrag wendet die Gemeinde den für ihr Gebiet festgelegten Hebesatz an und erläßt einen Gewerbesteuerbescheid, der die zu zahlende Gewerbesteuer ausweist. Er ist Folgebescheid zum Gewerbesteuermeßbescheid des Finanzamts. Der Gewerbesteueranspruch entsteht mit Ablauf des Erhebungszeitraums, für den die Festsetzung vorgenommen wird, § 18 GewStG. Der Steuerpflichtige hat am 15. Februar, 15. Mai, 15. August und 15. November Vorauszahlungen zu leisten, § 19 GewStG. Diese werden auf die Steuerschuld angerechnet, § 20 GewStG. Will der Steuerpflichtige Einwendungen gegen den Steuermeßbetrag, die Gewinnermittlung oder seine Steuerpflicht erheben, etwa weil er der Ansicht ist, als freier Mitarbeiter nicht gewerblich, sondern freiberuflich tätig zu sein, muß er gegen den Gewerbesteuermeßbescheid Einspruch einlegen. Einwendungen gegen die Höhe des Hebesatzes der Gemeinde oder die Anwendung der Steuermeßzahl sind mit dem Widerspruch zu verfolgen.

---

273 *Meyer-Scharenberg*, Gewerbesteuer, § 11 Rn. 6.

7. Besteuerung des nichtselbständig Tätigen

Ist der als freier Mitarbeiter Beschäftigte nichtselbständig tätig, unterliegt die ihm zufließende Vergütung als Arbeitslohn der Lohnsteuer, unabhängig davon, ob die Vertragsparteien diese Rechtsfolge herbeiführen wollten oder gar absehen konnten. Lohnsteuerpflichtig ist grundsätzlich der Bruttoarbeitslohn. Dieser setzt sich zusammen aus dem Nettoarbeitslohn in Form von Bar- und Sachbezügen sowie den einbehaltenen Sozialversicherungsbeiträgen und Steuerabzugsbeträgen. Arbeitslohn ist Geld sowie jeder geldwerte Vorteil, der dem Arbeitnehmer als Ertrag einer nichtselbständigen Tätigkeit mit Rücksicht auf ein öffentlich-rechtliches oder privatrechtliches Dienstverhältnis mit Wissen und Wollen des Arbeitgebers gewährt wird. Gleichgültig ist, ob es sich um einmalige oder laufende Einnahmen handelt, ob ein Rechtsanspruch auf sie besteht und unter welcher Bezeichnung sie gewährt werden.[274] Als Arbeitslohn besteuert werden insbesondere Gehalt, Lohn, gewährte Reisekosten, Provisionen, Tantiemen, Gratifikationen, Sachbezüge (wie z. B. verbilligte Mahlzeiten, ein Dienstfahrzeug oder eine Dienstwohnung), Ruhe- und Vorruhestandsgelder sowie Entschädigungen für entgangenen bzw. entgehenden Arbeitslohn, sofern keine Steuerbefreiung nach § 3 Nr. 9 und 19 greift.[275] Die Aufzählung der Einkünfte in § 19 Abs. 1 Nr. 1 EStG ist eine beispielhafte Umschreibung dafür, welche Zahlungen der Einkommensbesteuerung nach § 2 Abs. 1 Nr. 4 EStG unterliegen. Da sie als typisierende Festlegung der nichtselbständigen Einkünfte anzusehen ist, stehen die im Katalog nicht genannten Einnahmen den Genannten gleich, sofern sie ihnen entsprechen, also im weiteren Sinn Gegenleistungscharakter aufweisen.[276] Auch Zuwendungen Dritter können nach § 38 Abs. 1 Satz 2 EStG Arbeitslohn darstellen. Voraussetzung ist, daß zwischen der Zuwendung und der Arbeitsleistung des Arbeitnehmers eine innere Verknüpfung besteht und der Dritte nicht gegen den Willen und die Interessen des Arbeitgebers handelt. Regelmäßig wird den Zahlungen Dritter ein Rechtsverhältnis mit dem Arbeitgeber zugrunde liegen, das wirtschaftlich betrachtet den Dritten als Vertreter des Arbeitgebers erscheinen läßt. Beispiel ist die Gehaltsanweisung auf das Konto des

274 § 2 Abs. 1 LStDV; BFH vom 21. 2. 1992, BStBl. II 1992, 443 (445).
275 Vgl. § 2 Abs. 2 LStDV sowie Abschn. 70 Abs. 2 LStR mit weiteren Hinweisen.
276 *Schmidt*, DB 1991, 1699 (1700).

Arbeitnehmers, wobei die Auszahlung durch ein Bankinstitut erfolgt. In Betracht kommt weiter, daß der Arbeitgeber dem Arbeitnehmer eine ihm gegen den Dritten zustehende Forderung abtritt, die der Arbeitnehmer bei dem Dritten einzieht.[277] Ebenso sind Trinkgelder nach Rechtsprechung des Bundesfinanzhofs[278] als von Dritten gezahlter Arbeitslohn anzusehen. Sie unterliegen daher dem Lohnsteuerabzug durch den Arbeitgeber, sofern sie den Freibetrag des § 3 Nr. 51 EStG übersteigen. Der Arbeitgeber hat demgemäß in Höhe der steuerpflichtigen Trinkgelder die Lohnsteuer einzubehalten. In Betrieben, in denen Mitarbeiter üblicherweise Trinkgelder erhalten, wie z. B. im Hotel- und Gaststättengewerbe, in Friseurbetrieben etc. kommt es im Rahmen von Lohnsteueraußenprüfungen häufig zu Auseinandersetzungen mit der Finanzverwaltung über die Höhe der tatsächlich erhaltenen Trinkgelder. Der Arbeitgeber unterlag bisher einem erhöhten Lohnsteuerhaftungsrisiko, wenn ihm die Höhe der von den Mitarbeitern vereinnahmten Trinkgelder nicht bekannt war und er demzufolge den Lohnsteuerabzug nicht ordnungsgemäß vornahm. Zwischenzeitlich hat der Bundesfinanzhof[279] klargestellt, daß der Arbeitgeber keine Handhabe besitzt, um die Arbeitnehmer anzuhalten, ihrer Pflicht zur Offenlegung der von Dritter Seite gezahlten Gelder nachzukommen. Unabhängig von der Steuerpflicht der Trinkgelder gilt nunmehr, daß der Arbeitgeber den Lohnsteuerabzug nur vornehmen kann, wenn er von den Arbeitnehmern über die Höhe der Zahlungen in Kenntnis gesetzt wurde. Nur in diesem Fall kommt seine Lohnsteuerhaftung in Betracht.

7.1 Die verschiedenen Formen des Arbeitslohns

7.1.1 Der Bruttolohn

Dem Arbeitsvertrag zwischen Arbeitgeber und Arbeitnehmer liegt im Regelfall eine Bruttolohnvereinbarung zugrunde. Als Bruttovergütung bezeichnet man den Gesamtvergütungsanspruch des Arbeitnehmers vor Abzug der öffentlich-rechtlichen Steuern und Abgaben. Von

277 *Ranft/Lange*, Lohnsteuer, Rn. 9.1.3.5.

278 BFH vom 23. 10. 1992, BStBl. II 1993, 117 (118); BFH vom 22. 10. 1996, BStBl. II 1997, 346.

279 BFH vom 24. 10. 1997, DStR 1997, 2016 (2016).

der vereinbarten Vergütung des Arbeitnehmers hat der Arbeitgeber die Steuern (Lohnsteuer, Kirchensteuer und Solidaritätszuschlag) und Sozialversicherungsbeiträge (Kranken-, Pflege-, Renten- und Arbeitslosenversicherung) abzuziehen und nur den Differenzbetrag an den Arbeitnehmer auszuzahlen. Die Nettovergütung ist der Betrag, der dem Arbeitnehmer nach Abzug von Steuern und Abgaben zur Sozialversicherung ausgezahlt wird. Grundsätzlich ist jede Vergütungsabrede als Bruttolohnvereinbarung anzusehen, und zwar auch dann, wenn die Parteien keine ausdrückliche Regelung treffen oder die getroffene Vereinbarung mißverständlich ist. Zum Bruttoarbeitslohn des für die Besteuerung maßgebenden Kalenderjahres gehört zunächst der laufende Arbeitslohn, der für Lohnzahlungszeiträume gezahlt wurde, die im maßgeblichen Kalenderjahr geendet haben. Außerdem zählen dazu sonstige Bezüge[280], die dem Steuerpflichtigen im Kalenderjahr zugeflossen sind, § 38 a Abs. 1 EStG. Nicht einzubeziehen sind Bezüge, die der Steuerpflichtige als Entlohnung für eine mehrjährige Tätigkeit erhält, § 34 Abs. 3 EStG, oder Entschädigungen i. S. d. § 34 Abs. 2 Nr. 2 EStG. Wird der Arbeitgeber im Rahmen einer Zivilrechtsklage zur Zahlung der Bruttolohnvergütung verurteilt, hat er bei der Lohnzahlung ebenfalls die Lohnsteuer einzubehalten und abzuführen, auch wenn ein entsprechender Vorbehalt im Urteil fehlt. Im Rahmen der Zwangsvollstreckung kann er die Beschränkung der Vollstreckung auf den um die Lohnsteuer geminderten Betrag erreichen, wenn er einen entsprechenden Nachweis über die Einzahlung der Lohnsteuer vorlegt.[281] Hatte der Arbeitgeber im Zeitpunkt der Vollstreckung die Lohnsteuer noch nicht abgeführt, kann der Arbeitnehmer die Bruttovergütung vollstrecken. Bei sachgerechter Ermessensausübung wird das Finanzamt in diesem Fall von dem Arbeitnehmer die Lohnsteuer anfordern.[282]

7.1.2 Die Nettolohnvereinbarung

Eine Nettolohnabrede liegt vor, wenn die Arbeitsvertragsparteien abweichend vom Regelfall der Bruttovergütung vereinbaren, daß der Arbeitgeber Steuern und Sozialversicherungsbeiträge übernimmt, so daß

280 Vgl. Abschn. 115 Abs. 2 LStR.
281 *Küttner/Griese*, Personalbuch 1998, Bruttolohnvereinbarung, Rn. 20.
282 *Schmidt/Drenseck*, EStG, § 42 d Rn. 19.

dem Arbeitnehmer die zugesagte Vergütung vollständig ausgezahlt wird. Nettolohnvereinbarungen können sich auf sämtliche oder nur auf bestimmte gesetzliche Abgaben wie Lohnsteuer, Kirchensteuer, Arbeitnehmeranteile zur Kranken-, Pflege-, Renten- und Arbeitslosenversicherung beziehen.[283] Die Nettolohnvereinbarung stellt eine besondere Form der Arbeitsvergütung dar. Sie ist häufig im Gaststättengewerbe, bei Haushaltshilfen oder bei nebenberuflich tätigen Musikern und Künstlern anzutreffen.[284] Weiter finden sich Nettolohnvereinbarungen in Arbeitsverträgen von ausländischen Gesellschaften mit Mitarbeitern, die nach Deutschland entsandt werden. Sie wählen diese Vergütungsform, um die Nachteile des Auslandsaufenthalts auszugleichen, die ihren Arbeitnehmern infolge der höheren deutschen Steuer- und Abgabenlast entstehen.[285]

Man unterscheidet zwei Arten von Nettolohnabreden. Die sog. *abgeleitete Nettolohnvereinbarung* kommt zustande, wenn Arbeitgeber und Arbeitnehmer einen bestimmten Bruttobetrag mit der Abrede vereinbaren, diesen so zu bemessen, daß dem Arbeitnehmer der im voraus festgelegte Nettobetrag verbleibt. Von diesem Bruttobetrag werden die sozialversicherungspflichtigen Abgaben und Steuern abgezogen.[286] Der festgelegte Bruttobetrag ist also Geschäftsgrundlage des Arbeitsverhältnisses, selbst wenn die Vertragsparteien die Auszahlung des Nettolohns vereinbart haben. Er wird als konstante Größe geschuldet, so daß eventuelle Änderungen der Besteuerungsmerkmale des Arbeitnehmers die Höhe des an ihn in bar auszuzahlenden Lohns beeinflussen. Lohnerhöhungen, Lohnzuschläge oder Urlaubsabgeltungen sind auf Basis des Bruttolohns zu berechnen.[287] Damit entspricht die abgeleitete Nettolohnvereinbarung in ihrer steuerlichen Behandlung der Bruttolohnvereinbarung.[288]

Regelmäßig werden die Arbeitsvertragsparteien bei Vereinbarung einer Nettolohnzahlung jedoch das Arbeitsentgelt nicht am Bruttolohn,

---

283 *Schmidt/Drenseck*, EStG, § 39 b Rn. 10; *Küttner/Griese*, Personalbuch 1998, Nettolohnvereinbarung, Rn. 3.
284 BFH vom 28. 2. 1992, BStBl. II 1992, 733 (735).
285 *Kaiser/Sigrist*, DB 1994, 178 (178).
286 *Küttner/Huber*, Personalhandbuch 1998, Nettolohnvereinbarung, Rn. 12; *Schmidt/Drenseck*, EStG, § 39 b Rn. 10
287 *Kaiser/Sigrist*, DB 1994, 178 (178).
288 *Kaiser/Sigrist*, DB 1994, 178 (178); *Schmidt/Drenseck*, EStG, § 39 b Rn. 10.

sondern am Auszahlungsbetrag ausrichten. In diesem Fall spricht man von einer sog. *originären Nettolohnvereinbarung*. Der ausbezahlte Lohn wird hier als konstante Größe geschuldet, ohne daß ein Bruttolohn Geschäftsgrundlage der Vereinbarung ist.[289] Ändern sich die Besteuerungsmerkmale des Arbeitnehmers, sind damit nur Folgen auf seiten des Arbeitgebers verbunden. Für ihn entstehen höhere Abzugsbeträge, während der Arbeitnehmer weiterhin den vereinbarten Lohn erhält. Die originäre Nettolohnvereinbarung ist für den Arbeitgeber daher mit erheblichen Risiken verbunden. Der Arbeitnehmer kann allein die Lohnkostenbelastung des Arbeitgebers durch Änderung von in seiner Sphäre liegenden individuellen Umständen beeinflussen. So kann sich der Bruttoaufwand trotz gleichbleibender Nettovergütung z. B. durch den Wechsel der Lohnsteuerklasse, den Wegfall von Freibeträgen oder die Änderung der gesetzlichen Abgaben- und Besteuerungsgrundlagen erhöhen.[290]

Da die Nettolohnvereinbarung eine Ausnahme zum regelmäßig vorliegenden Bruttolohnprinzip darstellt, muß sie ausdrücklich und unmißverständlich vereinbart werden. Dies setzt voraus, daß der Arbeitgeber vor oder zumindest bei Auszahlung des Lohns ausdrücklich oder wenigstens durch schlüssiges Verhalten zu erkennen gibt, daß er Steuern und Beitragsanteile des Arbeitnehmers übernehmen und ihm damit zusätzlich zum auszuzahlenden Barlohn einen weiteren Vermögensvorteil zuwenden will.[291] Für diese Vereinbarung trägt der Arbeitnehmer die Darlegungs- und Beweislast.[292] Läßt sich eine solche Vereinbarung nicht eindeutig dem Vertragsverhältnis entnehmen, ist vom Normalfall der Bruttolohnvergütung auszugehen.[293] Das gilt auch, wenn die Vertragsparteien, etwa im Rahmen eines Vergleichs über Gehaltsnachzahlungsansprüche, die zivilrechtlich häufig anzutreffende Formel „brutto = netto“ verwenden. Diese enthält keine eindeutige Verpflichtung des Arbeitgebers zur Übernahme der Steuern und So-

---

289 *Küttner/Huber*, Personalhandbuch 1998, Nettolohnvereinbarung, Rn. 10; *Schmidt/Drenseck*, EStG, § 39 b Rn. 10.

290 *Küttner/Huber*, Personalbuch 1998, Nettolohnvereinbarung, Rn. 11; *Kaiser/Sigrist*, DB 1994, 178 (178).

291 BFH vom 21. 2. 1992, BStBl. II 1992, 443 (445).

292 BFH vom 14. 3. 1986, BStBl. II 1986, 886 (888 f.); *Schmidt/Drenseck*, EStG, § 39 b Rn. 11; *Küttner/Huber*, Personalbuch 1998, Nettolohnvereinbarung, Rn. 14.

293 BAG vom 9. 12. 1970, BB 1971, 351 = DB 1971, 580; BFH vom 3. 11. 1972, BStBl. II 1973, 128 (129); BFH vom 13. 10. 1989, BStBl. II 1990, 30 (31).

zialversicherungsbeiträge und reicht daher für eine Nettolohnvereinbarung nicht aus.[294] Für Streitigkeiten zwischen Arbeitgeber und Arbeitnehmer über das Bestehen einer Nettolohnvereinbarung sind die Arbeitsgerichte zuständig.[295]

Die Wirkung der Nettolohnvereinbarung ändert zunächst an dem Steuerschuldverhältnis zwischen Steuergläubiger und Steuerschuldner nichts, d. h. der Arbeitnehmer bleibt gemäß § 38 Abs. 2 EStG Schuldner der Lohnsteuer, des Solidaritätszuschlags und ggf. der Kirchensteuer.[296] Der vereinbarte bzw. hochgerechnete Bruttolohn bildet das arbeitsvertraglich vereinbarte Entgelt und ist damit Grundlage für den Lohnsteuerabzug.[297] In die Jahressteuerfestsetzung des Arbeitnehmers ist der Nettolohn einzubeziehen und um die vom Arbeitgeber übernommenen Abzüge zu erhöhen.[298] Zu diesem Zweck hat der Arbeitnehmer auch bei Vereinbarung einer Nettolohnvereinbarung dem Arbeitgeber eine Lohnsteuerkarte vorzulegen.[299] Dieser hat anhand der Steuerklasse des Arbeitnehmers die abzuführenden Steuern und Sozialversicherungsabgaben zu ermitteln.[300] Die Übernahme der Lohnabzüge durch den Arbeitgeber stellt für den Arbeitnehmer einen geldwerten Vorteil dar, den er zusätzlich zum vereinbarten Arbeitslohn erhält.[301] Die wesentliche Rechtsfolge der Nettolohnvereinbarung besteht darin, daß die Lohnsteuerbeträge, unabhängig von der Abführung durch den Arbeitgeber, bei der Jahressteuerfestsetzung des Arbeitnehmers angerechnet werden. Der Arbeitgeber hat nämlich, aus Sicht des Arbeitnehmers, mit der Auszahlung des Nettolohns den Bruttoarbeitslohn vorschriftsmäßig gekürzt, so daß der Arbeitnehmer von seiner Steuerschuld befreit wird. Demzufolge kann der Arbeitnehmer, obwohl er Schuldner der Lohnsteuer ist, für ausstehende Lohnsteuerbeträge nur in Anspruch genommen werden, wenn er positive Kenntnis davon hat, daß der Arbeitgeber die Lohnsteuer nicht ange-

294 BFH vom 18. 6. 1983, BStBl. II 1994, 182 (184).
295 *Heidel/Pauly,* § 6 Rn. 166; BFH vom 29. 6. 1993, BStBl. II 1993, 760 (761).
296 BFH vom 19. 12. 1960, BStBl. III 1961, 170 (170); *Schmidt/Drenseck*, EStG, § 38 Rn. 2.
297 *Heidel/Pauly,* § 6 Rn. 166.
298 BFH vom 19. 12. 1960, BStBl. III 1961, 170 (170); BFH vom 18. 5. 1972, BStBl. II 1972, 816 (818).
299 BFH vom 28. 2. 1992, BStBl. II 1992, 733 (735).
300 Abschn. 122 LStR.
301 Abschn. 70 Abs. 2 Nr. 1 und 2 LStR.

meldet und abgeführt hat.[302] In allen anderen Fällen ist die einbehaltene oder einzubehaltende Lohnsteuer bei der Einkommensteuerveranlagung des Arbeitnehmers auf seine Einkommensteuerschuld anzurechnen. Ist die auf den Nettolohn entfallende Lohnsteuer höher als die später festgesetzte Einkommensteuer[303], stehen etwaige Erstattungsansprüche dem Arbeitnehmer zu.

Abzugrenzen ist die Nettolohnvereinbarung von der Lohnsteuerpauschalierung, bei der der Arbeitgeber nach § 40 Abs. 3 EStG ebenfalls die Steuer zu übernehmen hat. Jedoch wird die Pauschalsteuer vom Arbeitgeber als dem Steuerschuldner erhoben und damit nicht für Rechnung des Arbeitnehmers gezahlt.[304] Bei einer fehlgeschlagenen Pauschalierung kann grundsätzlich keine Nettolohnvereinbarung unterstellt werden. Es wird regelmäßig an einer Zusage des Arbeitgebers fehlen, daß er bereit ist, unabhängig von den Besteuerungsmerkmalen des Arbeitnehmers die Steuern und Abgaben zu tragen.

7.1.3 Schwarzlohnabreden

Eine Schwarzlohnabrede liegt vor, wenn die Arbeitsvertragsparteien eine Lohnzahlung an den Arbeitnehmer mit der Maßgabe vereinbaren, daß die gesetzlich vorgeschriebenen Sozialversicherungsbeiträge und Steuern nicht abgeführt werden sollen. Bei Aufdeckung des Sachverhalts stellt sich die Frage, ob diese Abrede als Nettolohnvereinbarung angesehen werden kann. Aus Sicht des Arbeitnehmers wäre die Lohnsteuer dann mit Auszahlung des Barlohns vorschriftsmäßig vom Arbeitslohn einbehalten worden, so daß er wegen ausstehender Lohnsteuerbeträge nicht vom Finanzamt in Anspruch genommen werden könnte.[305] Der Arbeitgeber müßte die entsprechenden Steuern und Beiträge auf den Arbeitslohn zwar nachentrichten, die Beträge wären aber nicht als erneuter Lohnzufluß zu werten, d. h. nicht zusätzlich zu versteuern.

---

302 BFH vom 13. 11. 1987, BFH-NV 1988, 566, § 42 d Abs. 3 Satz 4 Nr. 2 EStG; BFH vom 8. 11. 1985, BStBl. II 1986, 186 (187); *Heidel/Pauly*, § 6 Rn. 170.

303 BFH vom 6. 12. 1991, BStBl. II 1992, 441 (443); *Küttner/Huber*, Personalbuch 1998, Nettolohnvereinbarung, Rn. 14, *Heidel/Pauly*, § 6 Rn. 170.

304 Zur Pauschalierung der Lohnsteuer vgl. unter Teil 2 Kap. 7.2.

305 BFH vom 21. 2. 1992, BStBl. II 1992, 443 (445); *Kaiser/Sigrist*, DB 1994, 178 (178).

Bei Vereinbarung einer Schwarzlohnzahlung wirken Arbeitgeber und Arbeitnehmer zum Zwecke der Steuer- und Beitragshinterziehung zusammen. Im Unterschied zur Nettolohnabrede verpflichtet sich der Arbeitgeber also bei der Schwarzlohnabrede weder ausdrücklich noch schlüssig, die Steuern oder Beitragsanteile des Arbeitnehmers zu übernehmen. Vielmehr gibt er – auch dem Arbeitnehmer – zu erkennen, daß er zusätzlich zu dem ausgezahlten Barlohn keine weiteren Zahlungen leisten will. Aus diesem Grund stellt die Schwarzlohnabrede nach h. M.[306] weder eine ausdrückliche noch eine stillschweigende Nettolohnvereinbarung dar. Bei Aufdeckung der Steuer- und Beitragshinterziehung kann der Arbeitnehmer daher vom Finanzamt und den Sozialversicherungsträgern in Anspruch genommen werden. Gleiches gilt für den Arbeitgeber, der für die entsprechenden Beiträge und Steuern haftet. Gegen ihn können Nachforderungs- bzw. Haftungsbescheide erlassen werden. Der Umfang der verkürzten Steuern und Sozialversicherungsabgaben berechnet sich nach dem bar gezahlten Lohn als Bruttolohn.[307] Dieser ist nicht bezogen auf den Zeitpunkt der Lohnzahlung, um die Steuern und Sozialversicherungsbeiträge zu erhöhen, sondern die Lohnsteuer auf die Steuern und Sozialabgaben entsteht erst, wenn der Arbeitgeber von den Versicherungsträgern und dem Finanzamt in Anspruch genommen wird. Dies hat Bedeutung dafür, wann die entsprechenden Ansprüche gegen den Arbeitgeber bzw. den Arbeitnehmer verjähren.[308] Weitere Folgen treten für den Arbeitgeber ein, wenn er im Zeitpunkt der Nachforderung die Arbeitnehmeranteile zur Sozialversicherung nicht mehr vom Arbeitslohn kürzen kann, z. B. weil ihm die Ermittlung der auf die einzelnen Arbeitnehmer entfallenden Beiträge un-

---

306 BFH vom 21. 2. 1992, BStBl. II 1992, 443 (445); ihm folgend unter Aufgabe der bisherigen Rechtsprechung BGH vom 13. 5. 1992, NJW 1992, 2240; *Küttner/Griese*, Personalbuch 1998, Nettolohnvereinbarung, Rn. 4; *Schmidt/Drenseck*, EStG, § 39 b Rn. 13; *Heidel/Pauly*, § 6 Rn. 171.

307 BGH vom 13. 5. 1992, HFR 1993, 205 (206).

308 BFH vom 21. 2. 1992, BStBl. II 1992, 443 (445); BFH vom 18. 1. 1957, BFHE 64, 307; BFH vom 18. 4. 1969, BStBl. II 1969, 525 (525); BFH vom 12. 12. 1979, BStBl. II 1980, 257 (258); BFH vom 14. 3. 1986, BStBl. II 1986, 886 (888 f.); BGH vom 13. 5. 1992, HFR 1993, 205 (206); BGH vom 26. 1. 1993, HFR 1994, 40; *Heidel/Pauly,* § 6 Rn. 166; vgl. dazu auch die Anmerkung von *Bornhaupt*, BB 1992, 1913, zum Urteil des BFH vom 21. 1. 1992, BStBl. II 1992, 443 ff. = BB 1992, 1911 f. Zur Verjährung der Sozialversicherungsbeiträge vgl. § 25 Abs. 1 SGB IV sowie Teil 1; zur Verjährung der Lohnsteueransprüche vgl. unter Teil 2 Kap. 8.1.4.1 und 8.1.4.2.

möglich ist. Steuerrechtlich wird das Absehen von einer Rückforderung bei den Arbeitnehmern als Verzicht des Arbeitgebers gewertet. Die den Arbeitnehmern ersparten Beitragsanteile und Steuern stellen einen geldwerten Vorteil dar, der ebenfalls der Lohnsteuer zu unterwerfen ist. Verzichtet der Arbeitgeber gleichzeitig auf die Rückforderung der entsprechenden Lohnsteuerbeträge, führt dies zur Anwendung eines Nettosteuersatzes. Das bedeutet, es werden nicht nur Steuern auf die Beitragsnacherhebung, sondern auch Steuern auf diese Steuern sowie ggf. auf die Lohnsteuern erhoben. Der Verzicht stellt jeweils einen erneuten Lohnzufluß dar, der der Lohnsteuer zu unterwerfen ist.[309]

7.2 Pauschalierung der Lohnsteuer

Die §§ 40 bis 40 b EStG regeln ein besonderes Besteuerungsverfahren, das zur Anwendung kommt, wenn der Arbeitgeber die pauschale Lohn- und Kirchensteuer sowie den Solidaritätszuschlag übernimmt (vgl. §§ 40 Abs. 3, 40 a Abs. 5, 40 b Abs. 5 EStG).[309a] Das Pauschalierungsverfahren weicht von dem Lohnsteuerabzugsverfahren insofern ab, als die Lohnsteuer nicht in der Person des Arbeitnehmers entsteht. Steuerschuldner ist nach § 40 Abs. 3 Satz 2 EStG ausschließlich der Arbeitgeber. Der Arbeitnehmer ist am Pauschalierungsverfahren nicht beteiligt. Es kann auch ohne seine Zustimmung durchgeführt werden.[310] Die Pauschalierung des Arbeitslohns erfolgt nach § 40 Abs. 1 EStG mit variablen Steuersätzen, d. h. die Steuer knüpft an die individuelle Lohnsteuer der jeweiligen Arbeitnehmer-Gruppe an. Dagegen sehen die §§ 40 Abs. 2, 40 a und 40 b EStG feste Pauschsteuersätze vor, die keinen Bezug zur individuellen Lohnsteuer des Arbeitnehmers haben. Sind die gesetzlichen Voraussetzungen der §§ 40–40 b EStG erfüllt, sind die Steuern nach § 40 Abs. 3 Satz 1 EStG vom Arbeitge-

---

309 BFH vom 21. 2. 1992, BStBl. II 1992, 443 (446); BFH vom 29. 10. 1993, BStBl. II 1994, 194 (196 f.); *Schmidt/Drenseck*, EStG, § 39 b Rn. 14.

309a Derzeit laufen seitens der Fraktionen der SPD und Bündnis 90/Die Grünen Erwägungen, die geringfügigen Beschäftigungsverhältnisse von der Besteuerung freizustellen und sie der Sozialversicherungspflicht zu unterwerfen.

310 BFH vom 15. 12. 1989, BStBl. II 1990, 344 (344 f.). Arbeitsrechtlich kann eine Pauschalversteuerung jedoch nach h. M. nicht gegen den Willen des Arbeitnehmers erfolgen, vgl. dazu BAG vom 22. 6. 1978, BB 1979, 45 = DB 1978, 2081; *Küttner/Huber*, Personalbuch 1998, Lohnsteuerpauschalierung, Rn. 10 sowie oben Teil 1.

ber zu tragen, d. h. es erfolgt keine Einbehaltung vom Arbeitslohn.[311] Bemessungsgrundlage für die in der Regel ebenfalls zu entrichtende pauschale Kirchensteuer und den Solidaritätszuschlag ist die pauschale Lohnsteuer.[312]

Die pauschale Lohnsteuer ist weder auf die Jahreslohnsteuer noch auf die Einkommensteuer des Arbeitnehmers anzurechnen, bleibt bei einer Einkommensteuerveranlagung des Arbeitnehmers also außer Ansatz, §§ 40 Abs. 3 Satz 3, 40 a Abs. 5, 40 b Abs. 4 EStG. Da der Arbeitgeber Schuldner der Lohnsteuer ist, stehen ihm auch etwaige Erstattungsansprüche zu. Bei der Pauschalierung mit variablem Steuersatz gemäß § 40 Abs. 1 EStG führt die Übernahme der Lohnsteuer durch den Arbeitgeber zu einem geldwerten Vorteil für den Arbeitnehmer, der zur Anwendung eines Nettosteuersatzes (Steuer auf die Steuer) bezogen auf die Bemessungsgrundlage führt, § 40 Abs. 1 Satz 2 EStG.

Die Vertragsparteien können, auch wenn die Lohnsteuer pauschaliert wird, im Arbeitsvertrag vereinbaren, daß im Innenverhältnis der Arbeitnehmer die Steuer zu übernehmen hat.[313] Diese Abrede steht einer Rückzahlung des der pauschalen Lohnsteuer zugrundeliegenden Arbeitslohns gleich und wirkt wie eine Minderung der vom Arbeitgeber erbrachten Barleistung bzw. wie ein Entgelt des Arbeitnehmers für eine vom Arbeitgeber erbrachte Sachleistung. Der pauschalbesteuerte Arbeitslohn ist in diesen Fällen jeweils um die übernommene Steuer zu vermindern.[314]

7.2.1 Pauschalierung der Lohnsteuer in besonderen Fällen, § 40 EStG

7.2.1.1 Pauschalierung mit variablem Steuersatz, § 40 Abs. 1 EStG

Eine Pauschalierung mit variablem Steuersatz kommt nach *§ 40 Abs. 1 Satz 1 Nr. 1 EStG* in Betracht, wenn der Arbeitgeber sonstige

311 *Schmidt/Drenseck*, EStG, § 40 Rn. 1; *Küttner/Huber*, Personalbuch 1998, Lohnsteuerpauschalierung, Rn. 3.

312 BFH vom 15. 12. 1989, BStBl. II 1990, 344 (344 f.); *Küttner/Huber*, Personalbuch 1998, Lohnsteuerpauschalierung, Rn. 3.

313 Vgl. BAG vom 5. 8. 1987, BB 1988, 206 = DB 1988, 182; LAG Düsseldorf, DB 1977, 732; sowie oben Teil 1.

314 Abschn. 127 Abs. 8 LStR.

Bezüge in einer größeren Zahl von Fällen gewährt. Unter sonstigen Bezügen versteht man einmalige, neben dem laufenden Arbeitslohn zugewendete Bezüge, wie z. B. 13. und 14. Monatsgehälter, einmalige Abfindungen und Entschädigungen, nicht fortlaufend gezahlte Tantiemen und Gratifikationen, Jubiläumszuwendungen, Urlaubs- und Weihnachtszuwendungen.[315] Eine größere Anzahl von Fällen setzt voraus, daß mindestens 20 Arbeitnehmer in das Pauschalversteuerungsverfahren einbezogen werden. In Ausnahmefällen kann die Zahl geringer sein, wenn die Pauschalierung dem mit der Vorschrift angestrebten Vereinfachungszweck entspricht.[316] Die in das Verfahren einbezogenen Arbeitnehmer dürfen keine sonstigen Bezüge in Höhe von jeweils mehr als 2000 DM im Kalenderjahr beziehen. Ansonsten ist der betreffende Arbeitnehmer aus dem Pauschalierungsverfahren herauszunehmen und der Pauschalsteuersatz für die übrigen Arbeitnehmer neu zu ermitteln. Zur Berechnung des variablen Steuersatzes hat der Arbeitgeber den durchschnittlichen Steuersatz zu ermitteln, der sich unter Zugrundelegung der durchschnittlichen Jahresarbeitslöhne und der durchschnittlichen Jahreslohnsteuer in jeder Steuerklasse für diejenigen Arbeitnehmer ergibt, denen sonstige Bezüge gewährt worden sind. Die Berechnung ist nach § 40 Abs. 1 Satz 5 EStG dem Antrag an das Betriebsstättenfinanzamt beizufügen. Das genaue Verfahren der Ermittlung des Steuersatzes ist in Abschn. 126 Abs. 3 Sätze 5–10 LStR dargestellt. Macht der Arbeitgeber von der pauschalen Besteuerung Gebrauch, sind sämtliche Arbeitnehmer, für die der Pauschalsteuersatz ermittelt worden ist, in das pauschale Verfahren einzubeziehen.[317]

Nach *§ 40 Abs. 1 Satz 1 Nr. 2 EStG* kann eine Pauschalierung mit einem variablem Steuersatz erfolgen, wenn in einer größeren Zahl von Fällen Lohnsteuer nachzuerheben ist, weil der Arbeitgeber die Lohnsteuer nicht vorschriftsmäßig einbehalten hat. Die nicht ordnungsgemäße Einbehaltung der Lohnsteuer kann sich sowohl auf sonstige Bezüge als auch auf laufenden Arbeitslohn beziehen. Die pauschale Lohnsteuer entsteht im Zeitpunkt des Zuflusses des Arbeitslohns beim Arbeitnehmer. Sie ist eine von der Lohnsteuer des Arbeitnehmers ab-

---

315 Vgl. den Begriff bei § 39 b EStG; *Schmidt/Drenseck*, EStG, § 39 b Rn. 3.

316 Vgl. Abschn. 126 Abs. 1 LStR.

317 *Schmidt/Drenseck*, EStG, § 40 Rn. 4.

geleitete Steuer, so daß auch für die Frage der Verjährung auf die Entstehung der Steuer abzustellen ist.[318] Die Pauschalierung wird ohne weitere Prüfung anerkannt, sofern das Finanzamt eine Nacherhebung bei einer größeren Zahl von Arbeitnehmern verlangt. Sind von dem Nacherhebungsverfahren weniger als 20 Arbeitnehmer betroffen, hängt die Zulässigkeit des Verfahrens von den Verhältnissen des Einzelfalls sowie dem erzielbaren Vereinfachungseffekt ab. Das Pauschalierungsverfahren wird häufig nach einer Lohnsteueraußenprüfung vom Finanzamt vorgeschlagen. Es kann jedoch nicht gegen den Willen des Arbeitgebers durchgeführt werden. Hintergrund ist, daß der Arbeitgeber bei der Pauschalversteuerung Steuerschuldner wird, so daß der Steuerbescheid gegen ihn ergeht und ein Regreß gegen den Arbeitnehmer ausscheidet. Will der Arbeitgeber sich die Lohnsteuer, die er nicht ordnungsgemäß einbehalten und abgeführt hat, von den betreffenden Arbeitnehmern erstatten lassen, oder will er Einwendungen aus den steuerlichen Verhältnissen seiner Arbeitnehmer geltend machen, sollte er auf einer Nacherhebung nach den allgemeinen Grundsätzen der §§ 39 b bis 39 d EStG bestehen. In diesem Fall muß das Finanzamt gegen ihn einen Haftungsbescheid erlassen[319] oder die Lohnsteuer bei den Arbeitnehmern nacherheben. Das Pauschalversteuerungsverfahrens wird aber auch auf Anregung des Arbeitgebers durchgeführt, wenn er selbst Fehler beim Lohnsteuerabzug bzw. bei der nach anderen Vorschriften möglichen Lohnsteuerpauschalierung bemerkt. Es kann für ihn Vorteile haben, wenn sich im konkreten Fall eine für den Arbeitgeber günstigere Abgabenlast als im Rahmen des Haftungsverfahrens ergibt. Sofern die betreffenden Arbeitnehmer jedoch noch bei ihm beschäftigt sind, ist ihm zu raten, zunächst nach § 41 c Abs. 1 Nr. 2 EStG zu verfahren, d. h. bei der jeweils folgenden Lohnzahlung auf die Arbeitnehmer zurückzugreifen.[320]

Die vorgenannten Pauschalierungen mit variablem Steuersatz setzen jeweils einen Antrag des Arbeitgebers voraus, der der Genehmigung des Betriebsstättenfinanzamts bedarf. Sind die Voraussetzungen des § 40 Abs. 1 EStG erfüllt, hat das Finanzamt die Genehmigung zu erteilen. Gegen eine ablehnende Entscheidung ist der Einspruch mög-

---

318 *Schmidt/Drenseck*, EStG, § 40 Rn. 10; Abschn. 126 Abs. 4 LStR.

319 *Schmidt/Drenseck*, EStG, § 40 Rn. 7; *Küttner/Huber*, Personalbuch 1998, Lohnsteuerpauschalierung, Rn. 18.

320 *Küttner/Huber*, Personalbuch 1998, Lohnsteuerpauschalierung, Rn. 18.

lich.[321] Der Antrag auf Pauschalierung ist grundsätzlich unwiderruflich, sobald ein daraufhin ergangener Pauschalierungsbescheid wirksam wird.[322]

7.2.1.2 Pauschalierung mit festem Steuersatz, § 40 Abs. 2 EStG

Der Arbeitgeber kann ohne Genehmigung des Finanzamts eine Pauschalierung mit einem im Gesetz festgelegten Pauschsteuersatz von 25% vornehmen. Dieses Pauschalversteuerungsverfahren ist zulässig für arbeitstägliche Mahlzeiten, die der Arbeitgeber im Betrieb an die Arbeitnehmer unentgeltlich oder verbilligt selbst gewährt oder für die er Barzuschüsse an ein anderes Unternehmen leistet, sofern die Mahlzeiten nicht als Lohnbestandteil vereinbart sind, § 40 Abs. 2 Nr. 1 EStG. Das gleiche gilt für Arbeitslohn, der aus Anlaß von Betriebsveranstaltungen, § 40 Abs. 2 Nr. 2 EStG, für Erholungsbeihilfen, § 40 Abs. 2 Nr. 3 EStG, als Vergütung für Verpflegungsmehraufwendungen bei Dienstreisen sowie bei Einsatzwechsel- und Fahrtätigkeiten, § 40 Abs. 2 Nr. 4 EStG, gezahlt wird. Erstattet der Arbeitgeber dem Arbeitnehmer Aufwendungen für Fahrten zwischen Wohnung und Arbeitsstätte, stellen diese Zahlungen ebenfalls steuerpflichtigen Arbeitslohn dar. Der Pauschalsteuersatz für diese Leistungen beträgt nur 15% (§ 40 Abs. 2 Sätze 2 und 3 EStG). Voraussetzung ist, daß die Fahrtkostenzuschüsse zusätzlich zu dem geschuldeten Arbeitslohn erbracht werden. Sofern ein Teil des ohnehin geschuldeten Arbeitslohns in einen Fahrtkostenzuschuß umgewandelt wird, ist die Pauschalierung nach § 40 Abs. 2 EStG ausgeschlossen.[323]

7.2.2 Pauschalierung der Lohnsteuer für Teilzeitbeschäftigte, § 40 a EStG

Der Arbeitslohn geringfügig Beschäftigter unterliegt grundsätzlich der Lohnsteuer nach den allgemeinen Vorschriften. Der Arbeitgeber kann jedoch unter Verzicht auf die Vorlage der Lohnsteuerkarte bei Arbeitnehmern, die nur in geringem Umfang und gegen geringen Arbeitslohn beschäftigt werden, die Lohnsteuer mit einem Pauschal-

321 *Schmidt/Drenseck*, EStG, § 40 Rn. 4.

322 BFH vom 18. 1. 1991, BStBl. II 1991, 309 (310).

323 *Küttner/Huber*, Personalbuch 1998, Lohnsteuerpauschalierung, Rn. 37.

steuersatz erheben. Diese dem Arbeitgeber in § 40 a EStG eingeräumte Möglichkeit zur Pauschalversteuerung von Teilzeitkräften dient der Erleichterung der Lohnsteuererhebung in Betrieben, die nur vorübergehend Aushilfskräfte beschäftigen oder laufend Mitarbeiter nur für geringe Aushilfstätigkeiten benötigen. Die Pauschalierung ist ohne Antrag zulässig.[324] Der Arbeitgeber kann selbst bestimmen, ob und von welchen Aushilfskräften er Lohnsteuerkarten verlangen bzw. für welche Teilzeitkräfte er auf die Pauschalversteuerung zurückgreifen will.[325] Die Pauschalierung muß nicht einheitlich für alle in Betracht kommenden Arbeitnehmer durchgeführt werden. Macht der Arbeitgeber von ihr Gebrauch, ist er Schuldner der Lohnsteuer, d. h. sowohl die dem Arbeitnehmer gezahlte Vergütung als auch die pauschale Lohnsteuer bleiben bei der Veranlagung des Arbeitnehmers außer Betracht (§ 40 a Abs. 5 EStG i. V. m. § 40 Abs. 3 EStG). Weitere Folge ist, daß der Arbeitnehmer für die mit seiner Aushilfstätigkeit zusammenhängenden Aufwendungen keinen Werbungskostenabzug geltend machen kann. Etwaige Erstattungsansprüche stehen dem Arbeitgeber zu. Zur Abführung der Kirchensteuer ist der Arbeitgeber verpflichtet, wenn der teilzeitbeschäftigte Arbeitnehmer einer kirchensteuererhebungsberechtigten Religionsgemeinschaft angehört.[326]

Bemessungsgrundlage für die Pauschalierung ist der steuerpflichtige Arbeitslohn, wobei die Pauschalsteuer nicht einzurechnen ist, so daß sich die Steuer aus dem Nettolohn errechnet.[327] Zu berücksichtigen sind aber vom Arbeitgeber gewährte Zukunftssicherungsleistungen i. S. d. § 40 b EStG sowie Sonderzahlungen, z. B. Weihnachtsgeld oder Jubiläumszuwendungen. Sie sind rechnerisch auf die Lohnzahlungszeiträume zu verteilen, für die sie erbracht sind.[328] Der pauschalbesteuerte Arbeitslohn unterliegt der Beitragspflicht in der Kranken-, Pflege-, Renten- und Arbeitslosenversicherung, wenn die sozialversicherungsrechtlichen Beitragssätze der als geringfügig anzusehenden Beschäfti-

324 *Küttner/Huber*, Personalbuch 1998, Teilzeitbeschäftigung, Rn. 55.

325 *Schmidt/Drenseck*, EStG, § 40 a Rn. 1.

326 *Schmidt/Drenseck*, EStG, § 40 a Rn. 2; zur Kirchensteuer vgl. unter Teil 2 Kap. 7.5.

327 *Schmidt/Drenseck*, EStG, § 40 a Rn. 3; *Küttner/Huber*, Personalbuch 1998, Teilzeitbeschäftigung, Rn. 57.

328 *Küttner/Huber*, Personalbuch 1998, Teilzeitbeschäftigung, Rn. 57.

gung i. S. d. § 8 SGB IV überschritten werden.[329] Beitragsfrei ist insoweit die vom Arbeitgeber übernommene Lohn- und Kirchensteuer. Sofern für Aushilfskräfte Sozialversicherungsbeiträge gezahlt werden, gelten sie nicht als Bestandteil des Arbeitslohns.[330] Nach § 40 a Abs. 4 EStG ist die Pauschalierung unzulässig, wenn ein neben- oder teilzeitbeschäftigter Arbeitnehmer für eine weitere Beschäftigung von demselben Arbeitgeber Lohn bezieht, der dem normalen Lohnsteuerabzug unterworfen ist. Nach der Rechtsprechung des Bundesfinanzhofs[331] kann ein einheitliches Beschäftigungsverhältnis nicht in ein dem normalen Lohnsteuerabzug sowie in ein der Pauschalierung unterliegendes Beschäftigungsverhältnis aufgespalten werden.[332]

7.2.2.1 Kurzfristig beschäftigte Teilzeitkräfte, § 40 a Abs. 1 EStG

Ein Pauschsteuersatz von 25% des Arbeitslohns kann nach § 40 a Abs. 1 EStG bei nur kurzfristig beschäftigten Arbeitnehmern erhoben werden, sofern die Dauer der Beschäftigung der Aushilfskräfte einen Zeitraum von 18 Arbeitstagen nicht überschreitet. Bei der Berechnung sind nur Arbeitstage zugrunde zu legen, wobei die üblicherweise arbeitsfreien Tage den 18-Tageszeitraum nicht unterbrechen.[333] Der dem teilzeitbeschäftigten Arbeitnehmer gezahlte Lohn darf einen durchschnittlichen Tageslohn von DM 120 bzw. einen durchschnittlichen Stundenlohn von DM 21,70 nicht überschreiten.[334] Im übrigen muß die Beschäftigung zu einem unvorhersehbaren Zeitpunkt erforderlich geworden sein, wie z. B. bei krankheitsbedingten Ausfällen. Hat der Arbeitgeber regelmäßig einen erhöhten Personalbedarf, z. B. zu Spitzenzeiten, bei Messen oder Volksfesten, oder arbeitet er regelmäßig mit rufbereiten Arbeitnehmern, sind die Voraussetzungen für die Pauschbesteuerung nach § 40 a Abs. 1 EStG nicht erfüllt.

---

329 Vgl. die Sozialversicherungs-Rechengrößen-Verordnung für 1999 vom 18. 12. 1998, BGBl. I 1998, 2823, sowie § 7 Satz 1 SGB V, § 20 Abs. 1 SGB XI, § 5 Abs. 2 Satz 1 SGB VI und ausführlich zu den sozialversicherungsrechtlichen Änderungen *Küttner/Schlegel*, Personalbuch 1998, Geringfügige Beschäftigung, Rn. 24 ff.

330 *Küttner/Huber*, Personalbuch 1998, Teilzeitbeschäftigung, Rn. 57.

331 BFH vom 4. 8. 1994, BStBl. II 1994, 944 ff. (945).

332 Vgl. *Schmidt/Drenseck*, EStG, § 40 a Rn. 13.

333 *Schmidt/Drenseck*, EStG, § 40 a Rn. 6.

334 *Küttner/Huber*, Personalbuch 1998, Aushilfskräfte, Rn. 27, 28; *Küttner/Huber*, Personalbuch 1998, Geringfügige Beschäftigung, Rn. 21.

7.2.2.2 Teilzeitbeschäftigte gemäß § 40 a Abs. 2 EStG

Für laufend beschäftigte Teilzeitkräfte kann eine pauschale Lohnsteuer von 20% des Arbeitslohns erhoben werden, sofern die in § 40 a Abs. 2 EStG genannten Lohn- und Arbeitszeitgrenzen eingehalten werden. Bei monatlicher Lohnzahlung darf die Beschäftigungsdauer 86 Stunden und der Arbeitslohn ein Siebtel der monatlichen Bezugsgröße i. S. d. § 18 Abs. 1 SGB IV nicht übersteigen. Ab dem Kalenderjahr 1999 liegt die Grenze bei 630 DM (West) bzw. 530 DM (Ost).[335] Von der Pauschalbesteuerung nach § 40 a Abs. 1 EStG werden auch laufende, regelmäßig wiederkehrende Tätigkeiten im Sinne eines Dauerarbeitsverhältnisses erfaßt. Eine laufende Beschäftigung wird jedoch nicht vorausgesetzt. Entscheidend ist, daß die Lohn- und Arbeitszeitgrenzen eingehalten sind.[336] Bei kürzeren Lohnzahlungszeiträumen darf die wöchentliche Beschäftigungsdauer 20 Stunden und der Arbeitslohn wöchentlich 147 DM nicht übersteigen, § 40 a Abs. 2 Satz 2 EStG. Das Überschreiten der Arbeitsentgelt- und Zeitgrenzen führt zu einer nachträglichen Unzulässigkeit der Pauschalierung mit der Folge, daß die Lohnsteuer nach allgemeinen Grundsätzen nachzuentrichten ist.[337]

7.2.2.3 Aushilfskräfte in der Land- und Forstwirtschaft, § 40 a Abs. 3 EStG

Aushilfskräfte in der Land- und Forstwirtschaft können nach § 40 a Abs. 3 EStG mit einem Pauschsteuersatz von 5% besteuert werden. Dieser Pauschsteuersatz soll berücksichtigen, daß ansonsten einkommenslose Kräfte (z. B. Ferienarbeit von Schülern, Studenten) überwiegend in der Land- und Forstwirtschaft aushelfen.[338] Die Pauschalver-

---

335 Gemäß der Sozialversicherungs-Rechengrößenverordnung für 1999 vom 18. 12. 1998, BGBl. I 1998, 3823. Vgl. im übrigen unter Teil 1. Allerdings erwägt derzeit die Bundesregierung, die Grenze für geringfügig Beschäftigte erheblich herabzusetzen bzw. die Versicherungsfreiheit ganz abzuschaffen. Im Gegenzug sollen die geringfügigen Beschäftigungsverhältnisse nicht mehr besteuert werden. Die Änderungen sind zum 1. 4. 1999 geplant.

336 BFH vom 24. 8. 1990, BStBl. II 1991, 318 (319 f.); *Schmidt/Drenseck*, EStG, § 40 a Rn. 8.

337 *Küttner/Huber*, Personalbuch 1998, Geringfügige Beschäftigung, Rn. 22.

338 *Schmidt/Drenseck*, EStG, Rn. 10; *Küttner/Huber*, Personalbuch 1998, Aushilfskräfte, Rn. 29.

steuerung kann nicht gewählt werden, wenn die Arbeitnehmer zu den land- und forstwirtschaftlichen Fachkräften gehören oder vom Arbeitgeber mehr als 180 Tage im Kalenderjahr beschäftigt werden, § 40 a Abs. 3 Satz 3 EStG. Im übrigen müssen die Aushilfskräfte typische land- und forstwirtschaftliche Arbeiten verrichten. Die zeitlichen und betragsmäßigen Beschränkungen des § 40 a Abs. 1 und 2 EStG gelten nicht, jedoch darf auch hier der durchschnittliche Stundenlohn des § 40 a Abs. 4 Nr. 1 EStG nicht überschritten werden.[339]

7.2.3 Pauschalierung bei Zukunftssicherungsleistungen, § 40 b EStG

Mit einem Pauschsteuersatz von 20% können bestimmte Leistungen des Arbeitgebers für die Zukunftssicherung der Arbeitnehmer besteuert werden. Von dieser Pauschalierungsmöglichkeit werden Beiträge für eine Direktversicherung der Arbeitnehmer oder Zuwendungen an eine Pensionskasse oder Gruppenunfallversicherung der Arbeitnehmer erfaßt. Die Vorschrift dient nicht der Vereinfachung des Lohnsteuerabzugsverfahrens, sondern stellt eine Steuerbegünstigung dar, um die betriebliche Altersversorgung zu fördern bzw. die volle Versteuerung der Arbeitgeberbeiträge zur Gruppenunfallversicherung zu verhindern.[340] Der Arbeitgeber hat die pauschale Lohnsteuer zu übernehmen. Für Zukunftssicherungsleistungen steht die Pauschalierung nach § 40 Abs. 1 Nr. 1 EStG nicht zur Verfügung, auch wenn die Leistungen als sonstige Bezüge gewährt werden, § 40 b Abs. 4 EStG i. V. m. § 40 Abs. 3 EStG.[341] Die Pauschalierung nach § 40 b EStG ist nur im Rahmen des ersten Dienstverhältnisses möglich, das der Arbeitnehmer eingeht. Damit soll verhindert werden, daß die Pauschalierungsgrenze, die ab 1996 bei 3408 DM liegt, mehrfach ausgeschöpft werden kann. Da die entsprechenden Zuwendungen des Arbeitgebers bei der Veranlagung oder beim Lohnsteuerjahresausgleich außer Ansatz bleiben, kann sie der Arbeitnehmer nicht gleichzeitig als Sonderausgaben absetzen.

339 *Schmidt/Drenseck*, EStG, § 40 a Rn. 10.
340 *Schmidt/Drenseck*, EStG, § 40 b Rn. 1, 11.
341 *Küttner/Huber*, Personalbuch 1998, Lohnsteuerpauschalierung, Rn. 40.

7.2.4 Pauschalierung der Einkommensteuer durch Dritte, § 37 a EStG

Für Unternehmen, die Sachprämien i. S. d. § 3 Nr. 38 EStG gewähren, sieht § 37 a EStG ab 1997 eine Pauschalierung der Einkommensteuer für den Teil der Sachprämie vor, der nicht steuerfrei ist. Sachprämien werden Vielbenutzern von Dienstleistungsunternehmen, wie z. B. Flug- und Hotelgesellschaften, im Rahmen von Kundenbindungsprogrammen als unentgeltliche Bonusprämien für die zukünftige persönliche Inanspruchnahme dieser Dienstleistungen (z. B. Miles and More – Marketingprogramme der Lufthansa, Freiübernachtungen) gewährt. Die Steuerfreiheit innerhalb der Jahresfreigrenze von 2400 DM ist personenbezogen und betrifft die Fälle der beruflichen Ansammlung und privaten Ausnutzung der Prämie durch Selbständige und Arbeitnehmer.[342] Das die Sachprämien gewährende Unternehmen kann die bei Überschreitung der Freigrenze anfallende Einkommensteuer in Form einer pauschalen Steuer übernehmen. Damit soll erreicht werden, daß der die Prämie erhaltende Kunde die Sachprämie in seiner Steuererklärung nicht angeben muß.[343] Die Pauschalierung erfolgt auf Antrag des gewährenden Unternehmens, der beim Betriebsstättenfinanzamt einzureichen ist. Die für die Zukunft auszusprechende Genehmigung zur Vornahme der Pauschalversteuerung erstreckt sich auf sämtliche Prämien, die im Inland ansässige Kunden erhalten. Voraussetzung ist, daß die Sachprämien zum Zwecke der Kundenbindung im allgemeinen Geschäftsverkehr in einem jedermann zugänglichen Verfahren gewährt werden.[344] Obwohl die Pauschalversteuerung nur die steuerpflichtigen Teile der Sachprämie erfassen soll, ist Bemessungsgrundlage der gesamte Wert der Sachprämien, gleichgültig, ob diese steuerpflichtig oder steuerbar sind. Der auf die Bemessungsgrundlage anzuwendende Steuersatz beträgt daher nur 2%.[345] Da die pauschale Einkommensteuer gem. § 37 a Abs. 2 EStG i. V. m. § 40 Abs. 3 EStG Abgeltungswirkung hat, ist der Prämienempfänger von der Steuerübernahme zu unterrichten. Die pauschale Einkommensteuer gilt als

---

342 *Schmidt/Heinicke*, EStG, § 3 „Sachprämien".

343 *Schmidt/Drenseck*, EStG, § 37 a Rn. 1.

344 *Giloy*, BB 1998, 717 (717).

345 *Schmidt/Drenseck*, EStG, § 37 a Rn. 7; *Küttner/Huber*, Personalbuch 1998, Lohnsteuerpauschalierung, Rn. 57.

Lohnsteuer und ist mit der Lohnsteueranmeldung des Unternehmens beim Betriebsstättenfinanzamt anzumelden.[346]

7.3 Besteuerung der Einkünfte aus einer Nebentätigkeit

7.3.1 Ausübung von Haupt- und Nebentätigkeit bei demselben Arbeitgeber

Übt ein Arbeitnehmer eine Haupt- und Nebentätigkeit bei demselben Arbeitgeber aus und ist die Nebentätigkeit ebenfalls als nichtselbständige Arbeit einzuordnen, hat der Arbeitgeber von der Gesamtvergütung den Lohnsteuerabzug vorzunehmen. Wird die Nebentätigkeit gegenüber dem Arbeitgeber der Haupttätigkeit selbständig ausgeübt, unterliegen nur die Einkünfte aus der Haupttätigkeit dem Lohnsteuerabzug. Die Besteuerung der Einkünfte aus der selbständigen Tätigkeit erfolgt nach § 18 EStG oder § 15 EStG. Damit die Nebentätigkeit als selbständige oder gewerbliche Berufsausübung angesehen werden kann, muß sie außerhalb des festgelegten Arbeitsgebiets des Arbeitnehmers liegen und dieser sie auf eigenes Risiko betreiben.[347]

7.3.2 Nebentätigkeit bei Dritten

Bei nichtselbständiger Ausübung von Nebentätigkeiten bei Dritten wird regelmäßig die Pauschalierung der Lohnsteuer in Betracht kommen. Überschreitet der Arbeitnehmer die Pauschalierungsgrenzen, ist dem Arbeitgeber eine zweite bzw. eine weitere Lohnsteuerkarte vorzulegen.[348] Wird die Nebentätigkeit freiberuflich oder gewerblich ausgeübt, gelten für die Besteuerung die obigen Ausführungen.

7.3.3 Aufwandsentschädigungen

Übt der Steuerpflichtige eine nebenberufliche Tätigkeit als Ausbilder, Übungsleiter, Erzieher und dergleichen aus, sieht § 3 Nr. 26 EStG eine Aufwandspauschale in Höhe von 2400 DM je Kalenderjahr vor. Voraussetzung ist, daß der Auftraggeber eine inländische juristische Person des öffentlichen Rechts bzw. eine Behörde oder eine gemeinnützi-

346 *Küttner/Huber,* Personalbuch 1998, Lohnsteuerpauschalierung, Rn. 57.
347 *Ranft/Lange*, Lohnsteuer, Rn. 8.2.3; vgl. unter Teil 2 Kap. 2.6.
348 Vgl. zur Pauschalierung unter Teil 2 Kap. 7.2.2.

ge Institution i. S. d. § 5 Abs. 1 Nr. 9 KStG ist. Nebenberuflich ist die Tätigkeit nur dann, wenn sie nicht länger als 1/3 der üblichen Arbeitszeit einer Vollzeitkraft in Anspruch nimmt. Unerheblich ist, ob der die Nebentätigkeit Verrichtende selbst einen Hauptberuf ausübt.[349] Sofern die Nebentätigkeit im Rahmen eines Dienstverhältnisses ausgeübt wird, stellt die Aufwandsentschädigung Werbungskostenersatz dar. Liegen die Voraussetzungen für die Lohnsteuerpauschalierung nach § 40 a EStG vor, steht es dem Steuerpflichtigen frei, eine der Nebentätigkeiten auf Pauschalversteuerungsbasis auszuüben. Auf diese Weise kann er bei verschiedenen Nebentätigkeiten seine Steuerpflicht unter Umständen einmal durch Inanspruchnahme der Aufwandsentschädigung, zum anderen durch die Pauschalierung vermeiden. Wird die Nebentätigkeit als Ausbilder selbständig ausgeübt, kann die Aufwandsentschädigung des § 3 Nr. 26 EStG ebenfalls in Anspruch genommen werden. Soweit die Einnahmen den Betrag von 2400 DM im Kalenderjahr übersteigen, sind sie nach § 18 EStG zu versteuern.

7.4 Ermittlung und Einbehaltung der Lohnsteuer

Anders als bei den übrigen Einkunftsarten hat nicht der Arbeitnehmer als Bezieher des Arbeitslohns, sondern der Arbeitgeber die Lohnsteuer zu ermitteln und einzubehalten, § 38 Abs. 3 EStG, sowie beim Finanzamt anzumelden und für Rechnung des Arbeitnehmers abzuführen, § 41 a Abs. 1 Satz 1 Nr. 1 a und 2 EStG. Dem Lohnsteuerabzug liegen demgemäß drei Rechtsverhältnisse zugrunde. Zum einen zwischen Arbeitgeber und Arbeitnehmer, zum anderen zwischen Finanzamt und Arbeitgeber und schließlich zwischen Finanzamt und Arbeitnehmer. Während es sich bei den beiden Letztgenannten eindeutig um Steuerrechtsverhältnisse handelt, ist umstritten, ob die Lohnsteuereinbehaltungspflicht des Arbeitgebers aufgrund seiner arbeitsrechtlichen Stellung erfolgt oder ebenfalls als öffentlich-rechtliche Pflicht ausgestaltet ist.[350] In jedem Fall handelt der Arbeitgeber bei dem Lohnsteuereinbehalt für das Finanzamt, so daß die Arbeitsvertragsparteien die steuerrechtlichen Pflichten vertraglich weder abbedingen noch einschränken können.

---

349 *Küttner/Huber*, Personalbuch 1998, Nebentätigkeit, Rn. 22.
350 *Heuermann*, DB 1994, 2411 (2411).

Die Lohnsteuer hat der Arbeitgeber auf seine Kosten auszurechnen und abzuführen.[351] Der Lohnsteuerabzug erfolgt nach dem Lohnsteuerkartenprinzip, d. h. die Steuer bemißt sich nach dem Betrag, der sich für den betreffenden Zufluß unter Berücksichtigung der Merkmale der Lohnsteuerkarte aus der Lohnsteuertabelle ergibt. Dazu hat der Arbeitgeber die jeweils zutreffende Lohnsteuer zu ermitteln, als Steuerabzug vom Arbeitslohn einzubehalten und an das Finanzamt abzuführen. Hat der Arbeitgeber für einzelne Arbeitnehmer das Pauschalversteuerungsverfahren gewählt, ist in der Lohnsteueranmeldung die pauschale Lohnsteuer gleichzeitig mit der von den übrigen Arbeitnehmern einbehaltenen Lohnsteuer anzumelden und abzuführen.[352] Für die Ermittlung des Bruttolohns gilt nach § 11 Abs. 1 Satz 3 EStG i. V. m. § 38 a Abs. 1 Satz 2 EStG laufender Arbeitslohn als in dem Kalenderjahr bezogen, in dem der Lohnzahlungszeitraum endet. Stellen Nachzahlungen oder Vorauszahlungen laufenden Arbeitslohn dar, sind sie den Lohnzahlungszeiträumen zuzurechnen, für die sie geleistet werden. Bei der Besteuerung von Einkünften aus nichtselbständiger Tätigkeit wird also von dem für Selbständige geltenden Zuflußprinzip des § 11 Abs. 1 Satz 1 EStG abgewichen. Unterlaufen dem Arbeitgeber bei der Ermittlung des Arbeitslohns Fehler, haftet er gemäß § 42 d Abs. 1 Nr. 1 EStG für die nicht oder nicht ordnungsgemäß einbehaltenen Beträge.[353]

Der vom Arbeitgeber durchgeführte Lohnsteuerabzug hat für die Einkommensteuerveranlagung der Arbeitnehmer, deren Einkommen bestimmte Grenzen übersteigt (§ 46 Abs. 1 EStG) oder bei denen bestimmte andere Voraussetzungen erfüllt sind (§ 46 Abs. 2 EStG), Bedeutung. Diese haben nach § 25 Abs. 3 Satz 1 EStG eine Einkommensteuererklärung abzugeben. Die mit Ablauf des Veranlagungszeitraums entstandene Einkommensteuer wird vom Finanzamt in einem Steuerbescheid festgesetzt (§ 36 Abs. 1 EStG, § 155 Abs. 1 AO). Auf die im Steuerbescheid festgesetzte Einkommensteuer wird die durch den Arbeitgeber im Rahmen des Lohnsteuerabzugs einbehaltene Lohnsteuer nach § 36 Abs. 2 Nr. 2 EStG angerechnet.[354]

---

351 Zur Frage des Verstoßes gegen Art. 12 GG vgl. *Thomas*, DStR 1995, 273 (273) unter Hinweis auf Beschluß des BVerfG vom 17. 2. 1977, BVerfGE 44, 103.

352 *Küttner/Huber*, Personalbuch 1998, Lohnsteuerpauschalierung, Rn. 4.

353 Vgl. dazu unter Teil 2 Kap. 8.

354 *Völlmeke*, DB 1994, 1746 (1746).

7.5 Kirchensteuer

Der Arbeitgeber hat neben der Lohnsteuer auch die Kirchensteuer vom Bruttoarbeitslohn des Arbeitnehmers einzubehalten und abzuführen. Bemessungsgrundlage ist die Lohn- bzw. Einkommensteuer. Die Erhebung der Kirchensteuer setzt voraus, daß der Arbeitnehmer die Glaubenszugehörigkeit zu einer Kirche oder Religionsgemeinschaft besitzt, die als Körperschaft des öffentlichen Rechts angesehen wird.[355] Die vom Arbeitgeber einbehaltene Kirchensteuer wird nicht wie die Lohnsteuer auf die Einkommensteuer des Arbeitnehmers angerechnet, sondern stellt eine Sonderausgabe i. S. d. § 10 Abs. Nr. 4 EStG dar. Gemäß § 51 a Abs. 2 und 2 a EStG werden Kinderfreibeträgen bei der Besteuerung berücksichtigt. Wird die Lohnsteuer pauschaliert, wird auch die Kirchensteuer pauschal erhoben. Sofern der betroffene Arbeitnehmer keiner kirchensteuererhebungsberechtigten Körperschaft angehört[356], ist dies dem Finanzamt durch Vorlage der Lohnsteuerkarte oder einer Meldebescheinigung nachzuweisen. Die Aufteilung der Kirchensteuer unter den erhebungsberechtigten Körperschaften ist durch eine Schätzung vorzunehmen. Hierbei kann der Schlüssel zugrunde gelegt werden, auf den sich die Kirchen geeinigt haben.[357] Bestehen insoweit Zweifel, kann der Arbeitgeber im Rahmen einer Anrufungsauskunft vom Finanzamt den Steuersatz und Aufteilungsmaßstab erfragen.[358]

7.6 Solidaritätszuschlag

Der Solidaritätszuschlag[359], der als Zuschlag zur Einkommen- und Kirchensteuer erhoben wird[360], ist ab dem Veranlagungszeitraum 1998 von 7,5% auf 5,5% gesenkt worden.[361] Die Kirchensteuer gehört nicht zur Bemessungsgrundlage für den Solidaritätszuschlag, so wie umgekehrt der Solidaritätszuschlag nicht kirchensteuerpflichtig ist.

---

355 Vgl. zu den Rechtsgrundlagen die Ausführungen unter Teil 2 Kap. 4.6.

356 BFH vom 7. 12. 1994, BStBl. II 1995, 507 (508 ff.).

357 BFH vom 30. 11. 1989, BStBl. II 1990, 993 (995); BMF-Schreiben vom 12. 10. 1990, BStBl. I 1990, 733.

358 *Küttner/Huber*, Personalbuch 1998, Lohnsteuerpauschalierung, Rn. 58.

359 Vgl. die Ausführungen unter Teil 2 Kap. 4.7.

360 SolidaritätszuschlagsG v. 24. 6. 1991, BGBl. I 1991, 640 und 1318.

361 SolidaritätszuschlagsG v. 21. 11. 1997, BGBl. I 1997, 2743.

Kinderfreibeträge mindern ab dem Veranlagungszeitraum 1996 ebenso wie bei der Kirchensteuer die Bemessungsgrundlage, § 3 Abs. 1 Nr. 2 SolZG i. V. m. § 51 a Abs. 2 EStG. Der Solidaritätszuschlag ist vom Arbeitgeber zusammen mit der Lohn- und Kirchensteuer vom Arbeitslohn einzubehalten und an das Finanzamt abzuführen. Übernimmt der Arbeitgeber bei Nettolohnvereinbarungen den Solidaritätszuschlag nicht, so mindert der Zuschlag den auszuzahlenden Nettolohn. Wird der Zuschlag zusätzlich vom Arbeitgeber übernommen, so errechnet sich die Lohnsteuer aus dem Bruttoarbeitslohn, der nach Kürzung um die übernommenen Lohnabzüge einschließlich des Solidaritätszuschlags den ausgezahlten Nettolohn ergibt. Der Solidaritätszuschlag ist auch auf pauschalversteuerte Löhne nach §§ 40, 40 a und § 40 b EStG zu erheben. Gegen die Festsetzung im Rahmen des Lohnsteueranmeldungsverfahrens oder im Haftungs- und Nachforderungsbescheid kann der Arbeitgeber Einspruch einlegen. Der Arbeitnehmer kann die Höhe des Solidaritätszuschlags mit einem Einspruch gegen den Einkommensteuerbescheid anfechten.

7.7 Aufzeichnungs- und Anzeigepflichten des Arbeitgebers

Die mit dem Lohnsteuerabzug zusammenhängenden Aufzeichnungspflichten des Arbeitgebers sind in § 41 EStG niedergelegt. Danach hat der Arbeitgeber die Pflicht, für jeden Arbeitnehmer ein Lohnkonto zu führen, in welches die persönlichen Daten, die jeweiligen Lohnzahlungen und die einbehaltene bzw. übernommene Lohnsteuer einzutragen sind.[362] Nach § 4 Abs. 1 Nr. 1 LStDV gehören zu den persönlichen Daten der Name und die Anschrift des Arbeitnehmers sowie die Besteuerungsmerkmale, die sich aus der Lohnsteuerkarte ergeben. Der Arbeitslohn ist nach § 4 Abs. 2 LStDV getrennt nach Bar- und Sachlohn aufzuführen. Weiter sind der Zuflußtag und der Lohnzahlungszeitraum festzuhalten. Das Lohnkonto enthält sozusagen die Vollzugsmeldung des Lohnsteuerabzugs und ist die wesentliche Quelle, die der Lohnsteueraußenprüfung als Kontrollunterlage dient.[363] Die Pflicht zur Führung eines Lohnkontos besteht für jeden einzelnen Arbeitnehmer. Das innerhalb der Buchführung geführte Lohn- und Gehaltskonto, das nur Sammelbeträge enthält, genügt den Anforderungen nicht.

362 *Küttner/Huber*, Personalbuch 1998, Teilzeitbeschäftigung, Rn. 57.
363 *Thomas*, DStR 1995, 273 ff. (273).

Gleiches gilt für Lohnlisten, da in diesen nur Namen und Lohnbeträge aller oder mehrerer Arbeitnehmer aufgeführt sind.[364] Der Arbeitgeber muß jeweils am zehnten Tag nach Ablauf eines jeden Lohnsteuer-Anmeldungszeitraums beim Betriebsstättenfinanzamt (§ 41 Abs. 2 EStG) eine Steuererklärung einreichen, in der er die einzubehaltende und zu übernehmende Lohnsteuer angibt, sog. Lohnsteueranmeldung (§ 41 a Abs. 1 Nr. 1 EStG) und die Lohnsteuer abführen (§ 41 a Abs. 3 i. V. m. Abs. 1 Nr. 2 EStG). Die Lohnsteueranmeldung steht nach § 168 Satz 1 AO einer Steuerfestsetzung unter dem Vorbehalt der Nachprüfung gleich. Sie betrifft alle Sachverhalte, die im jeweiligen Anmeldezeitraum zu einem Lohnzufluß beim Arbeitnehmer geführt haben. Gleichgültig ist, ob der Arbeitgeber selbst Steuerschuldner nach § 40 Abs. 3 EStG oder Entrichtungs- bzw. Haftungsschuldner ist.[365] Für die Pauschalierung der Lohnsteuer nach §§ 40, 40 a und 40 b EStG sind in § 41 Abs. 1 Satz 4 EStG i. V. m. § 4 Abs. 2 Nr. 8 LStDV gesonderte Aufzeichnungspflichten niedergelegt.[366] Der Arbeitgeber hat die Zahl der tatsächlichen Arbeitsstunden in dem jeweiligen Lohnzahlungs- oder Lohnabrechnungszeitraum des pauschalversteuerten Arbeitnehmers aufzuzeichnen. Bei fehlerhafter Pauschalierung ist die Nachversteuerung nach §§ 39 b bis § 39 d EStG oder nach § 40 Abs. 1 Nr. 2 EStG vorzunehmen. Die Aufzeichnungspflichten für die Pauschalierung von Zukunftssicherungsleistungen ergeben sich aus § 7 Abs. 2 Nr. 7 LStDV i. V. m. § 41 EStG. Der Solidaritätszuschlag ist im Lohnkonto, in der Lohnsteueranmeldung und in der Lohnsteuerbescheinigung gesondert als „SolZ" einzutragen.

Erkennt der Arbeitgeber, daß der Lohnsteuerabzug in zu geringer Höhe vorgenommen worden ist, hat er die Lohnsteuer nachträglich einzubehalten und die Lohnsteuermeldungen zu berichtigen. Ist der Arbeitnehmer nicht mehr bei ihm beschäftigt, muß er den Vorfall dem Betriebsstättenfinanzamt unter Angabe der Besteuerungsmerkmale des Arbeitnehmers sowie der Berechnung der Lohnsteuernachforderung anzeigen. Von dort aus wird die Anzeige an das für den Arbeitnehmer zuständige Finanzamt weitergeleitet.[367]

---

364 *Wiemhoff*, Lohnsteuer, S. 155.
365 *Heuermann*, DB 1994, 2411 ff. (2412).
366 Abschn. 130 LStR sowie Abschn. 128 Abs. 7 LStR für Teilzeitbeschäftigte.
367 Vgl. Abschn. 138 und 139 LStR.

8. Haftung des Arbeitgebers oder Dritter für ausstehende Steuern

§ 42 d EStG begründet eine Haftung des Arbeitgebers für die Lohnsteuer seiner Arbeitnehmer. Die Haftung erfaßt auch die auf die Lohnsteuer entfallende Kirchensteuer und den Solidaritätszuschlag.[368] Von 1996 bis 31. 12. 1998 haftete der Arbeitgeber darüber hinaus auch für das von ihm ausgezahlte Kindergeld.[369] Mit der Haftungsvorschrift verfolgt der Gesetzgeber den Zweck, Steuerforderungen gegen die Arbeitnehmer abzusichern und dadurch Steuerausfälle zu vermeiden.[370] Gleichzeitig wird die Einziehung nicht einbehaltener Abgaben erleichtert, da sich das Finanzamt sonst an eine Vielzahl von Arbeitnehmern halten müßte.[371]

Unter Haftung wird im Steuerrecht das Einstehenmüssen für eine fremde Schuld verstanden. Daraus folgt, daß der Steuerschuldner selbst keinen steuergesetzlichen Haftungstatbestand erfüllen kann. Tatbestandsvoraussetzung der Haftung des Arbeitgebers ist daher eine Steuerschuld des Arbeitnehmers. Nach § 38 Abs. 2 Satz 1 EStG ist der Arbeitnehmer grundsätzlich Schuldner der Lohnsteuer, und zwar nicht nur bei der üblichen Bruttolohnvereinbarung, sondern auch im Fall der Nettolohnabrede.[372] Insoweit haftet also der Arbeitgeber. Im Rahmen der Lohnsteuerpauschalierung nach §§ 40, 40 a, 40 b EStG ist der Arbeitgeber selbst Steuer- und nicht Haftungsschuldner, so daß die Haftung des § 42 d EStG nicht greift. Für den Arbeitnehmer fehlt es bei Vornahme der Lohnsteuerpauschalierung wiederum an einem Haftungstatbestand. Er kann daher nicht in Anspruch genommen werden.[373] Neben dem Arbeitgeber kommen auch andere Personen als Haftungsschuldner in Betracht, z. B. im Rahmen eines Arbeitnehmerüberlassungsverhältnisses.[374]

---

368 Vgl. zur Kirchensteuer auch die Ausführungen unter Teil 2 Kap. 4.5. sowie zum Solidaritätszuschlag unter Kap. 4.7.

369 § 73 Abs. 3 EStG i. V. m. § 6 KAV. Mit dem Steuerentlastungsgesetz 1999 vom 19. 12. 1998 wurde die Kindergeldauszahlungs-Verordnung zum 1. 1. 1999 aufgehoben, vgl. Art. 3 des Steuerentlastungsgesetzes 1999, BGBl. I 1998, 3779 (3814).

370 *Schmidt/Drenseck*, EStG, § 42 d EStG Rn. 2.

371 *Küttner/Huber*, Personalbuch 1998, Lohnsteuerhaftung, Rn. 4.

372 Vgl. dazu unter Teil 2 Kap. 7.1.2.

373 *Küttner/Huber*, Personalbuch 1998, Arbeitnehmerhaftung, Rn. 26.

374 Vgl. dazu unter Teil 2 Kap. 8.2.

8.1 Haftung des Arbeitgebers für Lohnsteuer nach § 42 d EStG

Nach § 42 d Abs. 1 EStG haftet der Arbeitgeber für die Lohnsteuer, die er einzubehalten und abzuführen hat (Nr. 1), für die Lohnsteuer, die er beim Lohnsteuer-Jahresausgleich zu Unrecht erstattet hat (Nr. 2) und für die Einkommensteuer (Lohnsteuer), die aufgrund fehlerhafter Angaben im Lohnkonto oder in der Lohnsteuerbescheinigung verkürzt wird (Nr. 3).

8.1.1 Haftungsvoraussetzungen

§ 42 d Abs. 1 EStG spricht von der Haftung des Arbeitgebers für die Lohnsteuer des Arbeitnehmers. Kommt der Arbeitgeber seiner Pflicht zur Einbehaltung und Abführung der Lohnsteuer nicht oder nicht vollständig nach, begründet dies seine Haftung. Es handelt sich um einen öffentlich-rechtlichen Haftungstatbestand, so daß der Arbeitgeber sich von der Haftung nicht durch eine Vereinbarung mit dem Arbeitnehmer befreien kann, nach der dieser selbst die Lohnsteuer berechnen und abführen soll.[375] Nach § 38 Abs. 1 Nr. 1 EStG trifft die Lohnsteuereinbehaltungs- und -abführungspflicht nur inländische Arbeitgeber. Das sind solche, die im Inland einen Wohnsitz, ihren gewöhnlichen Aufenthalt, ihre Geschäftsleitung, ihren Sitz, eine Betriebsstätte oder einen ständigen Vertreter im Sinne der §§ 8 bis 13 der AO haben oder nach § 38 Abs. 1 Nr. 2 EStG einem Dritten (Entleiher) Arbeitnehmer gewerbsmäßig zur Arbeitsleistung im Inland überlassen, ohne inländische Arbeitgeber zu sein. Alle anderen Arbeitgeber werden von der Haftungsvorschrift nicht erfaßt. Die Haftung ist als persönliche, unbeschränkte Haftung ausgestaltet, so daß der Arbeitgeber mit seinem gesamten Vermögen für die Steuerschuld des Arbeitnehmers einzustehen hat, ohne daß es auf sein Verschulden ankommt. Die Gefährdungshaftung knüpft allein an die Verpflichtung des Arbeitgebers, bei der Durchsetzung des Lohnsteueranspruchs mitzuwirken. Der Grad des Verschuldens kann aber bei der Ermessensausübung, ob das Finanzamt den Arbeitnehmer als Steuerschuldner oder den Arbeitgeber als Haftungsschuldner in Anspruch nimmt, Bedeutung erlangen.[376]

---

375 *Küttner/Huber*, Personalbuch 1998, Lohnsteuerhaftung, Rn. 4.

376 H. M. vgl. z. B. *Schmidt/Drenseck*, EStG, § 42 d Rn. 6 m. w. N.

Der Haftungstatbestand des *§ 42 d Abs. 1 Nr. 1 EStG* setzt voraus, daß der Arbeitgeber die sich aus der Lohnsteuertabelle unter Zugrundelegung der Lohnsteuerkarte ergebende Lohnsteuer nicht oder nicht fristgerecht einbehalten und abgeführt hat.[377] Ihn trifft die Pflicht zur Beurteilung, ob der vom Arbeitnehmer bezogene Arbeitslohn lohnsteuerpflichtig ist. Von der Haftung kann sich der Arbeitgeber befreien, wenn er eine Anrufungsauskunft nach § 42 e EStG[378] einholt oder entsprechend einer verbindlichen Zusage (§§ 204 ff. AO) verfährt.[379] Der Arbeitgeber haftet im übrigen auch bei Lohnzahlungen durch Dritte, da nach § 38 Abs. 1 Satz 2 EStG der im Rahmen eines Dienstverhältnisses üblicherweise von Dritten gezahlte Arbeitslohn der Lohnsteuer unterliegt. Voraussetzung ist, daß der Arbeitnehmer den von dritter Seite gezahlten Arbeitslohn vollständig und richtig dem Arbeitgeber anzeigt.[380] Denn § 42 d EStG begründet eine Haftung nur im Rahmen des vom Arbeitgeber selbst beherrschten Risikos und setzt daher voraus, daß der Lohnzufluß in seine Herrschaftssphäre fällt.[381]

Die Haftung des *§ 42 d Abs. 1 Nr. 2 EStG* trifft den Arbeitgeber, der gegenüber dem Arbeitnehmer eine unrichtige Lohnsteuererstattung im Rahmen des Lohnsteuer-Jahresausgleich vornimmt. Der vom Finanzamt durchgeführte Lohnsteuer-Jahresausgleich löst den Haftungstatbestand nicht aus.

Nach *§ 42 d Abs. 1 Nr. 3 EStG* haftet der Arbeitgeber, wenn das Finanzamt einen unrichtigen Lohnsteuer-Jahresausgleich durchführt, sofern der Veranlagung unrichtige Angaben im Lohnkonto oder in der Lohnsteuerbescheinigung zugrunde liegen. Die Haftung beruht darauf, daß infolge unrichtiger Angaben in diesen Bescheinigungen dem

377 Vgl. Abschn. 145 Abs. 2 Satz 1 LStR.

378 Zur Anrufungsauskunft vgl. unter Teil 2 Kap. 3.1.

379 *Schmidt/Drenseck*, EStG, § 42 d Rn. 3; a. A. *Küttner/Huber*, Personalbuch 1998, Lohnsteuerhaftung, Rn. 9, wonach die Haftung nur entfallen soll, wenn die Lohnsteuer in der gesetzlichen Höhe erhoben wird. Der Arbeitgeber könne bei einer unrichtigen Auskunft aber aus Ermessensgründen nicht mehr in Anspruch genommen werden. Hintergrund ist, daß nur bei einer Haftung des Arbeitgebers der Arbeitnehmer nach § 42 d Abs. 3 Satz 4 Nr. 1 EStG in Anspruch genommen werden kann.

380 *Küttner/Huber*, Personalbuch 1998, Lohnsteuerhaftung, Rn. 10; bestätigt wurde dies vom BFH vom 24. 10. 1997, DStR 1997, 2016 für von Dritten gezahlte Trinkgelder.

381 *Schmidt/Drenseck*, EStG, § 42 d Rn. 7.

Arbeitnehmer zuviel Steuer erstattet oder von ihm zuwenig Steuer erhoben wird. Die Inanspruchnahme des Arbeitgebers kann jedoch ermessensfehlerhaft sein, wenn das Finanzamt bei der Veranlagung oder bei Durchführung des Lohnsteuer-Jahresausgleichs den Fehler hätte erkennen können.[382]

8.1.2 Haftungsausschluß nach § 42 d Abs. 2 EStG

Die Haftung des Arbeitgebers wird unter den in § 42 d Abs. 2 EStG genannten Voraussetzungen ausgeschlossen. Seine Inanspruchnahme ist, sofern einer der darin genannten Ausschlußtatbestände eingreift, selbst dann nicht möglich, wenn das Finanzamt die Lohnsteuer beim Arbeitnehmer nicht nacherheben kann, es also letztendlich zum Steuerausfall kommt.[383]

§ 42 d Abs. 2 Nr. 1 Alt. 1 EStG schließt die Haftung des Arbeitgebers aus, wenn der Arbeitnehmer die Eintragung der Steuerklasse, des Familienstandes oder die Zahl der Kinderfreibeträge auf der Lohnsteuerkarte nicht hat ändern lassen und diese Eintragungen zugunsten des Arbeitnehmers von den Verhältnissen zu Beginn des Kalenderjahres abweichen. Der Haftungsausschluß ist im Zusammenhang mit der Pflicht des Arbeitnehmers nach § 39 Abs. 4 Satz 1 EStG zu sehen, eigenständig die vorgenannten Eintragungen auf der Lohnsteuerkarte bei der Gemeinde bzw. dem Finanzamt ändern zu lassen.

Nach *§ 42 d Abs. 2 Nr. 1 Alt. 2 EStG* haftet der Arbeitgeber nicht, wenn der Arbeitnehmer es versäumt, unverzüglich die Änderung eines auf seiner Lohnsteuerkarte unzutreffend eingetragenen Freibetrages zu beantragen. Der Arbeitnehmer ist verpflichtet, auf die entsprechenden Freibetragsänderungen hinzuwirken, sofern sich die Verhältnisse im Laufe eines Kalenderjahres derart ändern, daß die Aufwendungen, die zu den Freibeträgen geführt haben, geringer sein werden und demgemäß zu wenig Lohnsteuer erhoben wird. Nach § 39 a Abs. 5 EStG kann das Finanzamt den Fehlbetrag vom Arbeitnehmer nachfordern.

Einen Haftungsausschluß sieht *§ 42 d Abs. 2 Nr. 1 Alt. 3 EStG* auch für den Fall vor, daß der vom Arbeitgeber geschuldete Barlohn zur Dek-

382 *Schmidt/Drenseck*, EStG, § 42 d Rn. 5; *Küttner/Huber*, Personalbuch 1998, Lohnsteuerhaftung, Rn. 12, 25 ff.

383 Vgl. hierzu *Mösbauer*, FR 1995, 173 ff.

kung der Lohnsteuer nicht ausreicht und der Arbeitgeber dies dem Betriebsstättenfinanzamt ordnungsgemäß nach § 38 Abs. 4 Satz 2 EStG anzeigt. Nach § 38 Abs. 4 Satz 1 EStG hat der Arbeitnehmer dem Arbeitgeber den erforderlichen Fehlbetrag für die Lohnsteuer zur Verfügung zu stellen, sofern der Arbeitgeber nicht einen entsprechenden Teil der anderen Bezüge des Arbeitnehmers zurückbehalten kann. Das Finanzamt ist in diesen Fällen verpflichtet, die zuwenig erhobene Lohnsteuer vom Arbeitnehmer nachzufordern, § 38 Abs. 4 Satz 3 EStG. Die formfreie Anzeige des Arbeitgebers steht hier der ordnungsgemäßen Lohnsteuererhebung gleich.

Die Haftung ist nach *§ 42 d Abs. 2 Nr. 1 Alt. 4 EStG* ferner ausgeschlossen, wenn der Arbeitgeber die Lohnsteuer zwar nicht vorschriftsmäßig einbehalten hat, dies jedoch dem Finanzamt unverzüglich nach § 41 c Abs. 4 EStG anzeigt. In Betracht kommt die Anzeige, wenn der Arbeitgeber von seiner Berechtigung zur nachträglichen Einbehaltung der Lohnsteuer keinen Gebrauch macht oder die Lohnsteuer nachträglich nicht einbehalten kann, weil der Arbeitnehmer bereits aus dem Arbeitsverhältnis ausgeschieden ist.[384] Der Haftungsausschluß soll auch eingreifen, wenn der Arbeitgeber die Lohnsteuer leichtfertig nicht oder nicht zutreffend einbehalten hat.[385]

8.1.3 Gesamtschuldnerische Haftung von Arbeitgeber und Arbeitnehmer

Soweit die Haftung des Arbeitgebers reicht, sind er und der Arbeitnehmer nach § 42 d Abs. 3 Satz 1 EStG Gesamtschuldner i. S. d. § 44 Abs. 1 AO. Die Erfüllung der Lohnsteuerverpflichtung durch einen von ihnen wirkt damit auch für den anderen Gesamtschuldner, § 44 Abs. 2 AO. Das Betriebsstättenfinanzamt kann die Steuer- und Haftungsschuld nach pflichtgemäßem Ermessen (§ 5 AO) unter Beachtung der durch Recht und Billigkeit gezogenen Grenzen und unter verständiger Abwägung der Interessen aller Beteiligter[386] gegenüber jedem Gesamtschuldner geltend machen, § 42 d Abs. 3 Sätze 1 und 2

384 *Mösbauer*, FR 1995, 173 (175).
385 Strittig, so aber *Schmidt/Drenseck*, EStG, § 4 a Rn. 14.
386 Vgl. Abschn. 145 Abs. 6 Satz 2 LStR sowie zur Emessensprüfung Abschn. 145 Abs. 7 LStR.

EStG.[387] Die Grundsätze von Recht und Billigkeit erfordern regelmäßig keine vorrangige Inanspruchnahme des Arbeitnehmers als Steuerschuldner.[388] Im Rahmen der Lohnsteuerhaftung wird damit von dem in § 219 AO niedergelegten Grundsatz abgewichen, daß ein Haftender nur insoweit auf Zahlung in Anspruch genommen werden kann, als die Vollstreckung in das bewegliche Vermögen des Steuerschuldners ohne Erfolg geblieben oder anzunehmen ist, daß die Vollstreckung aussichtslos sein wird. Das Finanzamt kann den Arbeitgeber nach § 42 d Abs. 3 Satz 3 EStG auch dann in die Haftung nehmen, wenn der Arbeitnehmer zur Einkommensteuer veranlagt wird. Es hat jedoch stets zu prüfen, ob die Lohnsteuer nicht vom Arbeitnehmer nachgefordert werden kann. Regelmäßig wird dies der Fall sein, wenn die Nachforderung nur einen oder wenige Arbeitnehmer betrifft, von denen die Steuer ebenso schnell und sicher wie vom Arbeitgeber hereinzuholen ist. In diesem Fall ist die vorrangige Inanspruchnahme des Arbeitgebers nicht aus Gründen der Verfahrensvereinfachung geboten und damit in der Regel ermessensfehlerhaft.[389] Das gilt in besonderem Maße, wenn die Lohnsteuerpflicht nicht eindeutig ist, so daß dem Arbeitgeber nicht der Vorwurf zu machen ist, er habe sich schuldhaft über die Einbehaltungspflicht hinweggesetzt.[390] Unbillig i. S. d. § 5 AO ist der Erlaß eines Haftungsbescheids gegen den Arbeitgeber auch, wenn der betreffende Arbeitnehmer bereits aus dem Arbeitsverhältnis ausgeschieden ist und das Finanzamt den Arbeitnehmer ausfindig machen kann, während dem Arbeitgeber die Anschrift des Mitarbeiters nicht bekannt ist.[391] Das Finanzamt hat ferner über Kontrollmitteilungen zu versuchen, die Lohnsteuer bei dem Arbeitnehmer nachzuerheben, wenn der Arbeitgeber konkrete Angaben zu den steuerlichen Verhältnissen des die Nachforderung betreffenden Arbeitnehmers macht, wozu die Bezeichnung des zuständigen Finanzamts, der Name des Arbeitnehmers und die Angabe gehört, daß die Jahressteuerfestsetzung des Arbeitnehmers noch aussteht.[392] Erst wenn der Versuch des Finanzamts, den Arbeitnehmer in Anspruch zu nehmen, ohne Erfolg

387 *v. Bornhaupt*, FR 1991, 365 (365).

388 Vgl. Abschn. 145 Abs. 6 Satz 3 LStR; *v. Bornhaupt*, FR 1991, 365 (367).

389 BFH vom. 30. 11. 1966, BStBl. III 1967, 331 (331); BFH vom 12. 1. 1968, BStBl. II 1968, 324 (324 f.).

390 BFH vom 14. 4. 1967, BStBl. III 1967, 469 (469).

391 BFH vom 14. 4. 1967, BStBl. III 1967, 469 (469).

392 BFH vom 24. 1. 1992, BStBl. II 1992, 696 (698 f.).

bleibt, kann ein Haftungsbescheid gegen den Arbeitgeber erlassen werden.[393] Im Rahmen der Ermessensprüfung kommt eine Haftung des Arbeitgebers weiterhin nicht in Betracht, wenn die Steuer beim Arbeitnehmer nicht nachgefordert werden kann, weil seine Veranlagung zur Einkommensteuer bereits bestandskräftig ist und die für eine Änderung des Steuerbescheids nach § 173 Abs. 1 Nr. 1 AO erforderlichen Voraussetzungen nicht vorliegen.[394]

Dagegen ist die Inanspruchnahme des Arbeitgebers zulässig, wenn etwa im Rahmen einer Lohnsteueraußenprüfung festgestellt wird, daß bei anderen Mitarbeitern gleichgelagerte Sachverhalte vorliegen, so daß gegenüber verschiedenen Arbeitnehmern Lohnsteuerbeträge nachzuerheben sind.[395] Hier entspricht der Erlaß eines Haftungsbescheids gegen den Arbeitgeber dem Vereinfachungs- und Sicherungszweck der Lohnsteuererhebung an der Quelle.[396] Gleiches gilt, wenn sich der Arbeitgeber bewußt über seine Einbehaltungspflicht hinweggesetzt oder es leichtsinnig versäumt hat, sich mittels einer Anrufungsauskunft kundig zu machen, ob steuerpflichtiger Arbeitslohn gezahlt wird.[397] Ist dem Arbeitnehmer bekannt, daß der Arbeitgeber die Lohnsteuer nicht vorschriftsmäßig einbehalten hat, kann er seine eigene Inanspruchnahme vermeiden, indem er die Pflichtverletzung des Arbeitgebers dem Finanzamt unverzüglich mitteilt, § 42 d Abs. 3 Satz 4 Nr. 1 und 2 EStG.

Neben dem Arbeitgeber kommen auch Dritte als Haftende in Betracht. Diese Haftung trifft vornehmlich gesetzliche Vertreter, Geschäftsführer, Vermögensverwalter und Verfügungsberechtigte (§§ 34, 35 AO). Sie haben die steuerlichen Pflichten der von ihnen Vertretenen zu erfüllen und dafür Sorge zu tragen, daß die Steuern aus den Mitteln entrichtet werden, die sie verwalten. Für ihre Inanspruchnahme gelten die vorstehenden Grundsätze, jedoch mit dem Unterschied, daß sie nur bei vorsätzlicher oder grob fahrlässiger Nichterfüllung ihrer Pflichten

393 BFH vom 18. 7. 1958, BStBl. III 1958, 384 (384).

394 BFH vom 9. 10. 1992, DB 1993, 209 unter Änderung der Rspr. vom 26. 7. 1974, BStBl. II 1974, 756 (759).

395 *Schmidt/Drenseck*, EStG, § 42 d Rn. 31.

396 BFH vom 6. 3. 1980, BStBl. II 1980, 289 (290 f.); BFH vom 24. 1. 1992, BStBl. II 1992, 696 (698 f.); *Ranft/Lange*, Lohnsteuer, Rn. 4.1.13.7; *Schmidt/Drenseck*, EStG, § 42 d Rn. 31.

397 *Schmidt/Drenseck*, EStG, § 42 d Rn. 31.

haften, § 69 AO. Als Haftender kommt ferner der Erwerber eines Betriebs im ganzen in Betracht, § 75 AO. Er haftet auch ohne Verschulden, allerdings nur für diejenigen Steuerabzugsbeträge, die seit dem Beginn des letzten, vor der Übereignung liegenden Kalenderjahres entstanden sind und bis zum Ablauf von einem Jahr nach Anmeldung des Betriebs durch den Erwerber festgesetzt oder angemeldet werden.[398]

8.1.4 Nachforderungs- und Haftungsverfahren

8.1.4.1 Nachforderungsverfahren

Die Inanspruchnahme des Arbeitnehmers während des laufenden Kalenderjahres erfolgt durch einen Steuerbescheid in Form eines Nachforderungsbescheids, der nach § 157 Abs. 1 AO schriftlich zu erteilen ist. Ein Nachforderungsbescheid kann auch ergehen, wenn die Veranlagung des Arbeitnehmers zur Einkommensteuer weder von Amts wegen noch auf seinen Antrag hin erfolgt.[399] In dem Bescheid ist der Arbeitnehmer als Steuerschuldner zu bezeichnen. Weiter sind die Höhe der nachgeforderten Lohnsteuerbeträge und ein Fälligkeitstermin anzugeben. Den nachgeforderten Betrag hat das Betriebsstättenfinanzamt wie die einbehaltene Lohnsteuer in der Lohnsteuerbescheinigung auf der Lohnsteuerkarte einzutragen.[400] Den mit den geänderten oder erlassenen Steuerbescheiden verbundenen Nachforderungen kann der Arbeitnehmer nicht die Entreicherungseinrede des § 818 Abs. 3 BGB entgegenhalten, da die zivilrechtlichen Bereicherungsvorschriften der §§ 812 ff. BGB im Steuerrecht nicht anwendbar sind.[401]

Die Lohnsteuernachforderung setzt voraus, daß die Festsetzungsfrist noch nicht abgelaufen ist, § 169 Abs. 1 Satz 1 AO, d. h. die entsprechenden Ansprüche dürfen nicht verjährt sein. Der Festsetzungsverjährung unterliegen Steuerfestsetzungen, -änderungen, -berichtigungen und ihre Aufhebungen. Entsprechendes gilt für Vergütungsansprüche i. S. d. § 155 Abs. 6 Satz 1 AO. Gleichgültig ist, ob die Festset-

398 *Ranft/Lange*, Lohnsteuer, Rn. 4. 1. 13.8; *Schmidt/Drenseck*, EStG, § 42 d Rn. 36.
399 *Küttner/Huber*, Personalbuch 1998, Lohnsteuernachforderung, Rn. 15.
400 Abschn. 139 Abs. 5 Sätze 1 und 2 LStR.
401 BFH, BStBl. II 1974, 369; II 1975, 420; BFH vom 27. 4. 1998, BB 1998, 1352 (1353).

zungen Korrekturen zugunsten oder zu Lasten des Steuerpflichtigen darstellen. Die Wirkung der Festsetzungsverjährung ist materiell- und verfahrensrechtlicher Art. Zum einen führt sie gemäß § 47 AO zum Erlöschen des Anspruchs. Darüber hinaus darf nach § 169 Abs. 1 Sätze 1 und 2 AO nach Eintritt der Festsetzungsverjährung weder ein Bescheid erstmals ergehen noch korrigiert werden. Die Verjährung ist von Amts wegen zu beachten. Werden dennoch Steuerfestsetzungen vorgenommen oder erläßt die Finanzbehörde korrigierte Steuerbescheide, sind diese zwar rechtswidrig, aber nicht nichtig.[402] § 125 Abs. 1 AO findet auf Verjährungsregeln keine Anwendung. Der Steuerpflichtige muß daher Einspruch gegen die nach Ablauf der Festsetzungsfrist erlassenen oder geänderten Steuerbescheide einlegen. Nach § 170 Abs. 1 AO beginnt die Festsetzungsverjährung grundsätzlich mit Ablauf des Entstehungsjahres des Anspruchs, § 37 AO. Ist nach den Steuergesetzen die Abgabe einer Steuererklärung oder einer Steueranmeldung vorgeschrieben (vgl. §§ 149, 150, 168 AO), beginnt die Festsetzungsverjährung erst mit Ablauf des Jahres, in dem die Erklärung beim Finanzamt eingeht, spätestens jedoch mit Ablauf des 3. Jahres nach dem Entstehungsjahr der Steuer, sog. maximale Anlaufhemmung von 3 Jahren, § 170 Abs. 2 Nr. 1 AO. Eine Erklärungspflicht ist für die Einkommensteuer in § 25 Abs. 3 EStG, § 56 EStDV, für die Lohnsteuer in § 41 a EStG niedergelegt. Ab dem Fristbeginn läuft gemäß § 169 Abs. 2 Satz 1 Nr. 2 AO eine Verjährungsfrist von regelmäßig 4 Jahren. Diese Frist verlängert sich bei leichtfertiger Steuerverkürzung (§ 378 AO) auf 5 Jahre, bei Steuerhinterziehung (§ 370 AO) auf 10 Jahre. Das Finanzamt kann innerhalb dieser Fristen Steuerbescheide erlassen und bereits erlassene Bescheide aufheben oder korrigieren. Die Bescheide müssen vor Eintritt der Verjährung wenigstens zur Post aufgegeben werden, § 169 Abs. 1 Satz 3 AO. Auf den tatsächlichen Zugang des Steuerbescheids kommt es nicht an.[403] Das Ende der Verjährungsfrist, das regelmäßig mit Ablauf eines Kalenderjahres eintritt, kann durch Ablaufhemmungen nach § 171 AO hinausgeschoben werden. Eine Ablaufhemmung tritt z. B. ein, wenn vor Fristablauf ein Antrag auf Steuerfestsetzung erfolgt oder Einspruch gegen einen Steuerbescheid eingelegt wird. Die Durchführung einer Lohnsteuer-

---

402 *Kühn/Hofmann*, Abgabenordnung, § 47 Rn. 2 d.

403 BFH vom 27. 4. 1989, BStBl. II 1990, 518; BFH vom 27. 4. 1998, BB 1998, 1352 (1353).

außenprüfung bewirkt nur gegenüber dem Arbeitgeber als dem Prüfungsadressaten eine Ablaufhemmung, so daß die Festsetzungsfrist in bezug auf den Einkommensteueranspruch gegen den Arbeitnehmer nicht gehemmt wird.[404] Wurde ein Steuerbescheid vorläufig oder teilweise vorläufig i. S. d. § 165 AO erlassen, endet die Festsetzungsverjährung nicht, bevor der Vorläufigkeitsgrund weggefallen ist und das Finanzamt hiervon positiv Kenntnis erlangt, § 171 Abs. 8 AO. Ab diesem Zeitpunkt läuft im Fall einer tatsächlichen Ungewißheit ein weiterer Zeitraum von einem Jahr, im Fall einer rechtlichen Ungewißheit ein Zeitraum von zwei Jahren bis zum Ende der Ablaufhemmung. Ist bereits eine Einkommensteuerveranlagung durchgeführt worden, so können Lohnsteuernachforderungen nur im Rahmen einer Änderung des Einkommensteuerbescheides durch das Wohnsitzfinanzamt geltend gemacht werden, wenn die Änderung des Bescheids verfahrensrechtlich zulässig ist (z. B. aufgrund neuer Tatsachen).[405] Von der Geltendmachung der Steuernachforderung ist nach § 42 d Abs. 5 EStG abzusehen, wenn diese insgesamt 20 DM nicht übersteigt.

Zu einer Lohnsteuernachforderung beim Arbeitgeber kann es nur dann kommen, wenn er Steuerschuldner ist, also im Fall der Pauschalierung der Lohnsteuer nach §§ 40, 40 a und § 40 b EStG. In allen anderen Fällen kann der Arbeitgeber nur mittels Haftungsbescheid in Anspruch genommen werden, da der Arbeitnehmer Steuerschuldner ist. Das gilt auch bei Lohnzahlungen durch Dritte, soweit der Arbeitgeber zur Einbehaltung der Lohnsteuer verpflichtet ist, § 38 Abs. 1 Satz 2 EStG.[406]

8.1.4.2 Haftungsverfahren

Die Haftung des Arbeitgebers entsteht, sobald die einzubehaltende Lohnsteuer zum Fälligkeitszeitpunkt nicht an das Finanzamt abgeführt wird. Auf den Erlaß des Haftungsbescheids kommt es nicht an. Die Haftung des Arbeitgebers erlischt nach § 47 AO, sofern die Festsetzungsverjährung hinsichtlich der nachgeforderten Lohnsteuerbeträge eingetreten ist, da nach § 191 Abs. 3 Satz 1 AO die Vorschriften

---

404 BFH vom 15. 12. 1989, BStBl. II 1990, 526; BFH vom 9. 3. 1990, BStBl. II 1990, 608.

405 *Küttner/Huber*, Personalbuch 1998, Lohnsteuernachforderung, Rn. 15.

406 Vgl. zu Lohnzahlungen Dritter unter Teil 2 Kap. 7. und 8.1.1.

über die Festsetzungsfrist (§§ 169 ff. AO) auf den Erlaß von Haftungsbescheiden entsprechend anzuwenden sind.[407] Insoweit kann auf die Ausführungen zum Nachforderungsverfahren verwiesen werden.[408] Für das Ende der Festsetzungsfrist ist im Rahmen des Haftungsverfahrens die infolge der Durchführung einer Außenprüfung eintretende Ablaufhemmung nach § 171 Abs. 4 AO von Bedeutung. Um die Hemmung zu bewirken, muß mit der Außenprüfung vor Verjährungseintritt tatsächlich begonnen werden. Dies setzt voraus, daß der Prüfer rechtzeitig beim Arbeitgeber erschienen ist oder die für die Zeit vor Verjährungseintritt angesetzte Prüfung auf Antrag des Steuerpflichtigen verschoben wurde, § 197 Abs. 2 AO. Der zeitliche Umfang der Ablaufhemmung richtet sich danach, wie die Finanzbehörde im weiteren tätig wird. Werden erstmals Steuerbescheide erlassen oder geändert, tritt die Verjährung mit Unanfechtbarkeit dieser Bescheide ein. Wird dem Steuerpflichtigen nach § 202 Abs. 1 Satz 3 AO mitgeteilt, daß die Prüfung ergebnislos war, tritt die Verjährung nach Ablauf von 3 Monaten seit der Bekanntgabe dieser Mitteilung ein. Bleibt das Finanzamt untätig, endet die Festsetzungsfrist spätestens, wenn seit Ablauf des Kalenderjahres, in dem die Schlußbesprechung stattgefunden hat, oder wenn sie unterblieben ist, seit Ablauf des Kalenderjahres, in dem die letzten Ermittlungen im Rahmen der Außenprüfung stattgefunden haben, die in § 169 Abs. 2 AO genannten Fristen verstrichen sind. Von der Geltendmachung der Haftung gegen den Arbeitgeber wird nach § 42 d Abs. 5 EStG abgesehen, wenn die Steuerforderung die Bagatellgrenze von 20 DM nicht übersteigt. Diese Grenze gilt nicht für die auf jeden einzelnen Arbeitnehmer entfallende Lohnsteuer, sondern bezieht sich auf die insgesamt vom Arbeitgeber nachzufordernde Lohnsteuer.[409]

Sofern ein Haftungsbescheid gegen den Arbeitgeber erlassen wird, ist dieser schriftlich zu erteilen und muß klar erkennen lassen, daß der Arbeitgeber als Haftungsschuldner in Anspruch genommen wird, § 191 Abs. 1 AO. Die Haftungsschulden wie Lohnsteuer, Solidaritätszu-

---

407 Die Festsetzungsfristen der §§ 169 ff. AO gelten nur für den Erlaß, nicht aber für die Änderung des Haftungsbescheids, vgl. dazu *Plewka/Söffing*, NJW 1998, 1835. Daher kann der Arbeitgeber, sofern der Arbeitnehmer erfolgreich den gegen ihn erlassenen Nachforderungsbescheid angegriffen hat, die Aufhebung des Haftungsbescheids auch nach Bestandskraft erreichen.

408 Vgl. unter Teil 2 Kap. 8.1.4.1.

409 *Schmidt/Drenseck*, EStG, § 42 d Rn. 12; *Küttner/Huber*, Personalbuch 1998, Lohnsteuerhaftung, Rn. 7.

schlag, Kirchensteuer und ggf. Kindergeld sind einzeln auszuweisen und auf die einzelnen Arbeitnehmer aufzugliedern.[410] Die für die Ermessensausübung maßgeblichen Gründe sind anzuführen. Das Finanzamt kann im Haftungsverfahren regelmäßig keinen Durchschnittssteuersatz anwenden, sondern muß die individuelle Steuer der einzelnen Arbeitnehmer zugrunde legen. Nach § 42 d Abs. 4 Satz 1 Nr. 1 und 2 EStG braucht ein Haftungsbescheid nicht erlassen zu werden, wenn der Arbeitgeber die einzubehaltende Lohnsteuer angemeldet hat oder nach Abschluß einer Lohnsteueraußenprüfung seine Zahlungsverpflichtung schriftlich anerkennt. Infolge der Sachverhaltsbezogenheit des Haftungsbescheids kann zu jedem anderen, noch nicht erfaßten Sachverhaltskomplex ein zusätzlicher Haftungsbescheid ergehen, ohne daß sich die Regelungsinhalte dieser Haftungsbescheide überschneiden.[411] Für Haftungsbescheide, die nach einer früher bereits abgeschlossenen Lohnsteueraußenprüfung erlassen wurden, greift die analog anzuwendende Änderungssperre des § 173 Abs. 2 AO ein.[412] Im übrigen ist ein Haftungsbescheid gegen den Arbeitgeber in der Regel ermessensfehlerhaft, wenn die Steuer beim Arbeitnehmer nicht nachgefordert werden kann, weil seine Einkommensteuerveranlagung bestandskräftig ist und die für eine Änderung des Steuerbescheids nach § 173 Abs. 1 Nr. 1 AO erforderlichen Voraussetzungen nicht vorliegen.[413]

Hat das Finanzamt die ausstehende Lohnsteuer nicht vom Arbeitnehmer nachgefordert, sondern einen Haftungsbescheid gegen den Arbeitgeber erlassen, steht dem Arbeitnehmer ein selbständiges Anfechtungsrecht gegen diesen Haftungsbescheid zu. Hintergrund ist, daß der Arbeitnehmer einem Rückgriffsanspruch des Arbeitgebers ausgesetzt ist und daher in die Lage versetzt werden soll, seine Einwendungen gegen Grund und Höhe der Steuerforderung auch im Haftungsverfahren gegen den Arbeitgeber geltend zu machen. Er kann die gleichen Einwendungen erheben wie gegen einen an ihn persönlich gerichteten Nachforderungsbescheid.

---

410 *Küttner/Huber*, Personalbuch 1998, Lohnsteuerhaftung, Rn. 48 ff. Zum Kindergeld vgl. die Ausführungen zur Aufhebung der Kindergeldauszahlungs-Verordnung unter Fußnote 369.

411 *Schmidt/Drenseck*, EStG, § 42 d Rn. 55.

412 BFH vom 15. 5. 1992, BStBl. II 1993, 840; *Küttner/Huber*, Personalbuch 1998, Lohnsteuerhaftung, Rn. 58.

413 Abschn. 145 Abs. 7 Satz 5 LStR unter Hinweis auf BFH vom 9. 10. 1992, BStBl. II 1993, 169 (171).

8.1.5 Rückforderungsansprüche des Arbeitgebers

Da der Arbeitnehmer Schuldner der Lohnsteuer ist, stellt sich die Frage, ob der Arbeitgeber im Fall seiner Haftungsinanspruchnahme nicht die entsprechenden Beträge von ihm zurückfordern kann. Das Einkommensteuergesetz enthält keine Vorschriften darüber, ob und ggf. auf welche Weise der Arbeitgeber Ersatz der von ihm verauslagten Steuerabzugsbeträge vom Arbeitnehmer verlangen kann. Ein Rückgriffsanspruch kann sich daher nur aufgrund zivilrechtlicher Ansprüche aus dem Arbeitsverhältnis ergeben. Er wird aus den Vorschriften des Auftragsrechts, § 670 BGB, hergeleitet, die durch die Redlichkeitspflicht des Arbeitnehmers konkretisiert werden.[414] Voraussetzung für den Rückgriffsanspruch ist, daß der Arbeitgeber eine echte Schuld des Arbeitnehmers begleicht. Bei der Nettolohnvereinbarung hat sich der Arbeitgeber gegenüber dem Arbeitnehmer zivilrechtlich zur Übernahme der Steuerbeträge verpflichtet. Obwohl der Arbeitnehmer hier Steuerschuldner bleibt, sind daher Rückforderungsansprüche seitens des Arbeitgebers ausgeschlossen. Für den Regelfall der Bruttolohnvereinbarung steht dem Arbeitgeber dagegen ein zivilrechtlicher Anspruch gegen den Arbeitnehmer zu.[415] Dieser Erstattungsanspruch verjährt in 30 Jahren, kann jedoch von kürzeren tarifvertraglichen Ausschlußfristen erfaßt sein. Der Lauf dieser Fristen beginnt mit der Fälligkeit des Rückgriffsanspruchs, d. h. frühestens mit der Zustellung des Haftungsbescheides. Der Ersatzanspruch ist ausgeschlossen, wenn der Arbeitgeber den Arbeitslohn um die Steuerabzugsbeträge gekürzt hat, die Beträge jedoch erst im Haftungsverfahren an das Finanzamt abführt.[416] Diese Pflichtverletzung steht dem Rückgriffsanspruch ebenso entgegen wie eine Fürsorgepflichtverletzung des Arbeitgebers, der die Lohnsteuer nicht richtig berechnet, indem er eine Klärung zweifelhafter Steuerfragen durch das Finanzamt unterläßt.[417] Wird in diesen Fällen der Arbeitnehmer in Anspruch genommen, ste-

---

414 *Ranft/Lange*, Lohnsteuer, Rn. 4.1.14.; *Schmidt/Drenseck*, EStG, § 42 d Rn. 64; BAG vom 24. 10. 1958, DB 1959, 322; BAG vom 14. 6. 1974, BB 1974, 1531; *MünchArbR-Hanau*, § 62 Rn. 70 m. w. N.

415 *Schmidt/Drenseck*, EStG, § 42 d Rn. 64; BStBl. II 1972, 816; BAG v. 9. 12. 1976, BB 1977, 546 = BStBl. II 1977, 581.

416 *Ranft/Lange*, Lohnsteuer, Rn. 4.1.14.

417 *Ranft/Lange*, Lohnsteuer, Rn. 4.1.14.; *Küttner/Huber*, Personalbuch 1998, Lohnsteuerhaftung, Rn. 69; LAG Düsseldorf vom 10. 5. 1972, DB 1972, 1782.

hen ihm seinerseits Schadensersatzansprüche gegen den Arbeitgeber zu.

Verzichtet der Arbeitgeber nach Zahlung an das Finanzamt auf den Rückgriffsanspruch, wird dem Arbeitnehmer im Zeitpunkt des Regreßverzichts ein Vorteil und damit steuerpflichtiger Arbeitslohn zugewendet.[418] In dem Verzicht ist keine Nettolohnvereinbarung zu sehen, sondern es handelt sich um die Zuwendung eines sonstigen Bezugs für das Kalenderjahr, in dem der Verzicht des Arbeitgebers auf den Ausgleichsanspruch gegen den Arbeitnehmer erkennbar wird. Entsprechendes gilt für die nachgeforderte Kirchensteuer, den Solidaritätszuschlag und die Arbeitnehmeranteile zu den Sozialversicherungsbeiträgen.[419] Ist ein Rückgriff bei dem Arbeitnehmer nicht möglich, ist umstritten, ob die vom Arbeitgeber gezahlten Beträge ebenfalls steuerpflichtigen Arbeitslohn darstellen.[420] Die Durchsetzung kann daran scheitern, daß die Lohnunterlagen durch höhere Gewalt vernichtet wurden oder der Rückgriff für den Arbeitgeber unwirtschaftlich ist, weil der Arbeitnehmer ausgeschieden ist oder keine pfändbaren Gegenstände besitzt. Für die Lohnsteuerpflicht sollte darauf abgestellt werden, ob die Durchsetzbarkeit des Anspruch aus Gründen scheitert, die in die Sphäre des Arbeitgebers fallen. Ist der Anspruch aufgrund tarifvertraglicher Ausschlußfristen untergegangen, liegt zumindest dann kein steuerpflichtiger Arbeitslohn vor, wenn die mangelnde Rückgriffsmöglichkeit vom Arbeitgeber nicht zu vertreten ist.[421] Eine weitere Versteuerung der nachgeforderten Abgaben erfolgt dann nicht.

8.2 Haftung bei Arbeitnehmerüberlassung

Der Bereich der Arbeitnehmerüberlassung zeichnet sich durch ein hohes Maß an Illegalität aus. Dies gilt inbesondere bei der Verleihung von Arbeitnehmern aus dem Ausland, d. h. durch Verleiher, die im Inland weder ihren Sitz oder ihre Geschäftsleitung noch eine Betriebs-

418 *Küttner/Huber*, Personalbuch 1998, Lohnsteuerhaftung, Rn. 69; *Schmidt/Drenseck*, EStG, § 42 d Rn. 64; Abschn. 70 Abs. 2 Nr. 1 LStR.

419 *Ranft/Lange*, Lohnsteuer, Rn. 4.1.14.; BFH vom 10. 2. 1961, BStBl. III 1961, 139 (140); BFH vom 24. 4. 1961, BStBl. III 1961, 285 (286).

420 Siehe dazu *Küttner/Huber*, Personalbuch 1998, Lohnsteuerhaftung, Rn. 70; BFH vom 29. 10. 1993, BStBl. II 1994, 194 (197); *Offerhaus*, StBJb 1983/84, 307.

421 *Schmidt/Drenseck*, EStG, § 42 d Rn. 64 (strittig).

stätte oder einen ständigen Vertreter haben.[422] Die Lohnsteuer wird oft nicht einbehalten und abgeführt, wodurch es zu erheblichen Steuerausfällen kommt. Vollstreckungsversuche beim Verleiher sind häufig ohne Erfolg. Diesen Mißständen begegnet die Regelung des § 38 Abs. 1 Satz 1 Nr. 2 EStG, indem sie auch für ausländische Arbeitgeber von Leiharbeitnehmern, die zum Arbeitseinsatz im Inland verliehen werden, steuerliche Arbeitgeberpflichten begründet, die zu einer Haftung führen können. Arbeitnehmerüberlassung i. S. d. AÜG liegt vor, wenn der Arbeitgeber als Verleiher Dritten (Entleiher) gewerbsmäßig Arbeitnehmer (Leiharbeitnehmer) zur Arbeitsleistung überläßt.[423] Im Rahmen eines Arbeitnehmerüberlassungsverhältnisses ist grundsätzlich der Verleiher Arbeitgeber und damit zur Einbehaltung und Abführung der Lohnsteuer nach §§ 38 Abs. 3 , 41 a Abs. 1 Satz 1 Nr. 2 EStG verpflichtet.[424] Nur wenn der Entleiher ausnahmsweise als Arbeitgeber angesehen wird (vgl. § 42 d Abs. 7 EStG), ist der Verleiher Dritter. Die Entleiher-/Verleiher-Haftung für die Lohnsteuer der Leiharbeitnehmer ist in §§ 42 d Abs. 6 bis 8, 38 Abs. 1 Satz 1 Nr. 2, 41 Abs. 2 Satz 2 EStG und § 51 Abs. 1 Nr. 2 d EStG geregelt. Zweck dieser Vorschriften ist es, die Inanspruchnahme des Entleihers gewerbsmäßig zur Arbeitsleistung überlassener Arbeitnehmer zur Sicherung der Lohnsteuer der bei ihm tätigen Leiharbeitnehmer zu ermöglichen.[425]

8.2.1 Haftung des Entleihers nach § 42 d Abs. 6 EStG

Für den Bereich der unerlaubten Arbeitnehmerüberlassung ist der Entleiher zivilrechtlich aufgrund der Fiktion des § 10 Abs. 1 Satz 1 AÜG als Arbeitgeber der Leiharbeitnehmer anzusehen. Diese Fiktion gilt nach der Rechtsprechung des Bundesfinanzhofs[426] für das Steuerrecht grundsätzlich nicht. Nur wenn der Entleiher im eigenen Namen und auf eigene Rechnung den gesamten Arbeitslohn an die Leiharbeitnehmer zahlt, wird er bei unerlaubter Arbeitnehmerüberlassung als steuerrechtlicher Arbeitgeber behandelt. Er haftet dann wie jeder andere Arbeitgeber für die nicht einbehaltene und abgeführte Lohnsteuer der

---

422 BT-Drs. 10/4119, S. 6.

423 Vgl. unter Teil 2 Kap. 2.8 sowie im Teil 1.

424 Vgl. zur geplanten Erweiterung des § 42 d Abs. 1 EStG den Gesetzentwurf vom 2. 3. 1998, BR-Drs. 208/98 sowie die Ausführungen unter Teil 2 Kap. 2.8.2.2.

425 *Mösbauer*, FR 1996, 281 (281).

426 BFH vom 2. 4. 1982, BStBl. II 1982, 502 (505).

Leiharbeitnehmer.[427] In allen übrigen Fällen scheitert seine Inanspruchnahme nach den allgemeinen Haftungsvorschriften der §§ 38 Abs. 3 Satz 1, 41 a Abs. 1 Satz 1 Nr. 2 EStG wegen der fehlenden steuerrechtlichen Arbeitgebereigenschaft. Im Hinblick auf die Rechtsprechung des Bundesfinanzhofs wurde die Haftungsvorschrift des § 42 d Abs. 6 bis 8 EStG neu gefaßt und eine Haftung des Entleihers bei unerlaubter Arbeitnehmerüberlassung trotz der fehlenden steuerrechtlichen Arbeitgebereigenschaft eingeführt. Sowohl bei unerlaubter als auch bei erlaubter Arbeitnehmerüberlassung besteht nun die Möglichkeit, den Entleiher als Haftenden in Anspruch zu nehmen und damit die Lohnsteuer der bei ihm tätigen Leiharbeitnehmer zu sichern.[428]

8.2.1.1 Haftungstatbestand

Da der Entleiher steuerrechtlich regelmäßig nicht als Arbeitgeber angesehen wird, wird er in § 42 d Abs. 6 Satz 1 Halbs. 1 EStG als sog. „Dritter“ bezeichnet. Er haftet neben dem Arbeitgeber (Verleiher), soweit ihm Arbeitnehmer gewerbsmäßig zur Arbeitsleistung überlassen werden. Gleichgültig ist, ob die gewerbsmäßige Arbeitnehmerüberlassung legal oder illegal ist. Gewerbsmäßig handelt nur derjenige Unternehmer (Verleiher), der die Arbeitnehmerüberlassung nicht nur gelegentlich, sondern auf Dauer betreibt und damit wirtschaftliche Vorteile erzielen will.[429] Von der Haftung ausgenommen sind Fälle der wirtschaftszweigbezogenen und konzerninternen Arbeitnehmerüberlassung i. S. d. § 1 Abs. 3 AÜG. Daher haftet ein Dritter nicht als Entleiher, wenn die Überlassung im Wege der Arbeitsvermittlung oder im Rahmen eines Werk- oder Geschäftsbesorgungsvertrages erfolgt.[430] Werden bei kurzfristigem Personalbedarf Arbeitnehmer gelegentlich zwischen selbständigen Betrieben ausgeliehen oder zu Arbeitsgemeinschaften freigestellt, stellt dies keine Arbeitnehmerüberlassung dar. Gleiches gilt, wenn Arbeitnehmer in andere Betriebsstätten des Arbeitgebers entsandt werden.[431] Auch die Überlassung als Nebenpflicht zu einem Kauf- oder Werkvertrag, wie bei der Installation von Computerhard- und Software durch Arbeitnehmer des produzierenden Unterneh-

427 Zur Lohnsteuerhaftung des Arbeitgebers vgl. unter Teil 2 Kap. 8.1.
428 *Mösbauer*, FR 1996, 281 (281); *Schmidt/Drenseck*, EStG, § 42 d Rn. 66.
429 Abschn. 146 Abs. 2 Satz 6 LStR.
430 *Küttner/Huber*, Personalbuch 1998, Arbeitnehmerüberlassung, Rn. 45.
431 *Mösbauer*, FR 1996, 281 (282).

mens oder die Aufstellung von Produktionsanlagen nebst der Einweisung von Mitarbeitern des Abnehmers durch Arbeitnehmer des Lieferanten, stellt keine gewerbsmäßige Arbeitnehmerüberlassung dar.[432]

§ 1 Abs. 2 i. V. m. § 3 Abs. 1 Nr. 6 AÜG bestimmen, daß einem Entleiher derselbe Leiharbeitnehmer nicht länger als 6 aufeinanderfolgende Monate überlassen werden darf. Übersteigt die Dauer der Überlassung im Einzelfall diese Frist, wird gem. § 1 Abs. 2 AÜG vermutet, daß der Überlassende (Verleiher) eine (unerlaubte) Arbeitsvermittlung betreibt. Für diese Fälle stellt § 42 d Abs. 6 Satz 1 EStG klar, daß sich an der Haftung des Entleihers nichts ändert.[433] Die Dauer der Überlassungsfrist kann jedoch ein Indiz dafür sein, wer wirklich Arbeitgeber des Leiharbeitnehmers ist. Da der Entleiher arbeitsrechtlich durch Zeitablauf Arbeitgeber wird, haftet er dann nicht mehr nach § 42 d Abs. 6 EStG, sondern nach § 42 d Abs. 1 EStG.[434]

Die Haftung des Entleihers ist verschuldensunabhängig[435], jedoch akzessorisch (§ 42 d Abs. 6 Satz 1 EStG). Sie setzt also eine Haftungsschuld des Verleihers nach § 42 d Abs. 1 bis 5 EStG voraus. Da der Verleiher nur dann als Haftungsschulder in Betracht kommt, wenn eine Steuerschuld des Arbeitnehmers besteht, ist auch für die Haftung des Entleihers zunächst zu klären, ob der Verleiher nach § 38 Abs. 1 EStG zum Lohnsteuerabzug verpflichtet ist, ein Haftungstatbestand erfüllt wird und kein Haftungsausschlußgrund eingreift.[436] Aber auch eine eigene Steuerschuld des Verleihers reicht nach h. M.[437] aus, um eine Haftungsschuld des Entleihers zu begründen. Von Bedeutung ist dies im Rahmen der Lohnsteuerpauschalierung nach §§ 40–40 b EStG, wenn der Verleiher selbst Steuerschuldner ist. Die Erstreckung der Haftung des Entleihers entspricht hier dem Gesetzeszweck, auch wenn der Gesetzwortlaut diesen Fall nicht erfaßt.[438]

---

432 *Mösbauer*, FR 1996, 281 (282).

433 *Schmidt/Drenseck*, EStG, § 42 d Rn. 68.

434 *Mösbauer*, FR 1996, 281 (282).

435 *Mösbauer*, FR 1996, 281 (281).

436 *Mösbauer*, FR 1996, 281 (281); *Schmidt/Drenseck*, EStG, § 42 d Rn. 67 sowie die Ausführungen oben zur Lohnsteuerhaftung unter Teil 2 Kap. 8.1.

437 *Mösbauer* FR 1996, 281 (282); *Schmidt/Drenseck*, EStG, § 42 d Rn 67; *Küttner/Huber*, Personalbuch 1998, Arbeitnehmerüberlassung, Rn. 45.

438 *Mösbauer*, FR 1996, 281 (281 f.).

Nach § 42 d Abs. 6 Satz 9 EStG ist der Haftungsbescheid von dem Finanzamt am Ort der Betriebsstätte des Verleihers zu erlassen. Dieses führt auch das Haftungsverfahren gegen den Entleiher durch. Werden Arbeitnehmer von einem ausländischen Verleiher überlassen, gilt die Betriebsstättenfiktion des § 41 Abs. 2 Satz 2 Halbs. 2 EStG, d. h. örtlich zuständig ist dann das Betriebsstättenfinanzamt des Entleihers.[439]

8.2.1.2 Haftungsausschluß

Bei der erlaubten Arbeitnehmerüberlassung ist die Haftung des Entleihers nach § 42 d Abs. 6 Satz 2 EStG ausgeschlossen, sofern er nachweist, daß er die im Gesetz vorgesehenen Melde- und Mitwirkungspflichten[440] erfüllt. Diese verlangen Mitteilungen an die Krankenkasse und das Arbeitsamt, in der die Namen der Leiharbeitnehmer, des Verleihers sowie der Beginn und das Ende der Übersendung enthalten sind. Die Pflichten bestehen auch, wenn die Leiharbeitnehmer nicht versicherungs- oder beitragspflichtig sind. Die Durchschrift der Mitteilung ist drei Jahre aufzubewahren. Kommt der Entleiher diesen Pflichten nach, wird er von der Haftung frei, unabhängig davon, ob der Verleiher tatsächlich Lohnsteuer einbehält. Der Nachweis des Entleihers, daß er seinen Melde- und Mitwirkungspflichten nachgekommen ist, soll dem Finanzamt die Möglichkeit geben, über das Arbeitsamt und/oder die Sozialversicherungsträger die Arbeitnehmerüberlassung zu überprüfen und sich Gewißheit zu verschaffen, ob Steuerverkürzungen eingetreten sind.[441]

Von einer Haftung wird der Entleiher nach § 42 Abs. 6 Satz 3 EStG ferner frei, wenn er über das Vorliegen einer Arbeitnehmerüberlassung ohne Verschulden irrte. Hauptanwendungsfall dieser Vorschrift ist die Frage der richtigen Abgrenzung zwischen Arbeitnehmerüberlassung und Werkvertrag.[442] Da dieser Haftungsausschluß sowohl bei erlaub-

---

439 *Mösbauer*, FR 1996, 281 (284); *Küttner/Huber*, Personalbuch 1998, Arbeitnehmerüberlassung, Rn. 50.

440 Vgl. §§ 28 a bis 28 c des Vierten Buches Sozialgesetzbuch und § 10 des Arbeitsförderungsgesetzes sowie § 51 Abs. 1 Nr. 2 Buchstabe d EStG bei im Inland tätigen, aber im Ausland ansässigen Arbeitnehmern.

441 *Mösbauer*, FR 1996, 281 (282); *Küttner/Huber*, Personalbuch 1998, Arbeitnehmerüberlassung, Rn. 46; *Schmidt/Drenseck*, EStG, § 42 d Rn. 69; Abschn. 146 Abs. 4 Sätze 1 bis 5 LStR.

442 *Mösbauer*, FR 1996, 281 (283).

ter als auch bei unerlaubter Arbeitnehmerüberlassung Anwendung findet, wird darauf hingewiesen, daß der Gesetzgeber den Steuerpflichtigen eine Gebrauchsanweisung zur Gesetzesumgehung an die Hand gibt.[443] So läßt sich mit Behauptungen, man habe ein Subunternehmerverhältnis oder eine werkvertragliche Verpflichtung begründen wollen bzw. sei davon ausgegangen, Vertragsinhalt sei eine Maschinengestellung mit Bedienungspersonal und keine Arbeitnehmerüberlassung, ein Haftungsausschluß erreichen. Diese Gefahr besteht besonders im Baubereich, wo zur Umgehung des in § 12 a AÜG niedergelegten Verbots der Arbeitnehmerüberlassung Scheinwerkverträge abgeschlossen werden. Es sind daher strenge Anforderungen an den Nachweis des Entleihers zu stellen, daß er trotz Anwendung der verkehrsüblichen Sorgfalt seine Beteiligung an einem Arbeitnehmerüberlassungsverhältnis nicht erkennen konnte. Bereits das Unterlassen einer gebotenen Erkundigung beim Finanzamt oder Arbeitsamt ist in diesem Zusammenhang als schuldhaft anzusehen, selbst wenn der Entleiher nur die geringsten Zweifel bei Auslegung des Vertrages haben mußte.[444]

8.2.1.3 Umfang der Haftung

Die Haftung des Entleihers beschränkt sich nach § 42 d Abs. 6 Satz 4 EStG auf die Lohnsteuer, die auf die Zeit der Überlassung des Arbeitnehmers entfällt. Der Entleiher haftet daher nicht für die Lohnfortzahlung im Krankheitsfall oder bei Urlaub des Arbeitnehmers. Bei unerlaubter Arbeitnehmerüberlassung läßt sich die Lohnsteuer im Hinblick auf die Jahressteuerpflicht häufig nur schwer ermitteln, weil z. B. der Arbeitslohn, der Familienstand der Arbeitnehmer, die Steuerpflicht der Bezüge oder das Besteuerungsrecht der Bundesrepublik beim Einsatz ausländischer Arbeitnehmer unklar sind. Sofern die Lohnsteuer aus tatsächlichen (nicht dagegen aus rechtlichen) Gründen schwer ermittelt werden kann, sieht § 42 d Abs. 6 Satz 7 EStG eine Haftungsschuld mit einem Durchschnittssatz von 15% des zwischen Verleiher und Entleiher vereinbarten Entgelts ohne Umsatzsteuer vor. Der Entleiher hat die Möglichkeit, glaubhaft zu machen, daß die Lohnsteuer, für die er haftet, niedriger ist.[445]

443 *Schmidt/Drenseck*, EStG, § 42 d Rn. 71.
444 *Schmidt/Drenseck*, EStG, § 42 d Rn. 71.
445 *Schmidt/Drenseck*, EStG, § 42 d Rn. 72.

8.2.1.4 Gesamtschuldnerische Haftung

Soweit die Haftung des Entleihers reicht, ist er neben dem Arbeitgeber (Verleiher) und neben dem Arbeitnehmer Gesamtschuldner der Lohnsteuer. Dies hat nach § 44 Abs. 1 Satz 1 AO zur Folge, daß der Arbeitgeber als Verleiher und Haftungsschuldner, der Entleiher als Haftungsschuldner und der Arbeitnehmer als Steuerschuldner nebeneinander dieselbe Leistung aus dem Steuerschuldverhältnis schulden oder für sie haften (Arbeitgeber und Entleiher). Nach § 44 Abs. 1 Satz 2 AO schuldet jeder Gesamtschuldner grundsätzlich die gesamte Leistung, die Finanzbehörde kann sie jedoch nur einmal fordern. Die Erfüllung durch einen Gesamtschuldner wirkt, ebenso wie eine Aufrechnung oder eine geleistete Sicherheit, nach § 44 Abs. 2 AO zugunsten der Drittschuldner. Die Besonderheit der Gesamtschuldnerschaft des § 42 d Abs. 6 Satz 5 EStG besteht darin, daß es sich um eine Gesamtschuldnerschaft zwischen einem Steuerschuldner und zwei Haftungsschuldnern einerseits und um eine solche zwischen zwei Haftungsschuldnern (Entleiher, Verleiher) andererseits handelt. Sie sind hinsichtlich ihres Entstehungsgrundes voneinander unabhängig. Das Betriebsstättenfinanzamt kann die Steuer- oder Haftungsschuld nach pflichtgemäßen Auswahlermessen gegenüber jedem Gesamtschuldner geltend machen. Damit hat das Finanzamt die Möglichkeit, auch gegen den Entleiher sofort einen Haftungsbescheid zu erlassen. Der Entleiher kann daraus aber erst auf Zahlung in Anspruch genommen werden, wenn die Vollstreckung in das inländische bewegliche Vermögen des Verleihers fehlgeschlagen ist oder keinen Erfolg verspricht.

8.2.1.5 Sicherungsmaßnahmen

Das Betriebsstättenfinanzamt des Verleihers kann nach § 42 d Abs. 8 Satz 1 Halbs. 1 EStG anordnen, daß der Entleiher einen bestimmten Teil des mit dem Verleiher vereinbarten Entgelts einzubehalten und abzuführen hat, wenn dies zur Sicherung des gegen den Leiharbeitnehmer bestehenden Steueranspruchs notwendig ist. Der Entleiher kann die Sicherungsanordnung auch anregen, um sein eigenes Haftungsrisiko zu verringern. Mit der Abführung des einbehaltenen Entgelts an das Finanzamt erlischt gleichzeitig seine Verbindlichkeit gegenüber dem Verleiher.[446]

8.2.2 Haftung des Verleihers nach § 42 d Abs. 7 EStG

In den Fällen, in denen der Entleiher steuerrechtlich Arbeitgeber ist, weil er im Rahmen einer unerlaubten Arbeitnehmerüberlassung im eigenen Namen und für eigene Rechnung den gesamten Arbeitslohn an die Leiharbeitnehmer zahlt, kann er nicht als Haftender nach § 42 d Abs. 1 bis 5 EStG in Anspruch genommen werden. Hier bestimmt § 42 d Abs. 7 EStG, daß der Verleiher wie ein Entleiher nach § 42 d Abs. 6 EStG haftet. Insoweit kann er erst nach dem Entleiher auf Zahlung in Anspruch genommen werden.[447]

9. Folgen verdeckter Arbeitsverhältnisse (sog. Scheinselbständigkeit)

Häufig stellt sich erst nach längerer Zusammenarbeit heraus, daß ein von den Vertragsparteien als Freier-Mitarbeiter-Vertrag abgeschlossenes Beschäftigungsverhältnis entsprechend den tatsächlichen Gegebenheiten steuerrechtlich als Arbeitsverhältnis anzusehen ist. Dies hat zur Folge, daß der Arbeitgeber die Grundsätze des Lohnsteuerverfahrens zu beachten hatte, also verpflichtet war, Lohnsteuer einzubehalten und abzuführen. Der freie Mitarbeiter hat dann dem Arbeitgeber zu Unrecht Rechnungen mit Umsatzsteuerausweis gestellt und war verpflichtet, die vereinnahmte Umsatzsteuer an das Finanzamt abzuführen. Der Arbeitgeber seinerseits hat die von ihm an den freien Mitarbeiter gezahlten Umsatzsteuerbeträge als Vorsteuer geltend gemacht. War der Scheinselbständige als Subunternehmer in einem fremden Unternehmen tätig, d. h. in das Kundenunternehmen des Arbeitgebers eingegliedert, kann das Vertragsverhältnis darüber hinaus die Voraussetzungen der illegalen Arbeitnehmerüberlassung erfüllt haben, so daß sich haftungsrechtliche Auswirkungen ergeben.[448]

---

446 *Mösbauer*, FR 1996, 281 (285), *Küttner/Huber*, Personalbuch 1998, Arbeitnehmerüberlassung, Rn. 51.

447 Abschn. 146 Abs. 7 Sätze 1 und 2 LStR.

448 Vgl. zu Arbeitnehmerüberlassung unter Teil 2 Kap. 8. sowie *Küttner/Bauer*, Personalbuch 1998, Freie Mitarbeit, Rn. 18.

9.1 Einkommensteuer

Bei Aufdeckung eines Scheindienst- bzw. -werkvertrages ist der als freier Mitarbeiter Beauftragte als Arbeitnehmer anzusehen, so daß den Arbeitgeber die Anzeigepflichten nach §§ 38 Abs. 4, 41 c Abs. 4 EStG treffen. Er hat dem Betriebsstättenfinanzamt unverzüglich mitzuteilen, daß Lohnsteuer zu erheben war, da ihm ansonsten spätestens in diesem Zeitpunkt auch strafrechtliche Konsequenzen drohen.[449] Der bisher unterbliebene Lohnsteuerabzug führt jedoch nicht zwingend zu einkommensteuerrechtlichen Folgen, da nach § 2 Abs. 1 EStG sowohl die Einkünfte aus selbständiger als auch aus nichtselbständiger Tätigkeit der Einkommensbesteuerung unterliegen, wobei regelmäßig derjenige Steuerschuldner ist, der die Einkünfte bezieht. Für den Arbeitnehmer ist dies in § 38 Abs. 2 Satz 1 EStG niedergelegt.[450]

9.1.1 Vergütungsansprüche des Scheinselbständigen

Für die Besteuerung der dem Mitarbeiter gezahlten bzw. zu zahlenden Vergütung ist zu entscheiden, ob das im Rahmen des Freien-Mitarbeiter-Vertrages vereinbarte Entgelt in gleicher Höhe als Arbeitslohn anzusehen ist. Arbeitsrechtlich wird für die Bemessung der dem Scheinselbständigen zu zahlenden Arbeitsvergütung danach unterschieden, ob die Vertragsparteien bewußt, d. h. zur Vermeidung der sich im Rahmen eines Arbeitsverhältnisses ergebenden Rechtsfolgen, die Vertragsform des freien Mitarbeiters gewählt haben oder sich im beiderseitigen Rechtsirrtum befanden.[451] Im Fall der beabsichtigten Umgehung der sozial- und lohnsteuerrechtlichen Folgen des Arbeitsverhältnisses wird das Vertragsverhältnis als nichtig angesehen. Entsprechend § 10 Abs. 1 Satz 4 AÜG wird vom Beginn der Tätigkeitsaufnahme an, ein Arbeitsverhältnis zu den für die verrichtete Tätigkeit im Unternehmen des Vertragspartners geltenden Vorschriften fingiert.[452]

---

449 Steuerrechtlich kommt der Straftatbestand der Steuerhinterziehung nach § 370 AO bzw. eine Ordnungswidrigkeit wegen leichtfertiger Steuerverkürzung nach § 378 AO in Betracht.

450 Ausnahme sind die Fälle der Lohnsteuerpauschalierung, vgl. dazu unter Teil 2 Kap. 7.2.

451 *Küttner/Bauer*, Personalbuch 1998, Freie Mitarbeit, Rn. 19 ff.

452 BAG vom 9. 11. 1994, BB 1995, 1293 = DB 1995, 1566. Nach dem Gesetz zu Korrekturen in der Sozialversicherung und zur Sicherung der Arbeitnehmerrechte vom 19. 12. 1998, ist in § 7 SGB IV ein Absatz 4 eingefügt worden, der Merkmale

Befanden sich die Parteien in einem beiderseitigen Rechtsirrtum über das Bestehen eines Arbeitsverhältnisses, erfolgt nur bei noch nicht beendeten Vertragsverhältnissen eine künftige Anpassung des Vertrages nach den Grundsätzen über den Wegfall der (subjektiven) Geschäftsgrundlage.[453] Für die Vergangenheit sind in beiden Fällen weder Mehr- noch Minderzahlungen auszugleichen, d. h. höhere Vergütungen nach dem vereinbarten Dienst- bzw. Werkvertrag kann der Arbeitgeber vom Beschäftigten nicht zurückfordern.[454]

Dem entspricht regelmäßig die einkommensteuerechtliche Beurteilung des Sachverhalts. Bei Aufdeckung der Scheinselbständigkeit wird die Auslegung des Vertragsverhältnisses anhand des beiderseitigen Parteiwillens im Regelfall ergeben, daß die vom Arbeitgeber gezahlte Vergütung als Bruttovergütung gewollt war, so daß der Scheinselbständige nach § 38 Abs. 2 Satz 1 EStG Schuldner der Lohnsteuer ist. Die bisher gezahlte Vergütung wird in gleicher Höhe als vertraglich geschuldeter Bruttoarbeitslohn angesehen. Hat der als freier Mitarbeiter Beschäftigte bisher Einkommensteuervorauszahlungen in ausreichender Höhe geleistet, sind insoweit keine nennenswerten Nachforderungen zu befürchten. Lediglich infolge der unterschiedlichen Zuordnung der Einkünfte können sich bei der Berechnung des zu versteuernden Einkommens Differenzen ergeben.

Führt die Auslegung des von den Parteien vereinbarten Beschäftigungsverhältnisses zu dem Ergebnis, daß zwischen Arbeitgeber und Arbeitnehmer eine Nettolohnvereinbarung beabsichtigt war, ist der Arbeitnehmer gleichfalls Schuldner der Lohnsteuer. Der Arbeitgeber ist jedoch zivilrechtlich verpflichtet, den Arbeitnehmer von den Steuer- und Sozialversicherungsbeiträgen freizustellen.[455] Das hat für den Scheinselbständigen zur Folge, daß er von seinem – nun als Arbeitgeber anzusehenden – Auftraggeber zusätzlich zu der bereits erhaltenen

enthält, wann ein Beschäftigter sozialversicherungsrechtlich als Arbeitnehmer gilt, vgl. Art. 3, Änderung des Vierten Sozialgesetzbuchs, BGBl. I 1998, 3846. Gleichzeitig ist § 14 SGB IV um einen Absatz 4 erweitert werden. Danach gilt bei einer Beschäftigung, die nach dem Einkommensteuerrecht als selbständige Tätgkeit bewertet wird, als Arbeitsentgelt ein Einkommen in Höhe der Bezugsgröße, bei Nachweis eines niedrigeren oder höheren Einkommens jedoch dieses Einkommen für die Sozialversicherungspflicht.

453 BAG vom 9. 7. 1986, BB 1987, 812 = DB 1986, 2676.

454 *Küttner/Bauer*, Personalbuch 1998, Freie Mitarbeit, Rn. 20.

455 Vgl. zur Nettolohnvereinbarung unter Teil 2 Kap. 7.1.2.

Vergütung die Übernahme der Steuern und Sozialversicherungsbeiträge verlangen kann. Hat er Einkommensteuervorauszahlungen in ausreichender Höhe geleistet, besteht für den Arbeitgeber keine Gefahr, daß er vom Finanzamt im Wege der Lohnsteuerhaftung in Anspruch genommen wird. Er hat daher die entsprechenden Beträge zusätzlich an den Arbeitnehmer auszuzahlen.

9.1.2 Nachforderungsverfahren beim Arbeitnehmer

Hat der Scheinselbständige im Rahmen seiner Einkommensteuerveranlagung die Steuerschuld bereits beglichen oder Vorauszahlungen in ausreichender Höhe auf seine Steuerschuld entrichtet, scheidet ein Nachforderungsverfahren gegen ihn aus. Ebenso besteht kein Anlaß für eine Haftung des Arbeitgebers.

Stehen dagegen noch Lohnsteueransprüche offen und will das Finanzamt den Arbeitnehmer wegen der ausstehenden Beträge in Anspruch nehmen, erläßt es gegen ihn einen Steuerbescheid in Form eines Nachforderungsbescheides, § 157 Abs. 1 AO. Ihm wird gleichzeitig ein Fälligkeitstermin für die Entrichtung der angeforderten Lohnsteuerbeträge von regelmäßig einem Monat gesetzt.[456] Gegen den Bescheid muß der Arbeitnehmer innerhalb eines Monats Einspruch einlegen, wenn er mit den Festsetzungen nicht einverstanden ist. So kann der Arbeitnehmer weiterhin die Ansicht vertreten, er sei selbständig tätiger freier Mitarbeiter. Zum anderen kommt in Betracht, daß die von ihm bisher als Betriebsausgaben geltend gemachten Aufwendungen (z. B. Fahrzeugkosten, Bewirtungskosten, Kosten des Arbeitszimmers oder Arbeitsmittel) nicht oder nicht in vollem Umfang als Werbungskosten der nichtselbständigen Tätigkeit anerkennt werden.

Ist die bisher getroffene Vergütungsabrede im Sinne einer Nettolohnabrede auszulegen, ist der Arbeitnehmer zwar Steuerschuldner, hat jedoch in Höhe der Lohnsteuerabzugsbeträge einen Ausgleichsanspruch gegen den Arbeitgeber. Dies wird das Finanzamt im Rahmen des Nachforderungsverfahrens bei der vorzunehmenden Ermessensprüfung zu berücksichtigen haben und auf diese Weise eine vorrangige Inanspruchnahme des Arbeitgebers in Betracht ziehen. Der Erlaß eines Haftungsbescheides trotz Steuerschuldnerschaft des Arbeitneh-

---

456 Vgl. Abschn. 145 Abs. 10 LStR.

mers ist bei Vorliegen einer Nettolohnvereinbarung als gerechtfertigt anzusehen, weil der Arbeitgeber letztlich ohnehin die entsprechenden Steuernachforderungen zu bezahlen hat. Da der Arbeitgeber nur in Ausnahmefällen die Steuerschuld übernehmen wird, muß sein dahingehender Wille klar aus der vertraglichen Vereinbarung erkennbar sein, wofür der Arbeitnehmer die Darlegungs- und Beweislast trägt.[457]

Für weiter zurückliegende Sachverhalte kann es in den Fällen der Lohnsteuernacherhebung von Bedeutung sein, ob die den geänderten Festsetzungen zugrundeliegenden Steuern nicht bereits verjährt sind. Eine Geltendmachung der Nachforderungsbeträge seitens der Finanzbehörde wäre dann nicht mehr zulässig, da im Steuerrecht nach § 47 AO die Verjährung zum Erlöschen des Anspruchs führt. Das Finanzamt darf die Festsetzung von Steuern, Erstattungs- und Vergütungsansprüchen nur innerhalb der Festsetzungsfrist vornehmen. Das gleiche gilt für jede Änderung, Aufhebung und Berichtigung der Steuerfestsetzungen, gleichgültig, ob diese zugunsten oder zu ungunsten des Steuerpflichtigen vorgenommen wurde. Ansprüche aus dem Steuerschuldverhältnis verjähren zum einen im Rahmen des Festsetzungsverfahrens mit Ablauf der Festsetzungsfrist, zum anderen im Rahmen des Steuererhebungsverfahrens durch Ablauf der Zahlungsfrist.[458] Eine Aufhebung bzw. Änderung von Steuerbescheiden nach Ablauf der Festsetzungsfrist führt jedoch nicht zur Nichtigkeit. Die Steuerbescheide sind vielmehr nur anfechtbar. Es ist daher dem freien Mitarbeiter dringend zu raten, Einspruch gegen die Steuerbescheide einzulegen, damit diese nicht bestandskräftig werden.

9.1.3 Haftungsverfahren gegen den Arbeitgeber

Sofern gegen den Scheinselbständigen Lohnsteuernachforderungsansprüche bestehen, haftet neben ihm der Arbeitgeber nach § 42 d Abs. 1 Nr. 1 EStG für die ordnungsgemäße Einbehaltung und Abführung der Lohnsteuer. Soweit die Haftung des Arbeitgebers reicht, sind Arbeitnehmer und Arbeitgeber nach § 42 d Abs. 3 Satz 1 EStG gegenüber dem Finanzamt Gesamtschuldner. Das Finanzamt kann sowohl den Arbeitgeber als auch den Arbeitnehmer wegen der gesamten ausste-

457 BAG vom 19. 12. 1963, BB 1964, 307 = DB 1964, 375; BAG vom 18. 1. 1974, BB 1974, 464 = DB 1974, 778; BFH vom 18. 5. 1972, BStBl. II 1972, 816 (818).
458 Vgl. zum Lohnsteuernachforderungsverfahren unter Teil 2 Kap. 8.1.4.1.

henden Lohnsteuer in Anspruch nehmen, also von beiden Vertragspartnern Lohnsteuerbeträge nachfordern.[459] Allerdings kann das Finanzamt nicht von vornherein den Arbeitgeber in Anspruch nehmen, um sich das ggf. aufwendigere Erhebungsverfahren gegenüber dem Arbeitnehmer zu ersparen.[460] Es hat nach pflichtgemäßen Ermessen zu prüfen, bei welchem Gesamtschuldner es die Lohnsteuer anfordert. Die Inanspruchnahme des Arbeitgebers muß der Billigkeit entsprechen und erkennen lassen, warum nicht der Arbeitnehmer als der eigentliche Steuerschuldner herangezogen wird. Gerade in schwierig gelagerten Abgrenzungsfällen kann dem Arbeitgeber nicht der Vorwurf gemacht werden, daß er das Mitarbeiterverhältnis unzutreffend eingeordnet hat und sich leichtfertig über die Einbehaltungspflicht hinweggesetzt oder die Einholung einer Anrufungsauskunft versäumt hat.[461] Eine vorrangige Inanspruchnahme des Arbeitgebers als Haftungsschuldner wird hier den Grundsätzen des Lohnsteuerrechts widersprechen.[462]

Auch für den Arbeitgeber stellt sich im Fall seiner Inanspruchnahme die Frage, ob er für zurückliegende Lohnzahlungszeiträume haften muß oder ob er sich auf eine etwaige Verjährung der Lohnsteuerschulden berufen kann. Wegen der Akzessorietät der Haftungsschuld darf ein Haftungsbescheid gegen den Arbeitgeber nicht mehr erlassen werden, wenn die der Haftungsschuld zugrundeliegende Lohnsteuer bereits verjährt ist.[463] Nach § 191 Abs. 3 AO sind auf den Erlaß eines Haftungsbescheids die Vorschriften über die Festsetzungsfrist entsprechend anzuwenden, so daß die regelmäßige Verjährung nach 4 Jahren, bei leichtfertiger Steuerverkürzung nach 5 Jahren und bei Steuerhinterziehung nach 10 Jahren eintritt. Die Frist beginnt bei Haftungsbescheiden mit Ablauf des Kalenderjahres, in dem der Tatbestand verwirklicht worden ist, an den das Gesetz die Haftungsfolge knüpft, § 191 Abs. 2 Satz 3 AO, bei der Lohnsteuerhaftung also mit Ablauf

---

459 Zur Lohnsteuerhaftung vgl. unter Teil 2 Kap. 8.1 sowie *v. Bornhaupt*, FR 1991, 365 (365).

460 A. A. *v. Bornhaupt*, FR 1991, 365 (367), der von einer Gleichrangigkeit von Haftungs- und Steuerschuld ausgeht.

461 BFH vom 14. 4. 1967, BStBl. III 1967, 469 (469).

462 Vgl. ausführlich zur Ermessensausübung bei der gesamtschuldnerischen Lohnsteuerhaftung unter Teil 2 Kap. 8.1.3.

463 *Thomas*, DStR 1995, 273 (276).

des Kalenderjahres, in dem einer der Haftungstatbestände des § 42 d Abs. 1 EStG verwirklicht worden ist. Da der Arbeitgeber für den von ihm als freien Mitarbeiter Beschäftigten keine Lohnsteueranmeldungen i. S. d. § 41 a EStG beim Finanzamt abgegeben hat, beginnt die Frist erst mit Ablauf des Kalenderjahres, in dem die Steuerfestsetzung oder die Steueranmeldung beim Finanzamt eingereicht wird (Anlaufhemmung), spätestens jedoch mit Ablauf des 3. Kalenderjahres, das auf das Kalenderjahr folgt, in dem die Steuer entstanden ist. Wichtig ist, daß gegenüber dem Arbeitgeber der Ablauf der Festsetzungsfrist durch die Anordnung einer Lohnsteueraußenprüfung gehemmt sein kann. Die Ablaufhemmung tritt für die Steuern ein, auf die sich die Prüfung tatsächlich erstreckt bzw. im Fall des Hinausschiebens der Prüfung erstrecken sollte, wenn vor Ablauf der Frist mit der Prüfung begonnen oder diese auf Antrag des Arbeitgebers hinausgeschoben worden ist. Sie endet, wenn die aufgrund der Außenprüfung ergangenen Steuerbescheide unanfechtbar geworden sind oder nach Bekanntgabe der Mitteilung über die Ergebnislosigkeit der Prüfung (§ 202 Abs. 1 Satz 3 AO) drei Monate verstrichen sind.[464]

Will das Finanzamt den Arbeitgeber in Anspruch nehmen, hat es gegen ihn einen schriftlichen Haftungsbescheid zu erlassen, § 191 Abs. 1 AO, sofern sich der Arbeitgeber nicht mit der Pauschalierung der Lohnsteuer einverstanden erklärt.[465] Im Fall der Pauschalierung ist dem Arbeitgeber ein späterer Rückgriff gegen den Arbeitnehmer nicht möglich, da er mit Erteilung seines Einverständnisses selbst Steuerschuldner wird. Der Arbeitgeber sollte daher, wenn er einen Rückgriff beim Arbeitnehmer in Erwägung zieht, auf der Durchführung des Haftungsverfahrens bestehen. Sind mehrere Arbeitnehmer betroffen, sollte er zudem verlangen, daß die Steuern für jeden Arbeitnehmer im Haftungsbescheid aufgegliedert werden, damit sein Erstattungsanspruch gegen die Arbeitnehmer durchsetzbar ist. Diesem Begehren muß das Finanzamt nachkommen, sofern die Aufgliederung nicht objektiv unmöglich oder nach den Grundsätzen von Recht und Billigkeit unzumutbar ist.[466] Die Änderung eines einmal erlassenen Haftungsbescheids richtet sich nach §§ 130 ff. AO. Legt der Scheinselbständige daher erfolgreich Einspruch gegen einen gegen ihn erlassenen Nach-

464 Vgl. zur Lohnsteuerhaftung des Arbeitgebers unter Teil 2 Kap. 8.1.4.2.
465 Ausnahmen von der Haftungsschuld sieht § 42 d Abs. 4 Nr. 1 und 2 EStG vor.
466 BFH vom 20. 5. 1980, BStBl. II 1980, 669; *Heidel/Pauly*, § 7 Rn. 167.

forderungsbescheid ein, kann der Arbeitgeber auch nach Bestandskraft des Haftungsbescheides verlangen[467], daß dieser korrigiert bzw. aufgehoben wird.

9.1.4 Rückgriffsanspruch des Arbeitgebers

Wird der Arbeitgeber als Haftungsschuldner der Lohnsteuer in Anspruch genommen, wird er versuchen, vom Arbeitnehmer als dem eigentlichen Schuldner der Lohnsteuer auf dem Zivilrechtsweg Ersatz zu verlangen. Die Ersatz- bzw. Rückgriffsforderung des Arbeitgebers stellt keinen öffentlich-rechtlichen Anspruch aus dem Steuerverhältnis dar, sondern ist durch die arbeitsvertraglichen Beziehungen geprägt. Es handelt sich um einen zivilrechtlichen Anspruch aus dem bestehenden Arbeitsvertragsverhältnis, der im Wege einer Zahlungsklage vor den Arbeitsgerichten geltend zu machen ist.[468] Das Bundesarbeitsgericht hat in ständiger Rechtsprechung[469] einen Rückerstattungsanspruch des Arbeitgebers dem Grunde nach bejaht. Begründet wird dies mit der Interessenlage beim Lohnsteuerabzugsverfahren, das auftragsähnliche Züge habe. Es konkretisiere zum einen die Fürsorgepflicht des Arbeitgebers, zum anderen die Redlichkeitspflicht des Arbeitnehmers. Der Arbeitgeber kann entsprechend § 670 BGB vom Arbeitnehmer Ersatz der Aufwendungen verlangen, die er bei Erfüllung des Erstattungsanspruchs gegenüber dem Finanzamt für den Arbeitnehmer gemacht hat. Voraussetzung ist, daß er die Aufwendungen den Umständen nach für erforderlich halten durfte. Insofern hängt die Durchsetzung des Erstattungsanspruchs davon ab, ob das Finanzamt den Arbeitnehmer in Höhe der ausstehenden Lohnsteuerbeträge in Anspruch nehmen konnte, wenn es sich unmittelbar an ihn gewandt hätte.[470] Waren die Nachforderungsansprüche gegen den Arbeitnehmer bereits verjährt, mußte der Arbeitgeber die ausstehenden Lohnsteuerbeträge nicht ausgleichen, so daß auch ein späterer Rückgriff beim Arbeitnehmer ausscheidet. Für den Fall, daß die Auslegung des zwischen den Parteien vereinbarten Beschäftigungsverhältnisses eine

---

467 *Plewka/Söffing*, NJW 1998, 1835.

468 BAG vom 9. 12. 1976, BStBl. II 1977, 581 (582) = BB 1977, 546.

469 BAG vom 14. 6. 1974, BB 1974, 1531 = DB 1974, 2210; BAG vom 24. 10. 1958, BStBl. III 1958, 384 sowie *Kunz/Kunz*, DB 1993, 326 (328); vgl. dazu auch Teil 1 und unter Teil 2 Kap. 8 Lohnsteuerhaftung.

470 BAG vom 9. 12. 1976, BStBl. II 1977, 581 (582) = BB 1977, 546.

Nettolohnvereinbarung ergeben sollte, scheidet ein Rückgriffsanspruch des Arbeitgebers aus[471], da der Arbeitgeber hier zivilrechtlich als Schuldner der nachzuentrichtenden Lohnsteuer anzusehen ist.

Häufig wird von seiten der Arbeitgeber auf die Durchsetzung des Rückgriffsanspruchs gegenüber den Arbeitnehmern verzichtet. Hintergrund ist, daß dem Arbeitgeber die Anschriften bereits ausgeschiedener Mitarbeiter nicht mehr bekannt sind, eine klageweise Durchsetzung möglicherweise kosten- und zeitaufwendig ist und eine Zwangsvollstreckung nicht immer Aussicht auf Erfolg verspricht. Auch wenn der freie Mitarbeiter eine herausragende Stellung im Unternehmen hatte oder möglicherweise künftig wieder für das Unternehmen tätig werden soll, sehen Arbeitgeber von einem Regreß ab. Steuerrechtlich wird der Verzicht als die Zuwendung eines geldwerten Vorteils angesehen. Die hat die unerwünschte Konsequenz, daß die vom Arbeitgeber beglichenen Steuerbeträge und Arbeitnehmeranteile zur Sozialversicherung im Zeitpunkt des Regreßverzichts als zusätzlicher Arbeitslohn zu versteuern sind.[472]

9.2 Umsatzsteuer

Der freie Mitarbeiter hat über die von ihm erbrachten Leistungen Rechnungen ausgestellt, die zu Unrecht Umsatzsteuerbeträge ausweisen. Die vereinnahmte Umsatzsteuer hatte er an das Finanzamt abzuführen. Gleichzeitig wird sein Auftraggeber, die ihm von dem freien Mitarbeiter in Rechnung gestellte Umsatzsteuer bei der eigenen Umsatzsteuererklärung als Vorsteuer in Abzug gebracht haben.

9.2.1 Folgen für den Arbeitnehmer

9.2.1.1 Qualifizierung der erstellten Rechnungen

Bei Vorliegen einer Scheinselbständigkeit ist der als freier Mitarbeiter Beschäftigte in Wirklichkeit mangels selbständiger Tätigkeit kein Unternehmer. Die bloße Absicht, sich als Selbständiger nachhaltig zur Erzielung von Einnahmen zu betätigen, begründet die Unternehmerei-

471 Vgl. Teil 2 Kap. 9.1.2.

472 BFH vom 24. 4. 1961, BStBl. III 1961, 285 (286); *Schmidt/Drenseck*, EStG, § 42 d Rn. 10; *Kunz/Kunz*, DB 1993, 326 (329).

genschaft nicht.[473] Nach § 14 Abs. 4 UStG können Rechnungen nur von einem Unternehmer oder in seinem Auftrag von einem Dritten ausgestellt werden. Die Abrechnungspapiere der Nichtunternehmer nennt § 14 Abs. 3 Satz 2 UStG „andere Urkunden", sofern sie die in § 14 UStG geforderten Rechnungsangaben enthalten.[474] Sie sind nach ihrem äußeren Erscheinungsbild so beschaffen, daß der Empfänger daraus den Vorsteuerbetrag abziehen könnte, wenn der Aussteller Unternehmer wäre.[475] Folge ist, daß der in diesen Urkunden ausgewiesene Steuerbetrag vom Aussteller geschuldet wird, dem Rechnungsempfänger dagegen der Vorsteuerabzug versagt ist. Unerheblich ist, ob der von dem Nichtunternehmer ausgestellten Urkunde eine Leistung zugrunde liegt oder die Rechnung über einen nicht ausgeführten Umsatz ausgestellt wurde.[476] Die Pflicht zu Abführung der Umsatzsteuer trifft den Nichtunternehmer auch dann, wenn ihm nicht bewußt war, daß er kein Unternehmer ist bzw. sich irrtümlich für einen Unternehmer hielt.[477]

9.2.1.2 Rechnungsberichtigung

Es stellt sich daher die Frage, ob der Scheinselbständige eine nachträgliche Berichtigung des Steuerausweises vornehmen kann. Eine Berichtigungsmöglichkeit sieht § 14 Abs. 2 Satz 2 UStG i. V. m. § 17 Abs. 1 UStG gegenüber dem Rechnungsempfänger vor.[478] Danach kann eine Korrektur der ausgestellten Rechnung erfolgen, wenn ein zu hoher Steuerbetrag ausgewiesen wurde oder sich die Bemessungsgrundlage für einen steuerpflichtigen Umsatz geändert hat. Auf andere Urkunden i. S. d. § 14 Abs. 3 Satz 2 UStG findet die Vorschrift ihrem Wortlaut gemäß keine Anwendung. Über die im Gesetz erwähnten Fälle hinaus läßt die Rechtsprechung[479] eine Rechnungskorrektur

---

473 BFH vom 18. 3. 1988, BStBl. II 1988, 646 (648) m. w. N.

474 *Kraeusel*, Das neue Umsatzsteuerrecht, § 14 Rn. 64.

475 *Birkenfeld*, Umsatzsteuer-Handbuch, II Rn. 463.

476 *Kraeusel*, Das neue Umsatzsteuerrecht, § 14 Rn. 58; *Peter-Burhoff/Stöcker*, § 14 UStG Rn. 311.

477 BFH vom 8. 12. 1988, BStBl. II 1989, 250 (252); BFH vom 24. 4. 1986, BFH/NV 1987, 745 (746); *Birkenfeld*, Umsatzsteuer-Handbuch, II Rn. 462; *Reiss*, UR 1989, 178 (178).

478 Vgl. Abschn. 189 Abs. 1 UStR.

479 BFH vom 7. 5. 1981, BStBl. II 1981, 547 (549); BFH vom 8. 12. 1988, BStBl. II 1989, 250 (252).

zu, wenn der Austeller eines Abrechnungspapiers die Steuerbarkeit oder Steuerfreiheit einer ausgeführten Leistung unzutreffend beurteilt und deswegen falsche Abrechnungskonsequenzen zieht. Wird die versehentlich unzutreffende Behandlung des Steuervorfalls durch den leistenden Unternehmer, z. B. im Rahmen einer Umsatzsteuerprüfung, aufgedeckt, wird eine Berichtigung analog § 14 Abs. 2 Satz 1 UStG i. V. m. § 17 Abs. 1 UStG für zulässig erachtet. Voraussetzung ist, daß der leistende Unternehmer den irrtümlich ausgewiesenen Steuerbetrag und der Leistungsempfänger den Vorsteuerabzug korrigieren.[480] Die Berichtigungsmöglichkeit ist jedoch auf Sachverhalte beschränkt, in denen die zu berichtigende Rechnung von einem Unternehmer ausgestellt wurde. Auf die Fälle des gesonderten Steuerausweises durch Nichtunternehmer, die sich rechtsirrtümlich für Unternehmer halten, ist § 14 Abs. 2 UStG nach h. M. nicht entsprechend anzuwenden.[481] Entsprechend dem vom Gesetzgeber beabsichtigten Zweck der Berichtigung gilt § 14 Abs. 2 UstG ausschließlich für Unternehmer und untersagt eine Ausweitung auf die Abrechnungspapiere der Nichtunternehmer. Bei ihnen sei eine übereinstimmende Korrektur des vom Leistenden ausgewiesenen Steuerbetrages und des vom Leistungsempfängers geltend gemachten Vorsteuerabzugs nicht sichergestellt.[482]

Demnach schuldet der Scheinselbständige den in seinen Rechnungen gesondert ausgewiesenen Steuerbetrag allein aufgrund der Tatsache, daß er gegen das Steuerausweisverbot verstoßen hat. Er hat keine Möglichkeit, die von ihm ausgestellten Rechnungen nachträglich zu korrigieren.[483] Dieses Ergebnis ist in der Fachliteratur[484] wiederholt auf Kritik gestoßen. Es sei zwar nicht zu beanstanden, daß der Rechnungsaussteller mit einer endgültigen Umsatzsteuerschuld belastet werde, wenn ihm und dem Rechnungsempfänger ein mißbräuchliches Zusammenwirken nachgewiesen werden könne. Sofern die Inrechnungstellung jedoch irrtümlich erfolgte und es tatsächlich nicht zu ei-

480 BFH vom 8. 12. 1988, BStBl. II 1989, 250 ff. (252).

481 BFH vom 8. 12. 1988, BStBl. II 1989, 250 (250).

482 BFH vom 21. 1. 1980, BStBl. II 1980, 283 (287).

483 BFH vom 8. 12. 1988, BStBl. II 1989, 250 (251); *Kraeusel*, Das neue Umsatzsteuerrecht, § 14 Rn. 65; *Birkenfeld*, Umsatzsteuer-Handbuch, II Rn. 449.

484 Vgl. z. B. die Beiträge von *Buchwald*, UR 1996, 1 ff.; *Völkel*, UR 1991, 160 ff.; *Reiss*, UR 1989, 178 ff.

ner Vorsteuererstattung gekommen sei oder diese rückgängig gemacht werde, genüge eine Ausfallhaftung des Rechnungsausstellers.[485] Weiter wird darauf hingewiesen, daß die generelle Versagung der Rechnungsberichtigung im Widerspruch zu Art. 20 Abs. 1 Buchstabe a) der 6. Umsatzsteuer-Richtlinie der EG stehe.[486] Danach hätten die Mitgliedstaaten durch innerstaatliches Recht zu gewährleisten, daß jede zu Unrecht berechnete Steuer berichtigt werden kann, sofern der Aussteller der Rechnung seinen guten Glauben nachweist. Bei nachweisbarem (entschuldbarem) Irrtum müsse § 14 Abs. 3 UStG richtlinienkonform dahingehend ausgelegt werden, daß eine Rechnungsberichtigung möglich sei. Ansonsten werde der Grundsatz der Neutralität der Mehrwertsteuer verletzt.[487]

Trotz dieser Hinweise aus der steuerrechtlichen Fachliteratur hat der Bundesfinanzhof[488] wiederholt seine Ansicht bestätigt, daß er § 14 Abs. 3 UStG verfassungsrechtlich für unbedenklich hält. Eine einschränkende Auslegung durch Berücksichtigung subjektiver Elemente oder des Umfangs der im Einzelfall eingetretenen Steuergefährdung widerspreche der generalpräventiven Zielsetzung der Vorschrift. Dieser Auffassung hat sich das Bundesverfassungsgericht[489] durch die Nichtannahme einer entsprechenden Verfassungsbeschwerde angeschlossen. Der unberechtigten Begebung von Abrechnungspapieren müsse im Wege einer Gefährdungshaftung durch die generelle Versagung der Berichtigungsmöglichkeit entgegengewirkt werden, weil der Empfänger eines Abrechnungspapiers die Möglichkeit habe, sich durch eine von ihm selbst erstellte Steueranmeldung ohne Wissen des Finanzamts unberechtigt Vorsteuern erstatten zu lassen.[490] Dadurch bringe der Rechnungsaussteller das Steueraufkommen zumindest partiell in Gefahr. Das Massenverfahren der Umsatzsteuer erlaube keine

---

485 *Reiss*, UR 1989, 178 (180); *Birkenfeld*, Umsatzsteuer-Handbuch, II Rn. 449 ff.

486 Sechste Richtlinie (EWG) Nr. 77/388 zur Harmonisierung der Rechtsvorschriften der Mitgliedstaaten über die Umsatzsteuern vom 17. 5. 1977, abgedruckt in Beck'sche Textausgabe, Steuergesetze, unter Nr. 551.

487 *Birkenfeld*, Umsatzsteuer-Handbuch, II, Rn. 449.

488 BFH vom 10. 12. 1981, BStBl. II 1982, 229 ff. (230); BFH vom 27. 10. 1993, BStBl. II 1994, 277 f. (278); BFH vom 28. 1. 1993, BStBl. II 1993, 357 ff. (358 f.); BFH vom 4. 5. 1995, BStBl. II 1995, 747.

489 BVerfG vom 5. 5. 1992, UVR 1992, 208.

490 *Birkenfeld*, Umsatzsteuer-Handbuch, II Rn. 459; BFH vom 10. 12. 1981, BStBl. II 1982, 229 ff. (230); BFH vom 8. 12. 1988, BStBl. II 1989, 250 (252).

Differenzierung nach dem tatsächlich nachgewiesenen Mißbrauch bzw. einer tatsächlichen Schädigung des Fiskus.

Unter Heranziehung dieser Rechtsprechung hat der Scheinselbständige die in seinen Rechnungen ausgewiesene Umsatzsteuer unabhängig davon an das Finanzamt abzuführen, ob sein Auftraggeber, d. h. der Arbeitgeber, den Vorsteuerabzug durchgeführt hat oder nicht.[491] Einen Anspruch auf nachträgliche Korrektur bei Aufdeckung des verdeckten Anstellungsverhältnisses hat er nicht. Er kann, auch wenn er gutgläubig davon ausging, selbständig zu sein, die von ihm bereits an das Finanzamt abgeführte Umsatzsteuer regelmäßig nicht zurückfordern. Die von seinem Vertragspartner auf die von ihm ausgestellten Rechnungen bereits gezahlte Umsatzsteuer muß er, sofern noch nicht geschehen, an das Finanzamt abführen.

9.2.1.3 Billigkeitsmaßnahmen nach §§ 163, 227 AO

Für den Scheinselbständigen bleibt daher nur die Möglichkeit, einen Antrag auf Erlaß der Umsatzsteuer aus sachlichen Billigkeitsgründen nach §§ 163, 227 AO beim Finanzamt zu stellen. Nach diesen Vorschriften kann die Einziehung einer Steuer aus sachlichen Gründen unbillig sein, wenn die Besteuerung im Einzelfall mit dem Sinn und Zweck des Gesetzes nicht vereinbar ist.[492] Diese Voraussetzung ist erfüllt, soweit nach dem erklärten oder mutmaßlichen Willen des Gesetzgebers angenommen werden kann, der Gesetzgeber würde die Frage – hätte er sie geregelt – im Sinne der beantragten Billigkeitsentscheidung beantwortet haben. Ein Erlaß kann weiter gerechtfertigt sein, wenn ein Sachverhalt zwar den gesetzlichen Tatbestand einer Steuervorschrift erfüllt, aber die Besteuerung nicht mit den Wertungen des Gesetzgebers in Einklang steht. Sind die Steuern bereits bestandskräftig festgesetzt, können sie im Billigkeitsverfahren nur noch nachgeprüft werden, wenn die Festsetzung offensichtlich und eindeutig unrichtig ist und es dem Steuerpflichtigen nicht möglich oder zumutbar war, sich gegen die Fehlerhaftigkeit zu wehren.[493] Ein Erlaß kommt andererseits nicht in Betracht, wenn Umstände vorliegen, die dem Be-

491 Abschn. 190 Abs. 6 Satz 1 UStR.

492 Vom 24. 9. 1987, BStBl. II 1988, 561 (562) m. w. N.; BFH vom 9. 9. 1993 BFH-N, § 14 Abs. 3 UStG 1980 Nr. 14 Bl. 278).

493 Vom 23. 11. 1995, UR 1996, 190 (193); BFH vom 30. 4. 1981, BStBl. II 1981, 611.

steuerungszweck entsprechen oder die der Gesetzgeber bei der Besteuerung bewußt in Kauf genommen hat.

Nach Ansicht des Bundesfinanzhofs[494] entspricht die in § 14 Abs. 3 UStG niedergelegte Steuerpflicht trotz der fehlenden Korrekturmöglichkeit den Wertungen des Gesetzgebers und stellt demgemäß keinen Fall der unbilligen Härte dar. Ein Gefährdungsdelikt setze gerade nicht in jedem Einzelfall einen Schaden voraus.[495] Der Bundesgerichtshof verweist demgegenüber in einem neueren Urteil[496] – unter Bezugnahme auf die Ausführungen in der Fachliteratur[497] – auf den Grundsatz der Neutralität der Mehrwertsteuer, dem durch eine entsprechende Auslegung des § 14 Abs. 3 UStG Rechnung zu tragen sei. Die Berichtigungsvorschrift habe nur zur Aufgabe, der mißbräuchlichen Verwendung von Abrechnungspapieren entgegenzuwirken, nicht aber selbständig neue Einnahmequellen für den Staat zu erschließen. Eine Gefährdung des Steueraufkommens falle weg, wenn es dem Rechnungsaussteller gelinge, das von ihm ausgestellte Abrechnungspapier vor Verwendung durch den Rechnungsempfänger wieder in die Hand zu bekommen oder die Gefährdungslage durch rechtzeitige andere Maßnahmen, z. B. die Anzeige beim Finanzamt, zu beseitigen. In diesen Fällen sei die Finanzbehörde aus Billigkeitsgründen verpflichtet, eine „Rechnungsberichtigung“ zuzulassen, sofern sämtliche Vorsteuern, die aufgrund der Rechnung abgezogen wurden, tatsächlich in die Steuerkasse zurückgezahlt werden. Sofern der Rechnungsaussteller nachweislich in gutem Glauben war, entfalle die mit der Vorschrift bezweckte Abschreckungswirkung. Redliche Bürger könnten nicht wirksam von einem bloßen Rechtsirrtum abgeschreckt werden, erst recht nicht, wenn er entschuldbar sei.

Der Rechnungsaussteller muß sich also in doppelter Hinsicht entlasten. Er hat einmal dafür Sorge zu tragen, daß das Steueraufkommen tatsächlich nicht geschmälert wird, zum anderen muß er seine Gutgläubigkeit nachweisen. Unter dieser Voraussetzung werden die Finanzbehörden verpflichtet sein, dem Nichtunternehmer die geschuldete Steuer zu erlassen, wenn gleichzeitig die Vorsteuern, die auf-

494 Vom 9. 9. 1993, BFH-N, § 14 Abs. 3 UStG 1980 Nr. 14 Bl. 278.

495 *Wetzel*, DStZ 1996, 550 (553).

496 BGH vom 23. 11. 1995, UR 1996, 190 (193/194).

497 Vgl. z. B. die Beiträge von *Buchwald*, UR 1996, 1 ff.; *Völkel*, UR 1991, 160 ff.; *Reiss*, UR 1989, 178 ff.

grund seiner Rechnung abgezogen wurden, zurückgezahlt werden. Diese Auslegung entspricht dem Rechtsgedanken des § 14 Abs. 3 UStG wonach nur eine mißbräuchliche Rechnungsverwendung zum Zwecke des Vorsteuerabzugs sanktioniert werden soll.[498]

9.2.2 Folgen für den Arbeitgeber

9.2.2.1 Recht zum Vorsteuerabzug

Für den Arbeitgeber ergeben sich die entsprechenden Konsequenzen hinsichtlich seiner Berechtigung zum Vorsteuerabzug. Nach § 15 UStG setzt die Inanspruchnahme des Vorsteuerabzugs voraus, daß die Abrechnung die in § 14 enthaltenen Rechnungsangaben enthält. Daher können Vorsteuerbeträge auch aus Rechnungen über nichtsteuerbare oder steuerfreie Leistungen abgezogen werden oder aus Abrechnungen der Kleinunternehmer, sofern ein gesonderter Steuerausweis erfolgt.[499] Unerheblich für das Recht zum Vorsteuerabzug ist weiter, ob der Rechnungsaussteller die Leistung im Rahmen seines Unternehmens erbringt.[500] Voraussetzung ist aber, daß der Leistungserbringer eine ordnungsgemäße Abrechnung erteilt, also Unternehmer ist. Steuern, die einem Unternehmer von einem Nichtunternehmer in Rechnung gestellt werden, sind daher – obwohl sie von diesem nach § 14 Abs. 3 UStG geschuldet werden – nicht abziehbar.[501] Im System der Allphasen-Netto-Umsatzsteuer mit Vorsteuerabzug soll die umsatzsteuerliche Entlastung der Vorbezüge nur innerhalb der Unternehmerkette stattfinden. Die Unternehmereigenschaft des Leistenden muß daher tatsächlich gegeben sein, wobei der Empfänger die Feststellungslast für das Vorhandensein der den Anspruch begründenden Tatsachen trägt.[502] Zweifel an der Unternehmereigenschaft des Rech-

---

498 *Peter-Burhoff/Stöcker*, Umsatzsteuer, § 14 Rn. 312/2; *Birkenfeld*, Umsatzsteuer-Handbuch II, Rn. 449; *Kraeusel*, Das neue Umsatzsteuerrecht, § 14 Rn. 65; *Stadie*, Das Recht des Vorsteuerabzugs, S. 124, 125.

499 Ausnahme ist die Abrechnung mittels Gutschrift.

500 *Völkel/Karg*, Umsatzsteuer, S. 320; *Stadie*, Das Recht des Vorsteuerabzugs, S. 58; in diesen Fällen kann der Vorsteuerabzug aber ggf. korrigiert werden, BFH vom 8. 12. 1988, BStBl. II 1989, 250 (252).

501 Vgl. Abschn. 192 Abs. 12 Satz 7 UStR unter Hinweis auf BFH vom 8. 12. 1988, BStBl. II 1989, 250 (252); *Stadie*, Das Recht des Vorsteuerabzugs, S. 58, 59.

502 BFH vom 19. 10. 1978, BStBl. II 1979, 345 ff. (347); *Peter-Burrhoff/Stöcker*, Umsatzsteuer, § 15 Rn. 104.

nungsausstellers gehen zu Lasten des Rechnungsempfängers. Auch ein Schutz des guten Glaubens gibt es im Rahmen des § 15 Abs. 1 UStG nicht.[503] Der die Leistung beziehende Unternehmer hat deswegen keine „Pflicht", die Unternehmereigenschaft des Leistungserbringers zu prüfen, sondern er bemüht sich bei der Feststellung der Unternehmereigenschaft allein zur Wahrnehmung eigener Obliegenheiten. Dem Arbeitgeber des Scheinselbständigen ist also der Vorsteuerabzug versagt bzw. das Finanzamt wird den bereits geltend gemachten Vorsteuerabzug wieder rückgängig machen. Auch der gute Glaube des Arbeitgebers an die Unternehmereigenschaft des freien Mitarbeiters oder sogar beider Beteiligter des Leistungsaustauschs an die Unternehmereigenschaft des Scheinselbständigen schützt ihn nicht.[504]

9.2.2.2 Billigkeitsmaßnahmen des Finanzamts

Das Risiko der fehlenden Unternehmereigenschaft des Rechnungsausstellers hat nach der gesetzlichen Wertung des § 15 Abs. 1 UStG grundsätzlich der Leistungsempfänger zu tragen. Es soll im Wege der Billigkeitsmaßnahme nach § 163 Abs. 1 AO nicht auf den Fiskus abgewälzt werden. Hintergrund ist, daß dem Leistungsempfänger die Möglichkeit verbleibt, auf dem Zivilrechtsweg beim Rechnungsaussteller Regreß zu nehmen.[505] Nur ausnahmsweise soll bei ernsthaften Zweifeln an der Unternehmereigenschaft des Vertragspartners der Vorsteuerabzug gewährt werden. Vorausgesetzt wird, daß sich der Leistungsempfänger von dem Rechnungsaussteller eine schriftliche Versicherung hat vorlegen lassen, in der er unter Angabe seines Berufs- oder Gewerbezweiges bestätigt, daß er Unternehmer ist und die Umsätze im Rahmen seines Unternehmens bewirkt. In diesem Fall soll der gute Glaube an die Unternehmereigenschaft des Rechnungsausstellers schützenswert[506] und damit ein Erlaß gerechtfertigt sein.[507] Die Billigkeitsmaßnahme setzt allerdings voraus, daß zivil-

---

503 BFH vom 24. 4. 1986, BFH/NV 1987, 745 (746).

504 BFH vom 8. 12. 1988, BStBl. II, 1989, 250 ff. (252); *Lippross*, Umsatzsteuer, S. 546; *Peter-Burhoff/Stöcker*, Umsatzsteuer, § 15 Rn. 105.

505 *Stadie*, Das Recht des Vorsteuerabzugs, S. 58.

506 BFH vom 19. 10. 1978, BStBl. 1979 II, 345 (347).

507 *Stadie*, Das Recht des Vorsteuerabzugs, S. 59; *Peter-Burhoff/Stöcker*, Umsatzsteuer, § 15 Rn. 107.

rechtliche Ansprüche des Leistungsempfängers gegen den Rechnungsaussteller nicht mehr durchsetzbar sind.

Um notfalls seine Gutgläubigkeit gegenüber den Finanzbehörden nachweisen zu können, ist dem Arbeitgeber anzuraten, sich möglichst noch vor dem Abschluß des Beschäftigungsverhältnisses zu vergewissern, ob der als freier Mitarbeiter Beauftragte Unternehmer ist. Er sollte auf der Vorlage der Bescheinigung des Betriebsstättenfinanzamts bestehen, aus der sich die Umsatzsteuerpflicht des freien Mitarbeiters ergibt.[508] Sind die erteilten Aufträge dem gewerblichen Bereich zuzurechnen, sollte zusätzlich die Vorlage der Gewerbeanmeldung verlangt werden. Spätestens bei Rechnungsempfang sollte die Prüfung der Unternehmereigenschaft nochmals auf die Rechnungsformulare und Briefbögen des freien Mitarbeiters erstreckt werden. Kann der Arbeitgeber nachweisen, daß sein Vertrauen auf die Selbständigkeit des freien Mitarbeiters berechtigt war, besteht die Möglichkeit, daß das Finanzamt im Wege der Billigkeitsmaßnahme nach §§ 163, 227 AO von der Rückforderung der zu Unrecht abgezogenen Vorsteuern absieht. Dem Erlaßantrag des Arbeitgebers wird das Finanzamt aber nur entsprechen, wenn ein schwieriger Abgrenzungsfall vorliegt[509] und der Arbeitgeber sich bei etwaigen Zweifelsfällen auch der Lohnsteueranrufungsauskunft[510] bedient hat.

9.2.2.3 Durchsetzung der Rückforderungsansprüche des Finanzamts

Nach der Systematik der Abgabenordnung verwirklicht sich der Abzug der Vorsteuern als Steuervergütung in der Weise, daß eine Festsetzung in Gestalt einer Steuervergütungsanmeldung oder eines Steuervergütungsbescheids erfolgt, wobei bis zur Höhe einer gleichzeitig festgesetzten Umsatzsteuer eine Verrechnung vorgenommen wird. Ein übersteigender Vergütungsbetrag ist nach § 218 Abs. 1 AO i. V. m. § 220 Abs. 2 AO auszuzahlen.[511] Erfolgte die Vergütung wegen der Nichtunternehmereigenschaft des Rechnungsausstellers zu Unrecht, muß das Finanzamt vor der Rückforderung der vergüteten bzw. verrechneten Vorsteuern den bisherigen Bescheid in entsprechender An-

508 FG Köln, Urt. vom 29. 3. 1990, Az. 5 K 642/88, n.V.
509 *Kunz/Kunz*, DB 1993, 326 (329).
510 Zur Lohnsteueranrufungsauskunft vgl. unter Teil 2 Kap. 3.1.
511 *Stadie*, Das Recht des Vorsteuerabzugs, S. 282.

wendung der § 164 Abs. 2 AO oder § 173 Abs. 1 Nr. 1 AO ändern oder aufheben (§ 155 Abs. 6 AO), da ansonsten der Verwirklichung des Rückforderungsanspruchs die ursprüngliche Festsetzung entgegensteht, § 218 Abs. 1 AO. Bei dem Rückforderungsanspruch handelt es sich um einen Erstattungsanspruch nach § 37 Abs. 2 AO.[512] Die Beitreibung von Steueransprüchen setzt nach § 249 Abs. 1 AO einen Steuerbescheid voraus, so daß das Finanzamt gegen den Arbeitgeber zunächst einen Erstattungsbescheid erlassen muß. Die Abgabenordnung ist insofern lückenhaft. Sie kennt lediglich das Institut des sog. Abrechnungsbescheids nach § 218 Abs. 2 AO für den Fall, daß Streit über die Verwirklichung eines Steueranspruchs besteht. Nach h. M.[513] ist diese Lücke durch Auslegung des § 218 Abs. 2 AO dahingehend zu schließen, daß die Finanzbehörde von vornherein einen Erstattungsbescheid erlassen kann, der mit dem Bescheid über die Aufhebung oder Änderung des ursprünglichen Steuervergütungsbescheids verbunden wird. Er stellt die Rechtsgrundlage für die Verwirklichung des Rückforderungsanspruchs dar.

Ebenso wie Einkommensteuerbeträge unterliegen auch Umsatzsteueransprüche und Vergütungsansprüche der Festsetzungsverjährung nach §§ 169 ff. AO. Für den Beginn und Ablauf der Festsetzungsfrist gelten die allgemeinen Vorschriften der Abgabenordnung, so daß auf die entsprechenden Ausführungen zur Lohnsteuer verwiesen werden kann.[514]

Mit der Verwirklichung des Rückforderungsanspruchs durch das Finanzamt sind für den Arbeitgeber gleichzeitig einkommensteuerrechtliche Folgen verbunden. Sofern der Arbeitgeber den Gewinn durch Einnahme-Überschußrechnung nach § 4 Abs. 3 EStG ermittelt, hat der von ihm gegenüber dem Finanzamt geltend gemachte Vergütungsanspruch im Zeitpunkt des Zuflusses, d. h. der Auszahlung, zu Betriebseinnahmen geführt. Bei der Gewinnermittlung durch Betriebsvermögensvergleich nach § 4 Abs. 1 EStG oder § 5 EStG war der Vergütungsanspruch zunächst als Forderung anzusetzen. Er hat zu Be-

---

512 BFH vom 21. 5. 1985, BStBl. II 1985, 488 (489).

513 *Stadie*, Das Recht des Vorsteuerabzugs, S. 283; *Kühn/Hofmann*, Abgabenordnung, § 218 Rn. 4; BFH vom 18. 6. 1986, BStBl. II 1986, 704 (705); BFH vom 22. 7. 1986, BStBl. II 1986, 776 (777).

514 Vgl. zur Festsetzungsverjährung unter Teil 2 Kap. 8.1.4.1 sowie zur Festsetzung der Umsatzsteuer unter Teil 2 Kap. 5.4.

triebseinnahmen geführt, sobald der Arbeitgeber den Vergütungsanspruch verwirklicht hat.[515] Das gleiche gilt, wenn der Arbeitgeber die für Rechnungen des freien Mitarbeiters gezahlte Umsatzsteuer als Vorsteuer mit der von ihm vereinnahmten Umsatzsteuer desselben Besteuerungszeitraums nach § 16 Abs. 2 Satz 1 UStG verrechnet hat. Der Zufluß erfolgte mit dem Wirksamwerden der Verrechnung, d. h. mit Eingang der Steueranmeldung beim Finanzamt bzw. mit Bekanntgabe des Steuerbescheids. Die Erstattung, die der Arbeitgeber aufgrund des Rückforderungsanspruchs des Finanzamts zu leisten hat, führt im Zeitpunkt der Verrechnung mit anderen Vorsteuern oder der Zahlung an das Finanzamt zu Betriebsausgaben.[516]

9.2.2.4 Zivilrechtliche Ansprüche gegen den Arbeitnehmer

Hat der freie Mitarbeiter zu Unrecht Rechnungen mit Umsatzsteuerausweis gestellt, kann der Arbeitgeber, dem der Vorsteuerabzug vom Finanzamt versagt wird oder der die erhaltene bzw. verrechnete Vorsteuer nachentrichten muß, zivilrechtlich bei ihm Regreß nehmen.[517] Hinsichtlich etwaiger Gründe, die einem Rückgriffsanspruch entgegenstehen, ist auf die Ausführungen zur Einkommensteuer unter 9.1.4 zu verweisen.

9.2.2.5 Ratschläge zur Vermeidung der steuerrechtlichen Folgen einer Scheinselbständigkeit

Die Ausführungen der Verfasser sollten dem Leser deutlich machen, daß es keine eindeutigen Abgrenzungskriterien gibt, nach denen sich ein Beschäftigungsverhältnis der selbständigen oder nichtselbständigen Tätigkeit zuordnen ließe. Vielfach werden Berufsgruppen, die nach der bisher gängigen Einordnung „typische“ freiberufliche oder gewerbliche Tätigkeiten ausüben, erst durch eine geänderte Rechtsprechung oder Veränderungen des Berufsbilds den Arbeitnehmern zugeordnet. Hinzuweisen ist beispielsweise auf die beiden Entschei-

---

515 *Schmidt/Weber-Grellet*, EStG, § 5 Rn. 570; *Schmidt/Heinicke*, EStG, § 11 Rn. 30; *Stadie*, Das Recht des Vorsteuerabzugs, S. 290.

516 *Stadie*, Das Recht des Vorsteuerabzugs, S. 289.

517 *Stadie*, Das Recht des Vorsteuerabzugs, S. 58; BFH vom 27. 3. 1981, BStBl. II 1981, 543 (544).

dungen des LAG Nürnberg[518], mit denen Versicherungsvertreter der Hamburg-Mannheimer-Versicherung als Arbeitnehmer eingestuft wurden. Beide Entscheidungen hat das Bundesarbeitsgericht[519] – aus Verfahrensgründen – am 18. 6. 1998 aufgehoben und zur erneuten Verhandlung an eine andere Kammer des Gerichts zurückverwiesen. Jedem Auftraggeber ist, angesichts der nicht immer klar erkennbaren Einordnung eines Beschäftigungsverhältnisses, aus steuerrechtlichen Erwägungen zu raten, vor dem Abschluß eines Freien-Mitarbeiter-Vertrages folgende Vorkehrungen zu treffen:

1. Einholung einer Lohnsteueranrufungsauskunft gemäß § 42 e EStG, ggf. gemeinsam mit dem freien Mitarbeiter;
2. Verpflichtung des freien Mitarbeiters, eine Bescheinigung des Finanzamts vorzulegen, nach der er für die Umsatzsteuer geführt wird;
3. Vorlage der Gewerbeanmeldung, sofern gewerbliche Tätigkeiten in Auftrag gegeben werden;
4. Abschluß einer Rahmenvereinbarung mit dem freien Mitarbeiter, in der die freie Zeiteinteilung, das Arbeiten mit eigenen Arbeitsmitteln, die eigene Organisation der Tätigkeit, etc. niedergelegt werden;
5. Bei Unstimmigkeiten mit dem Finanzamt über die Verpflichtung zum Lohnsteuerabzug kommt die Einreichung einer Feststellungsklage beim Finanzgericht in Betracht;
6. Im Haftungsfall sollte sich der Unternehmer nicht sofort mit der Pauschalierung der Lohnsteuernachforderungen gemäß § 40 Abs. 1 Nr. 2 EStG einverstanden erklären, sondern die finanziellen Folgen abwägen, insbesondere wenn er beabsichtigt, Erstattungs- bzw. Rückgriffsansprüche gegen den freien Mitarbeiter geltend zu machen.

---

518 Vgl. z. B. LAG Nürnberg, Urt. vom 25. 2. 1998, Az. 4 Sa 670/97, BuW 1998, 591 ff.

519 BAG, Urt. vom 16. 6. 1998, AZR 255/98 und 256/98, BB 1998, 1954 f.

Literaturverzeichnis

Albrecht, Rüdiger	Die Einrichtung von Tele- und Außenarbeitsplätzen – Rechtliche und personalpolitische Anforderungen, NZA 1996, 1240 ff.
Becker, Friedrich u. a.	Gemeinschaftskommentar zum Kündigungsschutzgesetz und zu sonstigen kündigungsschutzrechtlichen Vorschriften, Neuwied, Kriftel, Berlin 1996 (zitiert: KR-*Bearbeiter*)
Berger-Delhey, Ulf/ Alfmeier, Klaus	Freie Mitarbeiter oder Arbeitnehmer? NZA 1991, 257 ff.
Berndt, Joachim	Arbeitnehmer oder freier Mitarbeiter, BB 1998, 894
ders.	Die sozialversicherungsrechtliche Betriebsprüfung der Rentenversicherungsträger nach § 28 p SGB IV, DB 1998, 622 ff.
Birk, Rolf	Das Nachweisgesetz zur Umsetzung der Richtlinie 91/533/EWG in das deutsche Recht, NZA 1996, 281 ff.
Birkenfeld, Wolfram	Das große Umsatzsteuer-Handbuch, Band II, Steuer und Vorsteuer, Köln, Losebl.-Ausgabe (zitiert: Umsatzsteuer-Handbuch, II Rz. 1 ff.)
v. Bornhaupt, Kurt Joachim	Lohnsteuer-Nachforderung beim Arbeitnehmer, München, FR 1991, 365 ff.
ders.	Anmerkung zum Urteil des BFH vom 21. 1. 1992, BB 1992, 1913
Brox, Hans/ Rüthers, Bernd	Arbeitsrecht, 13. Auflage, Stuttgart, Berlin, Köln 1997
Buchwald, Delf	Zur Verfassungsmäßigkeit der Gefährdungshaftung gemäß § 14 Abs. 3 Satz 2 UStG 1980, Göttingen, UR 1996, 1 ff.
Bunjes, Johann/ Geist, Reinhold	Umsatzsteuergesetz, München, 5. Auflage 1997 (zitiert: Bearbeiter in Bunjes/Geist, § 2 UStG, Rz.)
Compensis, Ulrike	Die Fürsorgepflichtverletzung im Anwaltsarbeitsverhältnis, BB 1996, 321 ff.
Dißars, Björn-Axel/ Dißars, Ulf-Christian	Die Anrufungsauskunft nach § 42 e EStG – Schutz des Arbeitgebers vor der Lohnsteuerhaftung, Hamburg, Rostock, DStR 1995, 1817 ff.
Eberstein, Hans Herrmann	Der Handelsvertretervertrag, 7. Auflage, Heidelberg 1991

v. Einem, Hans-Jörg	„Abhängige Selbständigkeit" – Handlungsbedarf für den Gesetzgeber?, BB 1994, 60 ff.
Feißt, Jürgen/ Krieger, Dieter	Das Steuerhandbuch für Freiberufler, Freiburg, Berlin, München 1997
Fitting, Karl/ Kaiser, Heinrich/ Heither, Friedrich/Engels, Gerd	Betriebsverfassungsgesetz, 18. Auflage, München 1996
Figge, Gustav	Neue Meldeverfahren für die Sozialversicherung ab 1999, DB 1998, 1965 ff.
Gast, Wolfgang	Arbeitsrecht und Abhängigkeit, BB 1993, 66 ff.
Giloy, Jörg	Zum Begriff des Arbeitnehmers im steuerrechtlichen Sinn, DB 1986, 822 ff.
ders.	Pauschalierung der Einkommensteuer für Sachprämien aus Kundenbindungsprogrammen, BB 1998, 717 ff.
Hanau, Peter/ Strick, Kerstin	Die Abgrenzung von Selbständigen und Arbeitnehmern (Beschäftigten) im Versicherungsaußendienst, DB 1998, Beilage Nr. 14/98
Hartmann, Bernhard/ Christians, Uwe	Steuerliche Abgrenzung zwischen freiem Beruf, nichtselbständiger Arbeit und gewerblicher Tätigkeit, DB 1984, 1365 ff.
Hartmann, Uwe	Der Franchisevertrag – Entwicklung, Wesen und Rechtsnatur, JA 1992, 225 ff.
Heidel, Thomas/ Pauly, Stephan	Steuerrecht in der anwaltlichen Praxis, Bonn 1996 (zitiert: Heidel/Pauly, §, Rz.)
Helml, Ewald	Entgeltfortzahlungsgesetz, Heidelberg 1995
Herrmann, Carl/ Heuer, Gerhard/ Raupach, Arndt	Einkommensteuer- und Körperschaftsteuergesetz, Kommentar, Loseblattsammlung, Köln, 191. Ergänzungslieferung, März 1998
Heuermann, Bernd	Der Lohnsteueranspruch gegenüber dem Arbeitgeber, DB 1994, 2411 ff.
Hohmeister, Frank	Bundesurlaubsgesetz, Heidelberg 1995 (mit Nachtrag vom November 1996 zum Arbeitsrechtlichen Beschäftigungsförderungsgesetz)
ders.	Grundzüge des Wirtschaftsprivatrechts, Stuttgart 1996 (zitiert: Wirtschaftsprivatrecht)
ders.	Grundzüge des Arbeitsrechts, Stuttgart 1998 (zitiert: Arbeitsrecht)

ders.	Beweislastumkehr durch das Nachweisgesetz?, BB 1996, 2406 f.
ders.	Nochmals: Beweislastumkehr durch das Nachweisgesetz?, BB 1998, 587 f.
ders.	Zeugnisanspruch für freie Mitarbeiter?, NZA 1998, 571 ff.
Holling, Detmar	Arbeitsrechtlicher Rechtsformenzwang und Franchising, Diss. jur., Bonn 1996
v. Hoyningen-Huene, Gerrick	Die Haftungseinschränkung des Arbeitnehmers – Rechtsfortbildung ohne Rechtsfortschritt?, BB 1989, 1889 ff.
Hromadka, Wolfgang	Zur Begriffsbestimmung der Arbeitnehmer, DB 1998, 195 ff.
ders.	Arbeitnehmerähnliche Personen, NZA 1997, 1249 ff.
ders.	Arbeitnehmerbegriff und Arbeitsrecht, NZA 1997, 569 ff.
Kaiser, Thomas/ Sigrist, Irene	Nettolohnvereinbarungen im deutschen Steuerrecht, DB 1994, 178 ff.
Kasseler Handbuch zum Arbeitsrecht	Siehe unter Leinemann, Wolfgang
Klein, Martin	Gerichtliche Durchsetzung des Anspruchs auf Rechnungsausstellung, BB 1996, 135 ff.
Kraeusel, Jörg	Das neue Umsatzsteuerrecht 1995, Gesamtdarstellung mit Aufzeichnungs-, Erklärungs- und Meldepflichten, Bonn, 3. Auflage 1995 (zitiert: Kraeusel, Das neue Umsatzsteuerrecht, §, 15 Rz.)
Kreuder, Thomas	Arbeitnehmereigenschaft und „neue Selbständigkeit“ im Lichte der Privatautonomie, ArbuR 1996, 386 ff.
Kühn, Ralf/ Hofmann, Ruth	Abgabenordnung, Finanzgerichtsordnung, Nebengesetze, Stuttgart, 17. Auflage 1995 (zitiert: Kühn/ Hofmann, Abgabenordnung, §, Rz.)
Kühn, Stefan	Anmerkung zu LAG Baden-Württemberg vom 4. 7. 1996, BB 1997, 684 f.
Kunz, Jürgen/Kunz, Petra	Freie-Mitarbeiter-Verträge als Alternative zur Festanstellung?, DB 1993, 326 ff.
dies.	Anmerkung zu LAG Nürnberg vom 25. 2. 1998 (4 Sa 670/97), BuW 1998, 597 ff.

Kupfer, Gerhard — Geklärte und strittige Einkommensteuerfragen bei der Abgrenzung zwischen Freiberuf und Gewerbe, KÖSDI 1990, 8066 ff.

Küstner, Wolfram — Anmerkung zu BAG AP Nr. 1 zu § 84 HGB

Küttner, Wolfdieter — Personalbuch 1998, 5. Auflage, München 1998 (zitiert: Küttner/*Bearbeiter*)

Leinemann, Wolfgang (Hrsg.) — Kasseler Handbuch zum Arbeitsrecht, Band 1, Neuwied, Kriftel, Berlin 1997 (zitiert: Kasseler Handbuch-*Bearbeiter*)

Leinemann, Wolfgang/ Linck, Rüdiger — Urlaubsrecht, München 1995

Lippross, Otto-Gerd — Umsatzsteuer, 19. Auflage 1996, Achim b. Bremen

Marburger, Horst — Neu geregelt: Entgeltfortzahlung im Krankheitsfall, BB 1994, 1421 ff.

Marschner, Andreas — Ersetzung des Konkursausfallgeldes duch das Insolvenzgeld zum 1. 1. 1999, DB 1998, 2165 f.

Meyer-Scharenberg, Dirk E./Popp, Michael/ Woring, Siegbert — Gewerbesteuer-Kommentar, Herne/Berlin, 2. Auflage, 1996 (zitiert: Meyer-Scharenberg/Bearbeiter, Gewerbesteuer, §, Rz.)

Mösbauer, Heinz — Möglichkeiten des Haftungsausschlusses bei der Lohnsteuerhaftung des Arbeitgebers, FR 1995, 173 ff.

ders. — Zur Haftung des Entleihers von Arbeitnehmern für deren Lohnsteuer, FR 1996, 281 ff.

Mösslang, Gerhard — Der Unternehmerbegriff des deutschen Umsatzsteuergesetzes und die Harmonisierung des Umsatzsteuerrechts, UR 1994, 10 ff.

Münchner Handbuch Arbeitsrecht — siehe unter Richardi, Reinhard

Münchner Kommentar zum BGB — 3. Auflage, München 1997 (zitiert: MK-*Bearbeiter*)

Niebler, Michael/Meier, Horst/ Dubber, Anja — Arbeitnehmer oder freier Mitarbeiter?, 2. Auflage, Berlin 1995

Obermeier, Arnold/ Kanzler, Hans-Joachim — Beratungshandbuch für das Steuerverfahren, Neuwied, Kriftel, Berlin, 1995 (zitiert: Bearbeiter in Obermeier/Kanzler, Steuerverfahren, Rz.)

Offerhaus, Klaus — Pauschalierungs- und Haftungsbescheid nach einer Lohnsteuer-Außenprüfung, StbJb 1983/84, 291 ff.

Ordemann, Walter	Kann der GmbH-Gesellschafter ein Zeugnis verlangen?, DB 1966, 1598 f.
Palandt, Otto	Bürgerliches Gesetzbuch, 58. Auflage, München 1999 (zitiert: Palandt/*Bearbeiter*)
Peter, K./Burhoff, A./ Stöcker, E. E.	Umsatzsteuer, Kommentar, Herne/Berlin, 39. Lieferung 1997
Plewka, Harald/ Söffing, Matthias	Die Entwicklung des Steuerrechts, NJW 1996, 963 ff. sowie NJW 1998, 1835 ff.
Popp, Gerfried J.	Arbeitnehmer und freie Mitarbeiter, MDR 1998, 18 ff.
Preis, Ulrich	Das Nachweisgesetz – lästige Förmelei oder arbeitsrechtliche Zeitbombe?, NZA 1997, 10 ff
Ranft, Eckart/ Lange, Helga	Lohnsteuer, 12. Auflage, Achim bei Bremen, 1996 (zitiert: Ranft/Lange, Lohnsteuer, Rz.)
Reinecke, Gerhard	Prozessuale und taktische Probleme bei der Geltendmachung der Arbeitnehmereigenschaft, DB 1998, 1282 ff.
Reiserer, Kerstin	Der GmbH-Geschäftsführer im Arbeits- und Sozialversicherungsrecht, Heidelberg 1995
dies.	„Scheinselbständigkeit" – Arbeitnehmer oder Selbständiger?, BB 1998, 1258 ff.
dies.	BB-Kommentar zum Urteil des BAG vom 16. 6. 1998 (5 AZR 255/98), BB 1998, 1955
Reiss, Wolfram	Unzutreffender Steuerausweis in einer Rechnung und Vorsteuerabzug beim Empfänger, UR 1989, 178 ff.
Richardi, Reinhard (Hrsg.)	Münchner Handbuch Arbeitsrecht, Band 1, München 1992 (zitiert: MünchArbR-*Bearbeiter*)
Schaub, Günter	Arbeitsrechts-Handbuch, 8. Auflage München 1996 (zitiert: Arb-Hdb.)
ders.	Arbeitsrechtliche Formularsammlung und Arbeitsgerichtsverfahren, 6. Auflage, München 1994
Schleßmann, Hein	Das Arbeitszeugnis, 15. Auflage, Heidelberg 1998
Schmidt, Eberhard	Virtueller Arbeitnehmer oder Mitunternehmer?, FR 1996, 706 f.
ders.	Zuwendungen Dritter als Arbeitslohn?, DB 1991, 1699 f.

Schmidt, Ludwig	Einkommensteuergesetz, Kommentar, München, 17. Auflage 1998 (zitiert: Schmidt/Bearbeiter, EStG § 1 Rz. 1)
Schneider, Heinz	Beitragsbemessungsgrenzen, Bezugsgrößen, Beitragssätze in der Sozialversicherung 1998, BB 1997, Beil. 20 zu Heft 51/52
Söffing, Günter	Anwendung des § 15 III Nr. 1 EStG (Infektions- oder Abfärbevorschrift) bei Freiberuflern, NJW 1998, 511 ff.
Stadie, Holger	Das Recht des Vorsteuerabzugs, Köln 1989
Streit, Michael	Freie Mitarbeit, Heidelberger Musterverträge – Heft 93, Heidelberg 1997
Stückemann, Wolfgang	Dokumentationspflichten für den Arbeitgeber, BB 1995, 1846 ff.
Stuhrmann, Gerd	Überblick über die Steuerrechtsänderungen des Jahres 1997, Köln, NJW 1998, 573 ff.
Thomas, Michael Ingo	Die Ermittlung der Haftungsschuld bei unterbliebenem Lohnsteuerabzug, DStR 1995, 273 ff.
Tiedtke, Klaus	Einkommensteuer- und Bilanzsteuerrecht, Herne/ Berlin, 2. Auflage 1995
Tipke, Klaus/ Lang, Joachim	Steuerrecht, Köln, 15. Auflage 1996
Völkel, Dieter	Die Rechnungsberichtigung in den Fällen des § 14 Abs. 2 UStG unter Berücksichtigung der Interessenlage von Leistungsgeber und Leistungsempfänger, UR 1991, 160 ff.
Völkel, Dieter/ Karg, Helmut	Umsatzsteuer, Stuttgart, 8. Auflage 1997 (zitiert: Völkel/Karg, Umsatzsteuer, Seite)
Völlmeke, Monika	Probleme bei der Anrechnung von Lohnsteuer, DB 1994, 1746 ff.
Wank, Rolf	Arbeitnehmer und Selbständige, 1988
ders.	Die „neue Selbständigkeit“, DB 1992, 90 ff.
Wetzel, Franz	Zum Konzept des § 14 Absatz 3 UStG, DStZ 1996, 550 ff.
Wiemhoff, Karl-Heinz	Lohnsteuer, 10. Auflage 1994, Achim bei Bremen
Worzalla, Michael	Arbeitsverhältnis – Selbständigkeit, Scheinselbständigkeit, Neuwied, Kriftel, Berlin 1996

Sachregister